포스트
프라이버시
경제

포스트 프라이버시 경제

빅데이터 시대, 잃어버린 프라이버시를
가치로 바꾸기 위한 대담한 제안

안드레아스 와이겐드 **지음**

홍지영 **옮김**

사계절

모든 것이 기록되는 세상

> 정보 산업이 주도하는 오늘날의 데이터 뱅크는 우리에 관해 우리보
> 다 더 많은 것을 알고 있다. 데이터 뱅크가 개인에 관해 기록하면 할
> 수록 개인의 존재는 감소한다.[1] -마셜 매클루언

1949년, 23세 청년이었던 나의 아버지는 동독
에서 교사 자리를 얻었다. 앞으로 머물게 될 도시에 도착한 아버
지는 함께 살 룸메이트를 구해야 했다. 마침 기차역에서 셋집을
구하고 있는 사람을 만나 운이 좋다고 생각했다. 그런데 황당하게
도 이사하고 며칠 만에 룸메이트가 집에 돌아오지 않았다. 날이
갈수록 아버지는 그가 걱정되기 시작했다.

그로부터 또 며칠이 지난 어느 날 아침, 아버지가 식사 준비
를 하고 있을 때 누군가 문을 두드렸다. 룸메이트가 돌아온 모양
이다! 하지만 문을 열자 낯선 남자들이 서 있었다. 그들은 아버지
가 우수 교사로 상을 타게 되었다는 소식을 전했다. 꽤나 특별한
상이라 본인이 직접 가서 받아야 하며, 지금 그를 시상식이 있을

회관으로 데려가기 위해 왔다고 했다. 아버지는 뭔가 미심쩍었다. 그들이 너무 무뚝뚝하고 모두 똑같은 트렌치코트를 입고 있다는 사실이 마음에 걸렸다. 하지만 선택의 여지는 없었다. 아버지는 즉시 대기하고 있던 차로 안내되었다. 그는 차 문을 안쪽에서 열 수 없다는 사실을 깨닫고 공포에 질렸다. 소련 점령군에 의해 체포된 것이다.

아버지는 영어를 할 줄 안다는 이유로 미국 스파이 혐의로 기소되었다. 쥐도 새도 모르게 끌려간 터라 가족과 친구 중 누구도 아버지가 있는 곳을 알지 못했다. 그는 소련 당국이 운영하는 교도소 독방에 수감되어 6년을 보냈다. 아버지는 자신이 풀려난 이유도 체포된 이유도 끝내 알아내지 못했다.

데이터는 악용될 수 있기 때문에 개인정보 공유는 실질적인, 때로는 생명을 위협하는 위험을 수반한다. 나는 데이터가 어떤 식으로 아버지에게 불리하게 이용되었는지 알기에 이런 위험을 상당히 심각하고 두렵게 여긴다.

동독이 붕괴한 지 10년 후, 나는 슈타지Stasi라고도 알려진 동독 국가보안부가 아버지가 투옥되어 있던 기간에 수집한 정보의 열람을 요청했다. 슈타지가 가족에 관해 어떤 정보를 수집했는지 궁금했던 사람은 나뿐만이 아니다. 베를린 장벽이 무너진 이래 300만 명에 달하는 사람들이 본인이나 가족 친지에 관한 문서 열람을 요청했다.[2] 유감스럽게도, 슈타지 문서의 공유를 담당하는 위원회의 답장에 따르면 아버지에 관한 기록은 모두 파기되고 없었다.

그런데 편지봉투 속에는 또 다른 슈타지 문서의 복사본이 들어 있었다. 다름 아닌 나에 관한 기록이었다. 어안이 벙벙했다. 내 이름으로 된 슈타지 파일이 있었단 말인가? 나는 그저 물리학을 공부하는 학생에 불과했다. 그런데도 비밀경찰은 내가 10대였던 1979년부터 미국으로 이주한 다음 해인 1987년까지 나에 관한 정보를 수집했다. 남은 것은 표지가 전부였기에 슈타지가 어떤 정보를 수집했는지, 왜 수집했는지, 만일 사용되었다면 어떤 용도로 쓰였는지 영영 알 길이 없다.

슈타지가 활동하던 시대에는 '요주의 인물'에 관한 정보를 획득하는 일이 쉽지 않았다. 먼저 사람들을 미행하여 사진을 찍고, 편지를 가로채고, 친구들을 인터뷰하고, 집에 도청기를 설치하여 데이터를 수집해야 했다. 모은 정보는 사람이 일일이 수작업으로 분석해야 했다. 수집된 정보가 너무나 방대한 나머지, 동독 붕괴 당시 전체 노동 인구의 1퍼센트가 비밀경찰의 정직원으로

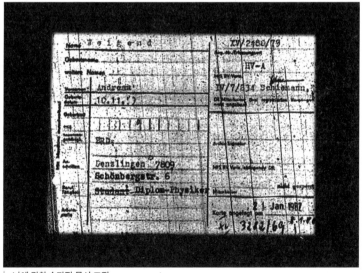

ㄴ 나에 관한 슈타지 문서 표지.

근무하고 있었다. 그리고 슈타지는 그보다 훨씬 더 많은 수의 사람들을 정보 수집에 동원했다.[3] 독일 연방 정부에 따르면 동독 당국이 정보 수집을 위해 고용한 인력은 20만 명에 달한다.[4]

오늘날에는 데이터 수집이 상대적으로 쉽다. 몇 가지 잘 알려진 사례를 떠올려보자. 프라이버시 활동가들은 통화 내역에 대한 미국 국가안보국NSA의 저인망식 사찰을 고발하여 수개월간의 시위와 법정 투쟁 끝에 제한적인 승리를 쟁취했다.[5] 이 과정에서 통화 메타 데이터가 국가안보국을 비롯한 여러 기관에 의해 면밀히 분석될 수 있다는 사실이 명백히 드러났지만, 그 일로 휴대폰을 해지한 사람은 드물었다. 오히려 캘리포니아주에서는 근무 시간은 물론 그 이외의 시간에도 자신의 위치 정보를 매니저와 공유하는 앱을 삭제했다는 이유로 판매원이 해고당하는 사례가 나오기도 했다.[6] 페이스북이 사람들 사이에서 감정이 어떻게 전파되는지를 연구한다는 뉴스가 보도되자, 페이스북의 감정 '조작' 여부가 커다란 사회적 이슈가 되었다.[7] 그러나 페이스북 이용량에는 큰 변동이 없었으며, 페이스북은 온라인 플랫폼 설계를 위해 반드시 필요한 요소라는 이유로 사용자의 사전 동의 없이 계속해서 여러 가지 실험을 진행했다. 2015년에는 상거래 분야의 거물인 알리바바 산하의 앤트 파이낸셜이 중국에서 세서미 크레딧이라는 시범 서비스를 내놓았다. 세서미 크레딧은 사용자별 구매 내역을 분석하여 신용 평점을 매긴다(마치 아마존 구매 내역을 바탕으로 대출 가능 여부를 판단하는 것이나 다름없다).[8] 세서미 크레딧의 신용 평점은 여러 분야에 빠르게 도입되었다. 중국의 한 온라인 데이팅 사이트에서는 신용 평점이 (필수 항목은 아니지만) 회원들이 중요하게 고려하는 프로필의 일부로 자리 잡았다.[9] 휴대폰, 이메일, 내비게이션 앱, 소셜 미디어 계정, 온라인 쇼핑, 여타 디지털 서비스를 없애버리자는 움직임은 없다. 이런 기술로 인해 삶이 더욱 편리해졌기 때문이다.

슈타지 문서의 충격은 나를 프라이버시 광으로 바꾸어놓을 수도 있었다. 천만에! 슈타지 문서는 내가 날마다 자발적으로 제공하는 개인정보에 비하면 아무것도 아니다.

2006년부터 나는 예정된 모든 강의 및 연설 일정과 예약해놓은 항공권 내역을 좌석까지 전부 개인 웹사이트에 공개하고 있다.[10] 자신에 관한 데이터를 공유하여 얻을 수 있는 실질적인 가치가 그것이 내포한 위험보다 크다고 믿기 때문이다. 데이터는 이전까지 없던 가치를 새로 발견하고, 그것을 가장 잘 이용할 수 있는 기회를 제공한다. 중요한 것은 데이터 기업과 데이터 생성자의 이해관계가 부합하게 할 방법을 찾는 것이다.

어떻게 이를 성취할 수 있을까? 먼저 현재 어떤 데이터가 공유되고 있으며 가까운 미래에 어떤 데이터가 공유될 가능성이 높은지, 그리고 데이터 기업이 사용자 데이터를 어떤 방식으로 분석하고 이용하는지 이해해야 한다. 감히 마셜 매클루언의 말을 반박하자면, 데이터 기업이 우리에 관해 알면 알수록 우리의 존재는 **증가**하며, 우리는 **자신**에 관해 더 많은 것을 알게 된다. 데이터 기업이 우리를 투명하게 들여다보듯 우리도 그들을 투명하게 들여다볼 수 있는 방법, 우리가 그들의 데이터 사용에 영향력을 행사할 수 있는 방법을 찾는 것이 관건이다. 『포스트 프라이버시 경제』는 이 두 가지 목적을 어떻게 성취할 수 있는지를 설명하는 책이다.

⊂ 차례 ⊃

머리말 모든 것이 기록되는 세상 5

서문 **소셜 데이터 혁명**
어떻게 하면 데이터를 우리 모두를 위한 것으로 만들 수 있을까? 12

받기 위해 주다 14 ⼁ 포스트 프라이버시 시대를 위한 원칙 20 ⼁ 권력의 균형 27

1장 데이터 리터러시

디지털 시민을 위한 필수 도구
데이터 정제소는 어떻게 작동하며, 당신의 데이터는 그들에게 어떤 가치가 있을까? 31

데이터 가공 과정 36 ⼁ 데이터의 가치 42 ⼁ 탐색 대 활용 50 ⼁ 오류 학습 54
데이터가 의사결정으로 바뀔 때 59 ⼁ 실험, 실험, 실험 66

2장 정체성과 특성

디지털 프라이버시와 디지털 정직성의 대립
당신은 곧 당신이 생성하는 데이터인가? 73

프라이버시의 간략한 역사에 관한 간략한 역사 78 ⼁ 벽에서 창으로 82
인터넷에서는 모두 당신이 개라는 사실을 안다 88 ⼁ 가명의 효용 96
정직한 신호 103 ⼁ 책임의 필요성 109

3장 연결과 대화

소셜 그래프상의 정체성과 평판
당신은 누구를 아는가, 그들은 누구를 아는가, 그리고 당신은 누구를 신뢰하는가? 117

소셜 그래프상의 이웃 123 ⼁ 새로운 사회자본 131
(데이터를 가진) 사람을 위한 설계 138 ⼁ 페이스북과 소셜 데이터 공학 151
신뢰의 가치 160 ⼁ 맥락의 확장 170

4장 맥락과 조건

사회의 '센서화' 이해하기
모든 것이 기록되는 세상에 산다는 것은 무엇을 의미하는가? 173

개인화된 시점 181 │ '어디에 있는가'부터 '누구와 함께 있는가'까지 189
속마음을 읽는 기술 204 │ 시선이 머무는 곳 213 │ 시민의 증인 224

5장 투명성 확보를 위한 권리

사람을 위한 투명성
자신의 데이터에 관해 무엇을 알 수 있어야 하는가? 229

데이터에 접근할 권리 234 │ 데이터 정제소를 점검할 권리 243
데이터 안전 점검 결과를 볼 권리 247 │ 프라이버시 효율성 등급을 볼 권리 257
'데이터 편익률' 점수를 볼 권리 264 │ 대시보드의 역할 271

6장 주체성 확보를 위한 권리

사람을 위한 주체성
데이터로 무엇을 할 수 있어야 하는가? 275

데이터를 수정할 권리 280 │ 데이터를 흐릴 권리 288
데이터 정제소로 실험할 권리 294 │ 데이터를 이전할 권리 301
기계와 인간의 역할 308

7장 권리를 현실로

투명성과 주체성의 힘을 실현하기
사람을 위한 데이터가 삶에서 어떻게 구현될 수 있을까? 313

구매의 혁신 316 │ 금융의 미래 323 │ 공정한 고용 330 │ 교육의 진화 340
데이터의 처방 346 │ 공정한 거래? 357

맺음말 햇빛 속으로 363

감사의 말 366
옮긴이의 말 367
주 369
찾아보기 430

소셜 데이터 혁명

어떻게 하면 데이터를 우리 모두를 위한 것으로 만들 수 있을까?

> 모든 혁명은 한 사람이 품은 생각에서 시작되었으며, 다른 사람이
> 같은 생각을 품었을 때 이 생각은 그 시대를 설명하는 열쇠가 된다.[1]
> -랠프 월도 에머슨

아침 6시 45분, 휴대폰 알람이 울린다. 서둘러 하루를 시작하기 위해 나는 휴대폰으로 이메일과 페이스북의 '알림'을 훑어보면서 주방으로 간다. 휴대폰의 GPS 수신기와 와이파이가 위치 변화를 인식하고 내가 북동쪽으로 몇 미터 이동했음을 기록한다. 커피를 마시고 본격적으로 나갈 준비를 하는 동안 휴대폰의 가속도계가 걷는 속도를 측정하고 기압계가 계단을 올라가는 것을 감지하여 기록한다. 휴대폰에 구글 앱을 깔아놓았기 때문에 구글도 이 모든 데이터를 보유한다.

아침 식사 후 나는 스탠퍼드대학으로 출근할 준비를 마쳤다. 전력회사가 설치한 '스마트' 미터는 집 조명을 끄고 모바일 기기들을 충전기에서 뽑을 때 전력 사용량 감소를 인식한다. 스마트 미터는 차고 문이 열릴 때 소비되는 전력도 감지하므로, 주차된

차를 빼서 도로로 진입할 무렵이면 전력회사는 내가 집을 나섰음을 알아차리기에 충분한 데이터를 확보한다. 휴대폰 신호가 집에 있을 때와는 다른 기지국에서 잡히기 때문에 이동통신사도 같은 사실을 안다.

길모퉁이에 설치된 카메라는 차가 빨간불을 무시하고 달릴 때를 대비하여 번호판 사진을 찍는다. 다행히 나는 오늘 교통법규를 칼같이 지키고 있으니 나중에 우편으로 범칙금 고지서를 받을 일은 없을 것이다. 하지만 내가 길을 가는 동안 자동차 번호판은 거듭 촬영된다. 도로에 설치된 카메라 중 일부는 지방자치단체 소유이며, 일부는 교통량 패턴을 분석하여 경찰의 관련 부서와 토지 개발업자를 비롯한 여타 관계자들에게 판매하는 민간업체 소유다.

스탠퍼드대학에 도착하면 휴대폰의 이지파크 앱을 사용하여 주차 요금을 지불한다. 요금은 은행 계좌에서 자동으로 인출되며, 대학의 주차 담당 부서에 자동으로 지급 완료 통보가 간다. 따라서 대학과 은행은 내가 오전 9시 3분부터 캠퍼스 안에 있음을 확인할 수 있다. 구글은 휴대폰이 자동차의 주행 속도로 이동하다가 멈춘 시점에 그 위치를 기록하여 나중에 혹시라도 주차해둔 위치를 잊어버렸을 때 찾아볼 수 있게 한다. 주차 후 나는 자동차보험회사의 메트로마일 앱을 확인한다. 자동차의 자가 진단 시스템에서 주행 기록을 전송받아 기록하는 앱이다. 오늘 연료 효율이 평소보다 낮았으며(갤런당 19마일), 출근길에 2.05달러어치의 휘발유를 사용했음을 즉시 확인할 수 있다.

스탠퍼드대학에서 일과를 마친 후에는 샌프란시스코로 돌아가 새로운 친구를 만날 계획이다. 우리는 페이스북에서 공통의 친구가 올린 게시물에 각각 댓글을 달면서 '가상적으로' 만났고, 서로의 의견이 마음에 들었다. 알고 보니 우리는 페이스북 친구가 30명 넘게 겹쳤다. 그래서 직접 만나 얘기를 나눠보기로 했다.

구글 지도는 내가 저녁 7시 12분에 친구 집에 도착할 것이라고 예상했으며, 예측은 늘 그렇듯이 몇 분의 오차를 두고 맞아떨어졌다. 친구는 담배 제품과 다양한 마리화나 흡연 용품을 판매하는 상점 위에 살고 있었다. 하지만 스마트폰의 GPS 수신기는 가정집과 상점을 구분하지 않는다. 이동통신사와 구글의 관점에서 볼 때 나는 마리화나 용품점을 방문하는 것으로 하루를 마감했다. 자러 가기 전에 일기예보를 확인하다가 함께 뜬 구글 광고를 보고 깨달은 사실이다.

소셜 데이터 혁명의 시대에 오신 것을 환영한다.

⌐ **받기 위해 주다**

매일 10억 명 이상이 소셜 데이터를 만들고 공유한다. 소셜 데이터란 활동, 습성, 관심사 등 개인에 관한 정보이자 타인을 비롯하여 장소, 제품, 심지어 이데올로기와 맺고 있는 관계에 관한 정보다.[2] 소셜 데이터는 구글 지도에 로그인하여 목적지를 입력할 때처럼 의식적이고 자발적으로 공유되기도 하고, 인터넷과 휴대기기를 사용하는 편리함을 누리기 위해 별생각 없이 공유되기도 한다. 어떤 경우에는 서비스를 이용하기 위해서는 반드시 데이터를 공유해야 한다. 구글은 현재 위치와 목적지를 알려주지 않으면 최적의 경로를 보여줄 수 없다. 때로는 친구의 페이스북 게시물에

'좋아요'를 누르거나 링크드인에서 동료의 업무 능력을 보증할 때처럼 단순히 관심을 표하고 도움을 주고 싶은 마음에 기꺼이 정보를 제공하기도 한다.

소셜 데이터는 1미터 이내의 오차로 개인의 위치를 잡아낼 때처럼 고도의 정확성을 보일 때도 있지만, 미완성의 피상적인 그림밖에 제공하지 못하는 경우도 흔하다. 예를 들어, 내가 스마트 미터 앱에 로그인하지 않는 한(이를테면 공항으로 향하는 길에 혹시 집에 불을 켜두진 않았는지 확인하기 위해), 전력회사는 내가 언제 집에 없는지를 알 뿐 그 이상은 알 수 없다. 이런 정보는 내게 쓸모가 있을지 없을지 확실치 않은 피상적인 데이터 포인트다. 마찬가지로 샌프란시스코에서 새로 사귄 친구 집을 방문했을 때 나의 위도와 경도는 정확하게 전달되었지만, 그것을 바탕으로 무엇을 했는지를 추론한 결과는 아주 엉뚱했다. 일견 굉장히 정확해 보이는 데이터가 실제로는 추측이었다는 점에서 더욱 피상적이다. 피상적인 데이터는 불완전하고 오류가 발생하기 쉬운 경향이 있으며, 때로는 속임수에 의해 오염된다.[3]

소극적이고 적극적인, 필수적이고 자발적인, 정확하고 피상적인 소셜 데이터를 모두 합친 총량은 기하급수적으로 증가하고 있다. 오늘날 소셜 데이터의 양이 2배로 늘어나는 데 걸리는 시간은 18개월이다. 소셜 데이터의 양은 5년 이내에 10배로 증가할 것이고, 10년 후에는 100배가량 증가할 것이다. 달리 말하면, 2000년 한 해 동안 생성된 데이터를 만들어내는 데 이제는 단 하루밖에 걸리지 않는다. 현재의 성장률대로라면 2020년에는 같은 양의 데이터가 만들어지는 데 1시간이 채 걸리지 않을 것이다.

'소셜 데이터'가 단지 소셜 미디어와 함께 거론되는 그럴듯한 신조어에 불과한 것이 아님을 이해하는 것이 중요하다. 많은 소셜 미디어 플랫폼이 브로드캐스팅, 즉 송신자가 보낸 데이터를 다수의 수신자가 받는 구조를 염두에 두고 설계되었다. 트위터는 커뮤니케이션이 대부분 유명인, 권위자, 마케팅 담당자로부터 대중을 향해 단방향으로 이루어진다. 소셜 데이터는 이보다 훨씬 더 민주적이다. 당신의 디지털 흔적은 트위터나 페이스북에서 공유하는 신상정보, 이력, 성취, 의견보다 훨씬 더 깊고 광범위하다. 구글 검색 내역, 아마존 구매 내역, 스카이프 통화 내역, 시시각각 기록되는 휴대폰 위치 정보를 포함한 수많은 정보원이 모여 당신이라는 한 사람의 독특한 초상화를 그려낸다.

게다가 소셜 데이터는 당신에 관한 정보에 그치지 않는다. 우리는 가족, 친구, 동료들과 커뮤니케이션하면서 인간관계 데이터를 만들어내고 공유한다. 제품 리뷰를 남기거나 인스타그램 사진을 태그할 때 친구나 낯선 사람과 함께 데이터를 생성한다. 숙소 임대 플랫폼인 에어비앤비 계정을 만들 때는 정부가 발급한 공식 신분증 외에 페이스북 프로필을 이용해 신원을 입증한다. 소셜 데이터는 스마트 온도 제어장치가 설치된 가정, 내비게이션이 장착된 자동차, 팀 기반 소프트웨어를 이용하는 직장 등에서 점차 생활의 일부가 되고 있다. 학교와 병원도 소셜 데이터를 활용하기 시작했다. 휴대폰에 점점 더 많은 센서와 앱이 탑재되고 새로 개발된 기기들이 집에서, 쇼핑몰에서, 직장에서 개인을 추적하기 시작하면서 우리의 일과와 가장 내밀한 소망을 드러내는 데이터를 직접 통제할 수 있는 범위는 점점 줄어들 것이다. 데이터 과학자들은 디지털 흔적을 통해 인간의 행동 패턴을 점점 더 선명하게 그려내는 탐정과 예술가로 변모한다.

디지털 흔적은 선호도와 트렌드를 파악하고, 행동을 예측하기 위해 면밀히 분석되고 정제된다. 나는 아마존의 수석 과학자로 일하는 동안 제프 베조스와 함께 아마존의 데이터 전략과 고객 중심 문화를 구축했다. 우리는 담당자가 작성한 제품 리뷰와 소비자가 작성한 리뷰 중에서 어느 쪽이 고객 구매 만족도를 더 높이는지, 기존의 인구통계학적 정보를 기반으로 한 제품 추천과 고객의 클릭을 기반으로 한 추천 중에서 어느 쪽이 더 성공적인지 밝혀냈다. 제조업체가 주관하는 프로모션 행사보다 진솔한 커뮤니케이션의 힘이 더 강하다는 것도 알게 되었다. 아마존이 개발한 개인화 도구는 구매 결정 방식을 근본적으로 바꿔놓았으며, 전자 상거래의 표준으로 자리 잡았다.

아마존을 떠난 후, 나는 스탠퍼드대학과 캘리포니아대학 버클리 캠퍼스(UC 버클리)의 학부생과 대학원생부터 상하이 푸단대학과 중국유럽국제경영대학원(중국유럽국제공상학원), 베이징 칭화대학 비즈니스 과정 학생들에 이르기까지 수천 명을 대상으로 '소셜 데이터 혁명'에 관해 강의했다. 더불어 내가 2011년에 설립한 데이터 과학자와 선구적 사상가의 모임인 소셜데이터연구소도 계속 운영하고 있다. 지난 10년간 알리바바, AT&T, 월마트, 유나이티드헬스케어를 비롯하여 주요 항공사, 금융 서비스 회사, 온라인 데이팅 서비스 등 다양한 분야의 기업들과 일하면서 의사 결정을 좌우하는 데이터의 힘을 고객과 사용자, 즉 여러분이나 나 같은 보통 사람들과 공유해야 한다고 꾸준히 주장해왔다.

살면서 맞닥뜨리는 여러 가지 문제에서 소위 '정보에 입각한' 결정을 내리기 위해 개인이 오늘날 존재하는 모든 데이터를 검토하기란 불가능하다. 그러므로 문제를 해결하고 필요를 충족시키기 위한 데이터 운용 도구에 누가 접근할 수 있느냐가 관건이다. 데이터로부터 추출한 선호도, 트렌드, 예측을 막대한 영향력을 지닌 소수의 조직이 전유할 것인가, 아니면 누구나 사용하게 할 것인가? 소셜 데이터의 혜택을 누리기 위해 어떤 대가를 치러야 하는가?

사회가 소셜 데이터의 가치에 점차 눈을 뜰수록 나는 데이터에 접근할 권리 이외에 데이터로 무엇을 할 수 있어야 하는가에도 초점을 맞춰야 한다고 생각한다. 의사결정은 하루에도 여러 번 반복되는 것이 있는가 하면 일생에 단 한 번이면 족한 것도 있다. 소셜 데이터의 생명력은 매우 길다. 오늘의 행동이 앞으로 수십 년간 직면하게 될 선택에 영향을 미칠지도 모른다. 자신의 모든 행동에 세심한 주의를 기울이거나 어떤 행위가 미칠 장기적, 단기적 파급 효과를 분석할 수 있는 사람은 극소수다. 소셜 데이터 분석은 기회와 가능성을 알아볼 수 있게 도와주는 역할을 하겠지만, 최종 결정은 각자가 직접 내려야 한다.

기술이 대신해줄 수 없는 한 가지는 개인으로서, 사회로서 우리가 어떤 미래를 원하는지를 결정하는 일이다. 직장 내 차별이나 의료 서비스 차별로부터 개인을 보호하는 법이 내일이면 더 이상 유효하지 않게 될 수도 있다(일부 국가에서는 오늘날조차 그런 법이 마련되어 있지 않다). 당신이 요즘 콜레스테롤 수치가 높아져 걱정이라는 사실을 건강 앱 혹은 사이트와 공유하고 식단과 운동 요법을 추천받았다고 가정해보자. 이것이 당신에게 불리하게 이용될 수 있을까? 앞으로 법이 바뀌어 건강상의 위험 요소와 대책을 제공받고도 계속해서 튀긴 음식을 먹고 운동을 하지 않는 사람에게 더 높은 의료비를 청구하는 것이 허용된다면? 만약 지원한 회사에서 구직자에 관한 정보를 수집하는 인터넷 서비스를 이용한 결과, 당신의 라이프 스타일이 회사와 부합하지 않는다는 판단을 내리고 당신을 서류전형에서 탈락시킨다면? 이런 위험은 실제로 존재한다.

만일 본인에 관한 데이터를 생성, 공유하는 사람이 자신뿐이라면 문제될 만한 정보를 아예 공개하지 않는 길을 택할 수도 있다. 여러모로 불편하겠지만 불가능하지는 않다. 하지만 우리는 그런 세상에 살고 있지 않다. 개인 데이터의 상당 부분은 본인의 통제를 벗어나 있다. 이 사실은 기업과 정부가 효율성 향상을 위해 소셜 데이터를 활용하면서 더욱 명백해질 것이다.

소셜 데이터에 관한 논의는 모든 사람에게 영향을 미친다. 빠르게 발전하는 데이터 업계는 정보를 생성하고 체계화하는 사업에 종사하지, 원칙을 생성하고 체계화하는 사업에 종사하지 않는다. 소셜 데이터에 관한 논의 가운데 많은 부분이 필요에 따라 그때그때 이루어지며, 아예 고려조차 되지 않는 경우도 허다하다. 미래에 막대한 영향을 미칠 원칙을 데이터 회사들이 결정하도록 내버려두어서는 안 된다.

수집, 조합, 집계, 분석된 데이터는 더 나은 의사결정을 돕는다. 하지만 중요한 결정은 사람이 내려야 한다. 데이터에 의해 삶이 **좌지우지되어서는** 안 된다. 데이터로 인해 사람들이 **더 큰 결정권**을 가져야 한다.

└. 포스트 프라이버시 시대를 위한 원칙

데이터의 역할이 커지고 있다는 인식이 점차 자리 잡으면서 시민의 권익을 보호하려는 시도가 여러 번 있었다. 1970년대에 미국과 유럽에서 정보의 공정한 사용을 규정하는 (대략 유사한) 원칙이 채택되었다. 누가 어떤 개인정보를 수집하여 어떻게 사용하는지를 알 권리가 생겼고, 부정확한 개인 데이터를 수정할 수 있게 되었다.[4] 그런데 이와 같은 보호 장치는 오늘날 적용하기에는 너무 강한 동시에 너무 약하다는 모순적인 문제점을 안고 있다.

너무 강한 이유는 모든 개인 데이터의 수집을 지속적으로 감시할 수 있다고 가정하기 때문이다. 아마존이라면 수집된 개인 데이터가 정확히 어떻게 사용되는지 알기 쉽게 (어쩌면 우리가 더 나은 결정을 내리는 데 도움이 되는 방식으로) 설명해줄 수 있을지도 모른다. 그러나 개인이 모든 정보를 검토하려면 엄청난 시간이 든다. 관련 데이터를 모두 살펴보고 고려할 시간이 있는 사람이 얼마나 되겠는가? 아마존이 각 데이터 포인트의 비중을 계산하는 기준을 아는 것이 유용하겠는가, 요약된 정보를 받는 쪽이 낫겠는가?[5]

동시에 보호 장치가 너무 약한 이유는 당신이 직접 생성하고 공유한 정보는 하나도 빠짐없이 확인할 수 있다 하더라도 가족, 친구, 동료, 고용주 등 다른 사람이 생성하고 공유한 당신에 관한 정보까지 모두 점검할 도리는 없기 때문이다. 온라인 사이트는 물론 대부분의 오프라인 업체도 당신에 관한 데이터를 생성한다(그리고 때로는 공유한다). 길에서 만나는 낯선 사람들이나 다른 공공 및 민간 조직들도 마찬가지다. 이렇게 만들어진 데이터가 정확한지 아닌지를 누가 결정하는가? 오늘날 데이터는 너무나 많은 관점에서 생성되기 때문에 자신의 데이터를 수정할 권리만으로는 충분치 않다. 게다가 정확한 데이터조차도 악용될 수 있는 것이 현실이다.

데이터의 생성과 커뮤니케이션, 처리 과정에 발생한 막대한 양적, 질적 변화로 이제 알 권리와 수정할 권리로는 충분치 않다. 지금까지 시대에 맞게 가이드라인을 업데이트하려는 시도는 주로 개인의 통제권과 프라이버시 유지에 초점을 맞췄다.[6] 유감스럽게도 이런 접근 방식은 100년 전의 기술을 바탕으로 한 이상과 경험에서 탄생한 것이다. 그뿐만 아니라, 오늘날 법이 요구하는 통제권과 프라이버시 기준은 개인이 데이터 기업과 불공정한 계약을 맺도록 강제한다. 데이터를 이용하려는 사람은 보통 데이터를 수집하는 측이 내건 조건에 따라 개인정보 수집에 동의해야 한다. 일단 동의를 얻고 나면 데이터 기업은 사용자에게 실제로 선택의 여지가 있었는지, 그것이 프라이버시에 어떤 영향을 미칠지와는 무관하게 개인에게 '통제권'을 주어야 한다는 법적 요구 사항을 충족시킨 셈이 된다. 프라이버시를 고수하고 싶은 사람에게 개인정보 수집을 거부할 권리가 있기는 하다. 하지만 관련 데이터 제품 및 서비스를 이용하지 못하게 되는데 이것이 무슨 개인적 통제권이란 말인가.

오늘날 우리에게 필요한 것은 데이터를 공유하고 취합할 때 발생하는 혜택과 위험을 가늠할 기준, 그리고 문제가 발생했을 때 기업이 책임지게 할 수 있는 수단을 제공할 기준이다. 지난 20년간 다수의 데이터 기업과 일한 경험을 바탕으로, 나는 투명성 transparency과 주체성agency이라는 원칙이 소셜 데이터의 오용으로부터 우리를 보호하면서 데이터의 혜택을 누릴 수 있게 하는 최선의 방침이라고 생각한다.

투명성은 자신의 데이터를 알 권리다. 어떤 데이터를 누가 갖고 있고, 그것이 어떤 식으로 내가 얻는 결과에 기여하는지 등을 알 권리를 망라한다. 한쪽 면이 거울처럼 보이는 반사 유리의 '어두운' 저편에서 기업이 당신을 관찰하고 있는가? 아니면 기업과 당신의 이해관계가 일치하는지(그리고 언제 그러한지) 판단할 수 있도록 당신이 수집된 데이터의 이용 현황을 볼 수 있는 창구가 제공되는가?[7] 원하는 데이터 제품이나 서비스를 제공받기 위해 얼마나 많은 개인 데이터를 공유해야 하는가? 예로부터 기관과 개인 사이에는 기관에 일방적으로 유리한 심각한 정보 비대칭이 존재한다. 기관의 데이터 수집 능력이 개인보다 클 뿐만 아니라, 그들은 당신의 데이터를 다른 사람들의 데이터와 비교하여 해석할 수 있기 때문이다. 우리가 주는 것과 받는 것이 무엇인지 명백히 드러나야 한다.

투명성이 아마존의 고객 경험 설계에 어떤 식으로 반영되어 있는지, 상점과 고객이 전통적으로 맺어왔던 관계와 비교하여 살펴보자. 고객이 물건을 구입하려 할 때 판매자 측이 잠재적인 매출 감소를 감수하고 그 사람이 이미 그 물건을 산 적이 있음을 상기시켜 주어야 할까? 아마존에서는 과거에 구입한 적이 있는 책을 사려고 하면 "정말로 구매를 원하십니까? 이 품목을 2013년 12월 17일에 구매하셨습니다"라는 메시지를 보여준다. 만일 앨범 중의 한 곡을 구매한 후 나중에 나머지 곡들도 구매하면, 아마존은 이미 구매한 곡을 현재 앨범 가격에서 자동으로 차감한 후 '구매 완료' 처리를 한다. 이렇게 구매 내역 데이터를 보여주는 이유는 고객의 후회를 최소화하기 위해서다. 마찬가지로 요즘 대부분의 항공사 마일리지 제도는 고객의 마일리지가 만료되어 사라지도록 조용히 내버려두기보다는 유효기간이 끝나간다는 안내 메시지를 보내준다.

유감스럽게도 투명성 원칙은 보편적으로 적용되지 않는다. 고객상담센터에 전화할 때마다 지겹게 경험하는 상황을 예로 들어보자. 상담원과 연결되기 전에 "통화 내용은 품질 보증 목적으로 녹음될 수 있습니다"라는 경고가 나온다. 선택의 여지는 없다. 상담원과 이야기하고 싶으면 회사가 내건 조건을 받아들여야 한다. 거기까지는 좋다. 그런데 왜 회사 측만 녹음된 내용에 접근할 수 있나? 무엇에 동의했는지에 대한 기록에 한쪽만 접근할 수 있는데 '품질 보증'이 어떻게 이루어진다는 말인가? 데이터 대칭성의 원칙은 돈을 지불하는 고객에게도 녹음 파일에 접근할 권리를 제공할 것이다.

나는 통화 내용이 녹음될 수 있다는 메시지를 들을 때마다 고객서비스 담당자에게 나도 품질 보증 목적으로 통화 내용을 녹음할 수 있다고 얘기한다. 대부분은 그러시라고 하지만, 간혹 전화를 끊어버리는 상담원도 있다. 물론 상담원의 허락 없이 통화 내용을 녹음할 수도 있다(단, 이것이 불법인 곳도 있음을 언급해둔다).

녹음 파일이 있으면 약속된 서비스를 받지 못했을 때 증거를 내밀며 매니저에게 항의할 수 있다. 그래도 해결되지 않으면 녹음 파일을 인터넷에 업로드하여 회사가 문제를 조속히 해결하도록 여론의 압력을 기대할 수 있다. 실제로 컴캐스트(미국 케이블TV 업체 – 옮긴이)가 고객의 서비스 해지 요구를 번번이 거부하다가 상담원과의 통화 내용이 트위터 실시간 트렌드에 올라오자 마침내 해지해준 사례가 있다.[8]

개인이 기업을 상대로 정당한 요구를 하기 위해 법을 위반할 필요는 없어야 한다. 투명성을 새로운 표준으로 만들기 위해서는 정보가 더 많이 공개되어야 한다.

그러나 투명성만으로는 충분하지 않다. 주체성 또한 필요하다.[9] **주체성**은 자신의 데이터를 스스로 이용할 권리를 망라한다. 데이터 기업의 '기본' 설정을 쉽게 찾아내 원하는 대로 변경할 수 있는가? 데이터 기업의 제품과 서비스를 원하는 방식으로 이용할 수 있는가? 아니면 제한된, 주로 기업에 유리한 옵션 중에서 선택하도록 유도되는가(혹은 강제당하는가)? 변수를 이것저것 변경하고 여러 가지 시나리오를 통해 다양한 가능성을 시험해볼 수 있는가? 주체성은 데이터 기업이 파악한 선호도와 패턴에 기반하여 자유로운 선택을 할 수 있는 개인의 권리다. 여기에는 데이터 기업에 **당신이 원하는 방식으로** 정보를 제공해달라고 요청할 권한도 포함된다.

주체성은 사람들에게 그들이 유용하게 사용할 수 있는 데이터를 생성할 권한을 준다. 아마존은 검열되지 않은 고객 리뷰를 전격 수용했다. 리뷰가 좋든 나쁘든, 별 1개짜리든 5개짜리든, 타인의 인정을 받기 위한 욕구에서 작성한 것이든 도서 평론가가 되고자 하는 일생의 꿈을 위한 것이든 아마존의 입장에서는 전혀 중요하지 않다. 어떤 제품을 구매할지 고민하는 다른 고객들에게 참고가 되느냐 아니냐가 중요하다. 환불하지는 않았지만 구매를 후회하는 고객이 작성한 리뷰는 추천받은 제품이 최선의 선택인지 고민하는 다른 사람들에게 도움이 된다. 아마존은 고객들에게 더 많은 주체성을 부여했다.

수많은 마케팅 담당자들은 타깃팅, 세분화, 설득을 이야기한다. 독자 여러분은 어떨지 모르겠지만, 나는 타깃팅의 표적이 되고 세밀하게 분류되고 설득되고 이리저리 요리되기를 원치 않는다. 이는 주체성 행사와는 거리가 멀다. 모든 기업의 경영자가 자발적으로 투명성과 주체성의 원칙을 수용할 것이라고 기대할 수는 없다. 그러므로 우리는 이 원칙에서 한 걸음 더 나아가야 한다. 우리에게는 투명성과 주체성의 원칙을 눈으로 볼 수 있고, 손으로 만질 수도 있는 도구로 바꾸는 방법을 상세히 알려줄 구체적인 권리가 필요하다.

데이터 기업으로부터 유의미한 권리와 도구에 대한 동의를 끌어낼 수 있다면 개인과 기업의 관계가 역전될 것이다. 나는 이것을 '부호 반전sign flips'이라고 부른다. 고객이 제품에 대한 콘텐츠 대부분을 작성하도록 허용한 아마존의 결정은 부호 반전에 해당하며, 소셜 데이터 혁명은 이와 유사한 기회를 더 많이 제공할 것이다. 개인이 더 나은 결정을 내리도록 도와주는 유용한 도구를 확보하면서, 구식 마케팅과 조작은 갈수록 효력을 잃어가고 있다. 기업이 아무 힘도 없는 고객에게 무엇을 구매할지 정해주던 시절은 갔다. 기업이 무엇을 만들어야 할지는 머지않아 고객이 정하게 될 것이다. 이미 이런 일이 벌어지고 있는 곳도 있다.

부호 반전은 물리학자가 세계를 보는 방식을 구성하는 중요한 요소다. 물을 비등점에 도달할 때까지 가열하면 기체로 변하듯 외부 조건의 변화로 물질의 성질이 급격히 변화하는 상전이phase transition는 사회에도 적용된다. 데이터 양의 증가가 사회에 미치는 영향은 물리적 시스템의 열량 증가에 해당한다. 데이터 기업이 사용자에게 투명성과 주체성을 제공하는 특정한 조건에서는 기업보다 개인에게 유리한 부호 반전이 일어날 것이다. 기업이나 마케팅 책임자가 아니라 보통 사람들이 혜택을 누리게 될 것이다.

소셜 데이터 혁명은 모두에게 변화를 가져온다. 소셜 데이터의 혜택을 취하려면 자신에 관한 정보를 공유해야 한다. 다른 길은 없다. 데이터 사회화의 가치는 협상할 때, 제품 및 서비스를 구매할 때, 대출을 받을 때, 직장을 구할 때, 교육 및 의료 서비스를 받을 때, 그리고 각자가 속한 공동체를 향상시킬 때 더 나은 결정을 내릴 능력이라는 형태로 구현된다. 데이터를 공유할 때 지불하는 대가와 그에 따른 위험은 최소한 그로 인한 혜택으로 상쇄되어야 한다. 데이터 기업이 어떤 정보로 어떤 일을 하는지를 알 수 있는 투명성은 필수다. 마찬가지로 데이터 제품 및 서비스에 대해 우리가 일정한 통제력을 갖는 것도 반드시 필요하다. 그렇지 않으면 주는 것과 받는 것을 어떻게 비교하여 판단할 수 있겠는가?

ㄴ **권력의 균형**

권력의 중심에는 정보가 있다. 차를 잘 모르는 고객에게 품질이 떨어지는 차를 권유하는 중고차 세일즈맨처럼, 많은 정보를 가진 이가 늘 유리한 고지를 점한다. 통신 기술이 발달하고 정보 처리 비용이 저렴해지면서 데이터의 양이 폭증했다. 누구도 모든 데이터를 소화해낼 수는 없기 때문에 정보 불균형의 위험도 훨씬 커졌다.

생성되고 공유되는 데이터의 많은 부분이 사생활에 관한 것이다. 어디에 살고 어디에서 일하고 어디에 가는지, 누구를 사랑하고 누구를 싫어하며 누구와 시간을 보내는지, 점심으로 무엇을 먹었고 운동을 얼마나 하며 무슨 약을 먹는지, 집에서 어떤 기기를 사용하고 어떤 이슈가 감정적 반응을 유발하는지가 훤히 드러난다. 데이터를 수집하고 분석하는, 때로는 데이터를 불법적으로 거래하고, 원하는 조건을 강요하기 위해 데이터를 인질처럼 잡기 일쑤인 기업들에게 우리의 삶은 투명하게 들여다보인다. 개인 데이터가 변형, 교환, 판매되는 방식에 우리가 발언권을 갖고 사용 조건을 정할 수 있어야 한다. 투명성과 주체성 원칙은 데이터 생성자와 데이터 기업 양측에 모두 적용되어야 한다.

개인 데이터와 개인을 보는 관점이 획기적으로 바뀌어야 한다. 1장에서는 석유 정제 과정의 은유를 통해 미가공 데이터를 제품과 서비스로 변환하는 기업의 데이터 분석법을 설명한다. 2장에서는 개인과 개인의 속성을 다루면서 검색, 클릭, 조회, 탭, 스와이프 등 누적된 디지털 흔적이 사람들이 가지고 있는 프라이버시라는 환상을 깨고 새로운 정체성 개념을 창조하면서, 원하든 원하지 않든 우리의 관심사를 드러내는 정직한 신호를 보내고 있음을 살펴본다. 3장에서는 개인의 관계 문제로 초점을 옮겨, 디지털 시대에 소셜 네트워크가 신뢰 관계를 드러내고 재구성하는 현실을 살펴본다. 4장에서는 카메라를 비롯한 온갖 유형의 센서가 네트워크로 연결되면서 세상이 점점 더 높은 해상도로 기록되고 있는 현실과 수집된 데이터가 우리의 위치, 감정 상태, 주목도를 유추하기 위해 분석되는 방식을 살펴본다.

이를 바탕으로 5장과 6장에서는 사람의, 사람에 의한 데이터가 사람을 위한 데이터로 존재하기 위해 반드시 필요한 여섯 가지 권리를 제시한다. 그중 두 가지 권리, 즉 데이터에 접근할 권리와 데이터 기업을 점검할 권리는 투명성을 높이기 위한 장치다. 나머지 네 가지 권리인 데이터를 수정할 권리, 데이터를 흐릴 권리, 데이터로 실험할 권리, 데이터를 다른 기업으로 이전할 권리는 주체성에 초점을 맞춘다. 이러한 권리가 개인 데이터와 그것이 사용되는 방식에 적용될 때 구매와 지불, 투자, 노동, 삶, 학습, 공공 자원 운용의 방식에 변화가 찾아올 것이다. 마지막 장에서는 여섯 가지 권리가 현실에서 어떻게 작동하는지 설명한다.

우리는 데이터를 이용해 제품과 서비스를 만들어내는 조직과 그 데이터를 생성하는 사람들의 관계를 정의하는 중요한 기점에 서 있다. 소비자와 상점, 투자자와 은행, 직원과 고용주, 환자와 의사, 학생과 교사, 시민과 정부의 관계도 새롭게 정의될 것이다. 이제 우리가 적극적으로 나서서 데이터가 어떻게 사용되는지 이해하고, 데이터의 혜택을 실현하는 동시에 그에 따른 파급 효과를 모니터링할 때다. 그런 다음에야 데이터 기업과 우리의 이해관계가 일치하는지 판단할 수 있다. 대부분의 신기술이 그러하듯이 모든 것을 변화시키는 것은 기계가 아니다. 혁명은 사람들이 기계를 사용하고, 기대치를 조정하고, 그에 대한 대응으로 사회 규범을 바꿀 때 찾아온다.

사람의, 사람에 의한 데이터는 사람을 위한 데이터가 될 수 있다. 독자 여러분을 혁명에 초대한다.

1장 데이터 리터러시

디지털 시민을 위한 필수 도구

데이터 정제소는 어떻게 작동하며,
당신의 데이터는 그들에게 어떤 가치가 있을까?

18세기에는 성경이나 교리 문답서에서 익숙한 구절을 소리 내 읽을 수 있는 사람을 식자로 간주하였다. 오늘날 그 정도밖에 못 읽는 사람은 사실상 경제적 생존에 필수적인 문서를 읽을 수 없는 문맹으로 분류될 것이다.[1] – 조지 밀러

'사람을 위한 데이터'는 그저 공허한 슬로건이 아니다. 우리는 날마다 소셜 데이터에 근거한 순위와 추천의 형태로 데이터 제품과 서비스를 접한다. 마게팅 업계의 전통적인 '매드 맨Mad Men(과거에 광고회사가 모여 있던 뉴욕 매디슨 애비뉴의 광고맨들을 일컫는 말 – 옮긴이)'은 매일 10억 명이 남기는 무수한 디지털 흔적을 추적하기 위해 알고리즘을 돌리는 데이터 과학자들로 대체되었다. 데이터의 기하급수적 증가보다 더 중요한 것은 사고방식의 변화다. 소셜 데이터 혁명에 동참하려면 우리는 눈앞에 제시된 것을 비판 없이 수용하는 낡고 수동적인 '소비자'의 사고방식에서 벗어나, 자신이 적극적으로 소셜 데이터를 만들어내는 공동생산자라는 새로운 사고방식에 익숙해져야 한다. 판매자와 구매

자, 은행과 채무자, 고용주와 직원, 의사와 환자, 교사와 학생 간의 권력 균형에 판도 변화가 일어나고 있다. 이것이 사람의, 사람에 의한 데이터가 사람을 위한 데이터가 될 수 있는, 되고야 말 방법이다.

데이터가 우리 모두를 위한 것이 되어야 한다고 요구하는 일은 이루 말할 수 없이 중요하다. 21세기의 가장 중요한 원자재는 데이터다. 데이터는 새로운 석유다.[2] 이 비유는 몇 가지 점에서 유용하다. 한 세기가 넘도록 인간 사회와 경제는 석유의 발견 및 석유를 추출, 이송, 저장, 정제하여 전 세계가 사용하는 제품을 만들어내는 기술을 바탕으로 발전해왔다. 오늘날에는 미가공 데이터를 제품 및 서비스로 탈바꿈시키는 역량이 산업혁명에 맞먹는 수준으로 삶을 바꿔놓고 있다.

미가공 상태의 원유는 무용지물이다. 원유를 정제하여 휘발유, 플라스틱, 기타 화학제품으로 만들어야 비로소 효용이 발생한다. 정제유는 산업화 시대에는 기계에 연료를 공급했으며, 현대 경제에서는 물품 제조 과정에서 일정한 역할을 한다. 원유와 마찬가지로 미가공 데이터는 그 자체로는 별 쓸모가 없다. 데이터의 가치는 데이터를 통합, 분석, 비교, 필터링하여 새로운 데이터 제품과 서비스를 내놓는 데이터 정제소refinery에 의해 생성된다. 정제유가 2차 산업혁명의 원동력이었듯이, 가공된 데이터는 소셜 데이터 혁명의 밑거름이다

다행히도 데이터는 석유와 근본적으로 다르다. 석유의 매장량은 유한하며, 매장량이 줄어들수록 생산 비용이 상승한다. 이와 대조적으로 데이터 생성량은 기하급수적으로 증가하는 반면 통

신과 정보 처리에 드는 비용은 갈수록 감소하고 있다. 2015년 말 기준으로 스마트폰을 소유한 미국인 성인의 비율은 50퍼센트가 넘는다.[3] 미국인은 매일 평균 2시간가량을 휴대폰 사용에 소비한다.[4] 하루에 휴대폰을 만지는 횟수는 200~300번 사이로 추산되는데, 이는 대부분의 사람이 한 달간 배우자와 하는 신체 접촉보다 많은 횟수다.[5] 휴대폰은 사용할 때마다 데이터를 생성한다. 석유와 달리 데이터가 고갈되는 일은 없을 것이다.

석유를 사용할 때는 그것이 늘 부족하며 물리적 형태라는 사실에 제한을 받는다. 반면 데이터를 사용할 때는 그것이 매우 풍부하게 존재하며 디지털 형태라는 점을 고려해야 한다. 원유 한 통, 또는 그것을 정제한 제품은 한 번에 하나의 주체만 사용권을 갖는다. 반면 데이터 풀data pool은 다수가 동시에 접속하여 다양한 제품을 만들어낼 수 있다. 기존의 법률과 사회 규범은 재화가 부족하다는 생각을 기초로 형성되었다. 예를 들어 삶의 비극이 초래하는 비용과 파급 효과로부터 개인을 보호하기 위해 만든 보험 제도는 데이터가 제한적이던 시기에 고안된 장치다. 누구의 집에 도둑이 들지, 누가 당뇨병에 걸릴지 개별적인 확률을 계산하는 것이 불가능했기 때문에, 보험사는 사람들을 한데 묶어 손실 위험을 합산한 다음 해당 집단에 속한 모든 이에게 평균적인 보험료를 부과했다. 앞으로는 방대한 데이터에 기반하여 개인별 손실 위험을 예측하는 일이 가능해질 것이고, 보험료도 각자 다른 금액을 내게 될 것이다. 데이터가 존재하지 않는 척 눈 가리고 아웅 할 수도 있고, 데이터의 존재를 인정하고 이로 인해 삶이 어떻게 변할지 예상해볼 수도 있다. 우리는 이 새로운 자원을 가지고 어떤 세상을 만들고자 하는가?

새로운 기술이 등장해도 그것을 활용할 도구가 없다면 혜택을 누릴 수 없다. 구텐베르크가 활판 인쇄술을 발명하기 전에는 책이 귀했다. 오랜 시간을 들여 글 읽는 법을 배우는 것은 대다수의 사람에게 아무런 혜택도 주지 못했다. 웹이 발명되기 전, 프린스턴대학의 심리학과 교수 조지 밀러는 현대인의 문해력 수준을 개탄하는 글을 썼다. 그는 너무나 많은 학생이 '지식 산업' 경제에 필요한 고급 읽기, 수학, 과학적 소양을 갖추지 못한 채 학교를 졸업한다고 우려를 표했다.[6] 오늘날에는 또 하나의 중요한 문해력인 '데이터 리터러시data literacy'가 요구된다. 데이터 정제소의 작동 방식을 이해하고, 변경 가능한 변수와 가능하지 않은 변수를 학습하고, 오류를 해석하고, 불확실성을 이해하며, 소셜 데이터 공유에 따른 파급 효과를 인식하는 기술이다. 우리가 내리는 대부분의 결정이 데이터 정제소의 추천과 분석에 따르는 세상에서 데이터 리터러시는 반드시 필요한 기술이다.

∟ 데이터 가공 과정

최초의 대형 데이터 정제소 중 하나인 아마존이 유통업체인 것은 그리 놀랍지 않다. 유통업에서 성공하기 위해서는 잠재 고객을 위해 어떤 물건을 들여놓아야 할지 알아야 하고, 그러려면 재고, 가격, 광고, 고객의 구매 습관에 관한 데이터를 꾸준히 관리해야 한다.

200년 전에는 매일 폐점 시간에 진열대에 남아 있는 상품의 목록과 서랍 안에 든 돈을 만년필로 종이 장부에 기록한 것이 상점 주인이 보유한 데이터의 대부분을 차지했다. 별 차이 없는 제품이 비슷비슷한 가격에 제공되었기에, 소비자는 제품이 약속하는 바가 얼마나 그럴듯한지와 포장의 매력도, 그리고 이웃, 가족, 친구들의 의견을 바탕으로 무엇을 구매할지 결정했다. 150년 전, 몽고메리 워드와 시어스 로벅 앤드 컴퍼니 등 몇몇 회사가 총 1만 개가 넘는 제품이 실린 우편 주문 카탈로그를 발행하여 미국 전역의 소도시 고객들 사이에서 큰 인기를 끌었다. 그들은 어느 고객이 어떤 물품을 어디로 주문했는지 알 수 있었으며, 지역별로 판매된 제품 정보를 축적할 수 있었다. 100년 전, 우편 주문 카탈로그 회사들은 번화가에 쇼룸과 매장을 열고, 재고 관리를 위해 판매 데이터를 샅샅이 뒤져 소비자 수요를 예측하는 일군의 분석 전문가를 동원했다.[7] 50년 전, 유통업계에 다시 한 번 지각변동이 일어났다. 새로 도입된 우편번호 제도 덕분에 고객 관리가 한결 수월해졌다.[8] 이후 수십 년간 기업은 지리적 단위로 구분된 고객에 관한 상세한 인구통계학적 정보를 수집했다. 1960년대 중반에 도입된 신용카드 제도로 고객별 거래 데이터 수집이 한층 쉬워졌다. 웹이 탄생하기 전까지는 고객이 사는 곳과 어디서 얼마나 지출했는지가 데이터 개인화의 최대치였다.

1969년에 설립된 액시엄을 비롯한 데이터 브로커 기업들은 고객을 '애플파이 가정Apple Pie Families(교육 수준이 높은 상위 중산층 가정 - 옮긴이)', '상류층 부자Blue Blood Estates', '샷건과 픽업Shotguns and Pickups(사냥총과 픽업트럭을 소유한 가구. 주로 소규모 주택이나 조립식 주택 또는 이동 주택을 소유하며, 아이를 가진 청장년층 노동자 계층을 뜻한다 - 옮긴이)', '교외 축구 맘Suburban Soccer Moms(아이를 축구 등 여러 과외 활동으로 실어 나르며 자녀 교육에 투자하는 중산층 주부 - 옮긴이)' 등 수십 개 소비자 그룹으로 묶어 관리했다.[9] 사회적 고정관념을 반영하는 이런 꼬리표는 데이터 브로커가 공공 기록이나 우편 주문 기록에서 추출한 제한적인 정보만 갖고 있던 시절에 고안된 것이다.[10] 브로커들은 부동산 정보를 조회하여 어느 집이 수영장을 갖추고 있는지 알아낼 수 있었다. '세분화 마케팅Segmentation marketing'은 소비자 데이터가 드물었던 시대에 마치 하늘에서 떨어진 선물과 같았다. 20세기 말, 액시엄의 연간 매출은 10억 달러 규모로 성장했다.[11]

데이터 브로커가 세분화 분석을 온라인 유통업으로 확장할 기회를 모색한 것은 자연스러운 수순이었다. 아마존에 입사하기 한 해 전, 나는 액시엄의 한 부서와 협력하여 가구별 데이터에 디지털 항목을 하나 추가하는 방법을 개발하는 업무를 맡았다. 당시 액시엄 경영자들이 고심했던 문제는 가구별 데이터에 올바른 이메일 주소를 첨부할 방법을 찾아내는 것이었다. 액시엄이 작은 한걸음(기존의 데이터베이스에 새로운 데이터 항목 추가)을 내딛는 동안, 아마존을 비롯한 다른 기업들은 방대한 소셜 데이터로의 거대한 도약을 준비하고 있었다. 나는 액시엄의 경영자들에게 곧—이때는 최초의 아이폰이 출시되기 6년 전이다—기업이 온라인 데이터를 통해 가구별 인구통계학적 정보보다 훨씬 더 많은 것을 알게 될 것임을 이해시키려 애쓰던 일을 생생하게 기억한다. 유통업체가 모든 검색, 클릭, 구매를 추적하고 방치된 '장바구니'를 포착할 수 있게 되었다. 데이터로 무장한 기업은 소비자 그룹 단위가 아닌 개인 단위로 제품과 서비스를 마케팅할 수 있게 되었다. 다시 말해, 소비자 그룹이 1명인 시대가 열렸다.[12]

　아마존은 존재하는 모든 물품을 판매한다는 목표를 내걸고 있기에 '모든 것을 파는 상점Everything Store'이라 불린다. 하지만 더 중요한 것은 아마존이 고객과 상품에 관한 데이터를 하나도 남김없이 모두 저장하는 최초의 '모든 것을 저장하는 상점Save Everything Store'이라는 점이다.[13] 수억 가지 제품을 판매하는 아마존은 모든 제품을 전시할 수 없다. 물품 목록의 규모가 어마어마하기 때문에 아마존의 전체 카탈로그를 페이지별로 모두 훑어보는 것도 불가능하다. 따라서 고객이 먼저 아마존에 어떤 물건을 찾고 있는지 알려주지 않으면 아마존은 어떤 제품을 보유하고 있는지 보여줄 수 없다. 순위가 매겨진 검색 결과 목록을 얻기 위해 고객은 먼저 데이터를 제공해야 한다. 계산대에 서기 전까지 어떤 물건에 관심이 있는지 혼자만 알고 있는 선택지는 더 이상 존재하지 않는다.

　2002년 내가 합류했을 당시 아마존은 우편번호 단위 수준의 분석을 넘어 사이트에서 벌어지는 모든 상호 작용을 최대한 활용하는 것을 목표로 삼았다. 우리 팀은 몇 가지 질문에서 출발하여 개별 사용자에 관한 500가지 개인적 속성을 찾아냈다. 고객의 배송지 주소와 가장 가까운 서점 또는 쇼핑몰까지의 거리가 고객의 아마존 쇼핑 빈도나 지출액에 영향을 미치는가? 어떤 신용카드를 사용하는지가 향후 구매 패턴을 예측하는 데 영향을 미치는가? 2개 이상의 카테고리에서 물건을 구입하는 사람이 책만 구매하는 사람보다 연간 매출 측면에서 아마존에 더 가치 있는 고객인가? 고객별로 낮과 밤에 구매하는 물품이 다른가? 분석 결과는 1달러를 마케팅에 투입할지, 가격 인하에 투입할지와 같은 수많은 결정의 토대가 되었다.

그뿐만 아니라 아마존은 분석 결과를 바탕으로 쇼핑 중인 고객에게 어떤 정보를 보여줄지 결정했다. 구매 가능성을 예상할 때, 고객이 과거에 어떤 제품을 구매했는지보다는 제품 사이의 관계가 더 효과적인 척도인 것으로 나타났다. 제품의 관계는 다양한 방법으로 측정할 수 있다. 이를테면 제품 사양을 비교하거나 제품 설명에 등장하는 어휘가 얼마나 겹치는지 분석하여 '유사한 상품'을 추출할 수 있다. 하지만 가장 중요한 데이터는 두 제품이 함께 구매 또는 검색되는 빈도였다. 아마존은 종종 함께 구매되는 두 가지 제품을 '보완품'으로 연결하고, 함께 클릭되는 두 유사 제품을 '대체품'으로 연결했다. 과거에 그것을 구매한 사람들의 검색어, 클릭, 구매 목록을 모두 분석하여 고객이 제품을 클릭하면 대체품('다른 고객들이 이 제품을 보고 난 뒤 어떤 제품을 구매했는가?') 과 보완품('이 제품을 구매한 고객들이 구매한 다른 제품')을 함께 제시했다. 마찬가지로 제품을 클릭한 다음 실제로 그것을(또는 내체품을) 구매한 사람의 **비율**을 제공하는 등 소비자의 의사결정 과정을 집약적으로 보여주는 방법도 유용했다.

아마존은 이렇게 클릭과 구매 데이터의 총합을 바탕으로 제품 추천 시스템을 개발했다. 또한 제3자가 아마존 사이트에서 제품을 판매할 수 있는 플랫폼을 구축하고, 물품을 보관할 수 있도록 창고 공간을 제공하면서 분석 대상의 범위가 대폭 확장되었다. 아마존은 '교외 축구 맘'이나 '샷건과 픽업' 같은 수십 개의 전형적인 소비자 그룹을 만들어 고객을 분류하는 대신, (개인별 맞춤 서비스를 뛰어넘어) 1명의 고객을 '10분의 1명' 단위로 구분하여 각 개인의 변화하는 필요와 관심사까지 반영할 수 있었다.[14]

데이터 저장 자체는 혁신이 아니다. 아마존을 독보적인 기업으로 만든 것은 고객의 관심사와 선호하는 바, 그리고 현재 상황에 맞는 물건을 추천하기 위해 데이터를 가공하는 노력이다. 그러나 과도한 개인화는 오히려 고객을 겁먹게 할 수 있다. 『뉴욕 타임스』의 기자 찰스 두히그가 쓴 기사에 다음과 같은 사례가 등장한다. 타깃(미국 종합 유통업체 – 옮긴이)의 알고리즘이 한 젊은 여성의 구매 내역을 바탕으로 그녀에게 출산용품 홍보물을 보내기 시작했다. 그녀의 아버지는 분개했다. 그러나 며칠 후 딸이 그에게 임신 소식을 전했다. 타깃의 알고리즘은 정확했다.[15]

아마존은 고객이 사이트에서 생성하는 모든 데이터를 활용하며 마케팅 방식을 혁신했다. 그뿐만 아니라 제품 리뷰라는 형태로 고객이 데이터를 생성할 수 있는 수단을 부여했다. 이 실험은 브랜드와 제품에 관한 커뮤니케이션을 통제하는 데 중점을 두었던 기존의 마케팅을 근본적으로 뒤집었다. 고객들은 자신의 경험을 다른 소비자들과 공유하는 데 열성적이었다. 제조사, 마케팅 담당자, 판매자가 제공한 제품 설명보다 다른 고객들의 리뷰를 더 신뢰하는 경우도 흔했다. 어떤 제품에 여러 사람이 낮은 평점을 줄 때 전문가나 직원이 그 제품을 얼마나 높이 평가하는지는 전혀 중요하지 않았다. 게다가 고객이 직접 리뷰를 남기자 직원이 리뷰를 작성할 때보다 '모든 것을 파는 상점'의 방대한 제품을 훨씬 더 많이 커버할 수 있었고, 고객들은 단지 한 사람의 의견이 아니라 다양한 이들의 평가를 참고할 수 있었다. 결국 아마존은 제품 리뷰 담당 직무를 없애고, 가장 유용한 고객 리뷰를 제품 페이지 상단에 보여주는 알고리즘을 개발하는 데 자원을 할당했다. 기술과 데이터에 투자한 1달러가 콘텐츠 큐레이션에 지출한 1달러보다 더 효율적으로 구매 경험을 개선했다. 아마존은 전 세계 10억 인구의 구매 방식을 바꿔놓았다. 2015년에는 미국 온라인 고객의 절반가량이 구매 전에 아마존부터 검색했다.[16]

차를 운전하기 위해 내연기관의 복잡한 구조를 모두 이해할 필요는 없듯이, 관심사와 필요에 부합하는 제품을 찾기 위해 아마존의 복잡한 알고리즘을 다 이해할 필요는 없다. 그보다는 기계가 작동하는 기본 메커니즘을 이해하고 안전하게 운영하는 규칙을 수립하는 것이 더 중요하다. 점점 더 많은 정보원과 센서로부터 데이터가 생성되고 공유되는 시대에 우리는 이를 방관하면서 다른 이들이 이용약관을 정하도록 내비려둘 수도 있고(20페이지가 넘는 약관을 스크롤한 후 아무 생각 없이 동의 버튼 클릭하기), 새로운 규범을 수립하는 데 직접 참여할 수도 있다. 계속해서 소셜 데이터 정제소를 불기사의한 '블랙박스'로 치부할 수도 있고, 데이터 문맹에서 벗어나 우리가 데이터 기업에게 주는 만큼의 가치를 얻을 수도 있도록 데이터 정제소에 영향력을 행사할 의미 있는 방법을 요구할 수도 있다.

⌐ 데이터의 가치

아마존에서 물건을 구매하거나 어디에 가서 저녁을 먹고 그곳까지 어떻게 이동할지를 결정할 때처럼, 우리는 이미 수많은 일상적인 결정을 내릴 때 소셜 데이터에 의존한다. 소셜 데이터가 생성되는 영역이 점차 확장되면서 어떤 사람을 연애 상대로 고를지, 어떤 직장을 선택하고 어떻게 일할지, 어떤 약을 먹을지, 무엇을 어떻게 공부할지 등 인생의 중대한 결정에서 갈수록 데이터 정제소에 더 의존하게 될 것이다.

많은 경우 우리가 생성한 데이터의 진가는 다른 사람들이 생성한 데이터와 비교할 때 비로소 드러난다. 데이터 정제소가 수집하는 소셜 데이터가 기하급수적으로 증가하면서 예전이라면 답을 기대할 수 없었던 수많은 질문의 답을 얻을 수 있게 되었다. 나아가 과거에는 떠올리지조차 못했던 새롭고 유용한 질문을 하게 될 것이다.

알고리즘은 인간이 컴퓨터의 도움 없이는 볼 수 없는 패턴을 찾아내며, 그렇게 드러난 패턴 정보는 우리의 의사결정을 돕는다. 우리가 데이터 정제소와 데이터를 공유할 때 얻는 효용은 우리가 협상할 때, 물건이나 서비스를 구매할 때, 대출을 받을 때, 직장을 구할 때, 자신과 가족을 위해 어떤 의료 혹은 교육 서비스를 이용할지 결정할 때, 공동체의 안전과 공공 서비스의 질을 향상시킬 방법을 모색할 때 그 가공된 데이터가 얼마나 유용한지에 달렸다.

데이터 기업이 주는 혜택에 관한 논의는 기업과 정부가 언제, 어떻게, 왜 '디지털 배출물'(우리가 날마다 생성하는 데이터)을 수집하는지에 관한 통상적인 논의와는 판이한 접근 방법이다. 어떤 이들은 너무 많은 데이터가 수집되고 있다고 목소리를 높이면서, 개인이 취할 수 있는 최선의 선택은 정보를 덜 공유하거나 대가를 요구하는 것이라고 주장한다. 하지만 데이터 제공에만 초점을 맞추면 잠재적인 혜택을 놓치게 된다. 그보다는 우리가 제공하는 미가공 데이터의 대가로 미미한 경제적 보상과는 비교도 안 되는 가치 있는 무언가를 요구해야 한다. 즉 데이터 정제소의 운영 방식에 대한 발언권을 요구하며, 공정하고 누구나 쉽게 이해할 수 있는 방식으로 데이터 정제소의 산출물에 영향을 미칠 기회를 요구해야 한다.

먼저 미가공 데이터와 가공 데이터의 가치 차이를 고려해보자. 구글 검색창에 내 이름인 'Andreas Weigend'를 입력하면, 구글은 'Andreas'와 'Weigend'라는 단어가 포함된 페이지가 '대략 12만 2000개' 존재한다고 알려준다. 결과 페이지를 일일이 꼼꼼하게 살펴보는 것은 불가능하다. 페이지당 5초라는 굉장한 속도로 본다고 가정하더라도 꼬박 일주일이 걸릴 테니 사실상 불가능하다. 따라서 사용자는 구글이 정하는 검색 결과 순위에 의존할 수밖에 없다. 구글은 최근에 언급된 페이지를 먼저 보여주는 방식으로 검색 결과를 나열할 수 있다. 이 방식은 나에 관한 최신 뉴스를 찾아보고 싶다면 이상적이겠지만, 몇 년 전 강의한 수업 동영상을 찾고 있다면 그리 도움이 되지 않을 것이다. 또 다른 옵션은 각 페이지에서 내 이름이 언급되는 횟수를 세어 수가 많은 페이지가 관련성이 높다고 보고 그 순서대로 페이지를 나열하는 것이다. 이 방식은 내가 가장 많이 인용된 신문 기사를 찾을 때 어느 정도 도움이 될 것이다. 하지만 내 이름이 아니라 '저렴한 아이패드'를 검색할 때라면 이런 방식이 얼마나 도움이 될까? '클릭 낚시' 전문가들이 인기 검색어로 페이지를 도배할 것이고(많은 이들이 실제로 그렇게 하고 있고), 쓸 만한 정보를 담고 있는 페이지를 찾기 위해서는 검색 결과를 뒤지고 또 뒤져야 할 것이다.

구글은 검색 결과 순위의 품질을 향상시키기 위해 웹페이지에 포함된 단어 외에 다양한 데이터 원천을 동원하여 웹페이지의 유용성을 평가한다. 구글 엔지니어들은 특정 페이지를 링크한 다른 페이지들의 수를 기준으로 그 페이지가 검색어와 얼마만큼의 연관성이 있는지 순위를 매기기 시작했다. 다른 웹페이지에서 유입되는 백링크backlinks는 사용자의 주목도를 측정할 기준을 제공했다. 검색 결과 순위에서 백링크가 중요한 비중을 차지한다는 사실이 알려지면서, 악명 높은 링크팜link farm(타깃 사이트로 연결되는 링크 수를 늘리려는 목적으로 만들어진 웹사이트. 검색 엔진에서 웹사이트 노출 순위를 높이기 위해 사용되는 수법이다 – 옮긴이)을 비롯한 '검색 엔진 최적화' 분야가 탄생했다. 구글 알고리즘은 이에 대응하여 실제로 관심을 가진 개인이 생성한 백링크와 마케팅 업체가 인위로 생성한 백링크를 구분하는 방법을 학습했다. 웹의 링크 구조 외에도 이제 구글은 거의 20년 동안 축적한 검색어별 방문 웹페이지와 체류 시간(검색 목록으로 돌아가 다른 링크를 클릭하기 전까지 해당 웹페이지에 머무는 시간) 데이터를 보유하고 있다. 많은 사용자가 웹페이지를 클릭하고 내용을 흘끗 본 다음 다른 페이지를 찾아 떠날 경우(이를 '짧은 클릭'이라 한다) 웹페이지의 연관성 순위가 하락한다. 물론 구글에서 웹페이지 순위가 높다고 해서 정보의 정확성이 보장되지는 않는다. 단지 사용자들이 그 웹페이지에 얼마나 주목했는지를 알려줄 뿐이다.

구글의 일별 검색 수는 얼마나 될까? 매일 얼마나 많은 사진이 페이스북에 올라올까? 데이터 리터러시의 기본 스킬 중 하나는 데이터가 그럴듯한지, 그럴듯하지 않은지 혹은 불가능한지 구분하는 것이다. 정확한 숫자는 중요하지 않다. 데이터가 대략 말이 되는지 안 되는지를 판단하는 능력이 중요하다. 물리학자들은 이런 종류의 판단을 내릴 때 '크기 정도orders of magnitude' 또는 10배수 개념을 곧잘 사용한다. 구글과 페이스북의 사용자 규모는 1억 명에서 100억 명 사이이므로 수십억 명 수준으로 볼 수 있다.[17] 전형적인 사용자의 하루 평균 검색 횟수는 1보다는 많고 100보다는 적으므로 수십 건, 페이스북 사진 게시 횟수는 한 달에 1번 이상 하루 10개 미만이므로 몇 건 수준으로 볼 수 있다. 따라서 일별 구글 검색 건수는 수백억 건, 매일 페이스북에 올라오는 사진은 수십억 개라고 어림잡을 수 있겠다.[18]

소셜 데이터가 매일 수십, 수백억 개씩 **추가로** 생성된다는 사실을 알고 나면, 왜 당신의 미가공 데이터가 별 금전적인 가치가 없는지 이해될 것이다. 금전적 가치는 개인이 느끼는 감상적 가치와는 다르다. 당신이 페이스북에 올린 귀여운 강아지 사진에 관심을 갖는 사람은 아마도 100여 명, 페이스북 사용자의 0.00001퍼센트를 넘지 않을 것이다. 수백만 명의 데이터를 집계하여 분석해야 비로소 유용한 상관관계와 패턴이 드러난다. 한 사람이 데이터를 제공하지 않기로 한들, 데이터 정제소는 나머지 데이터로부터 동일한 결론에 도달할 것이다. 개인은 데이터 제공을 거부하면 서비스를 이용할 수 없게 되지만, 데이터 정제소는 10억 명 중 1명의 정보를 얻지 못할 뿐이므로 잃을 게 없다.

사용자 데이터가 페이스북의 사진처럼 늘 개별적으로 구분되지는 않는다. 하나의 데이터 포인트는 바다에 빠진 모래알처럼 찾기는 어려워도 뚜렷이 구분되는 개체로 존재할 수 있다. 혹은 마치 물에 떨어뜨린 잉크 방울처럼 균질하게 섞여 들어가 더 이상 구분이 불가능할 수도 있다. 데이터 리터러시는 언제 당신의 데이터가 하나씩 개별적으로 삭제될 수 있고, 또 언제 사용자 데이터의 총합에 녹아드는지를 구분하는 것이기도 하다. 앞에서 언급했듯이 아마존은 제품 클릭을 다른 제품의 클릭이나 구매와 연결한다. 만일 구매한 제품을 감추고 싶다면 구매 내역에서 해당 항목을 삭제하면 된다. 하지만 클릭한 내역은 아마존의 제품 추천 시스템에 녹아들었기 때문에 제거할 수 없다. 여기서 다시 한 번 정제된 석유와 정제된 데이터 사이의 유사성이 드러난다. 정제 과정에서 어느 시점 이후에는 더 이상 특정 유정에서 추출한 석유를 구분하는 것이 불가능하다.

나는 데이터의 양적, 질적인 특성에 대한 이런 이해를 바탕으로, 개인이 제공하는 데이터에 기업이 비용을 지급할 것을 요구하는 것은 잘못된 접근 방식이라고 생각한다. 마이크로소프트 리서치의 철학자 재론 래니어는 2013년에 『누가 미래를 소유하는가?Who Owns the Future?』를 펴낸 이래 '소액 결제' 형태의 데이터 보상을 열성적으로 지지했다.[19] 그가 즐겨 드는 사례 중 하나는 구글 번역 서비스다. 그는 왜 광고 수입을 구글이 전부 가져가는지, 번역어를 제안하고 기계 번역을 수정하여 구글의 알고리즘을 향상시킨 다른 모든 사람은 아무런 대가도 받지 못하는지 묻는다. 새로운 제안과 수정이 입력될 때마다 구글의 텍스트 번역 모델은 개선된다. 설사 새로운 기여자가 이전 기여자의 작업을 반복한다 해도, 이런 반복 행위로부터 그 제안에 더 가중치를 두어야 한다는 사실을 배우기 때문에 번역의 품질이 개선된다.

하지만 번역 기여자들의 노력이 아무런 보상을 받지 못한다는 말은 사실이 아니다. 그들 역시 텍스트를 번역할 때 구글의 서비스를 이용하면서 그 개선의 결과를 누릴 가능성이 높기 때문이다. 그들은 돈이 아니라 가공된 데이터 제품과 서비스의 형태로 보상을 받는다.

다음으로, 페이스북에서 매일같이 생성되는 데이터를 고려해보자. 당신이 페이스북에 올린 강아지 사진은 분명 당신이 생성한 데이터다. 하지만 생일 파티에 모인 친구들의 사진을 올렸다면? 페이스북 게시물의 상업적 가치는 그 게시물로 인해 발생하는 트래픽, 그리고 그 게시물과 사람들 사이에 일어난 상호 작용 속에 내포된 인간관계와 관심사를 추출해 가공한 데이터에 의해 결정된다. 이 경우 사진을 찍어 올린 당신이 데이터 공유의 대가를 100퍼센트 취해야 할까? 아니면 사진에 태그된 모든 사람과 나누어 가져야 할까? 댓글을 달거나 '좋아요'를 누르거나 태그를 달아서 사진을 자신의 페이스북 친구들에게 노출한 이들은? 이런 데이터의 양이 훨씬 더 많을 뿐만 아니라 페이스북 서비스를 향상시키는 데 더 크게 기여한다. 래니어는 이와 같은 데이터에 대해서는 언급하지 않는다. 어쩌면 그는 이것을 지불할 가치가 있는 '창조적' 콘텐츠라고 생각하지 않을 수도 있다. 하지만 우리가 매일 의존하는 데이터 정제소의 원자재는 대부분 이와 같은 상호 작용이 남긴 디지털 흔적이다.

데이터 정제소들에 모든 사용자 클릭, 검색, '좋아요', 태그의 가치를 사용자별로 계산하라고 강요한다면 검색 결과, 추천, 순위

서비스가 모두 유료로 전환될 것이 뻔하다. 분석을 수행하기 위해서는 데이터가 누구에게 귀속되고 어떤 가치를 지니는지를 결정하는 별도의 알고리즘을 개발해야 하고, 알고리즘 개발에는 돈이 든다. 여기에는 데이터의 가치가 시간이 지남에 따라 어떻게 변하는지 계산하는 것도 포함된다.

래니어가 주장하는 소액 결제 형태의 데이터 보상안이 성공할 가망이 없는 이유는 단지 권리 귀속자 문제를 해결하는 데 드는 비용과 어려움 때문만이 아니다. 간단한 산수를 해보자. 페이스북이 연간 수익(2015년 기준 약 35억 달러[20])을 한 푼의 주주 배당금도 지급하지 않고 모두 배분할 경우, 개별 사용자에게 돌아가는 금액은 1년에 약 3.5달러다. 당신은 1년 내내 커뮤니케이션 플랫폼에 무제한으로 접근하기 위해 카푸치노 한 잔 값을 기꺼이 지불하겠는가? 그렇다면 당신은 이미 데이터 제공의 '대가'를 받고 있다. 둘째로, 많은 경우 데이터 정제소의 서비스를 이용하기 위해서는 먼저 데이터를 제공해야 한다. 차량 공유 서비스 우버 앱을 이용하려면 먼저 위치 정보를 제공해야 한다. 무료로 데이터를 제공하지 않기로 한다면 그들이 제공하는 무료 제품 및 서비스를 이용하는 것도 포기해야 한다. 셋째로, 추천부터 예측에 이르기까지 데이터 정제소의 산출물은 대부분 개인들의 데이터를 한데 모아 가공하여 생성된다. 한 사람의 데이터가 누락된다고 해서 결과물이 크게 달라지지는 않겠지만, 모든 이용자에게 데이터를 요청하는 것은 타당하다.

이상의 이유로 나는 미가공 데이터에 대한 금전적 대가를 요구하자는 주장에 반대한다. 그보다는 언제, 어떻게, 왜 데이터를 공유해야 하는지, 수집된 데이터가 어디에 사용되는지, 그리고 그 결과 얻는 것은 무엇인지를 통제할 더욱 강력한 수단을 요구해야 한다. 가장 성공적인 데이터 정제소들은 사용자 데이터가 데이터 제품에 기여하는 바를 분명히 밝힌다. 우리 사회는 기업이나 기관 등의 조직이 미가공 데이터를 사용하는 데 어떤 제한을 둘지를 논하는 데 너무 많은 시간을 투여하는 반면, 투명성과 주체성을 향상시키기 위해 조직이 어떤 도구를 제공해야 하는지에 대해서는 충분한 논의를 하지 않고 있다.

데이터 정제소는 사용자를 그저 사고파는 숫자 뭉치로 취급하지 않는다(적어도 반드시 그런 것은 아니다). 이 책에서 독자가 꼭 얻어가길 원하는 교훈이 하나 있다면, 소셜 데이터가 거대 기업이 더 나은 타깃 광고를 개발하게 하기도 하지만 **당신**이 더 나은 결정을 내릴 수 있게 도와주기도 한다는 사실이다. 당신은 스스로 생성한 데이터의 총합이자, 스스로 내린 결정의 총합이다. 당신의 데이터는 당신에게 이런 가치가 있다.

ㄴ 탐색 대 활용

데이터 가공 과정은 탐색exploration과 활용exploitation 사이의 절충을 필요로 한다. 인공지능 분야에서 '멀티 암드 밴딧multi-armed bandit' 문제(슬롯머신을 지칭하는 'one-armed bandit'에서 유래한 말. 여러 대 늘어선 슬롯머신 가운데 하나를 선택하는 문제 – 옮긴이)는 새로운 옵션을 탐색할지, 아니면 지금까지 본 것 중에서 최선의 옵션을 선택할지 사이에서 고민하는 딜레마의 전형적인 예다.[21] 네온

사인이 화려하게 빛나고 슬롯머신이 길게 늘어선 라스베이거스를 떠올려보라. 당신이 막 카지노에 들어서자마자 누가 슬롯머신에서 잭팟을 터트리는 것을 목격했다고 하자. 당신은 어떤 선택을 하겠는가? 어떤 기계보다 더 많은 돈을 토해낸 슬롯머신에서 저녁 시간을 보내겠는가, 아니면 잭팟이 터질 확률이 더 높은 슬롯머신을 탐색하겠는가? 물론 기계의 승률 데이터를 수집하는 데는 시간이 걸린다. 카지노는 돈을 벌기 위한 사업이므로 대개는 고객이 돈을 잃도록 기계가 세팅되어 있다. 컴퓨터 이론가들은 먼저 슬롯머신을 관찰하면서 패턴을 감지하는 데 일정 시간을 할애하는 것이 이상적이라고 말한다. 한편 통계학자들은 시끄러운 슬롯머신 앞에서 얼마나 많은 시간을 보내든 여전히 탐색과 활용 중 하나를 선택해야 한다고 말할 것이다. '멀티 암드 밴딧' 문제는 일견 데이터 정제소와 별 관련이 없어 보일지 모르나, 탐색과 활용 사이의 절충은 사용자를 위한 추천 순위가 결정되는 방식과 사용자가 최선의 선택지를 고르는 방법을 관통하는 핵심이다. 여기서 석유의 비유가 다시 한 번 유용하다. 지질학자들과 기술사들은 유정이 바닥을 드러낼지도 모른다는 불확실성을 감수하고 마지막 한 방울까지 추출하기 위해 자원을 투입할지, 아니면 석유를 좀 더 효율적으로 생산할 수 있는 새로운 유정을 물색하는 데 자원을 들일지 결정해야 한다. 마찬가지로 데이터 정제소는 입력과 출력, 효율성을 극대화하기 위해 자원을 가장 효과적으로 배분하는 균형점을 찾아야 한다. 데이터 사업에서 최우선시해야 하는 자원은 사용자의 시간과 노력이다.

구글을 비롯한 검색 엔진은 검색어가 가진 여러 가지 의미를 고려하여 다양한 종류의 웹페이지를 나열한다. 예를 들어 '판테라 온카Panthera onca(재규어의 학명 - 옮긴이)'를 검색창에 입력했을 때처럼 사용자가 어떤 정보를 찾고 있는지가 매우 명확하게 드러날 때도 있다. 그러나 검색어가 '재규어'인 경우, 검색 엔진은 고양잇과 동물에 관한 웹페이지만(또는 자동차나 맥의 운영 체제 관련 웹페이지만) 보여줘서는 안 된다.[22] 검색 엔진 알고리즘은 웹페이지상의 단어, 웹페이지 간의 링크, 그리고 사용자가 방문한 웹페이지 정보를 바탕으로 '재규어'라는 단어가 내포한 의미별로 클러스터를 생성하고 각 클러스터에서 선별한 웹페이지들을 보여준다.

'멀티 암드 밴딧' 문제의 또 다른 버전은 '최적 멈춤optimal stopping' 이론 또는 '까다로운 구혼자fussy suitor' 문제다. 이것은 마틴 가드너가 과학 저널 『사이언티픽 아메리칸Scientific American』에 연재한 「수학 게임」이란 칼럼에서 처음 소개되었다. 가드너의 버전은 다음과 같다. "소수부터 '구골googol(1 다음에 0이 100개 붙는 숫자)' 사이의 숫자 중 랜덤하게 기입된" 한 무더기의 카드가 있다.[23] 참가자는 카드를 뒤섞이 엎어놓고 한 장씩 뒤집다가 전체 카드 중에서 가장 큰 숫자다 싶은 카드가 나오면 멈춘다. 시간이 지나면서 숫자 카드 대신 맞선 상대가 등장하는 사고실험이 등장했다. 당신은 이번에 맞선을 본 상대가 (지금까지 만난 사람 중에서) 가장 이상형에 가까우므로 맞선을 그만 볼지, 아니면 계속 다른 사람을 만나볼지 결정해야 한다. 이렇듯 인생에서는 탐색과 활용 가운데 선택해야 하는 순간이 다가온다.

데이팅 앱이나 사이트의 회원은 (당연하게도) 끊임없이 까다로운 구혼자 문제에 직면한다. 초기의 데이팅 사이트는 회원이 체중이나 키, 지리적 거리 범위 등의 선호도를 지정할 수 있도록 설계되었고, 그에 부합하는 잠재적 데이트 상대 목록을 보여주었다. 한 회원이 샘이라는 회원의 사진을 클릭했다고 하자. 데이팅 사이트는 그가 샘을 클릭한 이유를 알지 못했다. 샘이 목록 최상단에 떴기 때문인가? 샘의 머리카락이 갈색이어서, 또는 안경을 쓰고 있어서인가? 바닷가에 사는 사람 또는 바다로 여행 가기를 좋아하는 사람에게 관심이 있기 때문에 바다 배경의 프로필 사진을 클릭한 것인가? 샘에게 관심을 가진 이유가 무엇이든 간에 그는 여전히 샘에게 메시지를 보낼 것인지, 아니면 다른 회원 프로필을 더 둘러볼 것인지 결정해야 한다. 전통적인 중매자가 모든 고객에게 완벽한 짝을 찾아주기 위해 노력한다면, 데이팅 사이트는 회원이 더 많은 추천을 보고 싶은지 직접 결정하도록 한다. 이때 비슷한 조건의 사람을 더 많이 보고 싶은지, 아니면 완전히 다른 조건을 가진 사람을 보고 싶은지도 직접 결정하게 한다.

여태껏 탐색과 활용의 균형을 잡는 역할은, 사용자가 추천받은 항목을 얼마나 깊이 탐색하는지를 관찰하고 사용사의 재방문 여부와 시기를 주시하는 데이터 정제소가 주로 담당해왔다. 하지만 무엇이 최적의 설정인지는 각자가 처한 상황에 따라 달라진다. 데이팅 사이트의 회원은 이상형(미스터 라잇Mr. Right)을 찾고 있을 수도 있고, 당장 만날 사람(미스터 라잇 나우Mr. Right Now)을 찾고 있을 수도 있다. 데이터 정제소는 지금 회원이 둘 중 어느 쪽을 원하는지 정확히 알기 힘들다. 투명성은 데이터 정제소의 설정을 사용자가 볼 수 있게 하는 것을 목적으로 한다. 주체성은 사용자가 설정에 영향을 미칠 수 있도록 하자는 취지다.

내가 공동 창업한 음악 추천 스타트업 무드로직[24]은 사용자에게 탐색과 활용을 직접 선택할 수 있는 권한을 주었다. 무드로직의 사용자는 평소 즐겨 듣던 것과 비슷한 음악을 제공받는 것과 익숙하지 않은 음악에 노출되는 것 사이에서 직접 선택할 수 있었다. 무드로직은 사용자의 하드 드라이브에 들어 있는 디지털 음악 목록을 분석하여 기존 곡들과 비슷한 노래, 아티스트, 작곡가, 악기 구성, 템포, 장르를 찾아주는 모델을 구축했다. 이 모델은 사용자가 새로 추천된 곡을 얼마나 좋아할지, 우리가 추천에 얼마나 확신이 있는지(또는 없는지)를 예측했다. 그런 다음 사용자가 두 가지 옵션 중에서 하나를 선택하게 했다. '안전' 옵션은 무드로직이 사용자가 좋아할 것으로 예측한 거의 유사한 곡들만 재생했다. '탐색' 옵션을 선택하면 사용자가 평소에 잘 듣지 않는 음악, 따라서 무드로직이 사용자가 좋아할 수도 있고 싫어할 수도 있다고 판단한 곡들이 재생되었다. 선택은 사용자의 몫이었다. 사용자가 선택을 내릴 때마다 무드로직의 알고리즘을 향상시키는 데이터가 생성되었다.

데이터는 무한할지 모르나 시간은 그렇지 않다. 결정을 내려야만 한다. 소셜 데이터의 놀라운 점은 가공 데이터가 다시 입력 데이터가 될 수 있다는 점이다.

오류 학습

사람은 자신이 내린 결정에 확신을 갖고 싶어한다. 선택(타 도시의 새로운 일자리 제안을 수락할까, 아니면 조건을 맞춰주겠다는 현 직장에

계속 다닐까?)을 할 때 각각의 장단점을 나열하고 현재 상황, 목표, 수용 가능한 위험성 수준에 더 잘 부합하는 쪽을 고를 수 있다면 안심이 될 것이다. 과거에는 가족, 친구, 동료, 멘토 등과 이야기를 나누면서 이런 데이터를 수집했다. 한마디로 '스몰 데이터small data'의 세상에서 의사결정을 내려야 했다.

이제는 직원들이 익명으로 근무 환경과 급여에 대한 평가를 올리는 직장 평가 플랫폼 글래스도어에서 회사별 직무 만족도를 조회할 수 있는 세상이 되었다.[25] 40만 개가 넘는 기업이 글래스도어에서 리뷰되었으며, 매년 50만 건의 신규 리뷰가 올라온다. 예를 들어 아마존은 8000건의 회사 리뷰, 8000건의 구직 인터뷰 리뷰, 그리고 1400개의 직책에 대한 1만 4000건의 급여 리뷰가 올라와 있다. 아마존에 지원하려는 사람은 이전과는 비교도 할 수 없을 만큼 방대한 양의 데이터를 갖게 되었지만, 8000개에 달하는 리뷰를 모두 분석하여 현 직장과 비교할 시간이 있을 리 만무하다. 어느 리뷰가 정확하고 내가 지원하고자 하는 직책과 가장 관련성이 높을까? 리뷰를 작성할 때 질문을 오해하거나 실수로 낮은 평점을 클릭한 경우는 없을까?

오류에서 자유로운 데이터는 없다. 스몰 데이터의 시대에는 데이터 수집자가 모든 데이터 포인트를 확인하고 수작업으로 오류를 제거, 수정하는 작업을 수행했다. 그들이 모든 데이터를 자세히 검토할 수 있어서 다행이었다. 전체 공동체나 주州에 영향을 미치는 결정이 매우 작은 인구 샘플에서 추출한 데이터를 기반으로 정해지는 경우가 많았기 때문이다. 한 주에서 실업 수당 주간 총액을 입력하다가 발생한, 예를 들어 2541 대신 254를 입력하는 식의 오류는 누적되어 연간 실업률 수치를 바꿔놓을 것이고, 이는 정부의 경제 정책에까지 영향을 미칠 수 있다. 미국 노동통계청의 노동자 종단 조사 표본 규모는 대략 1만 명으로, 아마존 직원이 올린 글래스도어 리뷰 수와 비슷한 수준이다.[26]

데이터 오류율은 수집된 데이터의 양과 무관하다고 보는 것이 합리적이다. 100배 더 많은 데이터에 접근할 수 있다면 부정확한 데이터 포인트도 100배 증가한다고 예상해야 한다. 그러나 데이터의 규모가 방대해져 더 이상 오류와 실수를 일일이 찾아내 제거하는 작업은 불가능하다.

다른 한편으로 데이터의 기하급수적 증가 자체가 오류의 기하급수적인 증가를 해결할 방법을 제시한다. 사람들이 데이터 정제소의 산출물에 반응하며 끊임없이 생성하는 새로운 데이터 덕분에 알고리즘은 어떤 입력이 오류일 가능성이 높은지 식별하는 방법을 배운다. 예를 들어 구글 검색창에 'Andreas Weigand'라고 입력하면 구글은 그것 대신 'Andreas Weigend'로 검색하겠느냐고 물어본다. 이전 사용자들의 검색 결과를 보고 검색어를 수정하여 재검색한 비율을 참작하기 때문이다.

데이터 정제소는 복수의 출처로부터 데이터를 취합하여 입력 오류를 감지해낸다. 2012년 7월, 구글 나우라는 신규 서비스가 등장했다. 구글 나우는 지메일 수신함의 전자 항공권을 스캔하여 예약한 항공편 정보를 종종 항공사보다 더 빨리 업데이트해준다. 이렇게 아주 간단한 서비스임에도 구글 나우의 정교한 데이터 분석에 감탄한 적이 있다. 어느 날 아침 내가 프라이부르크에서 짐을 싸고 있을 때, 구글 나우 앱에 공항으로 출발해야 할 시간이라는 메시지가 떴다. 캘린더에 따르면 아직 몇 시간 여유가 있었다. 항공사는 보통 예정된 이륙 시간을 몇 분 이상 앞당기지 않는다. 이해가 되지 않았지만, 캘린더보다 구글 나우를 믿고 바로 공항으로 출발하기로 했다. 어쩌면 구글이 공항 가는 길에 심각한 차량 정체를 포착했을지도 모르는 일이다. 공항에 도착한 후 나는 애초에 비행 일정을 캘린더에 잘못 입력했음을 깨달았다. 구글 나우는 수동으로 입력된 데이터를 무시하고, 지메일의 전자 항공권을 바탕으로 알림을 보내준 것이다(3년 후 구글은 전자 항공권이 지메일의 받은 편지함에 도착하면 항공편 정보를 자동으로 캘린더에 추가하게 된다). 우리는 데이터 정제소가 이런 소소한 실수를 지적하고 수정하도록 허용하는 데 익숙해졌다. 꽤 유용한 서비스이기 때문이다. 하지만 삶의 다른 영역에서도 유사한 수정을 받아들이게 될까?

데이터 정제소는 어떤 정보가 신호_{signal}인지 소음_{noise}인지 판별해야 한다. '신호(유의미한 데이터)'와 '소음(무작위적이기에 무의미한 데이터)'은 통계 용어다. 소셜 데이터는 사용자별로, 상황별로 신호인지 소음인지가 달라질 수 있기 때문에 둘 사이의 구분이 훨씬 복잡하다. 만일 페이스북 친구가 당신이 등장하지 않는 사진에 당신을 태그할 경우 이것은 신호인가 소음인가? 상황에 따라 다르다. 손이 미끄러지는 바람에 친구 목록에서 앤드루 대신 안드레아스를 클릭한 경우라면 소음이다. 라디오에 끼어든 잡음의 소셜 데이터 버전이라고 볼 수 있다. 하지만 그가 사진 속 이벤트를 당신과 당신의 친구들에게 알리고 싶어서 태그한 거라면, 좀 성가실지 모르지만 이는 신호에 해당한다. 통계학적으로 말할 때 이는 소음이 아니다.

사용자 피드백 학습은 데이터 정제소의 알고리즘 개선에 매우 중요하다. 고객 설문지 작성이나 포커스 그룹 참석과 같은 피드백을 이야기하는 것이 아니다. 데이터 정제소는 사용자들과 지속적으로 '대화'하면서 제품과 서비스를 개선하고 개인화한다. 사용자의 선택은 데이터 정제소가 옵션의 순위를 조정하는 데 도움을 준다. 한편, 사용자도 자신이 찾고 있는 것에 근접한 결과를 얻기 위해 검색어를 변경하는 법을 배운다. 그저 오타를 피하는 수준이 아니라, 검색어에 포함된 여러 다른 범주나 측면 가운데 자신의 관심사가 강조되도록 검색하는 법을 배우게 된다.

그러나 웹사이트나 앱과의 상호 작용은 데이터 정제소가 제공하는 옵션의 제약을 받는다. 나는 무드로직의 음악 추천 서비스처럼 사용자가 직접 데이터 정제소의 신뢰 구간을 설정할 수 있게 하면 훨씬 역동적으로 검색어 개선이 가능하리라 생각한다. 글래스도어에 지속적으로 축적되는 리뷰를 더욱 유용한 정보로 탈바꿈하기 위해 사이트 운영자들은 데이터를 한 단계 더 정제할 방법을 찾아야 한다. 이를테면 단순히 직책이나 사무실 위치가 아니라 경력 목표나 선호하는 업무 환경 등 사이트에서 공유된 데이터를 이용하여 어떤 리뷰가 특정 사용자와 가장 연관성이 높은지를 판단하는 모델을 구축하는 것이다. 그러나 아무리 데이터가 많이 쌓인다 해도 예측에는 항상 불확실성이 존재한다.

데이터 리터러시는 추천이 확률에 기초한다는 사실을 아는 것이자, 무수한 데이터를 바탕으로 하기 때문에 불확실성의 수준이 극히 낮아 보일 때조차도 의사결정이 여전히 위험과 보상 사이의 절충을 통해 이루어진다는 사실을 아는 것이다. 데이터 정제소는 우리를 대신하여 결정해주는 것이 아니라, 오류의 위험을 어느 정도 제거하여 우리가 데이터 시대의 혜택을 만끽할 수 있게 해주는 역할을 해야 한다.

데이터 정제소 덕분에 풍부한 데이터 기록에 접근하여 분석하고, 패턴을 발견하고, 추세를 예측할 수 있게 되었다. 그것이 늘 옳으리라는 보장은 없지만 말이다. 이는 과거에 개인 데이터와 우리 자신을 바라보던 시각과는 전혀 다른 접근 방식이다.

⌐ 데이터가 의사결정으로 바뀔 때

> "데이터! 데이터! 데이터!" [홈스가] 조바심 내며 소리쳤다. "진흙 없이 어떻게 벽돌을 찍어내겠나."[27] −아서 코넌 도일

1990년대 초 나는 팔로알토연구소에서 박사후 연구원으로 일하며 슈퍼컴퓨터를 이용하여 교통 패턴을 분석하는 작업에 참여했다. 목표는 운전자가 목적지에 도착하는 시간을 예측하는 것이었다. 물리학자였던 우리는 교통량을 유체로 보고, '층류−난류 전이laminar-turbulent transition(유체가 매끄럽게 흐르다가 불규칙하게 움직이는 상태로 전환하는 것)'를 유발하는 조건을 파악하고자 했다. 오늘날과 비교하면 당시에는 확보 가능한 데이터의 양이 미미했기에 교통량 시뮬레이션 모델을 구축하는 데 수많은 가정이 필요했다.

요즘은 대부분의 운전자가 자동차의 경로를 실시간으로 알려주는 휴대폰을 갖고 있다 보니 목적지에 도착하는 시각을 아는 것이 대수롭지 않은 일이 되었다. 이 분야의 기업 중에서 마이크

로소프트에서 분리해 나온 인릭스는 매일 1억 대가 넘는 휴대폰의 위치 정보 데이터를 분석해 차량이 어디로 가고 있는지, 그리고 그만큼이나 중요한 어디로 가고 있지 않은지를 파악하고 이를 바탕으로 사람과 제품의 이동 추세를 추측한다.[28] 인릭스는 기지국을 운영하는 통신사들로부터 데이터를 입수한 다음 가공하여 가민, 맵퀘스트, BMW, 포드 등 지도와 경로 서비스를 제공하는 기업에 판매한다. 그뿐만 아니라 정부가 교량 건설, 신호등 설치, 공립 병원 등의 사회복지 시설 건립 같은 도시 계획을 세울 때 자료를 제공한다.

인릭스의 사례는 무수한 기기의 데이터를 '취합'한 결과가 어느 한 사람의 미가공 데이터보다 의사결정에 훨씬 큰 도움을 줄 수 있음을 보여준다.[29] 소셜 데이터에 기반한 예측 시스템은 인간관계, 재정 상태, 직업, 건강 등 다양한 문제에 관한 조언을 제공하고, 어쩌면 특정한 답을 유도할 것이다. 데이터 가공 과정에서는 해석이 핵심적인 역할을 한다. 데이터 정제소는 데이터를 가공하여 기술description, 예측prediction, 처방prescription의 세 가지 결과물을 내놓는다. '기술'은 과거를 묘사한다. '예측'은 결과를 바꿔놓을 시스템의 상호 작용이나 조작이 없다는 가정하에 과거와 현재를 바탕으로 미래를 추정한다. '처방'은 과거의 분석을 기반으로 원하는 결과를 성취하기 위해 무엇을 해야 할지 제시한다.

첫째로 기술 통계descriptive statistics는 데이터를 요약한다. 유사한 데이터 포인트를 하나로 묶어 클러스터화하는 것이 한 예다. 데이터 기술description은 현재 상황과의 비교를 통해 가늠할 수 있는 기준점을 설정하여 의사결정의 맥락을 제공한다. 현재 맨해튼의 교통 체증 구간을 파악하려면 휴대폰의 위치 정보를 추적하여 차량의 속도를 파악하고 병목 구간을 식별해야 한다. 하지만 이런 간단한 작업조차도 어느 정도의 해석이 필요하다. 메트라이프 건물 근처에 많은 차량이 정지해 있어 차량 정체 구간으로 나타난다고 하자. 그런데 그곳이 그랜드 센트럴 터미널 근처여서 번잡한 택시 승강장이 여러 개 있기 때문에 휴대폰이 보고하는 '정체'가 과장된 것은 아닌가? 만일 이번 연휴에 당신이 운영하는 매장이 장사가 잘되고 있는지 보려면 매출액을 다른 어떤 것과 비교해봐야 한다. 작년 이맘때의 매출액과 비교한다면 변화한 지역 경제 상황을 반영하지 못할 것이다. 그보다는 해당 지역의 유사한 매장들을 기준점으로 삼을 수 있다.

아마존에서 근무할 때 고객이 특정 물품을 클릭한 후 구입할 때까지의 시차를 관찰한 적이 있다. 그런데 시차가 음수로 나오는 데이터 포인트가 존재했고, 이는 명백한 에러로 판단되었다. 물건을 보기도 전에 구매하는 것이 어떻게 가능하겠는가? 우리는 데이터가 왜 잘못되었는지 알지 못했지만 어쨌든 폐기 처리했다. 이밖에도 상당수의 고객이 아이템을 구입하기까지 8시간을 기다렸다는 데이터가 존재했다. 참으로 기묘한 일이 아닐 수 없었다. 그러나 아마존의 컴퓨터 중 일부는 태평양 표준시에, 다른 일부는 그리니치 평균시에 맞춰져 있음이 밝혀지면서 이 8시간의 시차는 서로 다른 국제 표준 시간대가 적용된 결과라는 사실이 드러났다. 처음 포착했을 때는 흥미롭고 새로운 통찰이라고 생각했던 것이 나중에는 단순한 실수로 밝혀지는 일이 꽤 있다.

데이터 해석은 반복적인 과정이다. 이를 잘 보여주는 사례가 하나 있다. 한 항공사가 잠재적인 비즈니스 클래스 고객을 대상으로 휴대폰 타깃 광고를 하기로 하고, 데이터 과학자팀에 뉴욕 JFK 공항을 정기적으로 이용하는 스마트폰 소유자 명단을 뽑아달라고 요청했다. 문제는 공항을 가장 자주 오가는 사람은 비즈니스맨이 아니라 공항 및 항공사 직원이라는 사실이었다. 데이터 과학자들은 휴대폰의 이동 패턴 데이터에서 이런 사실을 발견했다. 빈번한 방문자 가운데 한 집단, 즉 항공사 카운터 직원, 기계공, 수하물 직원 같은 공항 근무자는 명확한 교대 스케줄에 따라 매일 공항을 오갔다. 뉴욕시에 거주하는 기내 승무원들의 패턴은 이보다 덜 분명하게 나타났지만, 공항의 와이파이를 통해 접근하는 사이트와 앱을 통해 식별할 수 있었다. 이들은 호텔을 검색하거나 우버에 로그인하는 경우가 드물고, 공항을 빠져나가는 길에 데이팅 앱에 로그인할 가능성이 더 높았다.[30]

둘째로, 예측 분석predictive analytics은 취합한 데이터를 예상되는 행동이나 이벤트 등 미래의 사건에 적용하는 것과 관련된다. 예를 들어, 도시 계획 담당자는 1분 간격으로 수집되는 인릭스의 교통 데이터를 이용해 고속도로 교통사고나 건설 프로젝트, 대규모 콘서트와 같은 이벤트가 미치는 영향을 가늠하여 더욱 효율적인 사전 대책을 수립한다. 헤지펀드는 쇼핑몰과 대형 상점으로 향하는 인릭스 교통량 정보를 활용하여 분기별 매출 보고서가 나오기 훨씬 전에 특정 유통업체의 주식을 매매할지 말지 결정한다. 2012년 블랙 프라이데이에 수집된 위치 정보 데이터를 분석한 결과는 연휴 전체의 판매량이 크게 감소할 것이라고 정확하게 예측했다.

아마존은 바쁜 연휴 기간에 주문을 이행하기 위해 얼마나 많은 창고 직원과 택배 업체를 추가로 고용해야 하는지 같은 비즈니스 의사결정에 예측 모델을 활용한다. 배송 인력을 추가로 고용하는 데 드는 비용 대비 배송이 지연되었을 때 발생하는 손해를 따져보는 것이 의사결정론의 전형적인 예다. 아마존은 배송 용량을 날짜별, 도시별로 아주 잘게 쪼개어 분석한다. 2013년에 아마존의 예측이 빗나가는 사태가 발생했다(그해 다른 주요 유통업체와 배송업체도 마찬가지로 예측에 실패했다). 수많은 소포가 크리스마스가 지난 후 도착하여 고객들을 분노하게 했다(크리스마스가 가장 큰 명절이고, 크리스마스 당일 아침 또는 전날 저녁에 트리 아래 놓인 선물을 열어보는 것이 중요한 전통인 서양에서는 크리스마스가 다가오면 각 온라인 쇼핑 사이트에서 '언제까지 구매하시면 크리스마스 전에 배송됩니다'라는 약속을 내건다 – 옮긴이).[31] 아마존은 근본 원인을 파헤쳐 보다 정확하게 예측하고 그에 따라 자원을 분배하도록 분석 모델을 수정했다. 이듬해 아마존은 전년도보다 이틀 늦게 구매한 제품도 크리스마스이브까지 무료 배송을 보장할 수 있었다.[32]

많은 데이터 정제소가 제품 및 서비스를 추천하는 일을 하기 때문에 추천 순위가 사용자의 이해관계와 일치하지 않을 가능성을 늘 염두에 두어야 한다. 빅데이터를 이용한 초기 사례로 항공편 예약을 처리하는 세이버 글로벌 분배 시스템Sabre Global Distribution System이 있다. 세이버는 1960년에 아메리칸항공이 막대한 자금을 투자하여 개발한 프로젝트로 출범했다. 1976년에는 세이버가 각지의 여행사 사무실에 설치되었고, 시스템에 다른 항공사의 항공편도 추가되었다.[33] 아메리칸항공은 항공편 예약 패턴을 살펴본 결과 여행사 직원들은 주로 검색 결과 최상단에 뜨는 항공편을 선택했고, 검색 결과의 첫 페이지에 노출되지 않는 항공편을 선택하는 일은 드물었다.[34] 아메리칸항공은 자사 항공편이 상단에 노출되도록 알고리즘을 변경했다. 고객들은 검색 결과에 이런 편향이 존재한다는 사실을 알지 못했다. 여행사는 예약 수수료를 받기 때문에 고객에게 더 저렴한 항공편을 찾아줄 인센티브가 없었다. 그러다 경쟁 업체인 뉴욕항공과 콘티넨털항공은 세이버 시스템에서 순위가 올라가는 데 영향을 미치는 두 가지 변수, 즉 새로운 노선과 할인 운임을 추가했는데도 자사 항공편이 검색 결과에 제대로 노출되지 않는다는 사실을 발견했다.[35] 의회 조사가 뒤따랐다.[36] 1984년에 미국 정부가 이런 관행을 금지한 후에야 편향적인 결과 조작이 중단되었다.[37]

데이터 정제소의 사용자가 중개인이 아니라 최종 고객일 때는 이런 식의 조작이 개입될 여지가 훨씬 적다. 최종 고객은 추천 내용이 자신의 선호도에 부합하는지에 더 관심을 기울일 것이기 때문이다. 나는 방콕에 본사를 둔 호텔 예약 사이트 아고다에서 추천 시스템을 개발하는 일에 참여했다. 처음에는 아고다에 더 높은 커미션을 지불하는 호텔을 검색 결과 상단에 올려주는 식으로, 즉 아고다에 수익을 많이 가져다주는 순으로 호텔을 정렬하는 것이 회사의 순익을 높이는 최선의 방법인 듯했다. 하지만 고객은 추천 결과에 따라 호텔을 예약한 후 그 결정을 후회할지도 모른다. 최상위에 뜨는 결과를 보고 아고다가 자신이 선호하는 호텔 목록을 보유하고 있지 않다고 여기고, 경쟁사를 통해 숙소를 예약하는 고객도 있을 것이다. 그렇다면 여행자의 선호도에 따라 호텔 목록을 보여준다면 어떨까? 장기적으로 볼 때 고객의 이해관계를

반영하는 것이 더 좋은 전략이었다.[38]

셋째로, 처방 분석prescriptive analytics은 보유한 데이터를 기반으로 조건을 어떻게 변경해야 원하는 결과를 얻을 수 있는지를 결정하는 데 사용된다. 대표적인 예는 나사NASA의 달 착륙 프로젝트 데이터 분석이다.[39] 닐 암스트롱과 성조기를 달에 착륙시키기 위해 나사 엔지니어들은 지속적으로 들어오는 달 착륙선의 위치 데이터를 분석했다. 그들은 데이터를 요약하는 것(기술 통계)이나, 달 착륙선이 언제 어느 지점에서 달 표면에 도달할지를 예상하는 것(예측 분석) 이상을 해내야 했다. 달 표면을 밟을 확률을 높이기 위해서는 계속 달라지는 상황에 대응하여 적절한 조치를 취해야 했다. 그들은 달 착륙선의 제어 로켓을 하나씩 번갈아 작동시키면서 그것이 착륙선의 궤적에 미치는 정확한 효과를 측정했다. 그런 다음 원하는 결과를 얻기 위해 제어 로켓이 언제, 얼마나 오랫동안 분사되어야 하는지를 예측했다.

데이터 리터러시는 기술이 필연적으로 가정을 내포하고, 예측에는 불확실성이 내재하며, 처방은 피드백을 근간으로 한다는 사실을 이해하는 것이다. 데이터 정제소가 구글 검색 기록을 바탕으로 당신이 어느 마케팅 타깃 집단에 속하는지를 결정하는 것이 합리적인가? 순전히 링크드인 인맥에 기반하여 구직자의 자격 요건을 판단할 수 있는가? 페이스북 체크인에 올라오는 레스토랑 목록만 보고 운동 방식을 변경하라고 제안하는 것이 타당한가?

∟ 실험, 실험, 실험

데이터 정제소는 기술하고 예측하고 처방을 내리는 데서 그치지 않는다. 그들은 실험한다. 아마존에서 숨겨진 걸작품을 찾고 있든, 자포스에서 모카신을 검색하든, 아니면 매치닷컴에서 애인을 물색하든 당신은 알게 모르게 실험의 대상이 될 확률이 높다. 데이터 정제소는 제품과 서비스를 개선하기 위해 실험에 의존하며, 그중 하나가 A/B 테스트라 불리는 과정이다.

과학 실험에서는 인과관계를 수립하기 위해 하나의 변수(독립변인)를 변경하고, 그에 따른 '처치' 집단(실험집단)의 반응을 변수를 변경하지 않은 '통제' 집단(대조군)의 반응과 비교한다. A/B 테스트는 보통 하나의 질문으로 시작한다. 예를 들어 우산 판매를 극대화하기 위해 빨간색 우산을 더 들여놔야 할까, 파란색 우산을 더 들여놔야 할까? 일견 간단한 질문 같지만, 여기에는 제대로 된 A/B 실험을 고안할 때 맞닥뜨리는 여러 가지 문제가 포함되어 있다. 우산 판매자는 길모퉁이에 가판대를 세우고 첫날에는 빨간색 우산만, 둘째 날에는 파란색 우산만 파는 방식으로 매출 현황을 조사해볼 수 있을 것이다. 한 걸음 더 나아가 출근길에 좀 더 허둥지둥하기 쉬운, 따라서 우산을 잊고 나올 가능성이 높은 월요일을 골라 2주 연속으로 실험을 진행해볼 수도 있다. 하지만 이 경우 위치와 요일은 통제했으나 우산 구매를 결정하는 가장 중요한 변수인 날씨는 고려하지 않았다.

데이터 정제소는 우산 판매자보다 훨씬 많은 변수를 고려해야 한다. 아마존은 홈페이지의 검색 상자 크기부터 결제 버튼을 화면의 왼쪽에 배치할지 오른쪽에 배치할지나 추가 클릭 없이 노출되는 제품 설명의 분량에 이르기까지 갖가지 결정을 위해 A/B 테스트를 진행한다. 구글은 광고 링크에 사용할 파란색의 색조를 정하기 위해 A/B 테스트를 진행한 것으로 유명하다. 구글 관계자에 따르면, 50가지의 파란색 중에서 최종적으로 선택된 결과는 연간 2억 달러의 광고 매출 신장을 가져왔다.[40]

처방 분석은 우연히 또는 실수로(다시 말해 실험 설계의 일부가 아닌) 조건이 변경된 상황이 야기한 결과를 관찰할 수 있는 '자연실험natural experiments'의 기회를 제공한다. 소프트웨어가 출시될 때 버그가 포함된 경우가 한 예다. 한번은 아마존 프랑스의 개발자들이 결제 시 배송비를 추가하는 것을 깜빡 잊는 사고를 낸 적이 있다. 잇따른 주문 급증으로 아마존은 무료 배송이 얼마나 매출을 증가시키는지를 가늠할 척도를 확보했다.

예측은 과학적 방법의 핵심을 이룬다. 과학자는 예측 모델을 만들고 실험을 수행한 후 결과가 예측과 일치하는지 측정한다. 일치하지 않을 경우 과학자는 모델을 수정하고 이 과정을 반복한다.

소셜 데이터 분야에서 내게 가장 흥미로운 부분은 사용자가 직접 매개 변수를 변경하고 결과가 어떻게 바뀌는지를 볼 수 있게 해주는 처방 실험이다. 실시간 교통 상황을 파악하는 데이터 정제소는 사용자에게 차량 정체로 인해 도착 시간이 얼마나 늦어질지 알려주는 경고 메시지를 보내고 체증이 덜한 대체 경로를 제시할 수 있다. 그런데 만일 대부분의 운전자들이 동일한 대체 경로로 전환한다면 새로운 정체가 발생할 것이다. 데이터 정제소는 복수의 대체 경로를 제안하고, 각 경로를 선택한 주변 운전자의 비율을 알려줘 운전자가 대체 경로를 선택할지 말지를 직접 정하게 할 수 있다. 또는 실시간 차량 정체 데이터를 이용하여 몇 분 내에 교통 혼잡이 발생할 가능성이 있는 장소를 예측하고 신호등 간격을 조절하여 정체를 미연에 방지하는 식으로 교통 흐름을 최적화할 수도 있다.

나와 함께 아마존에서 근무하다가 2005년에 퇴사하고 마이크로소프트에서 분석실험팀을 꾸린 론 코하비는 A/B 테스트 분야의 독보적인 인물이다. 론이 이끄는 팀은 엠에스엔닷컴과 빙을 포함한 20여 개의 웹사이트에서 수백 건의 실험을 시행하면서 훌륭한 온라인 실험을 구성하는 기본 틀을 고안했다. 론은 이 경험을 바탕으로 다음과 같이 말한다. "숫자를 얻기는 쉽다. 하지만 신뢰할 만한 숫자를 확보하기는 어렵다."[41] 나도 이에 전적으로 동의한다. 데이터 가공의 주요 목적인 추천 기능에도 같은 얘기를 적용할 수 있다. 추천하기는 쉬워도 추천을 평가하기는 어렵다.

웹사이트에서 A/B 테스트를 수행할 때 발생할 수 있는 문제는 한두 가지가 아니다. 우선 웹사이트 페이지뷰의 15~30퍼센트가 웹 크롤러에 의해 생성된다. 기계를 위한 최적화를 구현하고 싶지 않다면 봇의 방문을 사람의 방문과 구별해야 한다.

사용자를 실험집단 또는 대조군에 배정할 때 무작위 선택보다 좀 더 효율적으로 보이는 방식을 택하려는 유혹도 잠재적으로 문제를 유발하는 요인이다. 처음에는 좋은 아이디어라고 생각될지 몰라도, 임의로 표본을 선정하면 실험 결과가 달라지고 분석 결과가 오염되기 쉽다. 예를 들어, 인터넷 쿠키(웹사이트에 접속할 때 자동으로 만들어지는 임시 파일 – 옮긴이)를 자주 삭제하는 사용자는 첫 방문 시와 다음 번 방문 시에 각각 다른 집단에 배정될 수 있다. 어느 사이트에서 링크를 클릭했는지가 실험집단/대조군 배정에 영향을 미치기도 한다. 우산 광고를 더 많이 클릭한 이유가 허리케인 상륙 소식을 끊임없이 전하는 웨더 채널 사이트를 보고 있었기 때문인가? 애초에 무작위로 배정한 것이 아니기 때문에 편향적인 결과가 나올 수밖에 없다.

그 밖에도 과학자들은 실험 설계에 포함하지는 않았지만 사용자 행동에 영향을 미칠 수 있는 다른 변수들도 함께 고려하고자 노력한다. 한 집단에 제공된 소프트웨어에 버그가 포함되어 있고 다른 집단에 제공된 버전에는 버그가 없다면 실험 결과가 편향될 가능성이 있다. 소프트웨어가 어떤 플랫폼에서 실행되는지도 문제가 될 수 있다. 아이폰과 안드로이드 폰에서 웹에 접속하는 사용자는 균일하게 분포하지 않으며 서로 독립적이지도 않다. 실험 결과 아이폰 사용자가 안드로이드 폰 사용자보다 특정 사이트를 더 자주 방문하는 것처럼 나타날 때, 사용자가 아니라 소프트웨어가(이를테면 아이폰 디폴트 페이지의 새로고침 빈도가 더 높게 설정되어 있어서) 그런 차이를 만들어낼 수 있다. 데이터 탐정들은 매일 이런 가능성을 짚어내고 조사하는 데서 즐거움을 느낀다.

웹이 탄생하기 훨씬 전부터 수십 년간 기업은 제품과 포장을 실험하면서 고객 테스트를 진행해왔다. 달라진 것이 있다면 이제 실험을 실시간으로 수행할 수 있다는 점, 그리고 제품 및 서비스 개발에 반영할 피드백을 빠르게 얻을 수 있다는 점이다. 과거에는 아이디어와 결과 사이의 '왕복' 시간을 월 단위로 측정했다. 오늘날에는 시간 프레임이 분 단위로 축소되었다. 새로 개발된 신약의 효과가 나타나기까지 수주, 수개월, 수년 또는 수십 년까지 걸릴 수 있는 임상 실험에서 사용하는 시간 척도와는 차원이 다르다.

소셜 데이터가 문제 해결과 의사결정에 더욱 깊숙이 개입하면서, 데이터 정제소들은 장차 의료 서비스와 교육처럼 삶에서 중요한 비중을 차지하는 영역에서도 데이터 제품과 서비스를 내놓을 것이다. 그러므로 어떤 종류의 소셜 데이터 실험을 수행할 것인지, 그리고 어떤 결과를 신뢰할 수 있을지에 대한 사회적 합의가 이루어져야 한다. 한 시간 또는 하루 동안 데이터를 수집하는 것으로 충분할 때는 언제이고, 장기적인 실험을 진행해야 할 때는 언제인가? 예를 들어 교육 부문에서는 이런 질문에 대한 명백한 정답이 없다. A/B 테스트가 제안하는 교육 방식 개선안을 평가하기 위해서는 평가의 기준으로 삼을 목표부터 정해야 한다. 다시 말하지만, 추천은 쉬워도 그것을 평가하는 일은 어렵다.

하지만 이 과정을 겁내지 말아야 한다. 우리는 모두 소셜 데이터 실험의 혜택을 받고 있다. 20년 전에는 상상조차 할 수 없었으나 지금은 상수도와 전기처럼 현대인의 삶에 필수품으로 간주되는 서비스와 제품에 접근할 수 있게 되지 않았나.[42] 앞으로 소셜 데이터를 이용한 혁신이 훨씬 더 많이 일어날 것이다. 오직 예산, 사회 규범, 창의성의 한계만이 혁신의 장애물로 남을 것이다. 대규모 데이터 정제소가 주는 혜택을 취하기 위해서는 우리가 모두 실험 대상이라는 사실을 받아들이고 실험을 수행하도록 데이터 과학자들을 독려해야 한다.

데이터 정제소를 통제하는 데 필요한 데이터 권리를 논하기 전에 먼저 소셜 데이터의 세 가지 카테고리(우리의 클릭, 연결, 맥락)를 살펴보고자 한다. 앞으로 살펴보겠지만 소셜 데이터는 사회

깊숙이 뿌리내린, 종종 감정적 반응을 수반하는 수많은 규범에 도전한다. 개인의 정체성은 어떻게 확립되는가? 프라이버시는 환상에 불과한가? 친구가 된다는 것은 무엇을 의미하는가? 누구를, 언제, 왜 믿기로 하는가? 환경은 우리에게 어떤 영향을 미치며, 또 우리는 얼마만큼 환경에 영향을 미치는가? 놀랍게도 구글 검색 내용, 페이스북 활동 내역, 휴대폰에 내장된 센서들이 이런 질문에 대한 답을 제공한다.

르장 정체성과 특성

디지털 프라이버시와 디지털 정직성의 대립

당신은 곧 당신이 생성하는 데이터인가?

어떤 사람이냐가 행위를 결정하고, 행위가 어떤 사람이 될지를 결정한다.[1] - 로베르트 무질

나도 물리학을 전공했고, 오늘날 소셜 데이터 실험을 담당하는 사람 중 다수가 물리학자다. 생각해보면 이는 그리 놀라운 일이 아니다. 인터넷을 검색하고 휴대폰을 사용할 때 남기는 디지털 흔적은 입자 검출기에 포착되는 입자의 궤적과 흡사하다. 실제로 입자물리학 분야에서 일한 경험은 전자 상거래 분야에서 실험을 수행하기에 더할 나위 없이 훌륭한 훈련이었다.

고에너지물리학에서는 입자를 직접 관찰하는 것이 불가능하며, 입자 검출기와 입자의 상호 작용을 관찰할 수 있을 뿐이다. 물리학자는 둘 사이의 상호 작용을 통해 입자의 성질을 추론한다. 나는 학부생 시절에 제네바 근교 유럽원자핵공동연구소CERN에서 거품 상자bubble chamber 실험 데이터를 다루는 법을 배웠다. 입자가 상자 속에 담긴 비등점에 가까운 액체를 지나갈 때 미세한 기포가

형성되는데, 이 기포의 궤도와 반경을 측정하여 입자의 전하와 질량을 계산하는 원리다. 간접 관찰의 원리는 모든 입자물리학 실험에 적용된다. 힉스 입자를 본 사람은 아무도 없지만, 대부분의 물리학자는 관찰 가능한 간접 흔적을 통해 힉스 입자의 존재를 확신한다.

입자와 마찬가지로 인간은 오직 다른 사람이나 사물과 상호 작용하는 모습을 관찰해야만 규명되는 속성을 지닌다(주변 세계를 통해서만 정체성을 규정할 수 있는 로베르트 무질의 『특성 없는 남자The Man Without Qualities』의 주인공 수학자가 떠오른다[2]). 우리가 남기는 흔적은 많은 것을 말해주기 때문에 프라이버시 유지에 대한 도전이 된다. 이 흔적은 원하든 원하지 않든 데이터 정제소가 우리의 습성을 관찰하고 해석하여 행동과 관심사를 예측하는 단서가 된다.

사용자가 능동적으로 데이터를 생성하고 공유하는 새로운 소셜 데이터 플랫폼은 유례없는 표현의 기회를 제공한다. 단지 헤어스타일이나 패션을 바꾸는 소위 '과시적 소비'를 넘어, 이제 '과시적 커뮤니케이션'을 통해 다양한 플랫폼에서 프로필 사진이나 별명 같은 디지털 정체성을 손쉽게 변경하면서 자아를 '기획'할 수 있다. 인터넷 초기에는 익명성이 무한한 자유를 가져올 것이라 여겼다. 하지만 새로운 정체성을 채택하고 폐기하는 데는 비용과 파급 효과가 뒤따른다. 데이터 악용의 위험을 감안할 때 정체성을 보호하는 안전장치를 마련해두고 싶은 것은 당연한 일이다. 하지만 익명성은 데이터로부터 얻을 수 있는 혜택을 축소한다.

많은 이가 프라이버시를 신성불가침의 가치로 여기면서, 데이터 악용의 위협에 맞서 반사적으로 더 강력한 개인정보 보호를

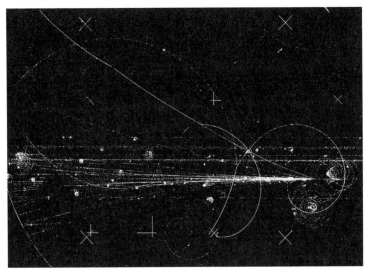

└ 페르미연구소의 거품 상자 실험에서 26개의 하전 입자를 생성하는 양성자의 궤적(페르미연구소
의 사용 허가를 받아 전재).

요구하곤 한다. 하지만 개인정보 보호 정책 중 다수는 사실상 책임을 묻는 일을 더 어렵게 만든다. 책임의 결여는 데이터로부터 혜택을 얻는 데 필요한 투명성과 주체성 원칙과 대치된다. 과거의 규칙은 소셜 데이터의 세상에 어울리지 않는다. 언제 어디서나 데이터가 생성, 전파되는 사회는 그에 걸맞은 새로운 체계와 이상이 필요하다.

　미래로 눈을 돌리기 전에 먼저 프라이버시의 환상에 대해 살펴보자. 프라이버시는 비교적 최근에야 기술적으로 가능해진 개념이며, 소셜 데이터의 시대에 우리를 보호하는 역할을 제대로 해내지 못한다(적어도 현재의 형태로는 그렇다). 100년 전 사람들이 경험했던 문제에 대한 적절한 대응이었다는 이유로 프라이버시를 고수하기 위해 투쟁해서는 안 된다.

└. 프라이버시의 간략한 역사에 관한 간략한 역사

역사의 대부분의 기간 동안 인류는 사생활 없는 삶을 살았다. 직계 가족뿐만 아니라 친척들과도 주거 공간을 공유했으며, 불이 피워진 장소를 중심으로 생활하면서 서로의 드나듦을 알고 지냈다. 서로가 일거수일투족을 관찰하여 공동체의 질서를 유지했다. 사회적 규범을 어긴 자는 무자비한 험담의 대상이 되었다. 규범을 **심각하게** 위반한 자는 집단에서 배척되거나, 더 무서운 결과를 감수해야 했다.

최초로 프라이버시를 가능케 한 기술은 굴뚝일 것이다.[3] 17세기 유럽에서 굴뚝이 보편화되면서 더 많은 가정이 벽과 문을 가진 방으로 구획된 집에서 살게 되었고, 호기심 많은 가족과 친지들의 눈을 피할 수 있는 개인 공간이 탄생했다. 비슷한 시기에 일어난 농업 혁명은 생계를 유지하는 수단의 변화를 가져왔다.[4] 18세기 중반에 이르면 식량 생산이 빠르게 증가하던 인구 성장률을 앞질렀다. 산업혁명 시대를 견인할 공장이 세워지던 도시로 많은 사람들이 이주했다.

도시 생활은 익명의 삶이었고, 도시 거주자들은 낯선 사람이 거처에 들어오는 것을 막기 위해 문을 잠갔다. 새롭게 얻은 프라이버시에는 대가가 따랐다. 불 위에 냄비를 올릴 수 있도록 상당한 깊이로 설계된 벽난로는 비효율적이기 그지없어서 작은 방을 연기로 가득 채우기 일쑤였다. 1740년대에 벤저민 프랭클린(그가 아니면 또 누구겠는가)이 굴뚝을 통해 연기를 밖으로 내보내면서도 더 효율적인 난방이 가능한 '펜실베이니아 벽난로' 디자인을 내놓으면서 마침내 상황이 개선되었다.[5] 이제 질식사할 걱정 없이 문을 닫아둘 수 있게 되었다. 가정은 어느 정도의 프라이버시와 안전을 기대할 수 있는 '지성소sanctum sanctorum(성막의 가장 안쪽에 있는 신성한 공간 - 옮긴이)'로 탈바꿈했다. 프랭클린과 미국 건국의 아버지들은 더 나아가 미국 수정헌법 제4조를 통해 부당한 수색 및 체포에 맞서 주거와 신체의 안전을 확보할 권리를 수립했다.

가정이 점차 고립되고 사적인 영역으로 변해갔던 반면, 정치의 장은 그렇지 않았다. 미국에서 민주주의 실험이 진행되던 초기에는 투표가 명백히 사회적인 활동이었다. 투표의 근본 목적이 일반 시민에게 표현의 자유를 주는 것 아니던가. 하버드대학 역사학과 교수 질 레포어가 설명하듯이, 미국 역사상 첫 100년간은 손을 들거나 방의 한쪽 편으로 가서 서는 등 공개적인 투표를 했다(아이오와주 대통령 선거 전당대회에서는 아직도 이런 방식을 사용한다). 레포어에 따르면, 많은 사상가가 '비밀 투표'를 민주적 통치의 핵심 요소인 개방성과 직접 커뮤니케이션을 훼손하는 "비겁하고 불공정하고 비열한" 행위로 간주했다.[6] 예를 들어, 1850년대 초 영국의 철학자 존 스튜어트 밀은 비밀 투표가 "이기적인" 이해관계에 취약하며,[7] "비밀주의가 아니라 공개주의를 원칙으로 삼아야 한다"고 말했다.[8] 군자라면 사사로운 이익보다 공공의 이익을 위해 투표해야 한다. 이를 보장하기 위해 공개적으로 책임 있게, 다시 말해 투명하게 표를 던지는 것보다 더 좋은 방법이 어디 있겠는가.[9]

재산을 가진 백인 남성만 선거권을 가졌던 그 시절에는 투표용지가 엘리트주의적이라 여겨졌다. 종이를 사용한다는 것은 유권자가 글을 읽을 수 있음을 전제로 하는데, 재산이 있다고 해서 모두 글을 배우지는 않았기 때문이다. 하지만 결국 손을 흔들거나 몸을 움직여 투표하는 것보다 더 확실하게 투표 내용을 기록할 수 있는 투표용지가 대세로 자리 잡았다. 초기에는 유권자들이 직접 투표용지를 준비해 투표소로 가져갔다. 투표를 좀 더 쉽게 하기 위해 사전 기표나 대리 기표도 허용되었다. 타인의 투표용지까지 인쇄할 비용을 댈 수 있는 사람에게는 투표 조작의 길이 열려 있는 것이나 다름없었다. 때로는 정당이 자당 후보자의 이름만 인쇄한 투표용지를 준비해 당원과 행인에게 나눠주는 등 노골적으로 편파적인 선거 운동 전술이 동원되기도 했다. 투표용지는 프라이버시를 보호하기 위해서가 아니라 기록의 영구성 때문에 채택되었다. 종이에 적힌 기록은 다시 세는 것이 가능하다.[10]

정부가 발행한 비밀 투표용지가 처음 사용된 것은 1856년 호주 빅토리아시에서 시행된 선거였다. 이 시스템이 영국에 도입되기까지는 한 세대가 걸렸다. 미국 도시와 주들은 1880년대 후반에 비밀 투표 시스템으로 전환하기 시작했다. 새로운 접근 방식은 제한적인 성공을 거두었다. 이후 다시는 미국인의 투표율이 (19세기 중후반에는 통상적이었던) 80퍼센트 대에 미치지 못했다.[11] 아마도 투표 불참 시에 치러야 하는 사회적 비용이 전무하기 때문일 것이다.

비밀 투표가 보편적인 방식이 되어갈 무렵, 보스턴의 두 변호사가 새롭게 '프라이버시권right to privacy'을 주장하고 나섰다. 프라이버시권은 과거 법률 사무소를 함께 운영했던 새뮤얼 워런과 루이스 브랜다이스가 1890년『하버드 로 리뷰Harvard Law Review』에 기고한 글에서 처음 등장한다. 그들은 사생활 침해가 갈수록 심해지고 있다고 규탄했다. 누구에 의해서? 사진 기술, 그리고 가십을 통해 판매를 높이는 데 혈안이 된 황색 언론을 포함한 "최신 발명품과 비즈니스 모델"이 주범이었다.[12] 많은 발명품과 마찬가지로 프라이버시권은 개인적인 문제를 해결하기 위해 고안되었다. 워런과 그의 가족을 호의적이지 않게 그린 달갑지 않은 스케치가 신문의 사교계란을 장식했던 것이다[13](매일 페이스북에 수십억 개의 사진이 올라오는 요즘 같은 시대에 살았으면 어쩔 뻔했나).

애석하게도 부인과 딸이 겪은 사회적 망신을 수습하는 데 급급했던 명망 높은 변호사들은 자신에 관한 묘사를 통제하려는 욕구와 다른 사람이 당신과 공유한 경험에 관해 얘기하는 것을 제한할 권리를 하나로 묶어버렸다. 민주주의가 탄탄히 자리 잡은 사회에서는 심지어 불법 행위로 의심되는 일을 저지른 사람에게조차 생각과 감정을 공개하도록 강제할 수 없다. 절친한 친구에게 비밀을 털어놓으면 그 친구의 절친한 친구가 당신의 비밀을 알게 될 가능성이 늘 존재한다. 법은 이런 지각없는 행동을 막을 수 없지만, 사회적 규범은 그렇게 하는 편이 '대중'에게 더 이롭다고 판단될 경우 그렇게 할 수 있다. 공학에서는 커뮤니케이션의 목적이 정보 전달이라고 얘기한다. 그러나 페이스북의 설립자 마크 저커버그가 꿰뚫어 봤듯이, 정보 전달은 커뮤니케이션을 위한 구실이다.

미연방대법관으로 임명된 브랜다이스는 프라이버시권을 적극적으로 밀었다. 그는 미국인이 가진 개인의 자유에 대한 뿌리 깊은 신념을 프라이버시권 옹호에 동원했다. 네브래스카주가 교사들이 독일어로 수업하는 것을 위법화할 수 있는지를 두고 벌어진 '마이어 대 네브래스카주Meyer v. Nebraska' 재판의 예를 보자. 당시는 1차 세계대전이 끝난 직후로, 반독 정서가 한창 고조된 상황이었다. 그럼에도 미연방대법원의 다수 의견은 어디에 살든 "계약을 맺고, 일반적인 직업을 갖고, 유용한 지식을 얻고, 결혼하고, 가정을 꾸리고, 자녀를 양육하고, 각자의 신앙에 따라 예배를 드리고, 오랫동안 보통법에 의해 자유인이 법 안에서 행복을 추구하기 위해 필수불가결한 것으로 인정된 특권을 누릴 권리"를 옹호했다.[14] 브랜다이스에 따르면 프라이버시권을 공격하는 것은 자유를 공격하는 것과 다를 바 없었다.

개인의 선택권은 엿보는 눈과 비판적인 혀로부터 보호받는 듯했다(혹은 그렇게 믿고 싶어했다). 매카시 청문회 같은 사건은 공산주의가 자유 사회에 커다란 위협이었기 때문에 개인의 정치 성향을 캐는 것이 허용되었던 예외적인 '아웃라이어'일 뿐이었다. 그러나 프라이버시에 대한 이런 기본적인 가정은 인터넷에서 정보를 찾거나 교류할 수 있는 도구가 발전하면서 극적으로 뒤집어진다.

∟ 벽에서 창으로

1996년 웹페이지 링크 구조를 분석하여 웹 검색 문제를 해결하고자 했던 래리 페이지와 세르게이 브린은 공개된 데이터에 의존했다. 구글이 크롤링한 웹페이지는 모두 공개 문서였다. 누군가 웹페이지를 작성하여 다른 이들이 읽을 수 있도록 인터넷에 올리면 다른 사람들이 그것을 링크했다.

알고리즘을 개발하고 서버 네트워크를 구축하기 위해서는 많은 돈이 필요했다. 래리와 세르게이는 비용을 충당할 최선의 방법은 사용자 검색에 기반한 광고 공간을 판매하는 것이라는 결론에 도달했다. 광고주는 잠재 고객의 관심사와 매치될 것으로 기대되는 키워드, 문구, 카테고리를 '구매'했다. 검색 기반 광고는 즉각적인 성공을 거뒀다. 구글의 개인화 광고(예를 들어 제품과 관련된 콘텐츠를 다루는 웹페이지에 게재한 광고)를 구매한 광고주는 평균 대비 4배 높은 클릭률을 얻었다.[15] 사용자 검색 데이터는 사람들의 관심을 끄는 것이 무엇인지 눈으로 확인할 수 있는 흔적을 제공하기 때문에 가치 있는 상품이었다.

2004년 4월에 지메일 서비스를 개시한 구글은 사용자의 관심사를 수집할 또 다른 데이터 원천을 확보했다. 지메일은 개인의 이메일 내용을 분석하여 어떤 광고를 보여줄지 결정한다. 이때까지 사람들은 이메일이 마치 편지처럼 수신자만 볼 수 있게 봉인되어 있다고 여겼다. 프라이버시 옹호론자들은 지메일에 가입하면 사적인 대화 내용을 구글에 '넘겨주게 될 것'이라고 경고했다. 오늘날 지메일은 전 세계에서 가장 널리 사용되는 이메일 서비스로, 매달 10억 명가량이 사용한다.[16] 대부분의 사용자는 자신이 무료 이메일 서비스를 제공받는 대신 구글의 컴퓨터가 이메일 내용을 '읽는다'는 사실을 안다. 사용자는 개인화된 광고 노출 등의 대가를 기꺼이 받아들인다.

구글의 포부는 검색과 광고에 그치지 않았다. 2013년 3월에 출시된 구글 글라스 프로토타입은 주변을 착용자의 시점에서 관찰하고 기록하는 센서를 장착했다. 비판자들은 구글 글라스가 상대방의 동의 없이 대화 내용을 공개하는 데 사용될 것이라는 우려를 제기했다. 하지만 구글 글라스가 그런 목적으로 사용되는 유일한 기기는 아니다. 휴대용 녹음기나 소형 비디오카메라로도 손쉽게 동일한 작업을 수행할 수 있다. 누구나 들고 다니는 휴대폰에도 같은 기능이 있다. 다만 구글 글라스와 같은 웨어러블 기기는 지금 이 순간을 기록하기 위해 기기를 꺼내 드는 대신 주변에서 일어나는 사건을 더 쉽게 기록할 수 있다는 차이가 있다.

지메일 서비스가 시작되기 몇 달 전, 하버드대학에서 페이스매시Facemash라는 웹사이트가 오픈했다. 재학생 마크 저커버그가 9개 기숙사의 전산 시스템에서 학생 사진을 '긁어 와' 무작위로 선택한 2장의 사진 중 어느 쪽이 '더 핫한지' 투표하는 소프트웨어를 개발했다는 이야기는 이제 전설이 되었다.[17] 페이스매시는 동급생 사이에서 큰 인기를 끌었고, 동시에 커다란 논란을 불러일으켰다. 하버드대학 측은 그가 허락 없이 사진을 게재하여 저작권과 프라이버시를 침해했음을 지적했고, 저커버그는 곤경에 처했다. 다시 한 번, 사진이 새로운 커뮤니케이션 방식에 의해 가십거리를 원하는 인간의 욕구를 충족시킬 목적으로 사용되고 있었다. 브랜다이스 판사는 아마 경악했겠지만, 그로부터 10년이 채 지나지 않아 페이스북은 전 세계적으로 널리 사용되는 커뮤니케이션 도구가 되었다.[18] 2016년 기준으로 전 세계 인구 4명 중 1명이 페이스북을 이용하며 매달 10억 명 이상이 휴대폰으로 페이스북에 접속한다.[19] 저커버그는 사회적 규범의 한계를 확장했으며, 수많은 사람이 그와 함께 디지털 정체성이라는 미지의 영역을 탐사하기를 열망했다.

페이스북도 구글처럼 온라인 광고 사업에 진출했다. 사용자가 올리는 게시물은 이메일보다 타깃 광고 잠재력이 더 컸다. 사람들은 연애 상태를 비롯하여 교육 수준, 정치 성향, 종교적 신념을 공개하고, 좋아하는 영화, TV 프로그램, 책, 음악 목록을 만들고, 여행 갔다 온 곳을 보고하고, 수많은 브랜드와 광고 캠페인에 대한 의견을 공유했다. 그뿐만 아니라 자신과 아이들, 애지중지하는 개와 고양이 사진을 업로드했다. 모두 가족과 친구에게 보라고 '공개'한 것이다. 나는 2008년 여름 페이스북이 개인화 광고를 시작한 날 페이스북 본사에 있었다.[20] 새로운 광고에는 피드백 버튼이 달려 있었다. 사용자가 광고가 마음에 들지 않는다고 클릭하면 이유를 알려달라는 메시지가 떴다. 사용자 반응을 실시간으로 읽는 것은 획기적인 경험이었다. 대부분의 사람은 자신이 페이스북에 공유한 개인정보가 광고에 너무 많이 사용되었다고 불평하지 않았다. 그들은 **너무 적게** 사용되었다고 불평했다. 전형적인 예는 다음과 같다. "프로필에 분명 남자에게 관심이 있는 남자라고 적어 놨는데, 왜 '싱글 여성을 만나세요' 같은 광고를 보여주는 거죠?" 사용자들은 자신의 실제 관심사와 일치하는 광고를 요구했다.

2016년은 페이스북이 오픈한 지 13주년이 되는 해다. 공식적으로 페이스북 계정을 만들기 한참 전부터 부모나 조부모에 의해 페이스북에 어린 시절 전체가 공유된 세대가 머지않아 등장할 것이다. 과거에는 고등학교를 졸업할 무렵에야 출생증명서, 예방 접종 기록, 성적증명서, 졸업증서 같은 몇 가지 신분 증빙 서류를 갖게 되었다. 대부분의 경우 운전 면허증도 이 목록에 추가할 수 있고,[21] 고용주나 종교 기관이 발행한 추천서나 여권을 발급받은 이도 있을 것이다. 이와는 대조적으로 이제 모든 어린이가 부모, 조부모, 친척, 형제자매, 가족의 친구가 생성한 소셜 데이터를 보유한다. 출생 전 초음파 사진, 육아의 어려움을 토로한 글, 아이가 아플 때의 기도, 자세한 외모, 기술, 취미 기록도 찾아볼 수 있다. 페이스북이 13세 이상만 가입할 수 있는 정책을 고수하는 이유는 무엇인가? 아기가 태어나면 무조건 페이스북 계정을 열어주는 쪽이 훨씬 합리적이지 않은가?[22] 그렇게 한다면 모든 사람이 스스로 사용할지 말지를 선택할 수 있는 고유하고 신뢰할 만한 식별자를 갖게 될 것이다. 소셜 데이터에 아이의 아이디를 태그해둔다면, 나중에 아이가 자라서 법이 그 아이 스스로 결정을 내릴 수 있다고 정한 나이에 도달하면 본인이 태그된 데이터를 직접 관리할 수 있을 것이다.

인류의 역사는 불을 중심으로 하는, 프라이버시의 경험이나 기대가 거의 없는 삶을 살던 때로부터 침실 벽과 투표소 커튼이 가져오는 개인적, 정치적 프라이버시 '권리'를 신성시하는 시대로 발전했다. 인터넷이 삶과 밀접한 관련을 맺고 있는 오늘날에는 가족, 친구, 낯선 이들과 자유롭고 즉각적으로 접촉하는 대가로 우리의 일상을 기꺼이 '공개'하게 되었다. 프라이버시 개념의 구축과 해체는 인류 역사에서는 눈 깜박할 사이에 불과한 단 두 세기 만에 이루어졌다.

동네 가십
프라이버시의 부재

굴뚝과 도시 이주(1600년대)
익명성과 프라이버시의 발명

미국 수정헌법 제4조(1792년)와 비밀 투표제 도입(1856~1896년)
프라이버시의 정치화

'프라이버시권(1890년)'
프라이버시의 법제화

구글, 페이스북, 그리고 그 너머
프라이버시는 환상이다

지난 100년간 애지중지해온 프라이버시가 이제 그저 환상에 불과함을 인식할 때다. 우리는 관심사, 관계, 커뮤니케이션을 관리할 도구를 **원한다**. 브랜다이스 판사가 내놓은 훌륭한 개념은 데이터가 드물고 커뮤니케이션의 비용이 높았던 지역 공동체 시대의 산물이다. 당시에는 누군가가 당신의 사진을 게재하는 것을 쉽게 막을 수 있었지만, 오늘날에는 그렇지 않다. 게다가 익명성은 민주주의의 기본 설정이 아니다. 프라이버시를 마냥 이상화하면서 과거의 규칙이 미래에도 우리를 보호해주기를 바라기보다는, 오늘날의 현실과 미래의 가능성을 반영하는 규칙을 새로 만드는 편이 낫다. 데이터가 우리에게 혜택을 가져오게 하기 위해서는 투명성과 주체성이 필요하다.

공적인 정보와 사적인 정보를 구분하여 데이터를 담 안에 가두기 위해(혹은 담 안으로 들어오지 못하게) 벽을 쌓는 데 힘을 쓰기보다는 자신을 솔직하게 드러내는 데 초점을 맞추자. 그렇게 해야만 데이터 정제소가 주는 혜택을 극대화하고, 데이터 공유의 장점과 단점 사이의 균형을 찾을 수 있을 것이다.

∟ 인터넷에서는 모두 당신이 개라는 사실을 안다

소셜 데이터 분야에서 프라이버시가 존재하는지는 더 이상 중요한 문제가 아니다. 지금까지는 그랬을지 모르지만 이제 그런 시절은 갔다. "인터넷에서는 누구도 당신이 개라는 사실을 모른다"라는 촌철살인으로 유명한 피터 스타이너의 『뉴요커』 연재만화가 있다.[23] 이 만화가 세상에 등장한 1993년 이래 많은 것이 바뀌었다. 오늘날에는 "인터넷에서는 모두 당신이 개라는 사실을 알고 있다. 파란색 개목걸이를 하고 있고 고양이에 관심이 많다. 그리고 주인들은 휴가 중이다" 쪽이 더 적절할 것이다. 당신이 친구들과 교류하고 개인화된 추천을 얻기 위해 소셜 데이터 정제소들과 정보를 공유했기 때문이다. 퍼피 차우 광고를 봐야 하는 것은 덤이다. 사람들은 인터넷에서 익명으로 존재할 수 있을 것이라 여겼지만, 이는 희망사항에 불과했다.

페이스북의 시대가 오기 훨씬 전부터 데이터는 개인의 신원을 노출했다. 1990년대 중반에 컴퓨터 과학자 라타냐 스위니는 의료 기록 데이터를 담은 '익명'의 데이터베이스가 과연 얼마나 익명성을 보장하는지 조사했다.[24] 매사추세츠주는 주 정부 직원의 병원 기록을 연구 공동체와 공유하는 것이 공공의 이익에 부합한다고 판단했다. 정부 관료들은 의료 기록을 환자의 이름이 기재된 채로 공유하는 것은 부적절함을 알고 있었기 때문에 데이터를 넘겨주기 전에 이름, 주소, 사회보장번호 같은 식별자를 제거했다. 다만 데이터가 의료 정책을 개선하는 데 유용하게 사용될 수 있도록 성별, 생년월일, 우편번호 같은 몇 가지 데이터는 그대로 두었다. 스위니는 이 세 가지 데이터를 다른 데이터베이스(누구나

20달러의 수수료를 내면 조회할 수 있는 케임브리지시 유권자 정보)와 대조하여 주지사의 의료 기록을 찾아냈으며, "극적인 효과를 노려 주지사의 (진단과 처방전을 포함한) 건강 기록을 그의 집무실로 발송했다."[25]

스위니는 성별, 생년월일, 우편번호를 알면 미국인 87퍼센트의 신원을 알아낼 수 있다고 추산했다.[26] 이어진 연구 결과는 63퍼센트에 가깝지만, 매일 페이스북이나 다른 소셜 데이터 사이트에서 공유되는 개인정보 없이도 이 정도 수치가 나온다는 것은 여전히 놀라운 일이다.[27] 그렇다고는 해도 어떻게 단 몇 개의 데이터 포인트로 신원 파악이 가능했는지는 대강 계산을 해보면 알 수 있다. 미국 인구는 약 3억 명이며, 미국에서 현재 사용되고 있는 우편번호는 약 4만 개다. 따라서 평균 7000명가량이 같은 우편번호를 공유하며, 그중 남녀가 각각 반이다.[28] 연중 일별 출생률이 비슷하다고 가정할 때, 우편번호당 생일이 같은 사람은 남녀 각 10명 정도다. 출생년도까지 추가하면 앞서 소개한 놀라운 결과가 더 이상 놀랍지 않다.

다음으로 전형적인 데이터 정제소가 수집하는 소셜 데이터를 고려해보자. 디지털 흔적으로 개인을 식별할 수 없다는 생각은 대형 데이터 정제소 두 곳이 연구자들과 '익명화된' 소셜 데이터를 공유했을 때 산산이 조각났다. 인터넷 서비스 제공업체 AOL이 회원 65만 8000명의 익명화된 검색 로그 3개월 치를 연구 목적으로 제공했을 때, 『뉴욕 타임스』기자 2명이 이를 입수하여 검색 내역을 바탕으로 몇몇 개인을 판별해내는 데 성공했다.[29] 사람들은 곧잘 자신과 가족, 친지의 이름을 검색하고 집 주소를 기준으로 길 찾기 경로를 검색하기 때문에 이는 꽤 간단한 작업이었다. 두 번째 사례는 주문형 비디오 사이트 넷플릭스가 사용자가 향후에 매길 영화 평점을 예측하는 작업의 정확성을 높이기 위해 개최한 콘테스트다. 넷플릭스는 콘테스트에 참여한 연구자들에게 모델 구축을 위한 데이터를 제공하기 위해 고객 48만 명이 작성한 "영화 평점 1억 개와 평점이 작성된 날짜 정보"를 공개했다.[30] 회원의 이름은 제공된 정보에 포함되지 않았지만, 텍사스대학 오스틴 캠퍼스의 연구자 아르빈드 나라얀과 비탈리 슈마티코프는 넷플릭스가 제공한 데이터를 인터넷 영화 데이터베이스IMDb.com에 게시된 리뷰와 비교하여 고객 목록을 '비익명화'하는 데 성공했다.[31] 리뷰는 이미 공개된 정보이니 상관없지 않을까? 하지만 넷플릭스 고객들이 자신이 대여한 모든 영화에 리뷰를 작성하는 것은 아니다. 일부 '사적인' 영화 시청 내역은 고객이 밝히고 싶지 않은 사실을 드러낼 수 있다. 자신이 레즈비언이라는 사실이 넷플릭스 프라이즈 데이터베이스에 접근한 5만 명의 연구자들에게 아웃팅당했을 가능성을 우려한 '도 대 넷플릭스Doe v. Netflix' 재판의 원고는 적어도 그렇게 주장했다(제인 도의 변호사는 사용자의 블록버스터 비디오 대여 목록을 친구들이 볼 수 있도록 자동으로 게시하는 페이스북의 기능을 제거하기 위해 활약한 전적이 있다. 이후 해당 정보를 공유하기 위해서는 사용자가 '옵트인'을 해야 하도록 바뀌었다).

영화 대여 목록이 전 세계에 공개되어도 아무 상관이 없는 사람이라도 검색 내역이 죄다 공개되는 것은 거북할 것이다. 대대수의 사람이 구글 지도에 가장 자주 입력하는 것은 집 주소다. 어디에 사는지, 어디에 가려고 하는지, 무엇을 구입하는지, 누구를 검색해보는지, 무엇을 걱정하는지는 우리 삶의 가장 내밀한 부분이다.

개인이 입력하는 검색어를 실시간으로 볼 수 있다고 해보자. 1990년대에 인터넷 검색 엔진 벤처 기업에서 일하는 스탠퍼드 출신의 친구를 방문했을 때, 나는 사용자가 입력한 검색어를 실시간으로 볼 기회를 가졌다. 그중 하나가 주의를 끌었다. 누군가 방금 '자살하는 법'을 검색했다.[32] 어떻게 하지? 저 사람이 가입한 인터넷 업체와 IP 주소로 신원을 추적하여 자살 예방 핫라인에 알려야 하나? 프라이버시 침해에 해당할까? 검색 내역을 뒤져서 검색어를 입력한 동기를 파악한 다음 실제로 자살하려고 하는 것인지 좀 더 구체적으로 '예측'하는 것이 먼저일까? 어쩌면 그는 캐릭터를 구상하는 소설가이고, 실제로 자살할 의도는 전혀 없을 수도 있다. 그런데 그때 그 사람의 다음 검색어가 '금문교Golden Gate Bridge'인 것을 본다. 그곳은 1600명이 넘는 사람이 자살한 곳이다.[33] 이제 모니터로부터, 그 사람으로부터 한 걸음 물러나 한 사람의 목숨이 위급할지도 모른다는 사실을 무시한 채 다시 검색 품질 향상 업무로 돌아가야 하나? 이런 질문에 쉬운 답은 없다.

검색어를 한데 모아 분석하면 인류가 어떤 문제에 몰두하는지 알 수 있다. 구글 트렌드Google Trends는 사람, 장소, 사물, 사상에 대한 관심이 시간이 지남에 따라 변하는 양상을 보여준다. 예를 들어, 지난 몇 년간 '사이버 폭력'과 '트랜스젠더'를 검색한 사람은 늘어난 반면, '프라이버시'를 검색한 횟수는 하락했다.[34]

마찬가지로 전자 상거래 내역은 당신의 (때로는 당신과 관계를 맺고 있는 사람의) 고유한 속성을 드러낸다. 아마존은 물건을 배달하기 위해 배송지 주소를 알아야 한다. 물건을 받고 싶다면 주소를 정확하게 입력하는 것이 구매자에게 이익이다. 구매 내역에는 본인이 사용할 물건과 다른 이를 위해 산 물건이 섞여 있을 수 있다. 아마존은 사용자가 선물용 상품은 따로 표시할 수 있도록 하여 개인화된 추천 목록을 생성할 때 해당 상품을 제외한다.[35] 개인화 알고리즘은 고객이 선물용으로 구입했다고 밝힌 제품을 여타 구매품과 다르게 취급하는 법을 배운다. 만일 여성용 셔츠를 선물로 산다면 셔츠 사이즈를 선택해야 하므로 받는 사람의 신체 사이즈 정보가 공유된다. 만일 셔츠를 구입한 것이 어머니의 날 한두 주 전이고 수신자의 성이 당신과 같다면 아마존 알고리즘은 두 사람의 관계를 추정할 것이다. 어쩌면 아마존은 이듬해 어머니의 날을 앞두고 이메일로 추천 상품 목록을 보낼지도 모른다.

'당신의 아마존Your Amazon' 페이지는 사용자에게 일정 정도의 투명성과 주체성을 제공한다. 사용자는 구매 내역처럼 직접 생성한 미가공 데이터의 일부를 볼 수 있으며, 어떤 것이 개인화 추천에 사용될지 제어할 수 있다. 또한 최근이든 수십 년 전이든 다른 곳에서 구입한 물품도 목록에 추가할 수 있다. 페이스북도 2014년에 이와 유사한 접근법을 채택하여 사용자가 활동 로그, 친구 요청 목록, '좋아요' 목록, 태그된 글과 사진 목록, 이벤트 신청 내역 등에 접근할 수 있도록 허용했다. 원할 경우 히스토리에서 개별 데이터 포인트를 삭제할 수 있다. 페이스북상의 디지털 정체성은 개인화 광고를 생성하는 데 사용되기 때문에, 페이스북 히스토리 삭제는 어떤 광고가 뜨는지에 영향을 미친다.[36]

활동 내역에서 '좋아요' 몇 개를 지운다고 해서 전반적인 행동 패턴이 숨겨지지는 않는다. 케임브리지대학 심리측정센터의 데이비드 스틸웰이 수행한 연구에서 밝혀졌듯이, 페이스북 활동은 사용자의 성격을 꽤 정확하게 반영한다. 스틸웰은 페이스북 사용자 수천 명을 대상으로 개방성, 성실성, 외향성, 친화성, 신경성의 '5대' 성격적 특성을 평가하는 테스트를 실시했다. 그런 다음 별도의 실험 참가자 집단이 그들의 페이스북 프로필을 살펴보고 성격을 평가하게 했다. 두 가지 평가 결과는 놀라울 정도로 흡사하게 나타났다. 사람들이 페이스북에서 보여주는 모습은 실제 모습과 대체로 일치하는 경향이 있다. 소셜 미디어에서 어떤 모습을 보여줄지 선택할 때조차 우리는 여전히 우리 자신이다.[37] 한 무리의 낯선 사람이 페이스북 타임라인을 보고 당신의 성격을 유추해낼 수 있다면, 알고리즘도 같은 일을 할 수 있다고 보면 된다. 숨기고 싶었던 성격이 만방에 드러나는 것은 친구들과 온라인으로 일상을 공유하기 위해 치러야 하는 대가다.

2013년, 스틸웰과 동료 마이클 코신스키, 그리고 마이크로소프트 리서치팀은 페이스북 활동을 통해 IQ, 인종, 정치 성향, 중독성 물질 사용 여부, 성적 지향성과 같은 개인적 특성을 추측하는 것이 가능한지 알아보기 위해 'YouAreWhatYouLike(당신의 '좋아요'가 바로 당신이다)'라는 앱을 론칭했다. 결과에 따르면 연구 모델은 '좋아요' 정보만으로 "동성애자인지 이성애자인지 구분"하는 데 88퍼센트의 성공률을 보였다. 정치적 이슈나 권리와 딱히 관련이 없는 '좋아요'도 마찬가지였다.[38] 연구자들에 따르면 남성 동성애자를 판별하는 데 유용한 '좋아요' 대상은 화장품 브랜드 '맥'과 〈뮤지컬 위키드〉였다. 남성 이성애자를 판별하는 데는 힙합 그룹 '우 탱 클랜'과 '낮잠에서 깨어난 후의 혼란스러움

being confused after waking up from naps'이라는 이름의 사용자가 유용했다. '컬리 프라이(동그랗게 말린 감자튀김)'와 '뇌우'에 대한 '좋아요'로는 지능이 높은 사람을 정확하게 판별해낼 수 있었다고 한다.[39] 기업은 아이큐 테스트와 성격 테스트로 지원자를 선별한다. 머지않아 구직자들은 이력서에 적은 것처럼 정말 자신이 스스로 동기부여를 잘하고 뛰어난 리더십을 발휘하는지를 알아내는 앱을 설치해야 할지도 모를 일이다.[40]

개인적 속성에 관한 데이터는 본인의 적극적인 관여 없이도 취합된다. 온라인에 게시된 엄청난 양의 사진이 그 예다. 저작권은 말할 것도 없고, 당신의 사진들조차 모두 당신의 통제 밖에 있다. 행사장에서 누가 당신이 지나갈 때 사진을 찍었다고 하자. 이제 당신의 얼굴이 인식되는 것은 시간문제다. 얀 르쿤이 이끄는 페이스북 인공지능 리서치 그룹은 2장의 사진 속 인물이 동일인인지를 판별해내는 일에서 사람과 비슷한 수준의 성공률을 보인다.[41] 딥페이스라는 이름의 이 시스템은 사진 속 얼굴을 분석한 후 페이스북 사용자가 태그한 이름을 태깅되지 않은 같은 얼굴 사진에도 똑같이 적용한다. 사진의 배경과 맥락을 분석하기 위한 소프트웨어도 개발되고 있다. 소프트웨어는 사진 속 인물이 혼잡한 술집에 있는지, 아니면 외딴 메사(꼭대기는 평평하고 등성이는 벼랑인 언덕)에 있는지 구분한다. 당신의 사진 속 배경이 주로 전자보다 후자 쪽이라면(혹은 그 반대라면), 알고리즘은 당신을 '고독한 탐험가' 또는 '마당발' 등으로 분류한다.

마이크로소프트 리서치의 과학자 신시아 더크 등이 보여준 바와 같이 데이터와 데이터베이스의 존재로 인해 모든 사람의 정보에 접근할 수 있게 되었다. 데이터베이스의 핵심은 질문에 대한 답을 얻는 것이다. 이 질문들은 데이터베이스상의 단 한 사람만이 '그렇다'고 대답하도록 고안할 수 있다. 신시아는 종종 다음과 같은 사례를 들어 시범을 보인다. 먼저 마이크로소프트의 직원 의료 데이터베이스에서 겸상 적혈구 체질을 가진 사람의 수를 묻는다. 그런 다음 곱슬머리의 저명한 여성 과학자가 아닌 직원 중에서 얼마나 많은 수가 그런 체질을 가졌는지 묻는다. 두 답변의 차이는 마이크로소프트사에서 유일하게 곱슬머리이고 저명한 여성 과학자인 신시아가 이 체질을 갖고 있는지 아닌지를 알려준다.[42]

우리가 데이터 정제소와 개인정보를 공유하는 이유는 의사 결정을 도와줄 개인화된 결과를 얻기 위해서다. 신시아 더크가 묘사하는 데이터베이스는 상대적으로 구체적이고, 수집하는 데이터의 종류도 제한적이다. 다시 말해 '스몰 데이터'를 취급한다. 이에 반해 오늘날의 '빅데이터' 가공 업체들이 수집하는 디지털 흔적은 놀랄 만한 규모다. 데이터 정제소에서 유용한 결과물을 얻으려면 진짜 관심사와 선호도를 정확히 알려줘야 한다. 데이터를 내어줄 생각이 없다면 '평균적인' 사람을 대상으로 한 추천밖에 기대할 수 없다. 즉 가장 인기 있는 결과나 일반 대중을 대상으로 한 정보밖에 얻지 못할 것이다. 만일 가짜 데이터를 제공한다면 그 반대급부로 얻는 결과는 당신에게 전혀 쓸모없는 정보일 가능성이 높다. 얻는 것이 있으면 잃는 것도 있다. 유용성이 커질수록 프라이버시는 줄어든다.

개인정보를 교환하기로 한 결정과 교환하지 않기로 한 결정에는 각각 상응하는 결과가 따른다. 어떤 상황에서는 신원을 드러내는 것이 위험이나 해를 초래할 수 있다. 다른 상황에서는 신원을 드러내지 않는 것이 같은 결과를 가져올 수 있다. 개인은 고유한 디지털 흔적을 남기기 때문에 익명을 고수하는 것이 사실상 불가능하다.

페이스북이 등장하기 전까지는 인터넷에서 실명을 사용하는 일이 드물었고 가명(별명, 아이디)을 쓰는 것이 보통이었다. 동명이인 문제 등 실명일 경우 회원 관리가 힘들었던 것도 한 가지 이유였으며, 아이디에 글자 수 제한이 있어서 실명을 사용할 수 없는 사이트도 있었다. 신원 도용이나 스토킹을 우려하여, 또는 민감한 주제에 의견을 냈다는 이유로 직장이나 공동체에서 불이익을 당할 것을 걱정하여 실명 공개를 꺼리기도 했다. 사용자들은 원한다면 뉴스그룹newsgroup이나 서비스별로 다른 아이디(또는 여러 개의 다른 아이디)를 만들 수 있었다. 인터넷 시대의 첫 수십 년은 전례 없는 정체성 파편화의 시대였다. 우리는 다수의 가명을 만들고 사용하는 과정에서 타인과 상호 작용하는 새로운 방법을 모색했다.

전통적으로 신원은 이름, 생년월일, 키, 눈동자 색깔, 국적, 거주지 등 본인을 확인할 수 있는 기본적인 데이터로 구성된다. 사회적 규칙과 규범을 강제하기 위해서는 신원을 확인할 수 있어야 한다. 수세기 동안 입국 허가를 증명하기 위해 여권 같은 신분증이 사용되었고,[43] 물품 구매 비용을 커버할 수 있는 돈이 멀리 떨어진 은행 금고 안에 안전하게 보관되어 있음을 증명하기 위해 수표와 카드가 사용되었다.[44] 나이와 국적은 투표권이나 공공장소에서 음주할 수 있는 권리 같은 혜택과 세금을 납부하고 병역을 마칠 의무 등의 책임을 부여한다. 오늘날 우리는 정부가 발급한 신분증이나 신분증 번호를 넘겨주고, 비밀번호를 입력하고, 초등학교 이름이나 어린 시절 키우던 애완동물의 이름 등 일련의 질문에 답해야 한다는 사실에 익숙하다.

디지털 흔적 중 많은 부분이 물리적 기기와의 상호 작용을 통해 생성된다. 그중 상당량은 누가 남긴 흔적인지 쉽게 식별할 수 있을 만큼 뚜렷이 구분된다. 휴대폰과 태블릿을 통해 온라인에 접속하는 시간이 늘어남에 따라 데이터 정제소들은 규칙적인 행동 패턴을 관찰하여 각 개인이 어떤 기기들을 사용하는지를 파악하는 데 상당한 자원을 투자하고 있다. 로그인을 요구하는 것도 한 가지 방법이지만, 디지털 흔적도 누가 어떤 기기를 사용하는지 단서를 제공한다. 예를 들면 사람들은 같은 오타를 반복적으로 내고, 특정 오타를 더 자주 수정하는 경향이 있다. 뿐만 아니라 사람마다 온라인에서 정보를 검색하는 나름의 방식이 있다.

기기와 물리적인 상호 작용을 할 때도 흔적이 남는다. 이스라엘 기업 바이오캐치의 공동 설립자 유리 리브너는 컴퓨터, 태블릿, 휴대폰을 사용하는 개인 특유의 방식에서 생성되는 디지털 지문이 "사용자가 무엇을 하고 어떻게 행하는지를 관찰하여 사용자를 인증할 방법"을 제공한다고 말한다.[45] 바이오캐치는 부지불식간에 신원 인증 과정이 완료되도록 데이터 수집을 설계한다. 그들에게 중요한 것은 사용자가 무엇을 찾고 있는지가 아니라 어떻게 찾는지다. 터치스크린을 격렬하게 두드리는가, 아니면 가볍게 터치하는가. 휴대폰을 쥐고 있는 손이 얼마나 떨리는가. 화면의 어느 위치에서 위아래로 스크롤하는가. 마우스를 얼마나 빨리 드래그하는가. 링크를 열 때 새 탭으로 여는가, 아니면 기존 탭에서 열고 뒤로 가기를 누르는가. 바이오캐치의 주요 고객사는 신원 인증을 위한 추가적인 방법을 모색하는 은행 등이다.[46]

실시간 데이터 분석을 통한 신원 확인은 특히 제공된 신원 정보를 신뢰할 수 없거나 신원 정보를 손쉽게 입수할 수 없을 때 유용하다. 아동용 웹 기반, 앱 기반 게임은 사용자의 안전부터 콘텐츠의 적합성에 이르기까지 다양한 문제를 고려해야 한다. 간단한 예로, 6~16세 아동을 위한 게임을 제공하는 사이트는 사용자별로 나이에 맞는 게임을 추천해줄 수 있어야 한다. 단지 여덟 살짜리가 10대 청소년용 게임을 할까 봐 염려해서 그러는 게 아니다. 나이에 비해 난이도가 높은 게임을 할 때 어린이는 좌절감을 느끼고 쉽게 싫증을 낸다. 아이가 다른 가족의 아이디로 로그인한 상태에서 게임을 시작할 수도 있기 때문에 게임 사이트는 사용자 프로필상의 나이 정보에만 의존할 수 없다. 대신 그들은 플레이어가 게임과 상호 작용하는 방식을 분석하여 나이를 추정한다. 많은 게임 사이트는 아동 플레이어가 아이인 척하고 접속한 성인 플레이어와 집 주소나 민감한 정보를 무심코 공유하게 될 가능성을 줄이기 위한 안전장치로서 채팅 시 사전에 규정된 문장 중에서만 선택할 수 있게 한다. 이때 연령대가 높은 아이들은 어린아이들과는 다른 답변을 선택하는 것으로 나타났다. 그뿐만 아니라 게임 사이트는 마우스의 움직임에 기반하여 나이를 3~6개월 오차로 정확하게 판별해낼 수 있다고 알려져 있다. 마우스 작동 기술이 소근육의 운동 기능 발달과 높은 상관관계를 갖기 때문이다.[47]

내재한 흔적을 다루는 머신 러닝machine learning 시스템을 속이는 것은 겉으로 드러나는 속성을 날조하는 것보다 훨씬 어렵다. 병원에 갔더니 흰 가운을 입고 목에 청진기를 두른 사람이 옷을 벗으라고 말한다면, 대개 그를 의사라고 여길 것이다. 하지만 사람들이 이런저런 이유로 신분을 도용한다는 것은 잘 알려진 사실이다. 2015년 1월, 플로리다의 한 의료센터에서 흰 가운과 청진기로 경비원을 속이고 병원에 출입하며 한 달간 의사를 사칭한 17세 청소년이 경찰에 체포되었다.

역사적으로 가명은 표현의 자유를 행사하는 수단으로 사용되었다. 1787년에 『연방주의자 논집The Federalist Papers』을 발행하기 시작한 '푸블리우스(알렉산더 해밀턴, 제임스 매디슨, 존 제이가 사용한 필명)'는 새롭게 공표된 연방헌법 초안을 두고 혹독한 비판에 시달리고 있었다. 논쟁에 참여한 투사 중 자신의 신원을 밝힌 이는 거의 없었다.[48] 조지 엘리엇(본명은 메리 앤 에번스)은 그녀가 익명의 에세이에서 "허황하고 무미건조하고 경건하기 짝이 없고 현학적인 시시한 소설"을 쓴다고 비판했던 19세기 여성 작가들에게 흔히 따라붙는 고정관념을 피하고자 필명을 택했다.[49] 그녀는 자신이 창조한 인물들과 이야기가 진지하게 받아들여지길 원했는데, 독자들이 책 표지에 인쇄된 저자명을 보고 글에 대해 속단한다면 그런 바람이 이루어질 수 없으리라 여겼다.

때로는 표현의 자유를 위해서가 아니라 과거에서 벗어나기 위해 가명을 택하기도 한다. 1947년, 한스 팔라다('본명'은 루돌프 디첸)는 나치를 상대로 조용한 저항 운동을 시작한 독일인 부부 이야기를 소설로 쓴 『누구나 홀로 죽는다Every Man Dies Alone』를 발표했다. 소련 대사관 문화 담당 영사에게서 게슈타포 파일을 바탕으로 훌륭한 반파시스트 이야기를 써달라는 요청을 받고 쓴 작품이었다.[50] 팔라다는 지금까지 쌓아온 작가로서의 명성에 정치색이 물드는 것은 개의치 않았다. 그는 이미 수년 전에 악명 높은 자살 시도로부터 작품을 분리하기 위해 필명을 택했다.[51]

앞서 언급한 세 가지 유명한 가명에는 공통점이 있다. 가명을 택한 사람이 계속해서 같은 가명을 사용했으며, 그 이름으로 명성을 얻기를 원했다는 점이다. 푸블리우스는 항상 헌법 비준을 지지하는 편에서 글을 썼다. 엘리엇과 팔라다는 출간한 모든 작품에 같은 필명을 사용했다. 그들은 창작물이 동일한 사람의 작품으로 알려지기를 원했다.

인터넷 초기에는 다수의 가명을 사용하는 것이 좋은 선택지인 듯했다. 하지만 여기에는 문제가 있었다. 새로운 계정을 만들기는 쉬워도 그 아이디가 일주일 전에 강퇴당한 사람이 사용하던 것인지 어떻게 아나? 아이디와 함께 이메일 주소를 등록하라고 요구할 수도 있지만, 이메일 계정도 쉽게 만들 수 있다. 일부 플랫폼은 계정 생성을 좀 더 어렵게 하려고 복잡한 등록 양식을 마련했다. 하지만 이것도 사기꾼이 많은 사람을 고용하거나 봇을 동원하여 등록 양식을 채우는 것을 막지 못한다. 경제학자 에릭 프리드먼과 정보과학자 폴 레즈닉의 말처럼, "저렴한 가명의 사회적 비용"은 이런 방식으로 없앨 수 없다.[52]

가명의 비용을 증가시켜 실명과 같은 기능을 하도록 만들 수 있을까? 상황에 따라 다르다. 상호 작용의 초기 단계부터 신뢰 구축이 필요하다면 '실명'을 사용하는 편이 합리적이다. 실명을 사용하면 은행이나 신용카드 회사에 쌓인 거래 내역을 동원하여 신뢰도를 증명할 수 있기 때문이다. 반대로 가명을 쓰는 사용자는 평판을 쌓는 작업을 처음부터 다시 시작해야 한다.

아마존에서 근무할 때 나는 가명으로 작성된 고객 리뷰와 실명 리뷰 중 어느 쪽이 사용자들에게 더 유용한지 조사했다.[53] 우리는 리뷰 작성 시 로그인하도록 강제하면 가명을 사용한다고 하더라도 '도움이 되지 않는' 리뷰를 올릴 가능성이 줄어든다는 사실을 알고 있었다. 그리고 고객들이 익명이 아닌 리뷰를 더 신뢰하는 것도 알고 있었다. 따라서 고객이 닉네임을 바꿀 때마다 과거에 작성한 리뷰도 새로운 닉네임으로 소급 변경되어 사용자별 리뷰 목록이 계속 유지되도록 했다. 사용자가 누구이며 어떤 리뷰를 썼는지는 그대로지만 공개되는 가명이 계속 똑같을 필요는 없다. 아마존은 결제 카드 정보로 확인된 모든 고객의 실명을 보유하고 있기 때문에 실명 리뷰를 강제할 수 있다. 하지만 리뷰에서 가장 중요한 요소는 작성자가 물건을 실제로 구매했는지 여부인 것으로 드러났다. 사람들은 서명된 리뷰를 신뢰했지만, 이름으로 서명한 것보다 '물건을 직접 써본 경험으로 서명'한 리뷰를 더 중시했다. 아마존은 분석 결과를 평균 별점을 산출하는 알고리즘에 반영하여 구매 사실이 검증된 사용자의 리뷰에 가중치를 두었다[54] (또한 아마존은 이른바 고객에게 돈을 주고 '별 5개'짜리 리뷰를 작성하도록 한 몇몇 회사를 고소했다[55]).

익명성에는 다른 단점도 존재한다. 자주 가는 가게에서 '고객의 의견' 카드를 작성하는 것과 온라인 업체의 설문 조사에 응하는 것의 미묘한 차이점을 고려해보자. 고객의 의견 카드는 표면상 익명이지만 사실상 그것을 작성하는 사람은 별로 없다. 단지 사람들이 게을러서 그런 것이 아니라 필체, 단어 선택, 제기한 문제, 상자에 의견 카드를 넣은 시간 등으로 작성자를 찾아낼 수 있음을 알기 때문이다. 부정적인 의견을 남겼을 때 뒤따를 불이익이 두려울 수도 있다. 게다가 익명의 의견은 '일회성 게임'이다. 익명이니까 당연히 쌍방향 대화가 가능하지 않으며, 작성자의 뜻이나 의도를 확인할 길이 없고 의견을 반영할 인센티브도 없다. 가게 측은 고객의 의견을 잡음, 아웃라이어, 특수한 케이스로 일축해버릴 수 있다. 익명의 피드백을 진상 고객의 이기적이고 악의적인 의견으로 치부해버릴 수도 있다.

레딧과 같은 온라인 게시판은 익명성에 내재한 문제를 머신러닝으로 보완한다. 레딧 사용자는 하나의 아이디로 사이트 전체의 모든 상호 작용에 참여할 수도 있고, 아이디를 만든 다음 포스팅이나 투표에 한 번 사용하고 버릴 수도 있다. 모든 아이디는 원하는 대로 활동할 자유를 부여받으며, 사용자들은 복수의 아이디를 사용하면서 익명을 유지하도록 권장된다. 어떤 상황에서도 이메일 주소나 실명을 계정에 추가하라고 요구받는 일이 없다. 레딧의 창립자들은 이런 방식으로 사람들에게 책임을 지우는 데 전혀 관심이 없었다. 대신 사용자들은 다른 방식으로 책임을 진다. 누군가가 흥미로운 내용을 포스팅하면 댓글을 달거나 추천/반대를 눌러 원래 게시물이나 댓글을 보강하거나 반박한다. 게시물이나 댓글에 반대가 일정 수 이상 달리면 순위가 뒤로 밀리고, '반대가 많은 댓글'이라는 문구 아래 내용이 가려진다. 가려진 경우에도 굳이 클릭해서 보고 싶은 사람은 내용을 볼 수 있고, 투표도 할 수 있다. 레딧은 사용자들끼리 의견을 주고받도록 권장하며, 궁극적으로 사용자들이 직접 볼 만한 가치가 있는 댓글과 그렇지 않은 댓글을 결정하게 한다.

레딧이 가장 신경 쓰는 부분은 '인기', '급부상', '찬반' 채널에 올라오는 토론이 다수의 아이디가 아니라 다수의 사람에게 추천받은 게시물인지 여부다. 채널의 상위 25위에 올라오는 게시물은 곧잘 인터넷에 널리 퍼진다. 레딧은 사람을 고용하여 사이트를 관리하는 데 많은 시간과 돈을 투입하는 대신 머신 러닝에 의존한다. 레딧 알고리즘은 자신의 게시물 순위를 끌어 올리고 다른 게시물 순위를 하락시키기 위해 복수의 아이디를 생성하는 '투표 사기'를 줄이기 위해 활약한다. 비슷한 아이피 주소에서 생성되었거나 비슷한 글쓰기 스타일로 같은 시기에 활동하는 복수의 아이디는 하나로 묶여 관리되고, 투표에 낮은 가중치가 주어지며, 때로는 완전히 무시된다.

└ 정직한 신호

2016년에 1억 명이 넘는 사람들이 가벼운 만남, 데이트, 연애, 장기적인 관계 맺기를 위해 모바일 앱과 웹사이트를 이용했다. 문제는 내가 원하는 조건을 가지고 있으면서 내 조건을 마음에 들어 하는, 그리고 나와 같은 시기에 짝을 찾고 있는(이 부분이 가장 어렵다) 사람을 발견하는 것이다.

연애 문제에서 모두가 모든 질문에 항상 솔직하게 답하지는 않는다. 얼마나 진실한 답을 하는지는 사람별로, 상황별로 다르다. 어떤 이들은 진정으로 원하는 것이 무엇인지 알기 위해 여러 가지 시도를 해보고 있을 수도 있다. 말은 하나의 신호다. **행동**은 또 다른 신호다. 사회과학자들은 실제 행동을 통해 드러나는 신호를 '정직한 신호'라고 부른다.

데이팅 앱의 사용자 인터페이스와 추천 알고리즘 설계는 특히 난이도가 높다. 사용자 스스로 중요하다고 생각하는 데이트 상대의 조건과 실제 사이트 이용 패턴에서 드러나는 이상적인 데이트 상대의 조건이 반드시 일치하지는 않기 때문이다. 오케이큐피드의 공동 창립자 크리스티언 러더는 사용자가 인종적 특성에 대한 자신의 선호도를 충분히 인식하지 못하거나 인정하고 싶어 하지 않을 수 있음을 보여주었다.[56] 이는 단순히 클릭 수와 주고받는 메시지만 분석해도 쉽게 드러난다.

유사한 문제가 영화 별점에서 고질적으로 나타난다. 넷플릭스가 사용자들에게 〈시민 케인Citizen Kane〉이나 다큐멘터리 〈블랙피시Blackfish〉처럼 호평받는 영화에 점수를 매겨달라고 요청하면, 사람들은 좋은 점수를 **줘야 한다고 생각하기** 때문에 높은 비율로 별 5개를 준다. 별점에 기반하여 영화를 추천하는 넷플릭스의 시스템은 별점이 정직하지 않으면 제 기능을 하지 못하며, 사용자들은 정직한 별점의 유용성을 직접 경험해보지 않으면 제대로 알지 못한다. 넷플릭스는 사용자가 선호하는 영화 카테고리를 드러내는 보다 정직한 신호는 '그가 실제로 얼마나 오래 영화를 시청했는가'라는 사실을 발견했다. 다시 말해 '뷰' 데이터가 '리뷰' 데이터보다 추천에 더 유용했다.[57] 이는 사람들이 행동과 결정에 도달하기까지의 인지 과정을 이해하지 못하는 경우가 흔하다는 리처드 니스벳의 의견과도 일맥상통한다. 인간의 자기 이해와 자기 성찰 능력에는 한계가 있다.[58]

어떤 선호도와 속성은 유동적이다. 대부분의 사람은 상대방의 나이가 자신이 이상적이라고 생각하는 나이보다 몇 개월 더 많다고 해서 매력적인 상대와의 데이트 기회를 일축하지 않는다. 그런데 여러 데이팅 사이트에서 컨설턴트로 일하면서 보니, 서른 살이라고 기재한 회원보다 스물아홉 살이라고 등록한 회원이 월등하게 많았다.[59] 실제로 스물아홉 살인 사람과 서른 살인 사람의 수가 이렇게 크게 차이 날 리 없다. 스물아홉이라고 기재한 사람은 애초에 프로필을 만들 때 나이를 속인 것일까, 아니면 앱을 사용하면서 관심 가는 회원들의 검색 결과에 뜨기에 자신이 '너무 나이가 많다'는 사실을 깨닫고 변경한 것일까? 이 현상을 보고 나는 프로필 편집 목록을 공개한다면 사용자 행동이 어떻게 바뀔지 고려하게 되었다.

프로필 내용 가운데 일부는 충분히 편집할 만하다. 예를 들어, 암벽 등반 능력을 너무 과하게 강조한 것 같다거나 공연장에 가는 것을 즐긴다는 내용을 빼고 싶다거나 하는 이유로 프로필을 수정할 수 있다. 마찬가지로 어떤 조건을 가진 사람을 찾고 있는지를 수정하는 것도 십분 이해할 수 있다. 반면 싱글이었다가 아니었다가를 자주 반복하는 것처럼 다른 회원들에게 경고 메시지로 작용하는 편집 내역도 있다.

프로필 편집 목록뿐만 아니라 회원들끼리 주고받은 메시지

내역까지 공개하는 시나리오를 상상해보자. 이성애자를 위한 데이팅 앱이 흔히 봉착하는 문제는 여성 회원에게 수백 개의 메시지가 몰릴 동안 아무 메시지도 받지 못하는 남성 회원이 생긴다는 점이다. 데이팅 앱들은 의사소통의 불균형을 완화하기 위해 일정 기간 보낼 수 있는 메시지의 수를 제한하는 방법을 시도했다. 그러나 이는 회원의 불만을 자초하는 정책이었다. 데이팅 앱은 연애 상태에 따라 사용 여부가 달라지는 서비스이고, 접속하는 사람도 계속 변한다. 만약 한 달 동안 보낼 수 있는 메시지를 소진한 다음 날 이상형이 가입한다면? 다시 메시지를 발송할 수 있게 되었을 때 그 사람이 사라지고 없다면? 목록에서 사라진 이유가 진작 연락을 하지 않았기 때문에 알고리즘에 의해 검색 결과에서 뒤로 밀린 것인지, 아니면 다른 사람과 사귀기 시작했기 때문인지 알 수 없다. 이런 식으로 사용자 활동에 제한을 두는 대신에 투명성을 높여 사용자가 행동으로 보여주는 정직한 신호를 공개하는 방법도 있다. 이를테면 프로필에 일별, 주별, 월별로 주고받은 메시지 수, 평균 응답률, 반응 시간을 보여주는 것이다. 이런 정보를 미리 알고 누구에게 연락할지를 결정할 수 있게 해주는 편이 모두에게 두루 나은 방법이다.

일부 데이팅 앱에서 이미 이와 같은 대시보드를 도입했다. 게이 데이팅 앱인 잭디는 사용자별로 메시지 응답률과 (단지 프로필에 관심 있다고 적어놓은 것이 아니라) 실제로 관심을 보인 사람들의 기술적 통계(나이, 인종, 체격 등의 분포) 정보를 제공한다. 잭디는 간단명료한 서비스를 위해 사용자 클릭이나 메시지가 아니라 사용자별 '관심' 목록과 '매치파인더' 도구를 기반으로 사용자의 취향 데이터를 관리한다. 사용자는 관심 가는 사람을 북마크할 수 있는데, 양측이 서로에게 관심이 있다고 표시했을 때만 알림이 온다. 투명한 정보 공개는 어떤 사람과 만날 수 있는지 이외에 성사될 확률이 얼마나 되는지도 미리 계산해볼 수 있게 해준다. 만약 관심 가는 회원의 메시지 응답률이 12퍼센트밖에 안 된다면, 혹은 그가 흥미를 느낀 사람의 90퍼센트가 자신을 '근육질'이라고 묘사했는데 당신은 근육질과는 거리가 멀다면 차라리 다른 사람에게 시간을 투자하는 게 낫겠다는 결론에 도달할지도 모른다.

다른 사람에게 보내는 노골적인 신호가 아닌 보다 은밀한 신호, 즉 프로필을 탐색하는 동안 사용자가 남기는 클릭의 흔적은 모든 데이팅 사이트가 가장 풍부하게 보유하고 있는 데이터다. 그러나 특정 프로필을 클릭하게 된 동기를 유추하는 일은 그리 간단치 않다. 매치닷컴과 일할 때 나는 다수의 흑인 여성을 차단한 사용자를 목격했다. 이 사실만 봐서는 그가 인종차별주의자라고 생각하지 않겠는가? 틀렸다! 필터 세팅과 클릭 내역을 살펴보니 오히려 그 반대가 사실임이 분명했다. 그는 오직 흑인 여성에게만 관심이 있었고, 특히 자신을 '볼륨감 있는 몸매'라고 묘사한 이들에게 관심이 많았다. 이 회원은 시간과 노력을 낭비하지 않기 위해 이미 접근했다가 아무런 반응을 얻지 못한 여성들을 차단하고 있었다. 이와 같은 사례들은 데이터 탐정이 접하는 흥미로운 문제들이다. 적절한 해석을 찾아내 알기 쉽게 전달하는 것은 데이터 이해의 핵심이다.

데이터를 해석하기 위해서는 사용자의 관점에서 보는 법을 터득해야 한다. 그리고 어떤 이야기도 마찬가지이듯이 맥락이 중요하다. 우리가 무엇을 원하는지는 시간대에 따라 달라진다. 나는 싱가포르 소재 데이팅 사이트 프라이데이를 컨설팅하면서 사용자가 금요일 오후 2시에 탐색하는 회원 프로필과 일요일 새벽 2시에 탐색하는 프로필이 다른 종류임을 발견했다. 프라이데이의 데이터 과학자팀은 이를 감안하여 회원들에게 보여주는 프로필 순위를 결정했다.

페이스북 프로필이나 인스타그램, 트위터 계정을 추가하여 그들이 '실제로 누구인지' 밝힐 수 있는 옵션을 제공하는 데이팅 사이트가 늘어나고 있다. 그렇다고 문제 있는 행동이 완전히 지취를 감춘 것은 아니다. 모바일 데이팅 플랫폼 스카우트의 데이터 과학자 세바스티안 보어는 부적절한 메시지를 걸러내는 (내부적으로 '크리피네이터creepinator'라 불리는) 알고리즘을 작성했다.[60] 무엇이 부적절한 행동의 범주에 해당할까? 사용자 클릭과 상호 작용에 의해 부적절하다고 판별되는 것이라면 무엇이나 해당된다. 예를 들어 많은 사람에게 차단당한 회원은 확률상 '크립creep(불쾌한 사람)'이다. 한 사람에게 반복적으로 일방적인 메시지를 보내는 사람은 수신자에게 '크리피한' 사람으로 여겨질 것이다. 알고리즘은 차츰 어떤 콘텐츠를 담은 메시지가 차단으로 이어지거나 무시되는지 습득했다. 부정적인 내용이 담긴 메시지, 이를테면 '못된nasty'이나 '못생긴ugly' 같은 단어가 포함된 메시지가 전형적인 예다. 하지만 부적절함을 정의하는 것은 이보다 훨씬 미묘하다. 똑같은 말이라도 어떤 사람에게는 차단 감이고 다른 사람에게는 흥미를 유발할 수 있다. 일단 차단당하기 쉬운 패턴이 드러나면 크리피네이터는 메시지 전송을 중단시킨다. 특정 사용자에게 일방적으로 과도한 메시지를 보내는 경우에도 메시지 전송을 막는다. 크리피네이터의 목표는 대다수 사용자를 위해 쾌적한 환경을 유지하는 것이다.

이 장을 열면서 물리학 전공자이자 물리학자로서의 경험이 소셜 데이터 실험을 설계, 실행, 분석하는 데 도움이 되었음을 언급했다. 소셜 데이터 실험은 주로 데이터 정제소의 설계 변경이 사용자 행동에 어떤 영향을 미치는지 관찰하기 위해 이루어진다. 만일 데이팅 앱 사용자가 관심 상대의 저조한 메시지 응답률을 볼 수 있다면 어떻게 될까? 상대의 관심을 얻기 위해 공들여 메시지를 작성하는 데 시간을 투자할까, 아니면 그럴 시간에 응답을 더 잘해주는 다른 사람을 찾을까? 불쾌한 메시지를 계속 보내는 사람이 그런 행동을 그만두게 하는 데는 관리자의 경고와 상대방의 무반응 중에서 어느 쪽이 더 효과적일까? 프로필 내용을 바꾸면 메시지 응답률이 어떻게 달라질까? 프로필로 실험을 할 때 다른 사람들의 눈에 사기꾼으로 보이게 되는 선은 어디일까? 사용자 행동을 보다 투명하게 공개하면 회원들 스스로 상대의 프로필 내용이 '미스터 라잇(또는 미스터 라잇 나우)'과 일치하는지 직접 결정할 수 있다.

⌐ 책임의 필요성

> 프라이버시와 책임에 관한 한 사람들은 항상 자신을 위해서는 전자를 요구하고, 다른 사람에게는 후자를 요구한다.[61] -데이비드 브린

정체성 형성에 중요한 역할을 담당하는 또 다른 종류의 가명이 있으니, 바로 당신의 전화번호다. 전화기가 처음 나왔을 때는 전화 교환원이 전화를 걸어 연결을 원하는 사람을 알리고 전화를 받겠느냐고 물었다. 사람이 수행하던 전화 연결 작업은 곧 기계로 대체되었다. 회전식 펄스 다이얼링과 자동 전화 교환 기술이 개발되면서 사람들은 서로에게 직접 전화를 걸게 되었고, 전화를 건 상대방이 누구인지 알기 위해서는 지금 전화를 받을 수 있다는 사실을 먼저 드러내야 했다. 하지만 거는 비용이 많이 들었기 때문에 불필요한 전화를 받는 일은 거의 없었다. 전화비가 하락하기 시작하자 텔레마케팅이 가능해졌다. 이후 웹이 발명된 1990년 무렵에 발신자 표시가 가능한 톤 다이얼링 시스템이 도입되었다.

처음에는 전화번호가, 그리고 어쩌면 이름까지도 자동으로 상대방에게 전송되는 것에 저항이 있었다. 하지만 상황이 역진되어 요즘은 발신자 이름이 뜨지 않으면 전화를 잘 받지 않게 되었다. '알 수 없는' 번호로 걸려온 전화는 음성 메시지로 넘기기 일쑤다. 전화를 받게 하기 위해서는 누가 전화를 걸었는지 알려줘야 한다. 어쩌면 당신은 전화를 걸 때는 번호를 감추는 쪽이 더 안전하다고 느끼면서, 전화를 받을 때는 발신자 번호가 뜨는 것이 더 안전하다고 느낄지도 모르겠다. 그러나 의사소통은 대칭적일 때, 즉 양측이 서로 누군지 알고 있을 때 더 효과적으로 이루어진다.

온라인 전화번호부 화이트페이지의 창립자 앨릭스 앨거드는 전체 사용자의 이익을 위해 전화 커뮤니케이션에 더 큰 투명성을 강제하는 것이 가능하다고 믿는다. '하이야Hiya(이전에는 화이트페이지 발신자 아이디Whitepages Caller ID라고 불렀다)' 서비스는 화이트페이지의 방대한 전화번호 데이터베이스를 십분 활용하여 발신자의 설정 혹은 발신자의 번호가 받는 사람의 연락처에 저장되어 있는지와 무관하게 발신자 정보를 알려준다. '스팸' 전화가 넘쳐나는 요즘 시대에 특히 유용한 서비스다. 하이야는 온라인에서 수집한 정보와 하이야 가입자들에게 걸려온 전화번호 패턴을 분석하여 전화번호에 이를테면 '텔레마케터'와 같은 카테고리를 부여한다. 대화를 나누는 양측이 상대방의 신원을 알 권리가 있는지에 대한 사회적 합의가 필요하다. 이에 대한 답이 '그렇다'라면, 각자 그 데이터로 무엇을 할 수 있게 허용할지도 결정해야 한다.

그러나 신뢰를 구축하기 위해서는 고정적인 정체성만으로는 충분치 않기 때문에 그리 간단한 문제는 아니다. 누구인지 아는 것은 잘못된 행동을 했을 때 책임을 추궁할 수단을 제공할 뿐이다. 내가 아는 사람 중에 데이팅 앱에서 부적절한 행동을 접하고, 그것을 스크린 캡처하여 페이스북에 올린 사례가 둘 있다. 첫 번째 사례에서는 상대가 '관심 없어요'라는 대답을 받아들이길 거부했고, 두 번째 사례에서는 모욕적인 언사를 했다. 두 경우 모두 메시지의 수신자들은 '차단' 버튼을 누르는 것으로 사태를 마무리할 수도 있었다. 하지만 둘 다 불쾌한 행실을 페이스북 친구들과 공유하기로 결정했다.

오늘날 타인과 의사소통하면서 당신은 어떤 수준의 프라이버시를 기대하는가? 앞서 언급한 부적절한 메시지의 수신자들은 '사적인' 메시지를 공유하는 것이 친구들의 이익에 부합한다고 말할 것이다. 스크린샷은 해당 데이팅 앱을 사용할지도 모르는 이들에게 부적절한 행동을 하는 사람이 있음을 경고하는 역할을 했다. 실제로 두 경우 모두 문제를 일으킨 장본인의 사진이나 아이디를 가리지 않았기 때문에 페이스북 회원들에게 신원이 노출되었다. 마찬가지로, 직장 상사가 이메일로 폭언을 퍼붓는다면 당신은 이메일을 친구들에게 포워딩하거나 온라인에 게시할 수 있다. 이메일은 회사 내부 문서이므로 법적으로 볼 때는 잘못된 행동일지도 모른다. 그러나 이메일을 공유하는 것은 장래 구직자들에게 회사의 근무 환경이 어떤지 알려주는 역할을 하므로 공공의 이익에 도움이 되는 측면도 있다.

사적인 의사소통을 공개하는 사람에 대한 반응은 그를 얼마나 신뢰할 만한 사람이라고 여기는지에 따라 달라진다. 스크린샷 위조는 매우 쉽다. 모든 사용자가 익명으로 존재하는 레딧 같은 토론 게시판에서는 게시물의 진위는 고사하고 게시자의 신원도 확인할 방법이 없다. 반면 페이스북의 게시자는 보통 아는 사람(또는 아는 사람의 아는 사람)이다. 친구들이 자신을 사적인 메시지를 타인과 함부로 공유하는 사람으로 알게 하고 싶지는 않기 때문에, 아무래도 페이스북에서는 스크린샷을 공개하겠다는 결심이 억제되는 편이다(계정이 해킹당해서 그런 일이 발생했다고 하기에는 해킹이 워낙에 드문 일이다). 하지만 본명을 내걸고 공개한 스크린샷이라고 해서 반드시 사실이라고 가정할 수는 없다. 누군가의 평판을 훼손할 목적으로 조작된 것일 수 있다.

진짜든 가짜든, 일단 인터넷에 올라간 스크린샷은 다른 모든 데이터와 동일하게 취급된다. 다시 말해, 스크린샷을 접한 모든 사람에 의해 공유될 수 있다. 만일 페이스북 친구가 게시물을 보고 분개하거나 재미있다고 생각해서 스크린샷의 스크린샷을 친구들과 공유한다면? 혹은 친구의 친구가 그것을 트위터에 올리기로 한다면? 머지않아 안면 인식 알고리즘이 문제의 장본인의 사진에 이름을 태그할 것이다. 원래의 맥락, 어쩌면 최초로 스크린샷을 게시한 사람의 정보도 이즈음에는 사라지고 없을지도 모르지만, 스크린샷에 등장하는 사람의 정보는 검색하는 모든 이에게 발견 가능한 상태가 된다.

미래에 온라인에서 정체성을 보호해줄 장치로는 어떤 것이 있을까? 2014년 5월, 유럽사법재판소가 개인의 '잊힐 권리'를 인정하는 판결을 내리면서 한 가지 길이 열렸다. 한 스페인 남성은 이미 빚을 청산했는데도 과거에 세금 체납으로 집을 날린 적이 있다는 사실이 장래 고용주와 집주인들에게 계속 노출되는 것에 진절머리가 났다.[62] 그는 집이 압류된 공식 기록을 없애달라고 요구하지 않았다. 그저 구글에서 자신의 이름을 검색할 때 해당 기록이 나타나지 않기를 원했다. 법원은 사람들이 피해를 봤다고 판단되는 경우에는 검색 결과에서 해당 페이지를 삭제할 권리가 있다고 판결했다. 유럽사법재판소의 판결이 발효된 첫날 1만 2000건이 넘는 삭제 요청이 구글에 쇄도했다. 이런 식의 삭제 요청이 하루 평균 700건 정도 꾸준히 들어온다.[63]

구글은 접수된 링크 삭제 요청 중에서 일부를 공개했다. 한 이탈리아 여성은 자신의 이름을 검색했을 때 10여 년 전 벌어진 남편의 살해 사건 기사가 뜨는 것을 삭제해달라고 요청했다. 시위 도중 부상을 당한 라트비아 활동가는 자신의 이름으로 검색한 결과에서 시위 관련 기사를 제거해달라고 요청했다. 10년도 더 전에 "경범죄로 유죄 판결을 받은" 독일인 교사는 검색 결과에서 해당 판결에 관한 기사가 뜨지 않게 해달라고 요청했다. 이상의 사례들에 대해 구글은 개인의 잊힐 권리가 "내용 공개로 인한 공공의 이익"보다 크다고 판단했다.[64] 무엇이 공공의 이익인지가 구글과 구글의 변호사들이 결정할 일인가?

1890년에 새뮤얼 워런과 루이스 브랜다이스가 '프라이버시권'을 주장했을 때, 그들은 개인이 **인격**을 소유한다고 강조했다.[65] 낯 뜨거운 사진이 만천하에 공개되는 것을 원할 사람이 어디 있겠는가? 서로에 대한 인도적인 대우를 법으로 규정할 필요가 있었다. 이렇듯 '프라이버시권'은 원래 존엄성을 지키기 위해 만들어진 개념이다.[66] 당시에는 무절제한 자유는 다수의 횡포로 이어진다는 믿음이 보편적이었다. 자유는 위험한 것으로 간주되었다.

법학과 교수 폴 슈워츠(UC 버클리)와 카를-니콜라우스 파이피(쾰른대학)의 통찰력 있는 논문은 프라이버시권과 인격권이 법정에서 어떻게 우리를 보호해주는지(또는 보호해주지 못하는지) 고찰했다.[67] 두 권의 책이 사례로 인용되었다. 첫 번째 책은 미국 베스트셀러 작가가 쓴 『키스 앤 텔Kiss and Tell』이라는 회고록으로, 질통증으로 고통받은 이야기와 그것이 전 남자 친구와의 관계를 포함하여 육체적, 심리적 건강에 미친 영향을 담았다. 저자는 남자 친구의 신상 정보를 바꾸고 이름도 전혀 언급하지 않았다. 그러나 남자 친구는 자신의 친구와 직장 동료들이 모두 그들의 관계를 알고 있었기에, 책에 등장하는 성생활 묘사가 자신에게 "극심한 치욕"을 주었으며 "명성에 상당한 손상"을 입었다고 주장했다.[68] 판사는 그가 식별 가능하고 책에서 꽤 부정적으로 그려진다는 것은 인정했지만, 회고록이 그에게 미친 해보다 공공에 기여한 이익이 더 크다고 판결했다. 책에 나오는 내용으로 그를 알아볼 수 있는 사람은 소수에 불과하다는 점이 판결에 중요한 요소로 작용했다. 두 번째 책은 독일에서 출간된 자전적 소설로 전 여자 친구와 그녀의 어머니가 아주 약간만 가려진 채로 등장했다. 비록 "모든 등장인물은 가상 인물이라는 통상적인 고지"가 들어있긴 했지만, 판사는 전 여자 친구나 어머니를 아는 사람이라면 누구나 등장인물이 그들 얘기라는 것을 알 수 있다고 판단했다.[69] 판사는 전 여자 친구의 성생활은 사적인 문제이기 때문에 오직 전 여자 친구의 권리만 손상되었으며, 어머니의 간섭은 다른 사람들이 관여되었기에 이미 공적으로 알려진 것이라고 판결했다. 독일의 '인격권'은 여자 친구의 성생활이 공개적으로 판매되는 수모를 당하지 않도록 보호해주었다. 소설은 전격 폐기 처리되었다.

데이팅 앱의 스크린샷을 페이스북에 게시했던 나의 지인들을 떠올려보면, 위의 두 판결은 진기해 보일 지경이다. 스크린샷이 진짜였다고 가정했을 때 판사가 어떤 방식으로 프라이버시권과 인격권을 고려해야 할까? 데이팅 앱에서의 대화는 사적인 것으로 간주되는가? 만일 원치 않는 메시지를 보낸 사람의 이름과 사진을 가렸다면 판결이 달라졌을까?

앞의 법정 사례를 언급한 또 다른 이유는 공공의 이익 대비 개인의 피해를 가늠한 결과가 판결에 큰 비중을 차지했기 때문이다. 기하급수적으로 늘어나는 소셜 데이터는 분명 전례가 없는 기회를 제공한다. 개인이 입는 피해가 다수가 얻는 혜택보다 클 때는 언제인가? 금융, 취업, 교육, 보건에 이르기까지 다양한 분야의 의사결정을 도와주는 데이터 정제소가 계속 출현하는 오늘날, 개인의 피해가 다수의 혜택을 넘어서는지를 판단할 정교한 도구가 요구된다.

과학자이자 화려한 수상 경력에 빛나는 사이언스 픽션 작가 데이비드 브린이 말했듯이, 다들 자신을 위해서는 프라이버시를 요구하고 다른 사람에게는 책임을 요구하는 것 같다. 둘 다 취할 수는 없다. 프라이버시는 환상에 불과하기에, 우리 모두 좀 더 솔직하게 자신을 드러내는 데 익숙해져야 한다. 좋은 출발점은 친구들에게 좀 더 솔직해지는 것이다.

3장 연결과 대화

소셜 그래프상의 정체성과 평판

당신은 누구를 아는가, 그들은 누구를 아는가,
그리고 당신은 누구를 신뢰하는가?

교우 관계는 사람의 가치를 측정하는 최선의 척도다.[1] – 찰스 다윈

친구의 친구 중에 리베카 데이비스Rebecca Davis라는 젊은 여성이 있다. 최근 그녀에게 헤드헌터가 온라인으로 연락을 해왔다. 링크드인에서 리베카의 프로필을 본 헤드헌터는 그녀가 유명한 실리콘밸리 기업에서 인턴을 할 때 함께 근무했던 사람들을 포함하여 직장 동료들의 신임을 받는, 한창 뜨고 있는 젊은 마케팅 전문가라고 판단했다. 하지만 실로 난감한 상황이었다. 리베카는 실존 인물이 아니기 때문이다. 내 친구는 온라인에서 가짜 정체성을 생성하고 유지하는 것이 얼마나 어려운지 시험해보기 위해 리베카라는 가상 인물을 만들어냈다.[2]

리베카는 여러 소셜 미디어 플랫폼에서 활동한다. 그녀는 먼저 페이스북 계정을 만들고, 실제로 알고 지내는 것이 불가능한 사람들이 친구 요청을 수락하게 하는 어려운 작업에 착수했다. 팬을 원하는 D급 연예인 혹은 동급생들보다 더 많은 친구가 있음을

자랑하고 싶어 하는 10대 아이들을 타깃으로 삼을 수도 있었다. 하지만 페이스북 알고리즘은 무차별적으로 친구를 등록한 프로필을 쉽게 판별해낸다. 대신 리베카는 특정한 그룹을 타깃으로 삼아 친구 요청을 보냈다.

> 안녕? 내 이름은 리베카예요. 나는 내 이름이 참 좋아요. 나를 정말 잘 표현해주는 이름이거든요. 당신도 동감할 거라 생각해요. 그래서 리베카라는 이름을 가진 모든 사람과 페이스북 친구가 되고 싶어요![3]

그녀는 페이스북상의 모든 리베카Rebekahs, 베키Beckys, 베카Beccas, 리바Rebas도 친구 요청 대상에 넣었다. 통상적으로 리베카와 같은 이름으로 취급되기 때문이다.

놀랍게도 리베카는 빠른 속도로 상당한 규모의 소셜 네트워크를 구축했다. 같은 이름을 가진 페이스북 사용자들뿐만 아니라 그들의 친구들까지 리베카를 친구로 등록했다. 생일날 축하 메시지가 오는 것을 본 그녀는 친구들의 생일이나 기념일을 알리는 페이스북 알림이 올 때마다 마찬가지로 축하 메시지를 보냈다. 간간이 상태 업데이트를 하고, 음식 사진을 올리고, 소개팅이나 직업에 관한 조언을 구했다. 리베카의 계정은 꼭 사람이 만든 계정처럼 활동했기 때문에 페이스북 알고리즘도, 리베카의 친구들도 그녀가 실존 인물이 아니라는 사실을 눈치 채지 못했다. 친구들과 주고받은 메시지로 구축된 디지털 커뮤니케이션 패턴은 리베카의 정체성을 수립하는 기반이 되었다.

마침내 리베카가 링크드인 프로필을 생성할 때가 무르익었다. 생년월일과 게시물로 판단할 때, 그녀가 대졸 학력에 이직 준비 중이라고 설정하는 것이 적절해 보였다. 그녀는 이미 자신의 존재를 증명할 이메일 계정과 페이스북 프로필을 갖고 있었다. 리베카의 창조자는 그녀에게 인턴십, 첫 직업, 첫 번째 진급을 일필휘지로 부여했다.

비즈니스 네트워크를 전문으로 하는 사이트에서 그럴듯한 경력을 만들어내는 것은 페이스북 프로필을 만들기보다 더 어렵다. 특히 링크드인은 과거에 다녔던 회사에서 재직 기간이 겹치는 사람들을 추천해주기 때문이다. 그럼에도 리베카가 과거에 근무했다고 등록한 회사 직원 중 10명이 넘는 사람이 그녀를 인맥으로 추가했다. 심지어 업무 능력에 대한 보증까지 몇 개 확보했다. 그녀를 다른 사람, 진짜 리베카와 혼동했던 것일까? 아니면 인맥을 넓히는 데 열심이라 리베카의 1촌 요청을 제대로 살펴보지도 않고 수락한 것일까? 어쨌든 이런 식으로 수립된 리베카의 경력과 인맥은 헤드헌터의 관심을 끌기에 충분했다.

리베카의 사례에서 알 수 있듯이, 많은 경우 인간임을 증명하는 데는 몇 건의 상호 확인과 상호 작용을 보여주는 것으로 족하다. 페이스북이나 링크드인 프로필을 가진 가상의 인간이 프로필이 없는 낯선 사람보다 더 진짜처럼 보이는 이유는 무엇일까? 먼저 페이스북 계정과 관련된 다섯 가지 데이터 범주를 구분하는 것부터 시작해보자.

1. 페이스북, 그리고 페이스북 로그인을 사용하는 사이트와 앱

에 로그인할 때 필요한 사용자 이름과 비밀번호

2. 고향, 거주지, 전화번호, 학력, 경력, 성 정체성 및 성적 취향 등 스스로 작성한 프로필 내용

3. 상호 등록된 친구 및 그룹 목록

4. 게시물, 댓글, '좋아요' — 친구와 공유한 데이터

5. 친구의 게시물, 댓글, '좋아요'와의 상호 작용 — 친구와 함께 생성한 데이터

첫 번째와 두 번째 범주는 변경되지 않거나 매우 드물게 변경되는 정적인 데이터로, 다른 사람이 댓글을 달 수 없다. 나머지 세 범주의 데이터(우리가 생성하는 연결과 대화)는 주 단위, 일 단위, 시간 단위, 때로는 분 단위로 바뀌며, 대화의 형식으로 설계되어 있다.

물론 연결과 대화 가운데 일부는 다른 것보다 우리에 관해 더 많은 것을 드러낸다. 페이스북이나 링크드인 같은 데이터 정제소는 더 나은 추천(아는 사람이나 알고 지내고 싶을 법한 사람 등)을 제공하기 위해 사용자의 커뮤니케이션 네트워크와 패턴을 측정, 수집, 분석하는 일을 전문으로 한다. 수천 년 동안 사람들은 누구의 충고를 수용하고 누구의 말을 신뢰할지에 관한 정보를 수집했다. 이제 글로벌한 스케일로 인간관계 정보를 수집할 수 있는 역량이 의사결정 방식을 바꾸고 있다. 데이터 정제소에 더 많은 투명성과 주체성을 요구할수록 인간관계 정보를 공유하는 대가로 얻는 효용은 커진다.

다윈은 인격을 가늠하는 지표로 '교우 관계의 지속 기간'을 중시했다.[4] 그러나 소셜 데이터의 시대에 지속 기간은 측정되고

집계되고 분석될 수 있는 우정의 한 차원에 지나지 않는다. 만일 당신이 온라인상에서 타인과 거의 상호 작용하지 않는다면 데이터 정제소는 그 사실을 안다. 인간관계가 한 번의 클릭 이상으로 발전하지 않을 때 그것은 당신에 관해 무엇을 말해줄까? 의외로 상당히 많은 것을 말해준다.

소셜 그래프상의 이웃

독자 여러분은 앞서 기술한 페이스북 데이터의 첫 번째와 두 번째 범주, 즉 이름과 개인적 특성이 전통적으로 사회 구성원의 신원을 확인할 때 사용하는 것임을 눈치 챘을 것이다. 때로는 권위 있는 기관이 신원 정보 확인을 담당한다. 예를 들어, 운전 면허증을 신청하면 관련 정부 기관이 신청자의 이름, 생년월일, 신체적 특징을 기록과 대조한다. 일부 데이터 정제소도 신원 확인을 위해 정부가 발급한 신분증을 스캔하여 제출할 것을 요구한다. 그러나 갈수록 많은 온라인 분야에서 인간관계 및 커뮤니케이션의 구조와 패턴, 다시 말해 소셜 네트워크에 기반한 새로운 신원 확인 방식이 자리 잡고 있다.

정체성은 개인적인 동시에 사회적이다. 당신이 소속된 예배당, 동호회, 운동 모임, 회사, 그 밖의 여타 조직을 떠올려보라. 우리는 여러 집단에 속한 구성원으로서 타인과 관계를 맺으며 정체성을 구축한다. 인류학자 로빈 던바는 언어가 친구와 가족을 '그루밍Grooming(털 고르기)'하기 위해 진화했다고 제안한다. 인간은 잡담을 통해 엉킨 털에서 이를 잡아내는 것보다 더 효과적으로 서로를 어루만져줄 수 있다.[5] 다시 말해서 가십이 늘 무자비하고 가차 없는 것만은 아니다. 가십은 친밀감을 확인하고, 공동체에 소식을 전하며, 관계를 돈독히 하는 기능도 한다. 가십을 통해 우리는 집단의 구성원들이 사회적 규범을 얼마나 잘 준수하는지 혹은 제대로 준수하지 않는지에 대한 유용한 데이터를 공유할 수 있다. 그리고 나쁜 행동 패턴을 보이는 사람들을 쫓아내고, 올바른 행동을 강화하기 위한 긍정적인 피드백을 제공할 수 있다.[6] 인간은 가십하는 동물이다.

던바는 인간이 타인과의 직접적인 접촉을 통해 그루밍을 수행하도록 진화했으며, 한 번에 150명 이상과 관계를 유지할 인지능력을 갖추고 있지 않다고 말한다.[7] 하지만 인간의 두뇌, 신체, 도구는 인류의 조상이 400만 년 전 영장류 사촌으로부터 갈라져 나온 이래 계속 변화하고 발전해왔다. 인간이 영장류와 아무리 많은 DNA를 공유하더라도 우리는 침팬지나 보노보가 아니다. 인간은 24시간 내에 지구 반대편에 도달할 수 있고, 수천 킬로미터 떨어진 곳에 있는 사람과 얼굴을 보며 이야기를 나눌 수 있다. 휴대폰과 소셜 테크놀로지의 등장으로 관계를 맺고 유지하는 새로운 방식이 부상하고 있다. 데이터 정제소는 전 세계 수백만 친구들에 관한 유의미하고 개인적인 정보에 접근할 수 있는 길을 열었다.

마크 저커버그는 사람들이 페이스북에서 서로 연결되어 있는 방식을 지칭하는 '소셜 그래프social graph'라는 용어를 대중화했다.[8] 페이스북은 알고리즘을 이용하여 그런 연결 관계를 분석한 다음 새로운 친구와 콘텐츠를 추천한다. 소셜 그래프는 원래 짝을 이루는 개체 간의 관계를 수학적으로 연구하는 그래프 이론 분야에서 나온 말이다. 기본적으로 소셜 그래프는 모든 개인의 소셜 네트워크의 총합이므로 단 하나만 존재한다.[9] 10억 명이 넘는 인구가 페이스북을 사용하는 오늘날, 우리는 소셜 그래프 전체가 디지털화되는 단계에 접어들었다. 상당히 뜻밖의 결과다. 현대 커뮤니케이션 기술이 발달하기 전에 수행된 소셜 네트워크 연구는 마을, 학교, 회사의 규모를 넘지 못했다.

인터넷 시대 이전의 소셜 네트워크 연구와 비교해보면, 오늘날 페이스북 같은 커뮤니케이션 플랫폼에 존재하는 데이터가 얼마나 어마어마한 규모인지 감이 온다. 1930년에 정신과 의사 제이컵 L. 모레노는 대인 관계와 영향력을 측정하는 '사회측정법 sociometry' 다이어그램 또는 그래프를 고안했다.[10] 모레노가 뉴욕주의 비행 소녀들을 위한 기숙학교에서 가출이 급증한 원인을 조사했던 사례가 특히 주목할 만하다.[11] 가출한 소녀들은 각자 머물고 있던 기숙사도 달랐고 성장 배경도 다양했다. 해결책을 찾지 못한 경찰서장은 모레노에게 도움을 요청했다. 모레노는 학생들의 활동과 지적 수준, 그리고 서로에 대해 어떻게 느끼는지를 파악하여 교우 관계를 도표화했다. 어떤 학생은 집단의 중심에 서서 추종자를 자신의 사회관계망 속으로 끌어들였다. 단짝 친구를 가진 학생들은 서로에 대해 비슷한 정도의 우정을 느끼며 상호 유대감으로 연결되어 있다고 응답했다. 가출 소녀들은 모두 밀접하게 연결되어 있었다. 모레노에 따르면, 그들은 친구뿐만 아니라 태도와 가치도 공유했다.[12]

모레노의 분석에 따르면 소셜 그래프가 개인의 의사결정에 영향을 미친다. 그렇다면 삶의 다른 영역에서도 같은 얘기가 적용될 수 있을까? 사회학자 더글러스 매캐덤이 1964년의 유명한 시민권 프로젝트인 프리덤 서머Freedom Summer(1962년 기준 유권자로 등록된 흑인이 5.3퍼센트에 지나지 않았던 미시시피주에서 진행된 흑인 인권 향상 프로젝트 - 옮긴이)에 참가 신청을 한 활동가들의 동기를 조사한 연구에서 한 가지 답이 나왔다. 프리덤 서머에 참여하는 것은 "육체적으로나 정신적으로나 참혹한" 경험인 것으로 드러났다. 3명의 활동가가 미시시피에 도착한 지 며칠 지나지 않아 납치되어 살해당했다.[13] 매일 밤 뉴스에서는 프리덤 서머 참여에 뒤따를 위험이 적나라하게 보도되었고, 접수한 지원자의 25퍼센트가량이 신청을 철회했다.[14] 매캐덤은 그럼에도 불구하고 미시시피행을 강행한 사람은 다른 참가 신청자나 시민권 활동가와 강한 유대 관계를 맺고 있을 확률이 높다는 사실을 밝혀냈다. 이는 이전에 어떤 정치적 활동을 했는지보다 더 중요한 요소였다.[15]

관계와 커뮤니케이션 패턴을 도표화하면 정보가 어디로 이동하고 전문 지식이 누구에게 집중되어 있는지 알 수 있다. 경영대학원 교수와 경영 컨설턴트는 공식 조직도(누가 누구에게 보고하는지)와 비공식적인 정보 흐름(누가 어떤 문제를 누구에게 가져가는지)을 비교하는 작업을 빼놓지 않는다.[16] 커뮤니케이션의 병목 지점을 파악하고 기업 경영을 개선할 방법을 제시하기 위해 소셜 네트워크 분석이 동원되기도 한다. 예를 들어 IBM의 지식기반조직 연구소는 한 석유 회사의 중견 관리자가 "전문성과 대응력"이 높다는 명성이 자자하여 "정보 요청이 몰리고 관여하는 프로젝트의 수가 과도하게 늘어났다"고 결론 내렸다. 그 결과 그는 엄청난 스트레스에 시달렸고, 회사의 프로젝트는 지연되고 있었다.[17]

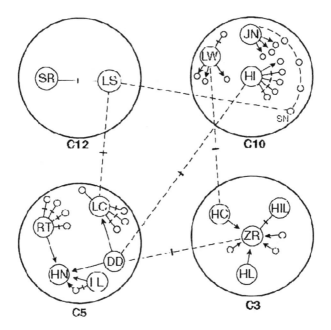

ㄴ 비행 소녀를 위한 학교에서 가출 소녀와 나머지 학생들 간의 연결을 추적한 제이컵 모레노의 초기 '사회측정법' 다이어그램 중 하나. 제이컵 L. 모레노의 『누가 살아남을 것인가? 인간 상호 관계 문제에 대한 새로운 접근Who Shall Survive? A New Approach to the Problem of Human Interrelations』 중에서(조너선 D. 모레노의 허가를 받아 개재).

초기 소셜 네트워크 분석은 보통 인터뷰와 설문 조사를 통해, 드물게는 연구 대상을 직접 관찰하여 수집한 데이터를 기반으로 수행되었다. 반면 대부분의 커뮤니케이션이 디지털로 이루어지는 오늘날에는 연구자들이 소셜 그래프의 디지털 흔적에 접근할 수 있다. 통화 내역 분석은 휴대폰이 상용화되기 전부터 소셜 네트워크를 식별하는 가장 기본적인 방법의 하나였다. 전화 회사는 전화를 연결하기 위해 고객이 무슨 번호로 전화를 거는지 알아야 하고, 청구서를 보내기 위해서는 얼마나 오랫동안 통화했는지 알아야 한다. 전화 회사는 이런 데이터 추적에 능하다. 1991년 MCI

커뮤니케이션스는 장거리 전화 시장의 3분의 2를 장악하고 있던 AT&T로부터 고객을 뺏어 오기 위해 '친구와 가족' 패키지를 론칭했다.[18] 고객별로 장거리 전화 할인 혜택을 받고 싶은 전화번호를 최대 20개까지 등록할 수 있게 하고, 장거리 요금이 한 달에 10달러 이상 나올 경우 20퍼센트 할인 혜택을 주었다. 번호 등록 대상은 MCI 고객이 아니어도 상관없었다. MCI는 그렇게 수집한 타사 고객들에게 연락하여 통화 패키지를 판매했다. 2년 내에 1000만 명의 고객이 '친구와 가족' 패키지에 가입했다.[19] MCI는 자사 고객들로 하여금 자주 연락하는 사람들에게 MCI로 옮겨오도록 설득할 재정적 동기를 부여했다.

소셜 네트워크 분석을 위한 또 다른 데이터 원천은 이메일이다. 1980년대 후반, 콜로라도대학 볼더 캠퍼스의 컴퓨터공학과 교수 마이클 슈워츠는 인터넷상에서 관심사를 공유하는 사람들을 찾을 방법을 모색하고 있었다(이때는 팀 버너스 리가 월드 와이드 웹World Wide Web 구조를 제안하여 인터넷 검색을 훨씬 더 쉽게 만들기 몇 달 전이다.[20]) 마이클은 UC 버클리와 썬 마이크로시스템스를 포함한 15개 대학과 연구소에서 주고받은 이메일 2개월 치를 분석한 다음, 이메일 '헤더' 데이터(발신자와 수신자 정보)로 연구원 5만 834명의 소셜 그래프를 작성하여 향후 협업 가능성을 제시했다.[21] 당시 두 달 분량의 이메일은 대략 100만 개 규모였다. 오늘날 페이스북 메신저와 왓츠앱은 초당 100만 개의 메시지를 처리한다.[22]

이상의 사례에서 알 수 있듯이, 소셜 그래프는 사람들 간의 상호 작용으로 구성된 인간 네트워크다. 컴퓨터공학의 용어를 빌리자면, 소셜 그래프는 링크link 또는 에지edge로 연결된 노드node(각

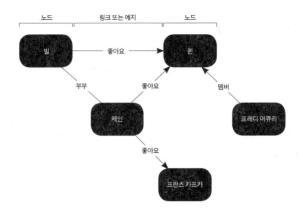

└ 소셜 그래프상의 노드와 링크 또는 에지.

노드는 한 사람을 의미한다)로 구성된다. 어떤 이들은 상태(속성)나 가치관(태도) 등이 비슷한 사람과 주로 연결을 형성하며, 이런 현상은 '동종 선호'라는 뜻의 그리스어에서 따온 **호모필리**homophily라 불린다.[23] 상호 작용은 링크 구조를 생성하며, 상호 작용이 더 많을수록 두 사람을 연결하는 에지의 두께가 증가한다. 어떤 이는 소규모의 사람과 빈번하게 상호 작용하면서 소수의 깊고 두꺼운 에지를 형성하는 반면, 어떤 이는 폭넓은 관계를 추구하며 다수의 사람들과 얕은 연결을 형성한다.

 소셜 네트워크의 구조는 많은 것을 드러낸다. 네트워크는 서로 긴밀하게 연결된 소수의 노드가 고밀도로 응집된 형태를 띠기도 하고, 다수의 노드가 거의 연결되지 않은 채 드문드문 흩어져 있기도 하다. 밀접하게 연결된 여러 개의 노드 클러스터가 느슨하게 연결된 형태를 띨 수도 있다. 조밀하게 응집된 소셜 네트워크는 높은 수준의 신뢰도를 시사한다. 네트워크상의 다른 노드에 관한 직접적이고 개인적인 지식을 가진 노드의 비율이 높기 때문이다. 반면 드문드문 연결된 형태의 분산된 네트워크는 직접적인 정보를 얻을 수 있는 채널이 몇 개 없기 때문에 낮은 수준의 신뢰도를 시사하며, 문제가 생길 경우 네트워크를 재구성할 방법이 더 많다. 다양하고 느슨한 네트워크는 주변 지식과의 연결을 통해 새로운 아이디어와 기회를 발견할 수 있는 길을 제공한다. 때로는 에지의 비대칭성이 시간이 지나면서 변화한다. 마치 당신이 인생의 어떤 단계에 있느냐에 따라 부모와의 관계에서 주로 전화를 받는 쪽인지 아니면 거는 쪽인지가 달라지듯이 말이다.[24]

실제 삶에서 그렇듯 온라인에서도 어떤 관계는 다른 관계보다 더 균형 잡혀 있다. 때로는 소셜 네트워크의 규칙과 관습이 그런 결과를 가져온다. 트위터에서는 관심이 가는 사람이 있으면 그가 당신에게 관심이 있건 없건 팔로우하거나 멘션을 보낼 수 있다. 원치 않는 상호 작용을 그만두는 최후의 수단은 차단이다. 연결은 단방향적이며, 대화도 일방적으로 이루어지는 경우가 많다. 반면 페이스북 연결은 쌍방향적이며, 양쪽이 승인할 때 이루어진다.

상호 승인된 친구 관계라고 해서 완벽한 균형을 이루지는 않는다. 상호 작용의 빈도와 방향은 관계의 또 다른 측면을 드러낸다. 상호 작용이 계속될수록 둘을 연결하는 에지의 두께가 증가하지만, 한쪽 방향의 에지가 반대 방향의 에지보다 더 두꺼울 수 있다. 예를 들어, 당신이 창업 아이디어에 투자할 잠재적 투자자를 소개해주기를 기대하며 친구 마크와 더 자주 연락하고 싶다고 하자. 당신은 마크의 관심을 끌기 위해 그의 상태 업데이트에 코멘트를 남기고, 사진에 '좋아요'를 누르고, 페이스북 메시지를 보낸다. 당신이 10번 연락할 동안 마크는 1번 연락하는 정도다. 하지만 마크는 연락을 해올 때면 게시물에 대한 코멘트나 휴가 사진의 '좋아요'에 답을 하는 것이 아니라 페이스북 메시지에 답한다. 이와 같은 직접적인 답변은 다른 유형과 범주의 흥미를 시사하며, 더 높은 수준의 관심도를 의미할 것이다. 페이스북 알고리즘은 의사소통의 뉘앙스를 반영하여 누구의 게시물을 보여줄지 결정한다.

스탠퍼드대학의 사회학자 마크 그라노베터는 인간관계를 유지하는 연결의 강도를 연구했다. 그가 1973년에 발표한 중요한 논문 「약한 연결의 힘The Strength of Weak Ties」은 인간관계의 강도를 "접촉 시간, 감정의 강도, 친분(상호 신뢰), 그리고 연결을 특징짓는 상호 서비스의 총합"이라고 정의했다.[25] 네트워크상의 개인은 감정과 정보뿐만 아니라 영향력과 서비스도 교환한다.[26]

과거에는 사회학자가 마을이나 회사에서 누가 누구와 이야기하는지를 알아내기 위해 현장 조사를 실시했다. 마케팅 담당자는 고객이 자진해서 인맥을 제공하도록 할인 패키지를 고안했다. 지금은 페이스북을 비롯한 소셜 데이터 기업이 개인의 상호 작용을 통해 생성되는 흔적을 실시간으로 이용한다. 소셜 데이터가 관계의 본질을 바꿔놓고 있다.

∟ 새로운 사회자본

온라인 정체성의 등장과 함께 교우 관계가 재정의되기 시작했다. 과거에 인간은 먹을 것을 구하고 친구들과 어울리는 데 대부분의 시간을 소비했다. 식품을 조달하고 친구와 연락하는 것이 훨씬 쉬워진 오늘날에도 우리는 여전히 마찬가지 활동으로 시간을 보낸다.

우정을 쌓을 때는 순차적인 정보 공개가 수반된다.[27] 발달 심리학자들에 따르면 5세에서 9세 아동은 장난감을 공유하는 상대를 친구라고 부른다. 그러다 차츰 우정의 정의가 나랑 장난감을 공유하는 친구와 나 역시 장난감을 공유하는 균형 잡힌 호혜, 즉 쌍방 협력으로 발전한다.[28] 나이가 들면서 우리는 '장난감'도 계속 공유하지만, 그보다는 주로 '비밀'을 공유한다. 두 사람이 대화를 나누면서 점차 친해지는 과정은 일정한 형식을 따른다. 먼저 한쪽이 아무한테나 얘기하지 않는 작은 개인사를 털어놓고, 상대방이 화답하여 같은 행동을 한다. "서로가 꾸준히 개인사를 점점 더 많이 나누며" 관계를 구축해가는 모습은 너무나 보편적이어서, 한 심리학자 팀은 처음 만난 두 사람에게 사적인 질문과 답을 점점 더 많이 주고받게 하여 친밀감을 유도할 수 있었다고 보고했다.[29]

'비밀'이라는 개념은 타인과 이 정보를 공유할 때 위험이 따른다는 말이다. 사회학계의 거장 게오르그 짐멜에 따르면 "두 사람의 관계는 공유하는 비밀의 비율로 특징지을 수 있다."[30] 비밀 공유의 위험을 극복하기 위해서는 상대방에 대한 신뢰가 쌓여야 한다. 만일 한 사람이 상대가 모르는 비밀을 갖고 있다면, 특히 그 비밀이 상대방이 이미 그에게 털어놓은 비밀과 비슷한 무게를 갖는다면, 관계의 균형이 바뀐다. 이대로는 신뢰를 유지하기 힘들 것이고, 두 사람의 유대는 약화될 것이다.

이처럼 소셜 그래프상의 에지에서 드러나는 불균형은 사용자가 데이터 정제소와 상호 작용하는 방식에도 영향을 미친다. 사람들은 정보를 주는 대가로 자신도 정보를 받을 때, 더 기꺼이 정보를 공유한다. 앞에서 살펴본 바와 같이 잘 나가는 데이터 정제소들은 사용자들이 서비스와 제품을 눈에 띄게 향상시켜줄 미가공 데이터를 제공하도록 장려하고, 그렇게 한 이들에게는 보상을 한다. 받기 위해 주는 것은 인간의 본성이다. 정보의 대칭은 데이터 제공자들과 데이터 정제소가 상생하는 길을 제시한다.

봉화를 올리고, 마을 광장에서 이야기를 나누고, 편지를 주고받는 것이 커뮤니케이션 기술의 전부였을 때, 그리고 센싱 테크놀로지sensing technology가 인간의 눈, 귀, 코, 입, 피부로 제한되어 있었을 때는 인간이 영향력을 미칠 수 있는 범위가 한정적이었다. 하지만 지난 세기를 거치면서 상황이 바뀌었다. 이제 우리는 라디오, TV, 최근에는 웹을 통해 전 세계에 영향력을 미치는 광고와 매스 마케팅의 세계에 살고 있다. 과거에는 친지, 이웃, 혹은 특급 호텔 체인의 '별 5개짜리 경험'을 공유하는 '안목 있는 고객' 역할을 맡은 배우로부터 추천을 받았다.[31] 오늘날에는 10억 명이 생성한 데이터에 기반한 추천을 받는다. 방대한 데이터를 적절히 걸러내고 개인화하기 위해서는 소셜 그래프상의 이웃의 역할이 필수적이다.

페이스북은 주로 친구와 소통하기 위한 플랫폼으로 기능한다. 사용자와 페이스북의 이해관계는 일치한다. 페이스북은 재방문을 유도하기 위해 사용자가 흥미를 느낄 만한 내용을 보여주며, 사용자가 재방문하면 어떤 게시물에서 시간을 보내는지, 추천받은 친구 중 누구를 클릭하는지 등 추가적인 정보를 수집한다. 이런 과정을 통해 페이스북 알고리즘은 사용자가 가장 흥미를 느낄 만한 광고를 고르는 일에 능숙해지고 페이스북은 돈을 번다.

페이스북은 사용자의 클릭 및 브라우징 습관을 통해 그가 누구와 무엇에 관심이 있으며, 그 관심은 시간이 지남에 따라 어떻게 변하는지를 기록해 사용자가 실제로 자신의 주의력을 어떻게 배분하는지를 파악한다. 매력적인 새 친구가 올린 휴가 사진을 자세히 뜯어보는 데 1시간 이상을 소비하는가? 새로 올라온 조카 사진에 '좋아요'를 누르는 데 1분 미만을 사용하는가? 이런 데이터는 특정 시기에 개인이 맺고 있는 관계의 우선순위와 강도를 보여주는 신호이며, 훗날 당신이 과거를 회상하는 것보다 훨씬 정확하고, 당신에게 유입되는 정보를 분류할 때 사회적 의무에 따른 원칙이나 규칙보다 훨씬 유용하다. 페이스북은 이렇게 관심과 흥미의 흔적이라는 정직한 신호를 바탕으로 사용자의 뉴스피드를 구성한다.

　페이스북 뉴스피드는 개인별 관심사에 따라 소셜 콘텐츠를 배포하고 보여주기 때문에 긍정적인 피드백 루프를 형성한다. 사용자와 잘 맞는 콘텐츠를 보여주면 '좋아요'가 더 많이 달리고, 원글 게시자나 어쩌면 게시물을 보는 다른 사람들에게도 유사한 콘텐츠를 더 많이 공유하고자 하는 동기를 부여한다. 이와 대조적으로 부정적인 반응은 오직 콘텐츠를 보는 사람만 알고 있는 경우가 많다. 페이스북은 두 번의 클릭으로 "이 게시물 유형 적게 표시"를 선택할 수 있는 옵션을 주지만, 원글을 쓴 사람에게 누가 그걸 눌렀다고 알려주지는 않는다. 뉴스피드는 우리가 '지속적인 주의력 분산continuous partial attention' 상태로 살아가도록 만든다. 테크놀로지 분야의 선구자 린다 스톤이 고안한 이 용어는 끊임없이 친구들을 관찰하고, 또한 그들에게 자신이 관찰당한다고 느끼는 상태를 뜻한다. 린다는 지속적인 주의력 분산 상태가 "인위적인 위기의 식을 끊임없이 수반한다"고 말한다. 뉴스피드에 올라오는 내용을 비롯하여 끝도 없이 업데이트되는 데이터를 스캔하면서 뇌는 영구적인 경계 모드를 유지한다.[32] 뉴스피드 내용이 친구들이 올리는 게시물의 일부에 불과한데도 그러한데, 만일 친구들이 페이스북에 게시하는 모든 내용을 다 보여준다면 일상이 제대로 유지되지 않을 것이다.

페이스북은 사용자의 상호 작용을 극히 미시적인 수준으로 분석한다. 예를 들어 상태 업데이트와 사진처럼 상이한 미디어 유형은 두 사람 사이의 에지 두께에 미치는 영향력이 다르게 설정된다. 페이스북에서 기술팀장을 담당했던 딩 저우에 따르면, 페이스북은 화제의 관계망을 구축하고 이를 바탕으로 상호 작용을 분류한다.[33] 나는 의학적 조언을 구하기 위해서는 의사를 찾아가겠지만, 그에게 컴퓨터 수리하는 방법을 물어보지는 않는다. 마찬가지로 페이스북 사용자들도 현재 논의되고 있는 주제에 대해 누군가가 특별히 흥미롭거나 전문가나 권위자로 보이는 견해를 가졌는지 아닌지를 판단하여 그의 게시물에 반응한다.

사용자가 언제, 누구에게 연락할 가능성이 높은지를 알아낼 수 있는 디지털 커뮤니케이션 플랫폼은 페이스북 외에도 많다. 휴대폰과 스카이프는 전화 수발신 내역, 즉 누가 누구에게 전화를 걸었고, 언제 통화했으며, 얼마나 오래 통화했는지에 관한 데이터를 보관한다. 실제로 스카이프는 자사의 전화 서비스 이용자가 가장 많은 시간을 쏟는 고객이나 동료를 비롯하여 그 사람의 직업적 인맥을 파악할 수 있다.

기업들이 개인의 인맥을 파악하기 위해 이와 같은 정보를 활용하고 있음에는 의심의 여지가 없다. MCI의 '친구와 가족' 프로그램이 대성공을 거둔 후, 다른 기업들도 고객을 확보하고 설득하기 위해 소셜 그래프 데이터를 수집할 기회를 모색했다. 페이스북이 생기기 전인 2001년에 아마존은 '사랑을 나누세요Share the Love'라는 프로그램을 론칭했다. 제품을 구입하고 나면 방금 구매한 제품에 대해 알려주고 싶은 사람이 있는지 묻는 메시지가 떴고, 그렇다고 답하면 이메일 주소를 입력하는 칸이 나왔다. 아마존은 그 이메일 주소로 같은 제품을 10퍼센트 할인된 가격으로 살 수 있는 링크를 발송했다. '사랑을 나누세요' 프로그램은 단지 당신의 물품 구매 취향을 자랑하면서 이타적 행위를 할 기회에 그치지 않았다. 이메일을 받은 사람이 일주일 이내에 해당 제품을 구입하면 추천자도 지불한 금액의 10퍼센트를 환불받았다. 상호 할인 제도는 고객이 아마존에 자신이 실제로 사용하는 이메일 주소를 넘겨줄 인센티브를 제공했다. 가짜 또는 더 이상 사용하지 않는 이메일 주소를 넘겨주는 것은 추천자에게 어떤 혜택도 가져오지 않았기에, 아마존은 초기 이메일 마케팅의 골칫거리 중 하나를 우회할 수 있었다. 이런 식의 '사회적' 할인은 아는 사람의 추천이 없는, 아마존의 일반 프로모션보다 훨씬 효과적이었다. '사랑을 나누세요' 프로그램은 상호성reciprocation과 사회적 증거social proof(다수가 하는 행동이 옳고 바람직하리라는 생각으로 그대로 따라하는 것을 가리키는 심리학 용어 - 옮긴이)라는 심리학 원리를 바탕으로 고객의 검증된 소셜 그래프를 구축하는 도구였다.

　　비슷한 예로 AT&T의 마케팅 사례가 있다. AT&T는 신제품을 시장에 선보이면서 전통적인 세분화 마케팅과 소셜 그래프 데이터에 기반한 마케팅 중 어느 쪽이 더 나은 결과를 가져오는지 알아보기 위해 A/B 테스트를 실시했다.[34] AT&T의 마케팅팀은 고객의 거주지를 비롯하여 얼마나 오랫동안 AT&T의 고객이었는지, 어떤 요금제를 선택했는지, 충성도가 높은 고객인지 아니면 통신사를 자주 바꾸는 고객인지 등 그들에 대해 상당히 많은 것을 알고 있었다. 전통적인 데이터와 비교하여 소셜 그래프가 얼마나 효과적인지 알아보기 위해 구성된 이 실험은 매우 간단했다. 만일 당신이 정기적으로 전화를 거는 사람이 신제품을 구입했다면, AT&T는 당신에게도 제품을 홍보했다. 아마존의 '사랑을 나누세요' 프로그램과는 달리 AT&T의 프로모션에는 개인 추천이 딸려 있지 않았고, 고객들은 왜 제품 정보를 받게 되었는지 알지 못했다. 그럼에도 불구하고 자신의 '통화 그래프calling graph'에 얼리 어답터가 들어가 있는 고객은 신제품을 구매할 확률이 5배 가까이 높았다.[35]

얼리 어답터와 연락하고 지내는 AT&T 고객이 신제품을 구입할 확률이 높았던 이유는 비슷한 사람끼리 친해지는 경향인 호모필리 때문일까? 아니면 친구들의 긍정적 평가 때문에 해당 제품에 대해 가졌던 호감을 마케팅 자료가 한층 강화했기 때문일까? 마케팅 캠페인에서 이미 접한 내용이라 친구들의 사용 후기를 좀 더 주의 깊게 들었던 것일까? A/B 테스트 데이터는 이런 질문에 답해주지 않는다. 그러나 소셜 그래프가 고객 프로파일링에 비해 이토록 효과적이라는 사실은 놀라웠다. 고객의 관심을 예측하기 위해서는 그가 누구인지가 아니라 누구를 알고 있는지가 중요했다.

∟ (데이터를 가진) 사람을 위한 설계

누구를 아는지는 직업 세계에서 특히 중요하다. 스탠퍼드대학의 소셜 네트워크 전문 사회학자 마크 그라노베터는 가까운 친구, 헤드헌터, 구직 광고보다 약간의 친분이 있는 사람을 통해 새로운 일자리를 찾을 가능성이 훨씬 높다는 사실을 발견했다. 친한 친구보다 지인의 수가 더 많은 것이 보통이니 이는 그리 놀라운 일이 아닐지도 모른다. 그런데 지인 네트워크는 단지 더 많은 구직 기회를 제공하는 것에 그치지 않았다. 소셜 그래프의 약한 유대 관계를 통해 발견한 직업이 만족도와 보수도 더 높았다.[36]

그라노베터의 연구 결과는 정보의 전파가 느리고 비용이 높았던 1970년대로 거슬러 올라간다. 그때는 이메일도, 온라인 취업 사이트도 없었다.[37] 당시에는 거래를 알선하고 비즈니스 기회를 포착하기 위해 공들여 수집하고 관리한 연락처 목록인 '롤로덱스(회전식 명함 정리 도구)를 보유한 덕분에' 고용되는 일이 흔했다. 어쩌면 당신은 여전히 롤로덱스가 구직의 가장 든든한 무기라고 생각할지도 모른다. 또는 직원들이 수년에 걸쳐 구축한 고객 목록을 회사가 더 적극적으로 보호해야 한다고 생각할지도 모른다. 대부분의 중간 관리자들은 정보 경쟁력이야말로 성공적인 기업이 경쟁사보다 앞서 나가는 비결이라고 귀에 못이 박이게 들었다.

링크드인의 목표는 강하거나 약한 비즈니스 인맥을 총망라하여 손쉽게 의사소통을 할 수 있도록 도움을 주는 것이다. 그라노베터가 한 사람이 현재의 자리에 도달하는 데 기여한 약한 인맥을 찾는 데 관심이 있었다면, 링크드인은 사용자가 원하는 위치에 도달하기 위해 동원할 수 있는 약한 인맥을 발굴하는 데 관심이 있었다. 당신이 새로운 클라이언트나 고객을 찾고 있다고 가정해 보자. 타깃의 이름은 알고 있지만 개인적으로 아는 사이는 아니고, 기존 인맥 중에서 누가 그 사람을 알고 있는지 모른다. 이때 링크드인에서 그 사람의 이름을 검색하면 그를 소개받기 위해 몇 단계를 거쳐야 하는지 알려준다. 유료 서비스에 가입하면 당신과 목표 대상을 연결하는 중간 단계 사람들의 이름을 볼 수 있다. 이는 데이터를 필요로 하는 사람들을 위해 설계된 서비스다. 여기에는 위험한 불균형이 존재했다. 데이터가 필요한 사람은 데이터를 보유한 사람에게 제공할 것이 별로 없었다. 실제로 링크드인이 이 서비스를 처음 론칭했을 때, 사람들은 1촌 요청이 너무 많이 와서 스팸 메시지나 다름없다고 불평했다. 어떤 이는 링크드인이 "네트워킹 능력이 뛰어나 훌륭한 인맥을 가진 사람이 네트워킹 능력이 부족해 인맥 없는 사람을 보조하는 시스템"이라고 평가하기도 했다.[38]

링크드인의 전前 전략적 이니셔티브 부사장 엘런 레비에 따르면, 링크드인이 데이터가 필요한 사람이 아닌 데이터를 가진 사람을 위한 서비스를 설계했을 때 돌파구가 마련되었다. 엘런은 시간의 희소성을 감안한 정보 디스플레이 최적화로 스탠퍼드대학 인지심리학 박사 학위를 땄는데, 이는 그녀의 경력과 링크드인에서 시도한 접근 방식에서 잘 드러난다.[39] 그녀는 "관계를 구축하는 최악의 시점은 무언가를 필요로 할 때다. 그것은 거래에 해당하며, 관계와 거래는 다른 문제다"라고 지적한다. "관계를 구축하는 가장 좋은 방법은 숨은 동기가 없을 때 상대를 돕는 것이다."[40] 단순히 롤로덱스를 복제하는 데 그친다면 우리가 링크드인을 사용할 이유가 없다. 특히 링크드인 사이트를 방문했을 때 경험하는 독특한 서비스가 낯선 사람들에게서 무더기로 1촌 요청을 받는 것이라면 말이다. 링크드인은 사용자들로부터 데이터를 받기 위해 먼저 데이터를 제공해야 했다.

링크드인의 당면 과제는 사용자가 비즈니스 네트워크에 관한 정보를 더 많이 생성하고 공유할 동기를 부여하는 것이었다. 사람들은 보통 뭔가 부탁할 일이 있을 때만 업무 관계의 지인에게 연락하곤 한다. 이는 엘런의 충고와 정면으로 배치된다. 더 자주 연락을 주고받을 핑계가 필요했다. 링크드인은 1촌이 새로운 기술이나 경력을 추가하거나 이직하거나 근무 기념일이 되었을 때 알림을 보내주기 시작했다. 그리고 사용자들이 각자 전문 분야에 관한 게시물을 올리고 관련 뉴스에 댓글을 달 수 있는 포럼을 만들어 더 많이 교류할 구실을 제공했다. 사용자가 링크드인이 개인 캘린더에 접근하는 걸 허용할 경우, 링크드인은 예정된 미팅 참석자들에 관한 정보를 보내주었다. 또한 사용자 프로필의 '완성도'와 품질뿐만 아니라 1촌 수와 게시물 수, 사이트 내 기타 활동 정도에 따라 직업 훈련 프로그램에 참가할 자격을 부여해 직무능력을 개발할 수 있게 했다.

또 다른 옵션은 사용자들에게 자기 1촌의 전문성을 보증할 기회를 제공하는 것이었다. 이런 행위는 당장 돌아오는 혜택이 없더라도 당신에게 타인을 도와줄 의향이 있음을 보여준다. 보증받은 상대방이 같은 방법으로 당신에게 보답하고 싶어지게 되는 효과도 있다. 링크드인의 소셜 시스템은 상호 작용별로 각각 다른 가중치를 매긴다. 한 번의 클릭으로 가능한 보증보다 신중하게 작성된 추천 글에 더 무게가 실린다는 점에는 모두가 동의할 것이다. 거기에 더해 같은 회사에서 근무한 기간이 겹치는지, 같은 부서에서 일했는지 다른 부서에서 일했는지, 심지어 인증한 사람의 인기도나 명성도 중요하다. 이들 요소 각각에 값을 할당할 수 있으며, 공유한 경험의 중요성은 시간이 지남에 따라 감소한다. 10년 전에 같이 일한 사람의 비중은 현 직장 동료보다 낮다.

링크드인의 수익 구조를 살펴보면 사용자의 데이터 생성과 공유를 장려하는 설계의 중요성이 명백해진다. 링크드인 매출의 60퍼센트는 인재를 찾는 헤드헌터들에게서 나온다. 링크드인의 미가공 데이터는 인사팀이 아니라 개인에 의해 제공된다(기업은 직원의 경력이나 자질을 경쟁사 헤드헌터들에게 홍보할 인센티브가 없다). 링크드인은 업무와 경력 관련 데이터를 공유하는 개인에게 그 대가로 그들이 알 수도 있는 사람 혹은 알고 싶은 사람을 추천해주고, 칼럼이나 슬라이드 프리젠테이션의 형태로 비즈니스 조언을 해주며, 그의 프로필을 보고 있는 사람에 대한 정보를 무료로 제공한다.

링크드인이 '프로필을 본 사람' 정보를 공개하는 방식은 업무 관계가 내포한 힘의 비대칭성을 반영한다. 누군가가 당신의 프로필을 클릭했다는 사실을 알게 되면, 그 사람이 과연 누구인지 궁금한 것이 인지상정이다. 그런데 당신이 만약 인터뷰하려는 구직자의 경험이나 관심사를 좀 더 알고 싶은 관리자이거나, 인재를 빼 오고 싶은 경쟁사의 관리자에 대한 정보를 수집하려는 사람이라면 프로필을 봤다는 사실을 상대방에게 알리고 싶지 않을 것이다. 링크드인은 다른 사람의 프로필을 볼 때 자신의 이름을 공개할지 여부를 손쉽게 전환할 수 있는 기능을 제공한다. 내 이름을 감추고 거주 도시나 업계만 밝히면, 나의 프로필을 본 사람의 이름도 볼 수 없다. 물론 링크드인은 사용자가 어떤 설정을 선택하든 누가 누구의 프로필을 봤는지 모두 기록하지만, 사용자는 본인의 데이터 공개 정도에 따라 접근할 수 있는 데이터의 종류가 달라진다.

데이팅 사이트 스카우트와 일하면서, 나는 어떤 수준의 투명성이 사용자들에게 가장 매력적으로 다가올지 고심했다. 데이팅 사이트는 회원 수 확보가 관건이므로 스카우트는 가입비를 받지 않았다. 다른 회원의 프로필을 보거나 메시지 보내기 기능을 유료화할 수도 없었다. 사람들이 사이트를 덜 이용할 것이 뻔하기 때문이다. 하지만 스카우트는 또 다른 귀중한 자원을 보유하고 있었다. 바로 클릭이라는 형태로 나타나는 정직한 신호다. 회원들은 자신에게 흥미를 느꼈지만 메시지를 보내 적극적으로 관심을 드러내지는 않은 사람들의 목록을 보기 위해 기꺼이 돈을 지불할 가능성이 있었다. 스카우트는 누가 자신의 프로필 사진을 클릭했고, 프로필을 얼마나 자세히 보았는지(예를 들어 얼마나 많은 사진을 보았는지, 프로필 페이지를 재방문했는지, 했다면 언제 했는지)를 확인할 수 있는 유료 프리미엄 기능을 선보였다. 거기에 더해, 매월 추가 회원비를 내고 비밀 모드로 다른 사람들의 프로필을 마음껏 볼 수 있는 VIP 회원제 옵션도 검토했다. 클릭이 드러내는 정직한 신호를 숨기는 특권을 위해 비용을 지불하게 하는 방식이었다.

페이스북에 사진을 게시할 때, 나는 친구들이 내가 올린 사진을 볼 것이라 기대한다. 하지만 지금으로서는 '좋아요'와 댓글에 기반하여 누가 내 사진에 흥미를 느꼈는지 추측할 뿐이다. 페이스북이 사진 아래 달린 '방명록'에 사진을 본 사람의 이름을 자동으로 추가하여, 사진을 봤다는 사실을 나에게 알려줄 의사가 있는 사람만 보게 하는 옵션을 제공하면 어떨까? 만일 내가 친구를 집에 초대했고 테이블에 사진첩이 놓여 있다면 내 친구는 그것을 흘끔 보거나, 페이지를 쭉 넘겨 훑어보거나, 굉장히 관심을 갖고 들여다보거나, 혹은 믿을 수 없게도(!) 휴대폰을 꺼내 그 사진을 자기 카메라로 찍을 때 내가 자기 행동을 알아챌 것임을 안다. 페이스북은 사진을 본 사람의 데이터를 갖고 있음에도 우리에게 알려주지 않는다. 누가 사진첩을 통째로 다운로드하더라도 알 길이 없다. 나는 링크드인의 프로필 보기 기능 설계에 포함된 단계적 대칭성을 더 많은 데이터 정제소가 더 많은 콘텐츠 유형을 대상으로 적용했으면 한다.

친구의 디지털 '발자국'을 볼 수 있다면 관계가 어떻게 바뀔까? 어떤 친구가 당신이 올린 사진을 모두 보고 나서도 아무 댓글이나 '좋아요'를 남기지 않았다는 사실을 알게 된다면 그 친구가 올린 사진을 더 자주 보러 가게 될까, 아니면 그 반대일까? 친구가 내 사진첩에서 얼마나 오랜 시간을 보냈는지가 영향을 미칠까? 대부분의 사람은 자신이 관찰되고 있음을 알면 행동 패턴을 바꿀 가능성이 높다. 즉 클릭이나 조회를 덜하게 된다. 페이스북 등의 소셜 데이터 사이트와 앱은 사용자가 가능한 한 많은 상호 작용을 하기를 원한다. 그럴수록 사용자의 진정한 관심사를 나타내는 데이터가 더 많이 생성되기 때문이다. 클릭 수와 조회 수가 사용자의 관심사와 주목도를 반영하는 정직한 신호일 때, 데이터 정제소는 사용자별로 적절한 콘텐츠(뉴스가 되었든 광고가 되었든)를 제공하는 일을 더 잘 해낼 수 있다.

데이터 정제소는 어떤 서비스를 어떤 방식으로 제공할지 결정할 때 소셜 데이터가 **생태계** 내부에 존재한다는 사실을 염두에 둔다. 생태학에서 생태계란 환경 내부에서 상호 작용하는 유기체의 공동체다. 생태학자들은 생물이 모두 서로 연결되어 있기 때문에 문제를 '국지적' 수준에서 해결하려 해서는 생태계가 제대로 유지될 수 없다고 말한다. 생태계 전반의 안녕을 고려해야 한다. 한 개인 또는 한 종의 생존 조건을 최적화하려 하다 보면 전체 시스템이 무너질 수 있다. 토머스 오스틴이 주말 사냥을 좀 더 흥미진진하게 만들고자 영국에서 들여와 호주 질롱의 저택에 풀어놓은 토끼 수십 마리의 자손들은 막대한 토양 침식과 토착종의 말살이라는 심각한 재앙을 초래했다.[41]

생태계 전반의 최적화는 특히 소셜 데이터로 사람들을 연결하는 서비스를 설계할 때 중요한 문제로 부상한다. 사람은 다 다르고, 하루는 24시간뿐이다. 관심을 할애할 시간 자원이 한정되어 있기 때문에 당신이 흥미를 느낀 사람이 늘 당신의 관심에 반응해주기를 기대할 수 없다. 아마존에서 추천하고 판매하는 대량 생산품과 달리 사람은 양산할 수 없다. 만일 페이스북이 에이미를 친구로 추가하라고 제안했는데 에이미가 이미 친구 한도를 채워버렸다면 당신은 실망할 것이다. 만일 데이팅 앱이 존을 추천했는데 존이 이미 더 관심 가는 사람들과 매일 데이트를 잡아두었다면 당신은 실망할 것이다. 그러므로 서비스 업체는 관심에 어느 정도 반응해줄 수 있는 사람을 추천하는 편이 낫다. 그렇지 않으면 실망이 토끼보다 더 빠른 속도로 불어날 뿐이다. 실망한 사람은 데이터를 덜 생성하고 덜 공유한다. 그만한 가치가 없는데 왜 굳이 공유하겠는가?

동역학계의 '카오스' 개념이 소셜 데이터 생태계의 진화를 설명하는 데 유용하다. 1960년대에 물리학자들은 동역학계가 때로 카오스라는 특성을 보인다는 사실을 발견했다. 시스템의 초기 상태가 잘 알려져 있더라도 장기적으로 어떻게 작동할지 정확히 예측할 수 없는 현상을 이르는 말이다. 카오스 이론가들은 미세한 차이가 기하급수적으로 불어나 결과를 완전히 바꿔놓을 수 있음을 보여줬다. 시스템이 무작위적 잡음을 증폭시키는 효과는 MIT의 수학자 에드워드 로렌츠가 '브라질에서 날갯짓하는 나비가 미국 텍사스에 토네이도를 발생시키는가'라는 연설을 한 후 '나비 효과'라고 불린다.[42] 데이터 정제소의 설계와 변수의 작은 차이(예를 들면, 페이스북이 '싫어요' 버튼을 제공하지 않기로 한 결정이나 댓글과 게시물을 수정한 내역을 볼 수 있게 한 것)는 매우 다른 사용자 행동을 유도하고 소셜 그래프의 구조에까지 영향을 미칠 수 있다.[43]

향후 몇 년간 우리는 세계 최대 규모의 메시징 플랫폼인 페이스북과 위챗을 비교하면서 작은 설계 차이가 소셜 데이터 생태계의 진화에 미치는 영향을 관찰할 자연 실험의 기회를 얻게 될 것이다. 위챗은 2011년 페이스북이 차단된 중국에서 서비스를 시작할 때부터 불공정하게 유리한 입지를 점했다. 이후 4년 동안 대부분 중국 거주자로 구성된 5억 명의 사용자를 가진 서비스로 성장했다. 페이스북이 일반인 가입을 받기 시작한 지 4년 후 달성했다고 자랑한 사용자 규모와 비슷한 수준이다(2018년 현재 위챗의

월간 이용자 수는 10억 명을 돌파했다 - 옮긴이).[44] 따라서 두 플랫폼의 성장률은 엇비슷하다고 볼 수 있다.

그러나 사람들이 커뮤니케이션 플랫폼에서 무엇을 기대히는지에 대한 가정은 위챗과 페이스북이 판이했다. 페이스북은 후대를 위해 보존되는 하버드대학의 전통적인 기숙사 연감에서 탄생했다. 반면 위챗의 모회사인 텐센트는 온라인 게임 회사로 출발했다. 게임은 일단 종료되면 그걸로 끝이다. 최종 점수나 역대 최고 점자의 기록은 저장될지 몰라도 플레이어의 모든 움직임이 저장되지는 않는다. 이와 같은 태도는 텐센트의 메시징 플랫폼에까지 이어졌다.[45] 위챗의 설계는 찰나적인 커뮤니케이션에 역점을 둔다. 메시지는 일단 읽히고 나면 회사 서버에서 지워지고 사용자의 기기에만 남는다. 휴대폰을 분실하면 커뮤니케이션 내역도 함께 잃는다.

두 플랫폼의 또 다른 중요한 설계 차이는 사용자가 관계를 맺는 방식이다. 이름이나 프로필 사진만 봐서는 누군지 가물가물한 사람에게 친구 요청을 받았을 때 그 사람의 친구 목록을 볼 수 있어야 할까? 최소한 공통된 친구 목록은 볼 수 있어야 할까? 이 질문에 대한 대답을 결정하는 가장 중요한 요소는 당신이 어디에서 자랐느냐다. 미국의 페이스북 사용자는 **당연히 그 사람의 친구 목록을 보고 싶지, 친구 요청을 수락할지 말지 결정하는 데 도움이 되니까**라고 생각할 것이다. 공통의 친구 목록을 살펴보면 같은 학교에 다녔는지, 같은 회사에서 근무한 적이 있는지, 아니면 친구로 '수락할' 어떤 다른 관계가 있는지가 대개 밝혀진다.

위챗은 친구 목록을 다른 사용자들에게 절대 보여주지 않는다. 소셜 그래프는 숨겨져 있다. 중국인 위챗 사용자라면 **당연히 내 친구 목록이 보이지 않는 게 좋지, 알리고 싶지 않은 나에 관한 정보가 드러날지도 모르잖아**라고 생각할 것이다. 위챗 사용자는 허가 없이 다른 사람의 친구 목록을 살펴볼 수 없고, 그들에게 연락할 길도 없다.

친구 목록 보기 기능이 부재한 가운데 위챗은 앱에서 사람을 찾을 수 있는 기발한 방법들을 고안해냈다. 예를 들어, 오프라인에서 만난 사람의 휴대폰에 있는 위챗 개인 식별 QR코드를 스캔하면 친구 추가 화면으로 이동한다. 또 사용자는 즉석에서 그룹 채팅방을 생성할 수 있다. 사적인 친구든 업무적 동료든 여러 명이 함께 만날 시간과 장소를 정할 때 애용되는 방법이다. 그룹 채팅방에 들어가려면 멤버에게 초대를 받아야 하므로 이것은 개인적 소개의 기능을 하며, 새로운 인맥을 발견하는 지름길이기도 하다. 초대된 이후에는 채팅방의 멤버들을 모두 볼 수 있고, 계속 연락하고 싶은 사람에게 친구 요청을 보낼 수도 있다.[46]

위챗은 비공개인 소셜 그래프를 신원 확인 도구로 사용한다. 비밀번호를 잊어버려 계정이 차단되었을 때 위챗은 보안 코드와 함께 일련의 사용자 이름과 사진을 보여준다. 사용자는 목록상의 친구들에게 어떻게든 연락하여 코드를 보내달라고 요청해야 한다. 최소 두 사람의 친구가 코드를 보내주면 즉시 계정이 풀린다.[47] 본인의 소셜 네트워크에 대한 지식으로 신원을 증명하는 '질의응답' 인증 방식은 어머니의 결혼 전 성, 첫 직장, 애완동물 이름 등 편지함을 뒤지거나 인터넷을 검색해서 답을 찾아낼 가능성이 있는 통상적인 질문보다 훨씬 안전하다.[48] 사용자는 빨리 응답해줄 친구를 선택하고 싶어 할 것이기에 잠긴 계정을 푸는 과정에서 위챗에 인맥 정보를 드러낸다.

그러나 다른 사용자들에게 친구 목록을 보여주지 않기로 한 위챗의 결정은 중국 사회와 비즈니스가 인맥에 부여하는 가치와 더 큰 관련이 있는 것으로 보인다. 중국에서 위챗은 업무용으로 광범위하게 사용되기 때문에 인맥 공개를 꺼리는 것이다. 경쟁자가 최근 당신이 누구를 친구로 추가했는지 살펴보고 비즈니스 전략을 추론할지도 모르는 일이다. 인맥이 다른 이들에게 보이지 않으면 어떤 사람과 어울리는지로 당신이 재단당할 염려도 없다.

소셜 네트워크 플랫폼이 발전하고 소셜 데이터의 양이 늘어남에 따라, 인간관계 생태계 전반의 균형 유지에 도움을 주는 기능이 더 많이 필요해질 것이다. 에지의 연결 강도는 시간이 지나면서 변한다. 당신은 친한 친구에게 전화 거는 빈도와 어머니에게 전화 거는 빈도가 얼마나 차이가 나는지 알 것이고, 더 이상 흥미가 없어진 제품 정보를 자꾸 보내는 판매자의 이메일을 무시하기 시작했음을 의식하고 있을 것이다. 하지만 업무 관련 조언을 얻기 위해 어떤 동료에게 더 자주 전화를 거는지는 잘 모를 수도 있고, 심지어 일부 친구들의 페이스북 업데이트가 더 이상 뉴스피드에 뜨지 않는다는 사실을 눈치 채지 못했을 수도 있다.

앞에서 대시보드 기능이 데이팅 사이트 회원의 시간과 관심 배분에 유용하게 사용될 수 있음을 살펴보았다. 마찬가지로 사용자의 소셜 네트워크를 가공한 데이터도 기존의 관계를 유지하는 데 도움을 줄 수 있다. 발신자 확인 및 통화 차단 서비스를 제공했던 초기 클라우드 기반의 전화 서비스 스카이텍은 사용자의 전화 패턴을 알려주는 서비스를 선보였다.[49] 나는 어떤 친구에게 예전

만큼 자주 전화를 걸지 않는다는 알림을 받았을 때를 기억한다. 스카이덱 알림은 내가 그 친구에게 전화를 걸어 관계를 유지할 수 있도록 주의를 환기했다.

개인의 행동 패턴 변화를 알려주는 것 외에도 데이터 정제소는 전체 사용자 징보를 취합, 분석하여 얻은 통찰을 공유한다. 예를 들어 페이스북은 두 회원이 사귀는 사이임을 공개하고 관계 상태 정보를 '연애 중'으로 바꾸는 것을 기점으로, 그 이전의 100일간은 두 사람의 페이스북 상호 작용이 꾸준히 증가하고 이후에는 급감한다는 사실을 발견했다. 동시에 두 사람의 커뮤니케이션 내용도 게시물과 메시지에서 긍정적인 단어를 더 많이 사용하는 방향으로 변한다.[50] 연구원들은 소셜 네트워크상에 존재하는 공통의 친구 분포도에 기반하여 두 사람이 사귀는 사이임을 예측할 수 있는 특별한 '표식'을 알아냈다.[51] '사귀고 있다'고 대놓고 말하지 않아도 페이스북은 그 사실을 안다. 데이터 정제소는 광범위한 데이터 원천(같은 사진에 태그된 것, 같은 이벤트에 체크인한 것 등)으로부터 관계의 강도와 역학을 유추할 수 있다.

대인 커뮤니케이션에서 나타나는 독특한 패턴은 연애의 영역에 국한되지 않는다. 구직자를 인터뷰하는 중간 관리자를 떠올려보자. 특별히 마음에 드는 지원자가 인터뷰에서 자신이 어떤 대기업에 대단한 인맥이 있다고 강조한다. 만일 그 중간 관리자가 지원자가 잘 안다고 주장하는 대기업 인사와 따로 친분이 있다면 전화를 걸어 그 지원자에 대해 어떻게 생각하는지 물어볼 수 있을 것이다. 아니면 지원자에게 데이터 정제소가 '보증한' 비즈니스 인맥 및 커뮤니케이션 패턴을 공유하라고 요구할 수도 있다. 중간 관리자는 최종 후보로 뽑힌 구직자들이 중요한 고객과 맺고 있는 에지의 강도를 비교하는 데 관심이 있을 수도 있지만, 대형 클라이언트사 하나와의 관계보다는 업계 전반에 걸쳐 구축해온 인맥에 더 관심이 있을 수도 있다. 후자의 경우에는 후보자들의 커뮤니케이션 패턴이 소위 말하는 '슈퍼 커넥터super-connector'의 그것과 일치하는지 살펴보는 것이 도움이 될 것이다. 그런 패턴을 가진 사람은 다양한 사람과의 상호 작용이 요구되는 직책에 더 만족할 것이기 때문에 보다 적절한 선택일 가능성이 높다. 데이터 정제소의 추천은 사용자가 '탐색'과 '활용' 중 어느 쪽을 중시하는지에 따라 달라진다. 중간 관리자는 새로운 직원을 채용하는 목적이 회사의 기존 비즈니스 인맥을 강화하는 것인지, 아니면 새로운 인맥을 구축하는 것인지를 먼저 결정해야 한다.

당신은 자신의 직업적 커뮤니케이션 패턴을 잠재적인 고용주에게 아무런 거리낌 없이 공개할 수 있는가? 링크드인에서 다른 사람의 프로필을 볼 때 내 이름을 공개하면 나도 누가 내 프로필을 봤는지 알 수 있는 것처럼, 구직자가 자신의 커뮤니케이션 패턴을 공유하는 대가로 인터뷰 담당자의 커뮤니케이션 패턴을 볼 수 있어야 할까? 팀 전체의 커뮤니케이션 패턴은 어떤가? 이런 정보를 갖고 있으면 자신이 지원한 팀에 꼭 필요한 직원이라고 어필할 전략을 세우거나 인터뷰 시 확실히 물어보고 싶은 문제를 미리 점검할 수 있어 도움이 될 것이다. 당신에 관한 결정을 내릴 때, 그리고 당신이 결정을 내릴 때 커뮤니케이션 패턴 분석은 강력한 도구가 될 수 있다.

∟ 페이스북과 소셜 데이터 공학

페이스북이 대체 뭐길래 이렇게 난리인지 직접 한번 사용해보기로 마음먹은 한 남자가 있다. 그를 조라고 부르자. 60대의 조는 프라이버시에 민감하다. 인터넷에 사생활 정보를 공개한다는 발상에 거부감을 가진 그는 가짜 이름으로 페이스북에 가입했다. 아무도 자신을 알아보지 않기를 바랐기 때문에 오프라인 인맥 중 누구와도 친구를 맺지 않았다. 리베카와는 달리 그는 가짜 친구를 만들려고 하지도 않았다. 소셜 그래프상에서 조의 노드는 홀로 고립되어 있었다. 그러니 그가 매일 아침 페이스북에 로그인했을 때 유용한 정보를 발견하지 못한 것도 그리 놀라운 일이 아니다. 조의 뉴스피드에 올라오는 뉴스와 정보는 그와 관련이 있거나 그가 흥미를 느낄 내용이 아니었다. 조의 페이스북 사용 경험은 그저 그런 수준에 머물렀다. 당연하지 않겠는가? 페이스북은 모든 사람에게 편집장이 선택한 똑같은 뉴스를 보여주는 『뉴욕 타임스』와는 다르다. 조는 페이스북 뉴스피드가 데이터를 얻으려면 먼저 데이터를 제공해야 하는 알고리즘에 기반한다는 점을 이해하지 못했다. 페이스북은 '턴키', 즉 완성된 상태로 제공되는 솔루션이 아니다.

이런 점에서 그는 혼자가 아니다. 일리노이대학의 카리 카라할리오스 교수가 수행한 페이스북 뉴스피드 연구에 따르면, 놀랍게도 참가자의 62.5퍼센트가 알고리즘이 뉴스피드에 올라오는 내용을 선별한다는 사실을 모르고 있었다. 카라할리오스는 참가자들에게 하루 동안 모든 페이스북 친구들이 올리는 게시물과 뉴스피드에 올라오는 게시물을 비교하게 했다. 일부 참가자들은 가까운 친구와 가족이 올린 게시물이 알고리즘에 의해 숨겨진다는 사실을 알고 놀라움을 감추지 못했다. 그때까지는 그저 친구와 가족의 페이스북 활동이 뜸하다고만 여겼던 것이다.

카라할리오스는 일리노이대학과 미시간대학의 동료들과 함께 데이터 가공 과정의 투명성을 높이기 위한 노력의 일환으로 '피드비스'를 개발했다. 피드비스는 사용자가 '좋아요', 댓글, 게시물이 뉴스피드에 미치는 영향을 이해하도록 돕고, 대안적 뉴스피드를 시험해볼 기회를 주기 위해 고안된 도구다.[52] 먼저 사용자들은 친구들이 올린 전체 콘텐츠를 연대순으로 정리한 전체 피드를 자신의 페이스북 뉴스피드와 비교했다. 다음으로는 개인화된 뉴스피드에 등장하는 빈도를 기준으로 '드물게 보임'(10퍼센트 미만), '때때로 보임'(45~55퍼센트), '대부분 보임'(90퍼센트 이상)의 세 가지로 분류한 친구 그룹을 살펴봤다.[53] 마지막 단계에서 사용자는 특정 콘텐츠를 숨김 상태에서 보임 상태로 바꾸거나 세 그룹에 속한 친구 목록을 조정한 다음, 변경한 내용을 반영하여 새로 생성한 개인별 뉴스피드를 받아보았다.

상당수 참가자는 페이스북이 그들의 상호 작용을 기반으로 콘텐츠와 친구에 대한 관심을 대체로 정확하게 잡아냈다고 느꼈다. 그들은 친구의 타임라인을 방문하거나 친구가 올린 게시물과 상호 작용하는 등 적극적으로 관심을 표할 때 그 사람의 게시물이 타임라인에 더 많이 등장한다는 사실을 이해하게 되었다. 피드비스처럼 페이스북도 사용자들에게 지금보다 훨씬 더 많은 피드백을 제공할 수 있을 것이다. 예를 들자면 친구들이 어떤 콘텐츠를 차단했는지, 어떤 게시물이 다른 사람들의 흥미를 불러일으키고 영감을 주었는지, 심지어 당신이 어떤 게시물로부터 언제, 어떻게 영향을 받았는지를 알려주는 것 등이다.

페이스북에서 공유되는 막대한 정보의 양으로 볼 때, 연구자들이 이 플랫폼을 인간 심리와 소셜 네트워크 효과를 연구하는 장으로 사용하는 것은 그리 놀랍지 않다. 흥미로운 연구 주제 중 하나는 감정의 전파처럼 대면 접촉을 통해 일어난다고 알려진 현상이 온라인에서도 발생하는가이다. 페이스북과 코넬대학 연구원들이 페이스북에서 감정 전염emotional contagion이 일어나는지 알아보기 위해(일어난다) 뉴스피드 알고리즘을 수정하여 긍정적, 부정적 감정을 표현하는 단어가 포함된 게시물의 수를 조절했다.[54] 실험 결과가 공개되었을 때 커다란 사회적 논란이 일어났다. **감히 페이스북이 내 감정을 조종하다니!**[55] 하지만 미디어와 마케팅 전문가들도 끊임없이 우리의 감정을 조종하며, 정보를 선별적으로 공개하여 우리의 마음을 좌지우지한다. 이것이 그리스 비극, 정보 광고, 그리고 '꼭 봐야 할' TV 프로그램의 본질이다.

만일 연구자들이 감정이 아니라 날씨에 관해 언급한 게시물을 보여주거나 숨기는 알고리즘을 변경했다고 발표했다면 큰 논란거리가 되지 않았을지도 모른다. 그런데 마침 감정 전파 실험을 수행한 연구자들이 또 다른 페이스북 연구에서 날씨에 따라 감정이 어떻게 확산되는지를 관찰하는 '자연' 실험을 진행했다. 이유는? 비 오는 날에 부정적인 단어가 더 많이 사용된다는 사실을 발견했기 때문이다(그리고 물론 그들은 날씨가 사람의 기분에 의해 바뀌지 않는다는 사실을 알고 있었다). 그런데 상태 업데이트에 사용된 단어를 분석해보니, 비가 내리는 도시에 거주하는 사용자의 기분이 소셜 네트워크를 타고 흘러 화창한 도시의 친구들이 올리는 게시물의 감정적 콘텐츠까지도 바꿔놓는다는 사실이 드러났다.[56] 페이스북상의 감정 전염 연구는 우리가 온라인 소셜 네트워크의 영향에 얼마나 민감하며 얼마나 쉽게 영향을 받는지를 보여준다. 나는 과학적 방법론과 실험이 주는 교훈의 가치를 믿는다.

　일부 비판자들은 페이스북이 실험을 실시하기 전에 사용자들에게 그 사실을 미리 알려줬어야 한다고 주장한다. 그러나 '사전 동의' 확보는 실험이 드물고, 실험 범주와 규모가 작고, 연구자가 참가자들과 마주 앉아 실험 참여에 따르는 위험과 보상을 확실히 이해시킬 수 있었던 시절에나 가능한 얘기다. **모든 사람**이 **항상** 온라인 실험에 참여하고 있는 오늘날에는 사전 동의의 개념이 달라져야 한다. 사이트 방문자가 데이터 수집에 동의한다는 의사 표시로 '예'를 클릭하는 것으로는 충분치 않다. 일례로 유럽연합에서는 쿠키를 사용할 때 사용자의 동의를 얻어야 한다. 하지만 쿠키를 허용하지 않으면 개인화를 포함한 웹사이트 및 모바일 기능의 일부를 사용할 수 없게 되므로 대부분의 사람은 거의 반사적으로 '예'를 누른다. 이것은 사전 동의가 아니다. 대다수의 사람이 소프트웨어와 웹사이트의 이용 약관—애플의 방대한 44페이지짜리 동의서와 같은—을 이해하는 것은 고사하고 제대로 읽어보지도 않고 무조건 동의한다. 페이스북 뉴스피드의 생성 알고리즘을 상세하게 설명한 실험 계획서는 대다수의 사람에게 너무 어려운 내용일 것이다. 이런 식으로는 좋은 의도로 시작했으나 이제 비현실적인 방법이 된 구식 사전 동의의 기준조차 충족시키지 못한다.

게다가 사용자에게 고지하는 것 자체가 실험을 망친다. 연구자가 특정한 질문(예를 들어 "페이스북 친구의 게시물에 포함된 감정적 콘텐츠는 그것을 보는 사용자에게 어떤 영향을 미치는가?")을 조사하고 있다는 사실을 알게 되면 참가자들의 페이스북 활동 패턴이 달라질 것이다. 하지만 왜 달라졌는지는 연구자들에게 명확하게 드러나지 않을 것이다. 참가자들이 의식적으로 감정적 콘텐츠를 찾는 데 집중하게 될 수 있다. 또 그런 만큼 관련 내용을 더 많이 발견할 것이기에 동조하는 댓글을 더 많이 달게 될 수도 있다. 아니면 연구자에게 사적인 정보를 드러내고 싶지 않아 댓글을 자기 검열하게 될 수도 있다.

그보다는 기업이 실험 결과를 참가자들이 이해할 수 있는 방식으로 공개하고, 실험 결과가 기업과 대중에게 어떤 가치가 있는지 널리 알리도록 요구해야 한다. 기업은 투명성을 증대시키기 위해 최소한 어떤 실험을 시행했는지 설명하는 페이지를 제공해야 한다. 보다 정교한 실험, 특히 사용자의 소셜 네트워크와 관련된 실험은 이보다 더 효과적인 옵션이 존재한다. 사용자가 뉴스에서 감정 전염 연구 결과를 처음 접하는 게 아니라, 실험 과정에서 뉴스피드가 변경된 사용자에게 페이스북이 실험 내용과 사용자의 역할을 설명하는 메시지를 보내준다고 해보자. 그 메시지 안에 사용자의 뉴스피드에는 올라오지 않았지만 '제어' 집단에 포함되었더라면 보였을 게시물을 포함시킬 수도 있다. 사용자가 원한다면 연구의 '실험' 집단에 적용된 옵션을 자신의 피드에 실시간으로 반영해볼 수 있다. 이렇게 한다면 더욱 이상적일 것이다. 사용자는 소셜 네트워크와 데이터 정제소의 선택이 자신에게 어떤 영향을 미치는지 직접 보고 이해할 수 있게 될 것이다. 더불어 앞으로 유사한 연구에 참여할 의사가 있음을 표현할 기회도 제공할 것이다.[57]

소셜 그래프의 영향에 관한 연구는 사용자에게도 혜택을 준다. 예를 들어 한 친구의 게시물을 읽을 때는 보통 긍정적인 마음가짐이 되고 영감을 얻지만 다른 친구의 게시물은 힐끗 보기만 해도 생산성이 급락한다는 사실을 페이스북이 알려줄 수 있다면 어떨까? 기분과 효율성 변화 추이 데이터가 충분히 쌓이면, 페이스북은 오늘 설정한 목표를 달성하는 데 도움이 되는 방향으로 뉴스 피드 내용을 재구성해 줄 수 있을 것이다. 업무 생산성이나 기분을 기록하기 위해서는 때때로 '지금 무엇을 하고 있고 잘되고 있는지'를 질문하는 앱을 설치할 수도 있고, 주기적으로 활력 징후를 측정하는 핏빗이나 애플 워치 같은 활동 추적기를 착용할 수도 있다. 또는 페이스북이 휴대폰이나 노트북 카메라에 접근할 수 있도록 허용하여 얼굴에 떠오른 기쁨의 미소가 친구의 게시물을 읽는 데 너무 많은 시간을 '낭비'한 데 대한 짜증으로 변하는 순간을 포착하게 할 수도 있다. 그 대가로 페이스북은 온오프라인에서 누구와 시간을 더 또는 덜 보내는 것이 좋을지 추천해줄 수 있다.

생각과 태도가 어떻게 확산되는지 관찰, 측정한 자료는 경제 상황이나 군사적 개입과 같은 중대 사안에 대한 '여론의 대세'를 가늠할 맥락을 제공한다. 사회적 전염에 관한 연구는 변화하는 사회 규범에 기반한 법 개정 움직임에도 영향을 미친다. 2015년 6월 미국연방대법원이 동성 결혼을 합법화한 후, 페이스북은 프로필 사진에 무지개 필터를 적용하여 이 사실을 축하할 수 있는 옵션을 제공했다.[58] 다음 날 내가 페이스북을 확인했을 때, 뉴스피드에 뜨는 사람의 절반 이상이 이미 무지개 필터를 적용한 상태였다. 무척 놀랍고도 기뻤다. 그러나 페이스북 전체 사용자 중에서 무지개 필터를 적용한 사람은 3퍼센트에 지나지 않았다.[59] 이것이 무엇을 의미하는지 알아보고자 나는 두 해 전에 결혼 평등을 지지하는 의미로 프로필 사진을 빨간색 '등호' 로고로 변경했던 페이스북 사용자에 관한 연구를 검토했다. 당시 사용자들은 친구들 몇 명이 먼저 프로필을 바꿀 때까지 기다린 후에야 자신의 프로필을 바꿨다. 프로필 사진에 등호 로고를 달고 있는 친구의 수도 중요했지만, 타인에게 얼마나 쉽게 영향을 받는 성격인지도 마찬가지로 중요했다.[60]

사용자는 페이스북이 어떤 순서로 사람들을 보여주는지 알 길이 없다. 서로의 관심을 추정한 값에 기반했을 수도 있고, 새로운 기능을 홍보하기 위해서일 수도 있으며, '좋아요'와 댓글을 많이 받는 콘텐츠를 자주 올리는 친구를 잘 보이는 위치에 보여주는 것일 수도 있다. A/B 테스트를 진행하고 있는 것일 수도 있고, 어쩌면 무지개 필터와 같은 정치적 의사 표현에 기반한 것일 수도 있다. 게다가 다른 사람의 타임라인을 방문할 때 우리는 그 사람에게 보이는 친구들의 부분집합과는 다른 부분집합을 본다. 방문자가 더 흥미를 느낄 거라고 페이스북이 판단한 사람들을 보여주는 것인가? 페이스북은 답을 주지 않는다. 우리는 방문자들은 고사하고 우리에게 보이는 친구의 나열 기준도 통제할 수 없다.

만일 페이스북이 한 나라의 정치에 영향력을 행사하기를 원한다면 '선호되는' 의견을 담은 게시물에 우선순위를 부여할 수 있을 것이다. 하버드 로스쿨 교수이자 하버드대학 컴퓨터공학과 교수인 조너선 지트레인에 따르면, 페이스북은 2010년에 이미 '시민 공학civic-engineering' 실험을 통해 미국 유권자들이 의회 선거에 참여하도록 영향력을 행사했다. 투표 연령에 이른 페이스북 사용자 대부분이 투표 참여를 촉구하는 광고에 노출되었다. 한 그룹의 사용자에게는 이미 투표하고 온 친구들의 이름과 프로필 사진이 포함된 '사회적' 투표 독려 메시지를 보여주었다. 그보다 작은 규모의 다른 그룹에는 친구들에 관한 언급은 없고 그저 오늘이 투표일임을 상기시키는 '정보형' 메시지를 보여주었다. 그런 다음 페이스북으로부터 선거와 관련된 어떤 메시지도 받지 않은 제어 그룹과 이 두 '실험' 집단을 비교했다.[61] 두 가지 서로 다른 메시지의 효과는 1) 얼마나 많은 사람이 동네 투표소를 검색하기 위해 광고 속 버튼을 클릭했는지, 2) 얼마나 많은 사람이 친구들에게 투표했음을 알리는 버튼을 클릭했는지, 3) 유권자 명부의 이름, 생년월일, 거주지와 대조하여 얼마나 많은 사람의 투표 여부를 '확인'할 수 있었는지의 세 가지 방법으로 측정되었다. 연구자들은 이날 소셜 메시지로 인해 34만 명이 추가로 투표했다고 발표했다. 여기서 지트레인은 중요하기 그지없는 질문을 던진다. 마크 저커버그가 특정 후보를 밀어주기 위해 자신의, 그리고 페이스북 알고리즘의 영향력을 동원하여 그 후보를 찍을 확률이 높은 사용자들에게 가장 효과적인 투표 독려 메시지를 보여주지 말란 법이 어디 있나?[62]

지트레인은 데이터 정제소의 정치적 영향력을 불법화해야 한다고 말한다. 하지만 효과를 증명하기가 쉽지 않은 데다, 광고

Today is Election Day   What's this? • close

Find your polling place on the U.S.
Politics Page and click the "I Voted"
button to tell your friends you voted.

I Voted

`0 1 1 5 5 3 7 6`
People on Facebook Voted

Today is Election Day   What's this? • close

Find your polling place on the U.S.
Politics Page and click the "I Voted"
button to tell your friends you voted.

I Voted

`0 1 1 5 5 3 7 6`
People on Facebook Voted

 Jaime Settle, Jason Jones, and 18 other
friends have voted.

└ 2010년 선거일 페이스북 사용자들에게 노출된 '사회적' 투표 독려 메시지(위)와 '정보형' 투표
독려 메시지(아래)의 재구성(Robert M. Bond, Christopher J. Fariss, Jason J. Jones, Adam
D. I. Kramer, Cameron Marlow, Jaime E. Settle, James H. Fowler, 'A 61-Million-Person
Experiment in Social Influence and Political Mobilization', *Nature*, vol. 489, 2012년 9월 13일).

우편물이나 로보콜(녹음된 메시지를 재생하는 자동 발신 전화 - 옮긴
이), 타깃 TV 광고도 불법이 아니다. 법원은 이런 활동을 불법화하
는 것이 표현의 자유를 침해한다고 판결했으며, 나도 거기에 동의
한다. 커뮤니케이션을 억제하거나 검열을 수용하는 것은 해결책
이 아니다. 그보다는 데이터 정제소가 어떤 식으로 사용자들의 상
호 작용 데이터를 가공하여 정보와 추천 순위를 결정하는지를 알
수 있는 도구를 제공하라고 요구해야 한다.

ㄴ. 신뢰의 가치

> 돈을 너무 믿지는trust 마세요. 하지만 돈을 관리할 때는 신탁trust을 이
> 용하세요.[63] (여성의 재산이 결혼 후 남편 소유가 되었던 19세기 미혼 여성
> 들에게 한 조언 – 옮긴이) −올리버 웬델 홈즈

당신은 낯선 사람이 모는 차에 기꺼이 타겠는가? 낯선 사람의 집에 머물겠는가? 본 적도 없는 사람에게 100만 원을 빌려주겠는가? 모르는 사람이 정비소에서 당신의 차를 픽업하거나 유치원에서 아이를 데려오게 하겠는가? 어떤 대답을 하느냐는 신뢰의 개념에 달렸다. 신뢰는 고도로 복잡하여 정의하거나 측정하기 어려우며, 소셜 그래프가 유용하게 사용될 수 있는 영역이다.

누군가를 신뢰할 때는 과거의 경험을 바탕으로 그 사람이 예측 가능한 방식으로 행동할 것이라 기대한다. 그중에서도 **긍정적인 방식**으로, 우리의 입장을 생각해서 행동할 것이라 기대할 때에만 신뢰한다고 말하는 것이 보통이다. 때로 신뢰는 한 사람이 과거에 어떤 행동을 했고 어떤 분야에 전문 지식을 가졌는지가 응축되어 있는 평판에 의해 형성되기도 한다. 평판이 사람 또는 (그래프 이론에서 말하는) 노드가 가진 속성이라면, 신뢰는 사람 사이의 관계 또는 노드를 연결하는 에지가 가진 속성이다.

신뢰가 반드시 양자 간에 대칭을 이루지는 않는다. 당신이 무한히 신뢰하는 사람이 당신을 전혀 신뢰하지 않을 수도 있다. 개인 간의 신뢰에 관한 정보는 디지털 흔적에서도 드러난다. 의사소통 패턴이나 이메일, 채팅 내용을 분석해보면 누가 누구를 어떤 이유로 신뢰하는지 파악할 수 있다. 또한 신뢰는 소셜 그래프를 통해 전파된다. 다른 사람들의 의견에 반하여 오직 자신의 경험만

으로 어떤 이를 신뢰하는 일은 드물다. 만일 내가 신뢰하는 엘런이 마크가 믿을 만한 사람이라고 말하면, 나는 마크가 신뢰를 깨뜨리는 행동을 하기 전까지는 그를 신뢰할 것이다. 만일 내가 마크를 더 이상 믿지 못하게 되면 엘런에 대한 신뢰에도 금이 갈 것이다. 적어도 엘런의 사람 보는 안목을 덜 신뢰하게 될 것이고, 다른 영역에서도 그의 말을 덜 믿게 될 것이다. 그리고 마크가 믿을 만한 인물이라고 '보장'하는 사람이 많을수록, 직접 경험해보지 않고도 그를 신뢰할 가능성이 크다.

알고리즘은 투명성을 창출하고 신원과 평판을 확인, 수립할 새로운 방법을 제공하여 신뢰의 고리를 증폭시키고 강화할 수 있다.[64] 이베이, 타오바오, 에어비앤비, 우버와 같은 전자 상거래 플랫폼의 사용자들은 대개 서로를 알지 못하며, 상대방의 평판을 물어볼 공통의 친구를 갖고 있지 않다. 데이터 정제소는 보유한 데이터를 최대한 활용하거나 사용자로부터 최대한 많은 데이터를 확보하여 사용자 간의 신뢰를 구축해야 한다. 특정 플랫폼을 정기적으로 사용하는 판매자, 호스트, 드라이버는 풍부한 데이터 흔적을 남기지 않을 도리가 없으나, 거래의 반대편에 위치하는 구매자, 게스트, 승객은 서비스를 단 한 번만 사용할 수도 있다(또는 한 번만 사용하고 아이디를 바꿔서 가입할 수도 있다). 신뢰의 생태계를 구축하기 위해, 예를 들어 에어비앤비는 사용자 검색, 평점, 리뷰, 상호 작용 내역, 기타 피드백과 외부 데이터에 이르기까지 다양한 데이터 원천을 활용하여 신원을 확인하고 사용자가 믿을 만한 사람인지 판단한다.[65]

진정한 투명성을 구현하기 위해서는 리뷰 작성자와 리뷰 대상이 어떻게 연결되어 있는지에 관한 정보, 예를 들면 사용자별 전체 리뷰와 코멘트 목록 등을 사용자에게 알려줘야 한다. 이러한 세부 정보는 특정 리뷰의 적절성을 판단하는 데 유용하다. 예를 들어, 지역 정보 리뷰 사이트인 옐프 사용자는 리뷰 작성자가 자주 가는 지역을 볼 수 있다. 지리 분포 정보는 리뷰 작성자가 자기 동네에 있는 매장을 리뷰했는지, 아니면 멀리 떨어져 있는 (어쩌면 실제로 가보지 않은 곳을 포함한) 매장을 리뷰했는지 알려준다. 옐프는 앱을 통해 수집된 위치 정보를 비롯한 여러 정보를 취합하여 리뷰어의 '신뢰도'를 계산하고, 이를 바탕으로 리뷰가 노출될 위치를 결정한다.[66]

하지만 옐프는 리뷰의 신뢰성을 가늠할 충분한 투명성을 제공하고 있지 않다.[67] 레스토랑이 옐프의 예약 시스템인 시트미를 사용해 예약을 받을 경우, 옐프는 사용자가 실제로 레스토랑을 방문한 후에 리뷰했는지 확인할 수 있다. 그러므로 아마존의 '검증된 구매' 인증 마크와 같은 '검증된 방문자' 마크 제도를 충분히 도입할 수 있다. 돈을 받고 옐프에 가짜로 별 4개, 5개짜리 리뷰를 올려주는 소위 '평판 관리' 회사가 존재한다는 것은 잘 알려진 사실이다. 여기에는 그럴 만한 이유가 있다. 하버드 경영대학원 조교수 마이클 루카는 옐프의 리뷰에서 별이 하나 늘어날 때마다 매출이 5~9퍼센트 증가한다는 사실을 밝혀냈다.[68]

소셜 커머스 사이트 그루폰과 옐프를 합친 서비스의 중국 버전인 메이투안-디엔핑은 월 2억 명이 넘는 사용자를 자랑하며, 고객 피드백을 가늠하기 위해 다양한 데이터를 분석한다.[69] 사용된 쿠폰은 리뷰어가 실제로 매장을 방문하여 서비스나 제품을 구매했는지를 알 수 있는 단서다. 그러나 중국 인터넷 업계의 대표 기업인 알리바바와 텐센트를 투자사로 둔 메이투안-디엔핑은 이보다 훨씬 더 많은 것을 할 수 있다.[70] 알리페이 앱을 통해 수집되는 알리바바 거래 내역은 중국에서 문제가 되고 있는 판매자 신용도를 가늠할 척도를 제공한다. 텐센트는 은행 계좌 및 신용카드를 위챗 계정에 연결하여 앱으로 간편하게 구매할 수 있게 해주기 때문에 사용자의 메시지 패턴에 더해 거래 내역까지 보유하고 있다. 따라서 메이투안-디엔핑은 거래 내역 데이터를 활용하여 리뷰 순위를 매기고 사기꾼을 걸러낼 수 있다. 그러나 메이투안도 디엔핑도 지금까지 리뷰 노출 여부나 노출 순서에 영향을 미치는 데이터가 무엇인지 공개한 바가 없다. 옐프나 메이투안-디엔핑 같은 기업은 리뷰어와 리뷰의 신뢰도 순위를 공개하여 서비스를 향상시키고 사용자의 구매 결정을 도와줄 수 있다. 데이터 정제소는 신뢰를 '검색 가능한' 정보로 만드는 도구를 제공할 수 있다.

첫 번째 단계로, 데이터 정제소는 개인화 설정을 끄고 켤 수 있는 간단한 스위치를 제공해야 한다. 페이스북은 뉴스피드의 게시물을 정렬하는 (숨어 있어 찾기 어려운) 스위치를 제공한다. '최신 글'을 선택하면 게시물이 연대순으로 정렬되고, '인기 소식'을 선택하면 알고리즘이 마술을 부린다. 이런 기능은 좀 더 찾기 쉬운 곳에 배치할 필요가 있으며, 추가적으로 다른 정렬 방식도 제공해야 한다. 순위 알고리즘의 자세한 작동 원리는 대부분의 사용자가 이해하기 어려운 영역이겠으나, 이런저런 세팅을 시험해보고 특정 상황에서 선호하는 세팅을 찾아내는 일은 누구나 충분히 할 수 있다. 알고리즘이 내가 쓸 만한 결과를 내놓는지 아닌지를 판단할 수 있는 것은 결국 나뿐이다. 다음의 예를 고려해보자. 샌프란시스코의 한 레스토랑을 언급한 친구의 예전 게시물을 찾고 있다고 하자. 다음 두 친구 중에서 누구의 게시물이 먼저 나오는 옵션을 선택하겠는가? 미식가로 인정받아 최근 방문한 맛집 이야기를 올릴 때마다 엄청난 수의 '좋아요'를 받는 친구? 삶은 땅콩 한 봉지에 열변을 토하는 스포츠광이자 유머 감각이 뛰어나 마찬가지로 많은 수의 '좋아요'를 받는 친구? 최신성과 관련성에는 한계가 있다.

온라인 쇼핑몰은 고객이 때로는 가격 순으로, 때로는 평점 순으로 제품을 정렬해서 보고 싶어 한다는 것을 이해한다. 여행 사이트는 검색 결과를 운임, 비행시간, 출발 및 도착 시간, 환승 횟수, 특정 항공사별로 정렬해서 볼 수 있게 해준다. 애덤 골드스타인과 레딧의 스티브 허프먼이 공동 창립한 여행 진문 사이드 힙멍크는 가격, 환승 횟수, 비행시간에 각각 가중치를 부여하고 각 요소를 조합하여 항공편을 정렬하는 '애거니agony' 옵션을 만들었다(이후 구글 플라이트도 유사한 접근 방식을 채택했다). 의사결정 과정에서 필연적으로 직면하는 타협의 문제를 해결해주는 알고리즘은 훌륭하다. 하지만 사용자가 각 조건에 직접 가중치를 부여할 수 있게 해주는 것은 더욱 훌륭하다. 비즈니스 트래블 매니지먼트 기업 칼슨 와곤릿 트래블은 1500만 건의 거래 내역 분석과 7000건의 설문 조사를 바탕으로 근무 시간 손실부터 수면 시간 손실에 이르기까지 여행 스트레스가 초래하는 비용을 수치화한다.[71] 이를테면 고객은 아침 일찍 출발하는 저가 항공기를 타기 위해 새벽에 일어나는 수고를 돈으로 환산한 가치를 알 수 있다. 더 많은 데이터 정제소가 이런 수준의 고객 주체성을 제공하고 있지 않다는 사실이 놀라울 뿐이다. 사용자는 조건별 가중치를 변경해보면서 구매욕을 불러일으키는 조합을 찾아 자신의 선호도를 파악하게 되니 좋고, 데이터 정제소는 추천 기능을 향상시킬 수 있는 개인적인 데이터와 일반적인 데이터를 모두 얻을 수 있으니 서로 윈윈이다. 사용자가 직접 정렬하고 가중치를 부여할 수 있는 옵션의 범주는 더욱 확대되어야 하며, 이는 단지 전자 상거래 분야에 국한되지 않는다. 소셜 네트워크 플랫폼도 같은 기능을 제공해야 한다.

다른 한편으로 사용자가 더 많은 정렬 옵션을 이용할 수 있게 되면서 우리 삶의 패턴이 소셜 네트워크상의 다른 사람들에게 드러날 가능성이 커진다. 페이스북의 검색 질의가 충분히 구체적이라면 그에 대한 답으로 단 한 사람, 즉 당신만이 나올 것이다. 당신이 친구들의 '커피숍' 관련 게시물마다 열광적으로 '좋아요'를 눌렀다는 사실을 암스테르담에서 가볼 만한 곳을 검색하던 삼촌이 발견하게 되기를 원하는가(암스테르담의 'coffeeshop'은 마리화나를 파는 가게다 – 옮긴이)?

사람들이 어떤 기관이나 단체와 관계를 맺기 전에, 혹은 관계를 맺어가는 동안에 개인의 신뢰도를 평가하기 위해 소셜 그래프 데이터를 활용하는 일이 갈수록 늘어날 것이다. 몇 년 전, 미국 시장 점유율 10퍼센트의 보험 회사 올스테이트는 과거에 허위로 보험을 타낸 적이 있는 사람을 친구로 둔 사람이 보험 사기를 칠 가능성이 더 높을 것이라는 가설을 세웠다. 비슷한 가치 판단을 하는, 이 경우에는 허위로 보험을 타낼 확률이 높은 사람들끼리 친구가 될 가능성이 크다는 동종 선호 원리를 적용한 것이다. 올스테이트는 매년 수백만 건의 배상 청구를 접수하기 때문에 모든 클레임을 면밀하게 검토할 여력이 없다. 과거에는 보험을 청구한 사람이 보험 사기의 확률이 높은 지역에 사는지와 같은 대략적인 기준에 의존했다. 만일 올스테이트가 고객의 소셜 그래프 데이터에 접근할 수 있다면 진위를 심층 조사해야 할 클레임을 선별할 때 유용할 것이다.

손해보험은 주로 '오프라인' 비즈니스이기에 올스테이트는 기존의 정보에 온라인 데이터 원천을 추가해야 했다. 올스테이트는 엄청난 양의 이메일 주소와 소셜 네트워크(대부분 페이스북) 데이터를 보유한 데이터 브로커 업체 랩리프에 이 작업을 맡겼다. 랩리프가 보유한 페이스북 데이터(친구 목록 등)는 대체로 사용자의 허락을 받아 페이스북 계정에 접근하는(하지만 전혀 예상치 못한 목적으로 개인정보를 사용할 수 있는) 앱들로부터 사들인 것이다. 먼저 랩리프는 데이터 마이닝을 통해 동일인에게 속한 온라인 계정들을 파악한 다음, 주로 페이스북 데이터에 기반하여 인맥 네트워크를 분석했다. 이를 바탕으로 올스테이트 가입자 중에 친구가 올스테이트 고객인 사람을 선별했다. 올스테이트는 고객의 인적 네트워크를 바탕으로 보험 청구서를 얼마나 면밀하게 심사할지 결정했다. 2010년 랩리프가 다양한 소스에서 취합한 개인정보를 부주의하게 몇몇 고객사와 공유했다는 사실이 『월스트리트 저널』에 보도되자, 페이스북은 랩리프가 정보를 긁어가는 것을 금지했다.[72]

물론 페이스북도 회원들의 소셜 그래프 데이터로 수익을 창출할 방법을 모색한다. 2010년에 페이스북은 소셜 그래프 데이터를 바탕으로 다른 사용자들에 관한 콘텐츠를 필터링하는 방법을 고안한 소셜 네트워크 서비스 프렌즈터의 특허를 손에 넣었다.[73] 그러나 2015년에 페이스북이 특허 연장 신청을 냈을 때, 헤드라인을 장식한 특허는 죄다 돈에 관한 내용이었다. 특허 해당 문건에 따르면,

> 개인이 대출을 신청하면 대출 기관은 소셜 네트워크상에서 신청자와 연결된 회원들의 신용 등급을 조사한다. 이들의 평균 신용 등급이 최저 하한선을 넘으면 대출 기관은 대출 신청 검토 과정을 진행한다. 그렇지 않으면 대출 신청은 기각된다.[74]

만일 실제로 아는 사람 중에서 페이스북 친구를 맺은 사람이 한때 같은 회사에서 일했던 사람, 가끔 동네에서 같이 농구했던 사람, 혹은 어머니를 통해 아는 사촌의 팔촌뿐이라면 신용 등급이 낮은 사람이 친구 목록에 들어 있다는 이유로 나까지 위험 고객으로 간주되는 것이 합당할까? 만약 개인의 평판을 소셜 네트워크상에서 연결된 사람들의 평판과 명시적으로 '결합'할 수 있다면 더 흥미로울 것이다. 기본 개념은 이렇다. 나는 노벨 경제학상을 비롯하여 여러 가지 대단한 성취를 이룬 친구 대니얼 카너먼을 신뢰하므로 내 평판의 50퍼센트가 그와 연결되기를 바란다. 나는 그에게 '평판 결합 신뢰 계수reputation-coupling trust coefficient' 0.5를 할당한다. 대니얼의 평판이 1만큼 올라가면 나는 0.5만큼의 평판 상승효과를 얻는다. 반대로 대니얼의 평판이 어떤 이유로 1만큼 떨어지면 내 평판도 0.5만큼 떨어진다. 신뢰 계수를 사용하면 그저 어떤

사람이 내 친구인지 아닌지로 나누는 통상적인 2진법 구분 대신, 정체성의 한 측면, 즉 친구, 멘토, 영감을 준 사람, 그리고 그들이 미친 영향을 훨씬 세부적으로 관리할 수 있게 된다.

신뢰 계수가 다른 사람들에게 공개된다면 나의 선택이 나에 관해 무엇을 말해주는지 고려하지 않을 수 없다. 나는 내 평판을 모두 대니얼과 같은 '우량주'와 연결할 수도 있다. 하지만 그가 이미 확고부동하게 높은 명성을 가진 인물임을 감안하면 앞으로 평판이 크게 높아질 가능성은 별로 없고, 따라서 내 평판이 올라가는 데 크게 기여하지 않을 것이다. 만일 목표가 평판을 향상시키는 것이라면 '떠오르는 스타'를 선택하는 편이 낫다.[75]

창립자가 'P2P peer-to-peer 보험'이라고 부르는 보험 서비스를 판매하는 독일 벤처기업 프렌드슈어런스는 평판 결합 메커니즘을 이용해 비즈니스 모델을 구축했다.[76] 프렌드슈어런스 플랜에 가입하려면, 보험사에 보험금을 청구할 때 두 사람(이상)이 일정한 금액(이를테면 30유로)을 지불하기로 동의해야 한다. 보통 보험료가 낮은 상품에 요구되는 더 높은 본인 부담금을 친구들의 지급금으로 충당하기 때문에 고객은 보험 적용 범위를 동일하게 유지하면서 보험료를 더 적게 낸다. 보험을 청구하면 친구가 돈을 내야 하므로 보험 청구 건수가 줄어드는 효과도 있다. 친구들이 (이를테면 자신의 부주의함을) 알게 되기를 원치 않아서일 수도 있고, 친구들이 비용을 떠안기를 원치 않아서일 수도 있다. 멀리 떨어진 기업 본사를 상대로라면 몰라도 친구들을 '상대로' 보험 사기를 칠 확률은 그리 높지 않다. 본인 부담금 이상의 금액이 나와서 보험사가 돈을 지급해야 할 때 고객의 친구들이 보험 청구가 진짜임을 지갑으로 보증한다. 프렌드슈어런스는 고객 신용 리스크 평가 작업의 일부를 고객의 친구들에게 떠넘긴 셈이다. 3개월에 한 번씩 스마트폰을 잃어버리는 사촌 더그를 누가 이런 보험 플랜에 가입하자고 초대하겠는가?

평판 결합 신뢰 계수를 도입하기 위한 설계 변화는 소셜 네트워크에 상당한 영향을 미칠 것이다. 신뢰의 양은 고정적인가, 탄력적인가? 현실 세계에서는 어떤 사람에 대한 신뢰가 손상되거나 무너질 수는 있어도 친구들에게 할당된 어떤 고정된 양의 신뢰가 존재하지는 않는다. 동생에 대한 신뢰가 높아졌다고 해서 다른 사람을 덜 신뢰해야 하는 것은 아니다. 그리고 사람들을 더 신뢰하게 되었다고 해서 신뢰의 가치가 줄어드는 것도 아니다. 신뢰는 많이 찍어내면 가치가 떨어지는 화폐와는 다르다. 평판 결합 신뢰 계수 시스템을 도입한 데이터 정제소는 마치 데이팅 사이트가 하루에 메시지를 하나만 보낼 수 있도록 제한하듯이 인위적으로 신뢰의 양을 제한하는 정책을 채택할 수 있다. 마찬가지로 링크드인도 인맥의 스킬을 보증하는 대신 '신뢰 점수'를 인맥 전반에 걸쳐 공개적으로 나눠주는 제도를 운영할 수도 있을 것이다. 평판 결합 신뢰 계수 시스템은 사용자와 데이터 정제소의 이해관계를 일치시키는 데 기여할 것으로 기대된다. 사용자가 신뢰 점수를 할당하고 편집할 수 있게 된다면, 시간이 지나면서 사람들의 행동과 평판이 변함에 따라 신뢰 점수가 어떻게 바뀌는지 데이터가 쌓일 것이다. 이와 같은 정보는 언제 누구에게 조언을 구할지 결정할 때 유용한 형태로 가공될 수 있다.

데이터 정제소가 사람들 사이에 신뢰가 어떻게 분포해 있고,

시간이 지남에 따라 그 정도가 어떻게 변화하는지 공개했다고 하자. 이때 신뢰 점수를 이 사람에게 줬다, 저 사람에게 줬다 하면서 자신에게 유리한 쪽으로 자주 바꾸는 사람이 있다면 누구나 그 사실을 알게 될 것이다. 이런 행동을 못마땅하게 보는 사람들은 그에게 줬던 신뢰를 거두기로 할지도 모른다. 누구로부터 신뢰 점수를 얻었는지가 공개되면 당신이 소셜 네트워크상의 어떤 관계의 사람에게서 신뢰를 얻고 있는지 다른 사람들이 보고 판단할 수 있다. 평판을 결합하고 싶은 사람에게 '신뢰 요청'을 보내고, 수락할 경우 두 사람의 평판이 연결되는 것에 찬성하는 의미가 된다면 이것도 차이를 가져올 것이다. 신뢰 점수 시장이 주식 시장처럼 운영되어야 할까? 마이크로소프트의 주식을 산다는 것은 기본적으로 당신의 부가 마이크로소프트의 미래와 연결되기를 원한다고 선언하는 것과 같다. 마이크로소프트는 딩신이 주식을 매입할 수 있는지 없는지에 전혀 발언권이 없다.

신뢰 계수는 의사결정을 도와줄 유용한 데이터뿐만 아니라 온라인 사회 규범을 규정할 데이터를 제공한다. 만일 평판을 결합하고 싶을 정도로 어떤 사람을 신뢰하고 있다면 자연히 그의 행동을 눈여겨보게 될 것이다.

∟ **맥락의 확장**

우리는 친구와 가족으로부터 조언을 얻는다. 주변 사람들이 무엇을 적절하게 혹은 부적절하게 여기는지 신경 쓴다. 소셜 데이터가 넘쳐나는 새로운 세상에서 우리가 맺는 관계, 즉 내가 누구와 어떻게 상호 작용하는지는 시시콜콜 관찰된다. 소셜 그래프 데이터를 이용하여 더 나은 결정을 내릴 수 있게 될까? 그저 마케팅 캠페인의 응답률을 높이는 것이 목표일 수는 없다.

소셜 그래프 데이터를 전문으로 하는 페이스북과 링크드인을 비롯한 데이터 정제소들은 대체로 어떻게 데이터를 수집하는지 공개적으로 밝힌다. 그들은 타인과의 상호 작용과 개인의 이력을 터놓고 공유하도록 장려하는 플랫폼을 제공한다. 그러나 여기에도 나름의 한계가 있다. 삶의 모든 순간을 페이스북에 공유할 수는 없다. 이것이 바로 페이스북이 소셜 그래프 모델을 향상시키기 위한 방법을 끊임없이 모색하는 이유다. 페이스북은 사용자들이 다른 사이트에서 본 내용에 '좋아요'를 누르고 이를 페이스북에서 공유하는 도구에 내장된 쿠키를 통해 사용자들의 인터넷 이용 내역을 추적한다.[77]

페이스북은 컴퓨터나 모바일 기기를 단 한 번이라도 공유한 사람들을 연결한다.[78] 바이오캐치가 키 누름과 마우스 움직임 패턴에 기반한 '사용 지문'을 통해 사용자를 인증하는 것처럼, 페이스북은 사용자의 기기 '지문'을 생성한다. 페이스북의 기기 지문은 운영 체제의 언어 설정, 설치된 앱 목록, 연락처 목록(사용자가 페이스북에 접근 권한을 부여한 경우) 등 다양한 정보원에 기반한다. 페이스북이 기기 지문을 이용하는 이유는 개인정보 도용을 근절하기 위해서다.

물론 기기 지문은 2명의 사용자가 (어쩌면 같은 집에 살고 있기 때문에) 적어도 한 번 이상 같은 기기에서 로그인했을 때 페이스북이 이를 알아챌 수 있게 해주는 역할도 한다. 구매 결정의 다수가 가구 단위로 이루어지므로 이런 데이터는 소셜 그래프 지도를 향상시키고 광고 캠페인을 고안하는 용도로 사용될 수 있다. 그러나 사용자가 공공연하게 공유하기로 선택하지 않은 소셜 그래프까지 페이스북이 감지할 때 사용자는 과연 얼마나 혜택을 받는가?

데이터 정제소는 사용자들이 기여한 데이터가 결과적으로 그들에게 어떤 혜택을 가져올지를 알려주면서 투명성과 주체성을 구현하고자 노력해야 한다. 내가 신뢰 계수를 제안하는 이유도 여기에 있다. 신뢰 계수는 서로에 대한 신뢰를 명시화하여 본인의 평판을 향상시킬 수 있도록 설계되었다. 어떤 사람은 신뢰 싱크trust sinks이고 어떤 사람은 신뢰 소스trust sources이다. 양쪽 다 사회가 기능하기 위해 필수적인 요소다. 이와 같은 새로운 시도는 데이터 생성자에게 보상을 제공하는 것 이상의 기능을 한다. 데이터를 의사결정의 강력한 도구로 바꾸어 우리의 행동에 영향을, 희망하건대 긍정적인 영향을 미칠 수 있다.

의사결정은 항상 맥락 안에서 이루어진다. 사회적 환경뿐만 아니라 물리적 환경도 결정에 영향을 미친다. 어디에서 왔고 어디에 있는지가 어디로 가고 싶은지를 결정한다. 시간, 날씨, 피로도나 행복도 등 수많은 요인이 결정에 영향을 준다. 또한 사람은 관찰되고 있을 때 다르게 행동하고 다른 결정을 내린다. 관찰이 기록으로 남을 때 맥락은 극적으로 변한다.

지구상에 존재하는 센서의 수가 폭발적으로 증가하면서 데이터 정제소는 우리를 가장 적절한 방향으로 안내할 수 있는 위치에 있다. 적어도 우리는 그렇게 되기를 희망해볼 수 있다. 다음 장에서는 센서와 데이터 정제소의 역할을 살펴본다.

4장 맥락과 조건

사회의 '센서화' 이해하기

모든 것이 기록되는 세상에 산다는 것은 무엇을 의미하는가?

빛이 있는 곳이면 어디서든 사진을 찍을 수 있다.[1] - 앨프리드 스티글리츠

햇빛이 길 건너편 베이지색으로 도배된 땅딸막한 사각형 건물에 반사되어 눈이 부시다. 경찰청사를 배경으로 카메라 앞에 선 경찰이 눈을 가늘게 뜨고 렌즈를 마주 보다가 어깨를 으쓱하고 고개를 가로젓는다.

남자 목소리: 이봐요, 나는 공공장소에서 사진을 찍고 있어요. 그것만 아시면 되지, 내가 뭘 하든 상관할 바가 아니지 않습니까?
경찰 1: 지금 우리가 상관할 바가 아니라고 했습니까?
남자 목소리: 그렇죠, 저를 잡아넣으실 거 아니면. 이만 좋은 하루 되십쇼.

그 말에 또 다른 경찰이 수첩을 꺼내 들었고, 남자는 구류될 것이라는 말을 듣는다. 경찰들은 그의 몸을 더듬어 무기를 소지하

고 있는지 확인한다. 몸수색이 끝나고 남자는 경고를 받는다.

경찰 2: 잘 들어요. 그냥 조용히 협조해요. 이름을 말하라고요. 그래야 우리를 죽이려고 여기 나와 있는 사람이 아니라는 걸 확인하죠.

남자 목소리: 경찰 사진을 찍는 게 불법인가요? 불법이에요?

경찰이 카메라를 바라보는 동안 긴 정적이 이어진다. 그의 눈은 미러 선글라스로 가려져 정확히 어디를 쳐다보고 있는지 알 수 없다. 그는 입술을 꽉 다물고 이를 악문다. 눈썹 사이의 고랑이 깊어진다. 마침내 그가 대답한다.

"아니요."[2]

그날 녹화된 두 번째 비디오에서도 눈부시게 빛나고 있는 태양이 이번에는 경찰 순찰차 후드에 반사되고 있다. 신호등이 녹색으로 바뀌기를 참을성 있게 기다리던 경찰이 지금 막 길 건너 주차장에서 빠져나오는 자동차로 다가가는 모습을 블랙박스가 기록한다. 익숙한 목소리의 이 경찰은 무전기로 자신의 위치를 보고한 다음 운전자에게 창문을 내리라고 지시한다. 경찰은 운전자에게 번호판이 일부 가려져 있어서 단속에 걸렸다고 통보한다.[3]

운전자는 재빨리 자신이 상업용 차량 면허도 보유하고 있으며 현재 정지 상태라는 사실을 경찰에게 알린다. 면허증 번호를 무전기로 불러줬을 때 이 사실이 혼란을 일으킬 수도 있음을 알기 때문이다.[4] 아니나 다를까, 무선 통제실은 운전자의 면허가 유효하지 않다고 응답했고, 경찰은 단지 정지된 면허로 운전했을 뿐만 아니라 **알면서** 그렇게 했다는 이유로 그를 체포한다. 일이 제프 그레이의 예상 밖으로 흘러가고 있었다.

그레이는 공공장소에서 공권력을 가진 집단을 촬영하여 '사진은 범죄가 아니다Photography Is Not a Crime' 웹사이트에 게시하는 시민단체의 일원이다. 그는 이날 경찰이 시민의 권리에 도전하는지 살펴보기 위해 올랜도 경찰서를 드나드는 경찰을 촬영하는 '수정헌법 제1조 감사First Amendment audit' 활동을 수행했다.[5] 하지만 경찰관 중 하나가 자신을 미행하여 경미한 교통법규 위반으로 체포할 줄은 미처 몰랐다.

경찰이 그레이의 차를 세우고 그를 체포하는 과정은 그의 카메라에 잡히지 않았다. 하지만 경찰차의 블랙박스가 작동 중이었다. 블랙박스는 이 경찰관이 아까 올랜도 경찰청사 건너편에서 그레이에게 경고를 했던 경찰과 의논하기 위해 무전기 주파수를 일반 중계에서 일대일 통신으로 변경하는 순간을 녹음했다.

경찰 2: 이봐, BRC(입건&방면 센터booking and release center)로 곧장 갈까, 아니면 '특별대우'를 해줄까?

경찰 1: (알아들을 수 없음)

경찰 2: 뭐라고?

경찰 1: 프랭키가 지금 그쪽으로 가고 있어. 좀 있다가 경위님이랑 다른 조처를 취할 게 있는지 의논해볼 거야. 지금 이거 녹음하고 있는 거 아니지?

경찰 2: 뭐라고?

경찰 1: 계속 녹음 중인 상태냐고?

경찰 2: 음······. 블랙박스 마이크는 작동 중이야.

마침내 법정에서 시비를 가리게 되었을 때 그레이는 운이 좋았다. '선샤인 스테이트' 플로리다주는 미국에서 가장 강력한 공공기록법을 보유하고 있다.[6] 그레이는 번호판 식별이 불가능할 경우에만 번호판 가림 금지 규정 위반으로 운전자를 세우라고 경찰들에게 촉구하는 내용을 담은 주 검찰청 회보를 인용했다. 그리고 상업용 면허가 정지되었다고 해서 비상업용 차량의 운전자가 체포되어서는 안 되는 이유를 설명하는 자동차국의 기록도 언급했다.[7] 그는 차 번호판이 충분히 식별 가능한 상태였음이 명백하게 드러나는 블랙박스 영상을 법정에서 재생할 기회를 얻었다. 동영상 속 경찰들이 그를 곧장 입건 처리할지 아니면 '특별대우'로 따끔한 맛을 보여줄지 의논하는 내용은 덤이었다.

올랜도 경찰관들이 절실히 깨닫게 되었듯이 센서의 크기가 작아지고 저장 장치가 저렴해진 오늘날에는 말하고 행하는 모든 것이 기록될 수 있다. 부호는 반전되었다. '오프 더 레코드'가 아니라 '온 더 레코드'가 기본 설정인 세상이 되었다.

일상생활에서 데이터를 수집하는 네트워크 카메라가 얼마나 많은지 생각해보라. 사무실, 상점, 대중교통에 감시 카메라가 설치되어 있다. 길거리, 현금 인출기, 자동차 대시보드에도 설치되어 있다. 당신이나 이웃 사람이 집 현관에 카메라를 달았을 수도 있다. 귀중품이나 아이들을 지키기 위해 웹캠을 설치했을 수도 있다. 범죄가 발생했을 때는 증거로 사용하고, 범죄가 발생하는 것을 미연에 방지하기 위한 보안 카메라는 설치되지 않은 곳이 거의 없을 정도다.[8] 2011년 잉글랜드의 한 카운티에서 CCTV 카메라의 수를 조사한 결과를 바탕으로 추산할 때, 영국에 존재하는 감시 카메라는 200만 대에 달한다. 인구 30명당 카메라 한 대인 셈이다.[9] 전 세계적으로는 1억 대의 카메라가 매일 밤낮으로 공공장소를 감시하고 있다. 하지만 이런 엄청난 숫자도 10억 대의 스마트폰 카메라에 비하면 무색해진다.[10] 몇 년 내로 네트워크 카메라의 수는 전 세계 인구수와 맞먹을 것으로 보인다.

다음으로는 스마트폰에 장착된 다른 센서들을 고려해보자. 마이크가 적어도 하나씩은 내장되어 있다. 위성 신호로 사용자의 위치를 감지하는 GPS 수신기도 장착되어 있다. 지구 자기장의 강도와 방향에 따라 동서남북을 잡아주는 나침반 역할을 하는 자력계, 기압과 상대적 표고를 감지하는 기압계, 휴대폰의 회전 속도를 감지하는 자이로스코프와 움직임을 감지하는 가속도계도 포함되어 있다. 온도계, 습도 센서, 조도 센서, 그리고 휴대폰을 얼굴에 댈 때 터치스크린을 비활성화시키는 근접각 센서도 있다. 이처럼 휴대폰마다 10여 개의 네트워크 센서가 들어 있으니, 그것만 고려해도 세상에는 100억 개 이상의 센서가 존재하는 셈이다. 자동차, 시계, 온도 조절 장치, 전기 계량기, 그 밖의 각종 네트워크 장치에 들어가는 센서는 계산에 넣지도 않았다.

같은 가격대의 반도체 집적회로 성능이 18개월마다 2배로 증가한다는 무어의 법칙이 계속 유효하다면 HP, IBM, 보쉬 등이 전망했듯이 2020년경 우리는 아마도 1조 개에 달하는 센서에 둘러싸여 살아가게 될 것이다.[11]

제프 그레이는 올랜도 경찰서를 촬영할 때 수 미터 떨어진 곳에서도 식별 가능한 일반 비디오카메라를 사용했다. 애초에 경찰이 시민의 데이터 수집권에 도전할지 말지를 알아보려는 목적이었기에 카메라를 숨기지 않았다. 이와 대조적으로 그레이의 차를 세운 경찰관들은 순찰차에 마이크 기능이 포함된 블랙박스가 돌아가고 있다는 사실을 익히 알고 있었음에도 그레이에게 이 사실을 알려주지 않았다. 게다가 그레이는 처음부터 인터넷에 공유할 의도로 동영상을 촬영했다. 플로리다주의 '선샤인' 법이 강제하지 않았더라면 경찰 측이 블랙박스 영상을 공유했으리라는 보장은 없다.

모든 정부가 시민들에게 그레이의 법정 공방에 동원된 것과 같은 기록에 접근할 권리를 부여하지는 않는다. 개인정보를 수집하는 대부분의 조직은 수집 대상과 그것을 공유하지 않는다. 기록은 프라이버시에 대한 기대치를 바꿔놓을 것이며, 나아가 인간 상호 작용의 맥락과 조건까지 변화시킬 것이다. 우리는 다음과 같은 중요한 문제를 고려해야 한다. 현재의 법은 왜 공공장소에서 촬영한 사진과 동영상을 공공장소에서 녹음한 소리와 다르게 취급하는가?[12] 어떤 새로운 유형의 센서가 카메라로 취급되고, 어떤 센서는 마이크로 분류될 것인가? 왜 센서의 유형에 따라 개인의 '기록할 권리'가 달라지는가? 센서를 소유한 개인이나 단체만 데이터 접근이 허용되어야 하는가, 아니면 해당 기록물에 관련된 모든 이가 접근할 수 있어야 하는가? 만일 한 사람이 다른 사람과 관련된 사건을 기록했다면, 이 데이터가 어떻게 사용될지 결정할 '권리'를 누가 갖는가? 모든 것이 기록된다는 사실이 우리를 '더 나은' 행동으로 이끌까? 그리고 기록의 **부재**는 어떻게 해석될까?

올랜도 경찰이 연루된 또 다른 사례에서 기록의 일상화가 가져올 수 있는 문제가 드러난다. 취한 상태로 운전한 혐의로 기소된 피고인은 법정에서 경찰 측이 체포 과정을 찍은 블랙박스 영상을 제출할 수 없음을 지적하여 무죄 선고를 받아냈다. 카메라가 고장 났든, 경찰관이 카메라 켜는 것을 잊었든 판사에게 영상을 제출하지 못한 이유는 중요하지 않았다. 경찰관의 체포 보고서를 '입증'할 영상이 부재할 때, 경찰관의 말은 '카더라'에 불과했다.[13]

갈수록 센서화sensorization되는 세상에 사는 우리는 훗날 생각지도 못한 용도로 사용될 수 있는 신체, 감정, 환경 데이터가 수집되고 공유되는 현실에 적응해야 한다. 개인과 사회가 얻는 보상이 위험보다 더 크려면 데이터의 사용 기준이 마련되어야 한다. 오늘 우리가 정한 규칙의 작은 차이는 훗날 엄청난 파급 효과를 가져올 수 있다. 투명성과 주체성의 원칙에 입각하여 센서 데이터의 이용 기준을 세워야 한다.

∟ 개인화된 시점

센서가 초래하는 권력 불균형의 문제는 구글 글라스 익스플로러 버전을 접한 대중의 반응에서 잘 드러난다. 나는 실험 목적으로 1년 가까이 구글 글라스를 항시 착용하고 지냈다.[14] 누구나 내 얼굴 위에 얹힌 구글 글라스를 한눈에 볼 수 있었다.

실험은 멕시코시티 국제공항에서 갑작스럽게 종결되었다. 입국 심사관은 사진 촬영 금지 장소에서 구글 글라스로 사진을 찍었을 수도 있다는 이유로 나를 격리 조치했다. 구글 글라스가 꺼져 있고 그저 안경으로 기능하고 있다는 설명은 씨알도 먹히지 않았다. 대부분의 스마트폰에도 구글 글라스와 동일한 범주의 센서가 장착되어 있다고 항의했지만 헛수고였다(결국 작은 방에서 몇 시간이나 대기해야 했다).

구글 글라스에 대한 입국 심사관의 반응은 이례적이 아니다. 항시 착용하는 카메라가 늘 갖고 다니는 스마트폰보다 더 부정적인 반응을 불러일으키는 이유는 무엇일까? 내가 구글 글라스를 착용한 것을 보고 동요했던 사람 중 상당수는 내가 휴대폰을 들고 있다는 사실에는 전혀 개의치 않을 것이다. 이 둘의 차이점은 구글 글라스가 핸즈프리로 촬영이 쉽고, 촬영하고 있을 때 상대방이 그것을 감지하기가 어렵다는 점이 아닐까 한다. 하지만 관찰력이 좋은 사람이라면 프리즘 디스플레이에 반사된 화면을 눈치 챌 수 있을 것이다. 그가 내 안경spectacles이 아니라 근처의 다른 구경거리 spectacle에 한눈을 팔고 있지 않다면 말이다.

또한 사람들은 내가 대화에 몰입하지 않고 구글 글라스의 디스플레이 내용에 신경 쓰고 있다는 느낌을 받을 때 짜증을 내는 것 같았다. 나는 비공식적인 실험을 해보기로 마음먹고 대화 상대방에 관한 정보를 검색하는 척하거나, (상대의 얼굴을 포함하여) 내 눈앞에 있는 것에 대한 자동 '이미지 검색' 결과를 전송받고 있는 척했다. 상대는 경악했다. 그들은 나와 대화할 때 불리한 입장에 있다고 느꼈다. 그들은 타인이 몇 번의 타이핑으로 온갖 정보를 찾아내는 데 익숙했다. 그러나 구글 글라스는 내가 상대방에게 집중하고 있는지 스크린에 집중하고 있는지 구분할 수 없는 위치에 정보를 보여줬다.

내가 대화 내용을 공개할지도 모르기 때문에 불안해하는 것일 수도 있었다. 대화 내용이 녹화되어 클라우드에 업로드되거나 휴대폰을 통해 중계되어[15] 실시간으로 공개되는 것은 아닐까?[16] 나 모르게 초대된 제삼자가 대화를 엿듣고 있는지 누가 아나? 대화 내용을 저장해 나중에 다른 사람과 공유할지 어떻게 아나?

많은 사람이 미러 선글라스를 쓰고 있는 사람과 이야기하는 것을 불편해한다. 상대방의 눈을 들여다보면서 반응을 읽을 수 없기 때문이다. 구글 글라스는 눈을 가리지는 않을지 몰라도 여전히 대화의 사회적 규범에 도전한다. 사람들이 센서로 뒤덮인 세상을 두려워하는 이유, 센서가 어떤 식으로 사회적 관습에 반하거나 관습의 변화를 강요할지 우려하는 이유는 다음의 세 가지로 정리해볼 수 있다.

첫째는 **정보 불균형의 우려**다. 어느 한쪽만 데이터에 접근할 수 있다면 상호 작용의 결과가 뒤집힐 수도 있다는 걱정이다. 내게 없는 정보를 상대방이 갖고 있을 때 경험하는 힘의 불균형은 때로 불쾌하기 그지없다. 중고차 세일즈맨이 정보를 숨기고 악성 재고를 판매하는 고전적인 예에서 보듯, 비대칭적인 정보 접근은 금전적 손해로 이어질 수 있다. 그뿐만 아니라 대화 상대가 나에게 집중하고 있는지 다른 것에 집중하고 있는지 알 수 없으면 불안감이 고조된다.

둘째는 **정보 전파의 우려**다. 허락 없이 다른 사람이나 회사, 인터넷에 데이터가 공유되지는 않을까 하는 불안이다. 새로운 사람이 대화에 합류하면 기존 멤버들은 그에 대한 반응으로 화제를 전환할 수 있다. 내가 하는 말을 누가 듣는지가 투명하게 드러난다.

카메라는 자동으로 이런 투명성을 제공하지 않기 때문에 카메라를 설치하는 기관에서는 촬영 중이라는 경고문을 붙인다. 자신의 행동이 카메라 소유자나 관계자에 의해 촬영되고 분석될 때를 감안하여 행동할 수 있도록 미리 알려주는 것이다. 구글 글라스는 그 자체로 경고문의 역할을 하지만, 사람들은 늘, 심지어 피드가 켜져 있지 않을 때도 방심할 수 없는 상태가 된다.

세 번째는 데이터 영속성의 우려다. 타인이 기록해서 어딘가에 저장해둔 데이터가 향후 어떻게 분석되고 이용될지 알 수 없다. 기록이 호의적으로 이용되리라는 보장이 없으니 차라리 최악의 상황을 가정하는 것이 나을지도 모른다. 게다가 허락 없이 누가 무엇을 기록할 수 있는지를 규정하는 법은 장소에 따라 다르다. 예를 들어 건물을 소유한 개인이나 조직은 방문자의 움직임을 기록하는 카메라를 설치할 권리가 있지만, 그 공간에 있는 사람들은 같은 권리를 갖지 않는다. 공중에서 남의 대화를 엿들을 수 있는 개인 소유 드론에 대한 규제가 효력을 발휘하기까지는 수년이 걸릴 것이다.

기록 장치를 착용한 경험이 가장 많은 사람은 토론토대학 전기공학 전산과 교수 스티브 만일 것이다. 만은 30년 넘게 다양한 버전의 '디지털 아이 글라스'를 실험했다.[17] 1980년대 MIT 재학 시절 '웨어러블 컴퓨팅 프로젝트Wearable Computing Project'의 창립 멤버로 활동했던 그는 글라스를 벗는 일이 드물었고, 실시간 피드가 몇 개 없던 1990년대 초에 보이는 모든 것을 실시간 웹 피드로 전송하는 등 끊임없이 새로운 활용법을 실험했다.[18] 또한 그는 건물에 감시 카메라를 설치한 기관이나 조직을 영상으로 찍거나 녹음하는 자신의 활동을 표현하기 위해 '수베일런스sousveillance'라는 용어를 고안했다.[19] 서베일런스surveillance(감시, 감독)는 위로부터, 수베일런스는 아래로부터 실시된다.[20]

만은 웨어러블 컴퓨터를 통해 개인의 힘을 확장할 수 있다고 주장한다. 그는 사람들이 '항상 켜져 있는' 컴퓨터를 이용하여 당시에는 몰랐지만 나중에(단 몇 분 후일지라도) 유용하게 활용할 수 있는 데이터를 포착할 수 있다고 여긴다. 이를 증명하기 위해 그는 멀리 떨어진 곳의 물체를 줌인하거나 눈이 실시간으로 처리할 수 없는 정보를 초저속으로 재생하는 등 인간의 감각과 기억을 증강하는 여러 가지 방법을 시도했다.[21] 만에 따르면, 웨어러블 컴퓨터는 보고 싶지 않은 광고를 가리는 등 입력되는 정보를 거르는 데에도 사용될 수 있다.[22]

이런 기능들도 상당히 흥미롭긴 하지만, 나는 센서 데이터가 공유되고 가공될 때 비로소 잠재력을 100퍼센트 끌어낼 수 있다고 생각한다. 구글 글라스 실험을 진행했던 한 해 동안 나는 몇 주 분량의 동영상을 촬영했다. 하지만 그중에 재생해본 것은 몇 분에 지나지 않았고, 촬영한 내용을 실제로 어떤 결정을 내리거나 행동 패턴을 파악하는 데 **사용**하지도 않았다. 동영상을 데이터 가공 서비스에 실시간으로 제공하여 피드백이나 추천을 받는 것은 고사하고, 효율적으로 검색하여 원하는 내용을 찾아낼 수도 없었다. 데이터를 수집할 도구는 있어도 수집한 내용을 분석하여 현재 상황과 관련된 데이터를 선별하고, 나아가 패턴을 인지하거나 예측을 내놓을 도구가 없었기 때문이다.

인공지능 분야의 연구가 진척되고 데이터 정제소가 데이터 분류 과정을 자동화하면 수년 내로 상황이 바뀔 것이다. 기업은 고객이 매장의 어디를 걷고 있는지부터 직원의 집중도에 이르기까지 모든 데이터를 분석할 때 발생하는 효용에 눈뜨고 있으며, 관련 기술은 대부분의 조직이 사용할 수 있는 수준으로 저렴해질 것이다. 인간은 최선의 결정을 내리기 위해 센서 데이터에 기반한 추천에 점점 더 의존하게 될 것이다.

20여 년 전 마이크로소프트 리서치의 에릭 호르비츠와 나사의 매슈 배리는 항공기의 안전 운행을 감독하는 지상관제소처럼 분초를 다투며 막중한 결정을 내려야 하는 상황에 최적화된 정보 디스플레이 방법을 연구했다.[23] 그들은 인지심리학 분야의 대표적인 연구에 기초하여 대부분의 사람이 7개 이상의 정보 '뭉치'를 동시에 다루는 것이 불가능하다는 가정에서 출발했다.[24] 상황이 심각해지고 혼란이 가중되면(비상사태 때 주로 그러하듯이) 이 숫자는 2개로까지 떨어질 수 있다.[25] 우주 왕복선을 모니터링하는 엔지니어들을 위해 개발된 에릭의 초기 모델은 중요한 결정을 내리는 순간에 어떤 정보가 가장 높은 가치를 갖는지 판별하여 그 정보를 엔지니어의 화면에서 가장 눈에 잘 띄도록 배치했다.

센서 데이터의 사회화는 여기서 한 걸음 더 나아가 사람들이 놓치고 지나간 중요한 정보를 알려줄 수 있다. 예를 들어, 대화 내용을 데이터 정제소와 공유하여 분석할 수 있다고 가정해보자. 음성 녹음 앱인 코지는 휴대폰 임시 음성 버퍼의 마지막 15초간을 저장하므로 대화의 가장 흥미로운 부분을 포착하여 기록할 수 있다. 뭔가 흥미로운 내용을 들었을 때 버튼을 누르면 앱이 최근 음성 파일을 포함하여 사용자가 중지 버튼을 누를 때까지 대화 내용을 영구 기록한다. 버튼을 누르지 않으면 음성 버퍼는 이후 다른 내용으로 덮어 씌워진다. 여러 명이 이 앱을 사용하여 대화를 녹음한다면 각자 흥미롭다고 여긴 부분이 어떻게 다른지 비교해볼 수도 있을 것이다. 저장된 대화를 분석하여 시간이 지남에 따라 어느 화자, 단어, 주제가 가장 많은 주의를 끌었는지 분석해볼 수도 있다.

　관심 대상과 관련성은 상황에 따라 달라진다. 1장에서 소개했던 모호한 검색어 '재규어'(고양잇과 동물일 수도, 자동차일 수도, 컴퓨터 운영 체제일 수도 있는)의 사례에서 보았듯이, 알고리즘은 콘텐츠 범주의 다양성에 기초하여 검색 결과에 순위를 매기고 검색한 사람의 의도에 가장 부합하는 정보를 강조한다. 사용자의 맥락을 알면 데이터 정제소가 제공하는 결과물의 관련성이 향상된다. 한 예로, 당신이 동물원 안에서 휴대폰으로 '재규어'를 검색했다고 하자. 휴대폰을 위치 정보에 접근 가능하도록 설정해두었다면, 앱은 당신의 위치 좌표를 지도와 대조하여 고양잇과 동물을 검색 결과 상단에 보여준다. 당신이 동물원 주차장에 서 있다면 앱은 휴대폰 카메라에 접근하여 당신이 동물원을 방문한 후 고양잇과 동물의 삶에 관심을 갖게 된 것이 아니라 당신 앞에 주차된 고급차의 신형 모델에 대해 알고 싶어 하는 것임을 유추할 수 있다.

　하지만 맥락을 고려한 검색어가 모두 정글의 재규어처럼 순수하지는 않다. 누가 야심한 시각에 클럽을 나서면서 '재스민'을 검색했다면, 그가 새벽이 오기 전에 정원을 손보기 위해 꽃을 검색하고 있을 가능성은 희박하다. 어쩌면 그는 집에 가는 길에 있는 24시간 테이크아웃 중국집 주소를 찾고 있는지도 모른다. 아니면, 성인 엔터테인먼트 사이트 '라이브재스민'에서 화상 채팅 상대를 찾고 싶은 유혹에 빠졌을 수도 있다.[26] 그가 지금 도심을 걷고 있는가, 아니면 침실에 있는가? 데이터 정제소는 현재와 최근의 위치 정보를 바탕으로 개인화된 검색 결과를 제공하여 더욱 효율적으로 사용자를 원하는 곳으로 데려다줄 수 있다.

맥락은 장기적으로 더 나은 결정을 내리도록 돕는 역할도 한다. 대니얼 카너먼의 말을 빌리자면, '빠른 사고thinking fast'가 아니라 '느린 사고thinking slow'다. 예를 들어, 최소 1개사 이상의 은행이 과거 거래 내역과 현재 상황을 반영하는 고객서비스의 도입을 고려했다(이 서비스에는 '후회 없음no regrets'이라는 코드명이 붙었다). 라스베이거스의 현금 인출기에서 새벽 4시에 1000달러를 인출하려는 사람이 있다고 하자. 현금 인출기는 즉시 돈을 뱉어내는 대신 다음과 같은 메시지를 띄운다. "정말 이렇게 많은 현금을 인출하기 원하십니까? 고객님과 비슷한 상황에서 '예'를 누르신 고객들은 대체로 후회하셨습니다."

만일 센서가 **당신**의 손 안에 있다면, 데이터 정제소와 맥락을 공유하는 조건을 직접 선택할 수 있을 것이다. 그러나 향후 10년간 우리의 삶을 기록하게 될 수조 개의 센서는 주로 은행, 상점, 고용주, 학교, 정부에 의해 관리될 것이다. 위치 정보뿐만 아니라 훨씬 광범위한 개인정보를 활용하는 것에 대한 관심이 커지고 있다. 이는 우리가 누구와 함께 있었는지, 기분은 어떤지, 어디에 집중하고 있는지(어디에 집중하고 있어야 하는지와 비교하여)를 망라한다. 그렇다면 당신의 '전체' 맥락이 중요한 것은 언제인지를 누가 결정하는가? 이런 근본적인 질문을 던지기 전에, 먼저 당신의 통제권 밖에 존재하는 센서 데이터로부터 어떻게 맥락이 추론되는지 이해할 필요가 있다.

'어디에 있는가'부터 '누구와 함께 있는가'까지

2000년 5월 2일 국제 표준시 새벽 4시, 미국 정부가 국방부의 24개 나브스타Navstar 인공위성 신호에 소음을 추가하는 것을 중단했다. 이제 GPS의 정확도가 몇 미터 수준으로 향상되어 다양한 개인용 내비게이션 서비스가 가능해졌다.[27] 이 정도의 정확도를 가진 GPS 서비스를 민간에 제공하여 발생하는 효용은 엄청났다. 비즈니스 효율에 기여한 바만 따져봐도 2013년 미국 경제에 700억 달러 이상을 더한 것으로 추산된다.[28] GPS가 건강, 안전, 환경 관리를 개선한 공헌은 계산에 넣지도 않은 수치다.

텍사스대학 오스틴 캠퍼스 공학과 교수 토드 험프리스는 민간용 GPS 해상도가 지금보다 훨씬 더 정확해질 수 있음을 입증한 바 있다. 그는 동료들과 함께 삼성의 후원을 받아 일반 휴대폰 GPS 수신기의 정확도를 1센티미터 수준으로 높였다.[29] 험프리스는 10년 이내에 거의 모든 소유물에 소형 위치 추적기를 부착하여 마치 인터넷에서 정보를 찾듯 물건을 찾을 수 있게 될 것이라고 예상한다.[30] 사람의 위치를 찾는 데는 현재의 해상도로도 충분하다.

펜처럼 가볍고 우표만큼 작은 위치 정보 추적기는 공상 과학 소설에나 등장하는 물건이 아니다. 이미 우리 주변에 존재하며, 동전 크기의 배터리 하나로 1년간 작동한다. 추적기가 이렇게 작고 가볍고 에너지 효율이 높은 이유는 블루투스를 사용하는 비콘 beacon으로 설계되었기 때문이다. 비콘은 원거리 위성 신호를 수신하는 대신, 10미터 이내에 위치한 기기에 의해 포착되는 저전력 블루투스 프로토콜로 고유한 아이디를 발신한다. 사용자는 자신의 비콘 아이디가 감지된 장소와 시간을 제조업체의 중앙 데이터베이스에 보고하는 앱을 설치할 수 있다. 비콘이 사용자의 휴대폰에 깔린 앱으로 찾을 수 있을 정도로 가까이 있을 때도 있지만, 대부분의 제조사는 같은 앱이 깔린 다른 휴대폰들과 통신하여 탐색 범위를 확장하는 옵션을 제공한다. 비콘이 잃어버린 열쇠나 도난당한 물건을 찾거나 군중 속에서 가족을 발견하는 데 사용되었다고 보고된 바 있다.[31] 페이스북을 비롯한 대형 데이터 수집 업체들은 비콘 도입을 촉진하기 위해 조직에 비콘을 무료로 공급한다. 페이스북 비콘은 인근에 있는 사용자의 페이스북 앱에 신호를 보내 주변의 관련 콘텐츠를 제공하고 이동 패턴을 기록한다.

다른 사람의 가방이나 핸드백에 블루투스 비콘을 몰래 넣지 못하게 할 방법이 있을까? 없다. 현행법에 의하면 위치 정보 추적기를 사용하여 타인을 추적하는 것은 불법이 아니다(단, 공무원일 경우에는 수색영장을 발부받아야 한다). 그러니 몰래 부착된 센서로부터 자신을 보호하고 싶다면 자력으로 해결하는 수밖에 없다.

나는 '자력으로your own devices'라는 표현을 문자 그대로의 의미로 사용했다. 블루투스 또는 나브스타 신호와 동일한 주파수로 잡음을 생성하여 몇 미터 이내에 위치한 모든 수신기를 무력화시키는 휴대용 블루투스 전파 방해기나 GPS 전파 방해기 같은 프라이버시 보호 기술 시장이 점점 커지고 있다.[32] 인터넷에 전파 방해기를 만드는 법이 다 나와 있지만, 미국을 비롯한 많은 나라에서 전파 방해기를 제조, 판매, 사용하는 것은 불법이다. 그렇다고 시도하는 사람이 없는 것은 아니다. 근무 시간에 고용주가 자신의 위치를 추적하는 걸 원치 않았던 한 트럭 운전사는 회사 트럭에 GPS 전파 방해기를 설치했다. 전파 방해기는 고용주의 GPS에 혼란을 야기한 것에 그치지 않고 뉴어크 국제공항의 항공 교통 관제 시스템에까지 혼선을 불러왔다(그는 회사가 자신의 행방을 알지 못하게 하려고 3만 달러가 넘는 벌금을 물어야 했다).[33]

전파 방해기로 GPS 기기의 위치를 숨기는 것 외에도 GPS가 잘못된 위치 정보 데이터를 전달하게 하는 것도 가능하다. 토드 험프리스는 목표로 삼은 수신기에 가짜 위성 신호를 보내는 GPS '스푸퍼spoofer'를 만들었다.[34] 스푸퍼는 GPS 수신기가 실제와는 다른 위치에 있다고 판단하게 해 내비게이션 앱에서 GPS를 활성화한 사람이나 차량을 의도적으로 엉뚱한 곳으로 가도록 유도한다.

추적기, 전파 방해기, 스푸퍼 이야기를 듣고 나면 이제 다시는 GPS나 블루투스 기기를 사용하고 싶지 않을지도 모른다. 하지만 아무리 단순한 휴대폰이라도 소유주의 위치 정보를 전송한다. 휴대폰은 자동으로 근처 이동전화 기지국에 연결되기 때문에 이동한 궤적이 고스란히 남는다. 만일 휴대폰으로 와이파이를 이용해 인터넷에 접속했다면, 핫스팟을 제공한 업체는 당신이 방문한 위치를 정확히 알 수 있다. GPS와 달리 와이파이는 실내에서도 작동한다. 요즘 많은 매장이 와이파이를 무료로 제공하는 이유가 바로 고객의 동선을 관찰할 수 있기 때문이다[35](위치 정보를 수집하는 방법으로서 와이파이 비콘은 블루투스 비콘의 경쟁 상대다). 이는 중요한 부호 반전이다. 업체 입장에서는 소비자의 정확한 위치를 아는 것이 제품 정보나 고객 리뷰, 경쟁사의 가격을 온라인으로 검색하지 못하게 것보다 더 가치 있다. 고객의 위치 정보로 무장한 업체들은 위치 기반 할인 행사를 진행할 수 있을 것이다. 그 위치는 재고가 많이 쌓인 매장일 수도 있고, 고객이 지금 구경하고 있는 진열대일 수도 있다.

위치 정보를 알려주는 또 한 가지 매우 다른 종류의 데이터 원천이 있으니, 바로 당신이 찍은 사진과 찍힌 사진이다. 온라인으로 공유되는 사진은 대부분 카메라 폰으로 찍은 것이고, 대다수의 카메라폰에는 GPS가 장착되어 있다. 사진에 기본적으로 포함되는 메타 데이터는 사진이 찍힌 위도와 경도를 포함한다. 직접 찍은 사진에서 메타 데이터를 삭제하는 것은 가능하지만, 다른 사람이 찍은 이미지의 메타 데이터까지 통제할 수는 없다. 매일 수십억 장의 사진이 촬영된다는 점을 고려하면 당신의 위치는 지금까지 계속 기록되었을 확률이 높다.

사진 속에는 위치 정보와 관련된 메타 데이터 외에 다른 단서도 포함되어 있다. 사진의 배경으로 보이는 잘 알려진 지형지물, 표지판, 식당 메뉴는 위치를 노출시킨다. 땅에 드리운 그림자의 길이로 대략의 시간을 추정할 수 있다. 저해상도 감시 카메라로 찍은 흐릿한 영상이라도 동영상 분석 알고리즘을 사용하면 개인을 특유의 걸음걸이로 식별하여 계속 추적하는 것이 가능하다.[36]

어떤 이들은 기계를 혼동시키기 위해 선글라스, 모자, 화장, 스티커 등을 사용하자고 주장한다.[37] 하지만 안면 인식 소프트웨어를 피하는 일은 갈수록 어려워지고 있다. 2장에서 살펴보았듯이, 페이스북의 딥페이스 소프트웨어는 전혀 다른 조명과 각도에서 찍힌 얼굴도 이전에 태그된 이미지와 매치시킬 수 있다. 친구에게 사진의 태그를 삭제해달라고 요청할 수 있을지는 몰라도 기계가 생성한 보이지 않는 태그는 어쩔 것인가? 게다가 기업이 신원 확인을 위해 사용자에게 실시간 스트리밍이나 동영상을 요구하는 경우도 있다.

중국의 소셜 미디어 플랫폼 텐센트는 이 분야의 선구자다. 텐센트 메신저 QQ에는 가짜 계정이 넘쳐났다. 성매매업자가 QQ 계정을 열고 인터넷에서 퍼온 사진을 프로필에 올리는 일이 빈번했다. 심지어 '이 사진은 예시에 불과합니다'라는 뭔가 법적으로 그럴듯하게 들리지만(그리고 아마도 법적으로 틀린 말은 아니겠지만) 쓸데없는 고지 문구가 박혀 있기도 했다. 요령 있는 사용자들은 프로필 사진을 액면 그대로 믿으면 안 된다는 사실을 배웠지만, 가짜 계정이 횡행한 나머지 사용자 다수가 더 이상 QQ 프로필을 신뢰할 수 없다고 여기게 되었다. 이에 대응하기 위해 텐센트는 동영상을 이용하여 프로필을 동적으로 검증하는 프로그램을 개발했다. 텐센트가 승인한 커뮤니티 관리자가 사용자에게 웹캠을 켜고 **오른쪽 귀를 만지세요, 왼쪽 어깨를 으쓱하세요**와 같은 일련의 동작을 실시간으로 수행할 것을 요구했다. 동영상 속 얼굴이 기존 사진과 일치하면 프로필이 '인증'되었다.

인력을 대거 투입하여 동작 수행을 요청하고 동영상을 판별하는 텐센트의 솔루션은 모든 계정을 인증하기에는 역부족이다. 안면 인식 소프트웨어의 급속한 발전 덕분에 이제 밤낮없이 쉬지 않고 돌아가는 기계가 이런 작업을 도맡을 수 있게 되었다. 결제 서비스 업체 월드페이는 고객이 매장에 설치된 카드 단말기에 비밀번호를 넣을 때 고객의 얼굴 사진을 하나 이상 찍는 '비밀번호 입력 장치 카메라'를 개발했다. 월드페이는 얼굴 사진을 저장한 중앙 데이터베이스를 구축하고, 안면 인식 소프드웨어가 지금 카드를 사용한 사람이 카드의 실제 주인인지 확인하는 작업을 수행하도록 훈련시킨다. 사진이 일치하지 않으면 결제를 진행하기 전에 다른 신분증을 확인하라는 메시지가 판매자에게 뜬다.[38] 마찬가지로 마스터카드는 온라인 구매 시 도난당한 신용카드나 카드번호가 사용되는 것을 막기 위해 '신분 확인Identity Check' 프로그램을 시행했다. 카드사 고객은 지문과 얼굴 사진을 스캔한 뒤 업로드하여 생체 인식 프로필을 등록한다. 결제 시 고객이 휴대폰으로 스캔한 지문과 '셀카' 동영상은 등록된 생체 정보와 대조된다. 이미지가 일치하지 않으면 결제가 거부된다. 이 시스템을 테스트하던 초기에는 사용자가 진짜 사람임을 증명하기 위해 동영상에서 눈을 깜빡이도록 요청받았다. 카드 정보와 함께 이미지도 인터넷에서 훔쳐 오는 상황을 방지하기 위해서였다.[39] 다른 은행과 기관도 고객과 그들의 돈을 보호하기 위해 지문 및 사진 데이터베이스를 구축하거나 접근 권한을 구입할 가능성이 높다. 생체 인식 정보 수집에 동의하지 않는 사람은 일부 금융 보호 서비스를 받지 못하게 될 수 있다.

손가락 말단부의 소용돌이무늬 외에도 홍채 색소 패턴처럼 신원 확인에 사용될 수 있는 독특한 생체 표지자가 존재한다.[40] 지문과 달리 홍채 패턴은 시간이 지나도 닳지 않기에 생체 표지자로서의 수명이 더 길다. 그리고 지문은 사람이 지문 스캐너 등의

포스트 프라이버시 경제

기계에 손가락을 대야 취득할 수 있지만, 홍채는 10미터 떨어진 곳의 카메라로도 스캔하고 인식할 수 있다. 피츠버그의 카네기멜런대학 생체 인식 연구자들은 자동차의 사이드 미러에 비친 얼굴이나 방을 거쳐 지나간 사람의 홍채 이미지를 포착하여 기존에 저장된 홍채 스캔본과 매치하는 데 성공했다.[41] 13억의 인구를 가진 인도를 비롯한 여러 나라 정부는 신분증을 갱신하는 모든 사람의 홍채 스캔을 수행하고 있다(또는 계획 중이다).[42]

신원을 확인하거나 정확한 위치를 파악하기 위해 반드시 사람 얼굴이 필요한 것은 아니다. 휴대폰 다음으로 신원과 위치를 잘 드러내는 것은 자가용이다. 제프 그레이의 사례에서 보았듯이 자동차 번호판은 반드시 누구나 읽을 수 있게 유지되어야 한다고 법으로 정해져 있다. 캘리포니아주 리버모어에 위치한 비질런트 솔루션스는 주차장, 가게, 심지어는 가정집 외부에 설치된 수만 대의 카메라로부터 이미지를 취합한다.[43] 위치 기반 센서 네트워크 전반에 걸쳐 잡히는 고유한 식별자를 중앙 데이터베이스에서 통합하면 개인의 이동 경로를 재구성할 수 있다. 광학 문자 판독 알고리즘은 비질런트 솔루션스의 카메라 네트워크가 수집한 사진 속 번호판을 읽어들인다. 비질런트 솔루션스에 따르면 매월 1억여 건의 번호판 식별 정보가 데이터베이스에 추가된다.[44]

비질런트 솔루션스는 고정식 카메라 네트워크에 더해 운전자 네트워크의 협조를 얻어 블랙박스 데이터를 자사 데이터베이스로 전송한다. 이 중 상당수는 소유주가 할부금 지급을 중단한 자동차를 추적하는 '리포repo' 회사의 직원이 모는 차량에 설치된 블랙박스다.[45] 비질런트 솔루션스는 위치 기반 카메라 네트워크에 블랙박스 영상까지 추가하여 지리적으로 더 넓은 영역을 커버할 수 있게 되었다.

비질런트 솔루션스의 데이터베이스 같은 번호판 데이터베이스에 질의하는 방법은 두 가지다. 하나는 번호판 번호를 입력하고 언제 어디에서 발견되었는지 검색하는 것이고, 다른 하나는 시간과 장소를 입력한 후 어떤 번호판이 그곳에 있었는지 검색하는 것이다. 경찰은 용의자와 증인을 찾기 위해 사건 장소 인근의 번호판을 검색한다. 차가 근방에 있었다면 차 주인도 근처에 있었을 가능성이 크다. 일반 시민들과는 달리 경찰은 주별 차량 등록 데이터베이스에 접근할 수 있기에 번호로 차량 소유지의 이름을 알아낼 수 있다. 미국시민자유연맹American Civil Liberties Union(ACLU)에 의해 밝혀진 문서에 따르면, 경찰조차도 이 데이터베이스 활용법은 "경찰관의 상상력에 의해서 제한될 뿐"이라고 인정한다.[46]

비질런트 솔루션스 데이터베이스 같은 민간 소유 데이터베이스의 주요 고객은 법 집행 기관이라고 알려져 있으나, 사실상 누구나 돈을 내면 이 서비스를 이용할 수 있다. 비질런트 솔루션스의 고객 중에는 자동차를 압류하려는 자동차 딜러와 교통사고 정황을 조사하는 보험 회사도 있다. 사립탐정도 이 데이터베이스를 사용한다. 당신을 아는 사람이 당신의 차 번호를 알아내기란 식은 죽 먹기다. 차고를 들여다보기만 하면 된다. 남편이 진짜 매일 밤 야근하는지를 조사하기 위해 더 이상 흥신소에 연락할 필요가 없다. 그저 차 번호를 데이터베이스에 넣고 어디에 있었는지 확인해보면 된다. 남편의 차와 같은 장소에 있었던 다른 차들도 검색해볼 수 있다. 차 주인을 알아내고 싶다면 데이터베이스에서 자주 주차하는 곳을 검색해서 사는 곳과 직장을 추측할 수 있다. 과거에는 돈이 많이 들고 잠재적으로 위험했던 데이터 수집이 이제 저렴하고 안전해졌다.

미국의 일부 주에서 번호판 데이터베이스를 구축하여 상업적으로 이용하는 것을 불법화하는 법안을 통과시키려는 시도가 있었으나, 표현의 자유를 근거로 벽에 부닥쳤다. 공공장소에서 사진을 찍는 것은 불법이 아니며, 사진을 클라우드에 저장하는 것도 마찬가지다. 광학 문자 판독 기술을 적용하는 것도 불법이 아니다. 그렇다면 프라이버시를 보호하기 위해 우리는 무엇을 할 수 있을까? 자동차 번호판 제도를 폐기하고, 대신 행인이나 카메라의 눈에는 보이지 않는 고유한 암호화 코드를 내보내는 기기를 장착하는 방법이 있다. 당국은 정기적으로 기기의 신호를 잡는 수신기를 여러 곳에 설치해야 할 것이다. 물론 자동차에 가짜 번호판을 달 수 있듯이 기기는 해킹될 수 있고, 민간 기업이 자체적으로 신호 감지 센서를 제작할 수도 있다. 완벽한 해답은 없다.

카메라가 사람, 장소, 사물의 고유한 특성을 감지할 수 있는 유일한 센서는 아니다. 휴대폰의 내장 마이크에 잡힌 주변 소음은 엔진의 진동, 차체 흔들림, 타이어에서 나는 소리를 바탕으로 당신이 어떤 차량으로 이동하고 있는지를 판별하기에 충분한 데이터를 제공한다.[47]

만일 오디오 분석 소프트웨어가 당신의 차를 구분해낼 만큼 똑똑하다면, GPS가 켜져 있는지와 상관없이 당신이 한 곳에 정지해 있는지 아니면 움직이고 있는지 정도는 충분히 알아낼 수 있다. 애플의 '시리'나 마이크로소프트의 '코타나' 같은 음성 인식 앱이 휴대폰 마이크에 접근하는 걸 허용한 상태라면, 앱도 주변 소음을 통해 당신의 상황을 파악할 수 있다.

여러 대형 데이터 정제소가 가정용 센서를 생산한다. 우리 집 거실에 놓인 아마존 에코는 항상 대기 상태이며, 7개의 마이크가 쉬지 않고 듣고 있다. 사용자 설명서에 따르면 에코는 '알렉사'라는 명령어를 들었을 때 활성화되며, 그 시점부터 내가 말하는 모든 내용을 녹음하면서 질문이나 명령에 반응하여 인터넷에서 정보를 찾아오거나 아마존 장바구니의 '살 것' 목록에 아이템을 추가한다. 마찬가지로 마이크로소프트의 엑스박스 게임 콘솔용 키넥트 시스템과 삼성의 스마트 TV 또한 대기 모드에서 '켜기' 요청을 비롯한 음성 명령을 인식한다.[48] 구글의 네스트 캠에도 마이크가 포함되어 있어서 집을 비운 사이 집안에서 이상한 소리, 예를 들어 "침입자의 목소리"[49]가 나면 집주인에게 알려준다.

기기가 비활성화 상태에서도 당신이 말하는 모든 것을 분석할까? 적어도 일부 기기는 그렇다. 실제로 앞서 언급한 기업 중 하나의 개발자가 비공식적으로 그 사실을 인정했다.[50] 해당 기업은 특히 배경 소음 때문에 말소리가 잘 안 들릴 경우에 음성 인식 기능을 개선하기 위해 이 데이터를 사용한다. 가정의 조용한 환경에서는 오디오 분석이 개별 가족 구성원의 독특한 음성 지문에 기반하여 가족 간 상호 작용의 패턴(그리고 빈도!)을 파악하는 데 사용된다. 구글은 외부인의 목소리를 판별하기 위해 먼저 가족 구성원의 목소리를 학습해야 한다. 이왕 그럴 거라면 왜 기업들이 시스템의 성능을 향상시키기 위해 데이터를 수집하고 있다는 사실을 투명하게 공개하지 않는가? 어차피 구글은 난방기구나 베이비 모니터 제조업체가 아니라 데이터 정제소 아닌가.

기업이 음성 데이터 수집에 좀 더 개방적인 입장을 취한다면 사용자는 그들로부터 더 많은 혜택을 요구할 수 있을 것이다. 개인적으로 나는 내 목소리 녹음 파일에 제한 없이 접근할 수 있게 되기를 바란다. 그렇게 된다면 기억이 가물가물한 정보를 찾거나 그동안 미처 의식하지 못했던 발화 패턴을 발견하는 훌륭한 도구를 갖게 될 것이다. 더 나은 음성 인식 시스템을 구축하기 위해 데이터 정제소는 소리와 단어 색인을 만들어야 한다. 색인은 특정 주제에 관한 발언을 검색할 때 유용하다. 예를 들어 애완동물이 아플 때, 지난 한 주간 내가 애완동물에 관해 언급한 내용을 검색하여 수의사가 문제의 원인을 찾는 데 도움을 줄 수 있다.

집 밖에서는 '소리의 풍경'이 우리의 물리적 배경을 알려준다. 요란한 사이렌 소리나 자동차 경적은 내가 보도에 서 있는지, 부근의 차 안에 앉아 있는지, 아니면 방 안에서 거리를 내다보고 있는지에 따라 다르게 들린다. 레스토랑에서 식기가 부딪치며 내는 소리는 딱 들으면 바로 알 수 있다. 심판의 호루라기 소리, 파도가 부서지는 소리, 타일로 된 욕실의 울림소리도 마찬가지다. 만일 당신이 도쿄에서 전철을 타고 있다면 역에서 흘러나오는 독특한 음악 소리로 당신의 위치를 판별할 수 있다.[51] 전화 통화 시 배경에서 들리는 독특한 청각적 단서를 제거하는 것은 거의 불가능하다.

센서 데이터는 소셜 그래프를 구축할 때도 활용된다. 두 사람이 비밀리에 만나기로 약속했다고 하자. 휴대폰의 위치 정보 데이터를 분석하면 그들이 문제의 바로 그날, 같은 시간 같은 장소에 있었음이 드러날 수 있기 때문에 그들은 약속 장소에 도달하기 몇 블록 전에 전화기를 끄고 '프라이버시 보호 케이스' 안에 넣기로 했다. 훗날 그들의 만남이 문제가 되어 휴대폰 기록이 조회되었을 때, 두 사람의 휴대폰이 같은 시간대에 추적 불가능 상태가 되었다는 사실은 두 사람이 함께 있었음을 시사할까? 아마 그럴 것이다. 특히 두 사람의 휴대폰이 같은 장소로 향하고 있었다면 반박할 여지가 별로 없다.

동시에 소셜 그래프는 사람의 위치를 밝혀내기 위해 사용될 수 있다. 범죄를 저지르고 도주한 한 독일인은 캐나다로 달아나면서 휴대폰과 심 카드를 버리는 치밀함을 보였다. 하지만 사용하던 심 카드와 휴대폰 번호는 포기할 수 있어도 예전에 알고 지냈던 사람들에게 전화를 거는 것까지 그만둘 수는 없었다. 개인별 통화 그래프는 독특한 패턴을 보이기 때문에 인터폴은 도주자의 예전 통화 패턴과 비슷한 번호를 찾아낼 수 있었다. 10여 건의 통화 후 인터폴은 잠재적 매치를 포착하고 새 전화기의 위치를 추적하여 그를 체포했다.

센서 데이터를 분석하는 데이터 정제소는 자신의 움직임이 기록되고 있다는 사실조차 모르는 사람들이 입을 수 있는 피해와 대다수 사용자의 편익 사이의 균형을 맞추는 데 점점 더 많은 노력을 기울여야 한다. 2011년에 설립되어 2014년 구글에 인수된 젯팩은 사진 콘텐츠를 식별하고 분류하여 특성별로 검색 가능한 비즈니스 디렉터리를 구축했다. 젯팩의 소프트웨어는 전 세계 6000개 도시에서 공개로 게시된, 많은 경우 지오태그, 해시태그, 캡션이 달린 1억 5000만 개[52]에 달하는 인스타그램 사진을 분석했다.[53] 만일 특정 장소에서 찍힌 사진들이 립스틱을 바른 입술을 많이 포함하고 있다면, 앱은 그 장소를 '잘 차려입고 가는 곳'으로 규정했다.[54] 이런 정보는 사람들이 그 장소가 자신들과 어울리는 곳인지 결정하는 데 도움을 준다.

젯팩은 사물 인식 소프트웨어를 사용하여 '인기 힙스터 바' 목록을 만들기로 했다. 젯팩의 데이터 과학자들은 사진 속에 콧수염이 많이 등장하는 곳이 힙스터들이 모이는 핫한 장소라는 가설을 세웠다. 그런데 결과를 내보니 힙스터가 많은 도시는 다 터키에 있었다. 아니, 어째서? 젯팩의 데이터 과학자들은 터키 남성이 미국 남성보다 콧수염을 훨씬 많이 기르는 경향이 있음을 뒤늦게 깨달았다. 지역별로 다른 기준선을 세우고 현지 관습에 따라 데이터를 '정상화'하는 작업이 필요했다. 컴퓨터와 인간의 피드백 루프가 데이터 분석에 중요한 역할을 한다는 것을 보여주는 좋은 예다.

젯팩의 인스타그램 사진 분석을 통해 발견된 일부 카테고리는 좀 더 민감한 문제를 제기했다. 예를 들어, 젯팩은 순전히 자사가 보유한 사진만으로도 테헤란의 게이바 목록을 작성할 수 있었다.[55] 친구나 낯선 사람에게 게이바의 위치를 물어보다가 본의 아니게 커밍아웃하는 위험을 감수하고 싶지 않은 이란인 게이들에게는 매우 유용한 서비스일지 몰라도 그 목록이 물라(이슬람 성직자나 종교학자 - 옮긴이)의 손에 들어간다면 이란 게이 공동체에 끔찍한 파급 효과를 가져올 것이다.[56] 하지만 젯팩이 이 정도의 데이터 가공 능력을 보유하고 있다면 정부라고 불가능하겠는가?

MIT 교수 윌리엄 T. 프리먼과 동료들은 피부색의 미세한 픽셀 단위 차이를 감지하여 노출된 신체 부위의 혈류 분포를 파악하고 맥박을 재는 알고리즘을 개발했다. 연구 결과가 발표되었을 때 각지에서 코드를 알려달라는 요청이 쇄도했고, 연구팀은 누구나 비상업적 용도로 사용할 수 있도록 이를 온라인에 공개했다. 코드를 요청한 사람 중에는 상대의 심장 박동이 빨라질 때를 감지하여 블러핑bluffing(자신의 패가 상대방보다 약하다고 생각될 때 오히려 더 강한 베팅을 하는 등의 행동 – 옮긴이)을 구별해내는 데 활용하려는 포커 선수도 있었다.[57]

실제로 심장 전문의들은 심장 박동 최고점과 최저점('PQRST 패턴'이라 불린다)이 지문이나 홍채처럼 고유하며 훨씬 위조하기 어렵다는 사실을 발견했다. 마스터카드, 캐나다왕립은행, 그리고 영국의 핼리팩스은행은 현금 인출기와 온라인 뱅킹, 비접촉 결제에서 신원 확인 도구로 심전도ECG 팔찌를 시험했다.[58] 팔찌는 토론토에 거점을 둔 바이오님에서 생산하며, 심장 박동을 측정, 등록, 확인하는 특허를 기반으로 한다.[59]

지구상에 존재하는 수조 개의 센서가 수집하는 데이터는 우리의 통제권 밖에 있다. 젯팩의 공동 설립자이자 최고기술경영자 Chief Technology Officer(CTO) 피트 워든은 이미지 인식 소프트웨어가 프라이버시와 표현의 자유 사이의 균형은 물론 프라이버시와 보안의 균형에도 근본적인 변화를 가져올 것이라고 역설했다.[60] 한편 기업이 민감한 데이터를 보호하는 보다 안전한 방법을 모색하면서 서비스 이용과 고객 정보 보호를 위해 사용자들에게 생체 인식 데이터를 고유한 열쇠로 이용하도록 요구하는 일이 증가하고 있다. 다른 한편으로 소셜 데이터의 많은 부분이 공통의 관심사, 활동, 관계를 통해 공동으로 생성된다. 표현의 자유가 억압된 암울한 경찰국가가 아니고서야 한 사람의 프라이버시를 보호하기 위해 데이터 생성 단계에서 데이터 수집을 통제하기는 어렵다.

센서 데이터의 오용을 방지할 세 가지 주요한 방법은 모두 나름의 결함을 갖고 있다. 전자 키를 가진 사용자만 데이터에 접근할 수 있는 암호화 방식은 인스타그램에 올리는 사진처럼 공유 목적의 데이터에 적용하기는 부적합하다. 언제 데이터를 공유하고 사용하는 것이 적절한지를 규정하는 사회 규범은 범죄자로부터 우리를 보호해주지 못한다. 남은 것은 규제와 법률에 의한 보호다. 하지만 루이스 브랜다이스의 프라이버시권이 자리 잡는 데 20년이 걸렸던 역사에서 보듯, 법은 역동적인 기술 혁신에 빠르게 대응하지 못한다. 반면 법률 제도의 상대적인 안정성은 차별적이고 사회적으로 용인해서는 안 될 데이터 세트—인종, 성별, 성적 취향, 장애 여부 등—를 규정하는 것이 목표일 때 장점으로 작용한다. 나는 각국이 소셜 데이터의 사용법을 탐색하는 과정에서 이 목록이 지속적으로 늘어나기를 바란다.

그러나 목록을 확장하는 것으로는 충분치 않다. 소셜 데이터에 기반한 차별을 감지할 도구가 필요하다. 모든 데이터베이스에서 질의어는 데이터 정제소가 제품과 서비스를 향상시키기 위해 수집하고 분석하는 원자재다. 이런 데이터는 우리를 보호하려는 목적으로도 활용될 수 있다. 알고리즘이 우리의 물리적 상황뿐만 아니라 마음을 추론하기 위해 사용되면서 이 점은 더욱더 중요해질 것이다.

└ **속마음을 읽는 기술**

캘리포니아대학 샌프란시스코 캠퍼스의 심리학과 명예교수 폴 에크만은 분노, 슬픔, 공포, 경멸, 놀람, 행복이라는 여섯 가지 기본 감정이 미치는 생리적 영향을 측정하는 연구를 평생의 과업으로 삼았다. 연구의 시작은 크게 다른 5개국 미국, 브라질, 아르헨티나, 일본, 칠레에서 감정을 유발하는 상황을 찍은 다양한 사진을 보여주고 반응을 조사하는 것이었다. 그는 문화적 배경에 따라 사람들의 반응이 다를 것이라 가정했으나 이 예상은 빗나갔다. 그는 거듭된 실험에서 분노를 의미하는 눈썹 사이의 고랑, 슬플 때 내려가는 눈썹과 입 모서리, 혐오를 나타내는 코의 주름, 진심으로 웃을 때 생기는 눈가의 주름(승무원들이 짓는 웃음과 같다고 해서 '팬 암(팬아메리칸 항공) 미소'라고도 불린다는 예의 바른 가짜 웃음은 입만 움직인다) 등 사진을 본 사람들의 얼굴에 누가 봐도 같은 표정이 떠오르는 것을 목격했다. 1978년 에크만과 동료 월리스 V. 프리슨은 관찰된 모든 표정을 집약하여 얼굴 움직임 부호화 시스템 Facial Action Coding System(FACS)을 개발했다.[61] 이후 머신 러닝 연구자들이 FACS 카탈로그를 바탕으로 안면 인식을 위한 소프트웨어를 개발했다.[62]

에크만은 감정이 전 세계적으로 보편적인 이유가 인간의 심리적 상태와 관계 정보를 전달하는 정직한 신호이기 때문이라는 가설을 세웠다.[63] 현장 연구와 실험을 거듭하는 과정에서 그는 심박수, 호흡수, 혈류, 전반적인 근육 긴장 등 각각의 기본 감정과 연관된 생리적 지표를 발견했다. 인간은 때로 여러 가지 감정을 잇달아 경험하며, 스쳐 지나가는 찰나의 감정은 특별히 주의를 기울

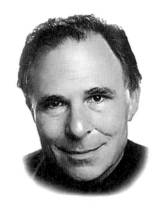

∟ 진심 어린 미소(왼쪽)와 예의 바른 미소(오른쪽). 진정으로 기쁨을 느낄 때는 눈과 입 주위의 근육이 움직여 피부에 주름이 생긴다(제공자: 폴 에크만 박사/폴 에크만 그룹).

이지 않으면 알아채기 힘들다. 이런 '미세 표정'은 다른 사람에게 숨기고 싶은 감정이나 자신도 미처 의식하지 못한 감정인 경우가 많다.[64] 미세 표정은 너무나 순식간에, 구체적으로는 5분의 1초 이하에 사라지기 때문에 훈련을 받지 않은 사람이 맨눈으로 관찰할 때보다 영상으로 찍어 다시 돌려볼 때 감지될 확률이 더 높다.

에크만은 카메라 피드로부터 실시간으로 감정을 포착하는 소프트웨어를 개발한 샌디에이고의 이모션트라는 기업의 자문위원을 역임했다. 이모션트가 최초로 상용화한 기술 중 하나는 2007년에 출시된 소니 디지털카메라의 '스마일 셔터'로 프레임 내의 얼굴이 미소를 띠는 즉시 사진이 찍히는 기능이다. 이모션트의 알고리즘은 400명가량이 모인 공간, 이를테면 강의실이나 쇼핑몰을 고해상도 카메라 한 대로 모니터링하면서 미세한 감정 표현이 얼굴에 드러나는 즉시 '읽을' 수 있을 정도로 빠르게 진화했다.[65] 또한 이모션트는 어린이 환자의 얼굴에 드러나는 고통을 감지하기 위해 자사 소프트웨어를 병원에서 사용할 수 있도록 개조하는 작업을 진행 중이다. 연구 결과에 따르면, 신체적 고통을 드러내는 정직한 신호를 포착하는 데 컴퓨터가 인간보다 더 나았다.[66] 초기 이모션트-구글 글라스 앱은 매장 직원의 사기를 측정하거나 감정이 고객의 구매 여부 및 누구에게서 구매하는지에 미치는 영향을 파악하기 위한 도구로 소매업계 관리자들에게 홍보되었다.[67] 이모션트는 2016년 1월 애플에 인수되었다.[68]

사용자의 표정을 분석하기 위해 에크만의 연구 결과를 활용한 또 다른 사례는 런던에 본사를 둔 리얼아이즈의 동영상 광고다. 광고를 보여주는 화면은 개인 컴퓨터일 수도 있고, LG전자의 '무대 공포증' 캠페인처럼 '공공'장소에 설치된 스크린일 수도 있다. LG전자의 캠페인은 소변기 위에 LG 모니터를 설치한 남자 화장실에서 진행되었다. 남성이 화장실에 들어와 소변기 앞에 서면 스크린상의 광고를 찢고 한 여자가 등장하여 마치 화장실 안을 들여다볼 수 있는 것처럼 행동하는 영상이 뜬다. 리얼아이즈의 카메라는 남자의 표정이 혼란과 두려움에서 즐거움으로 바뀌는 것을 지켜봤다. 리얼아이즈는 동영상 분석을 통해 광고가 시작될 때와 끝날 때 혐오감을 표출한 남성의 비율도 집계했다.[69] 한편, 경쟁사 어펙티바는 MIT미디어연구소의 어펙티브 컴퓨팅 그룹에서 분리해 나온 회사로, 다른 사람의 표정을 읽는 데 어려움을 겪는 자폐증 환자를 위한 감정 경보 시스템을 만들기 위해 설립되었다.[70] 어펙티바가 구축한 시스템은 광고를 본 사람들의 감정적 반응을 측정하고자 하는 기업 고객과 TV 토론회에 나온 선거 후보자들에 대한 반응을 측정하는 여론조사기관에 의해 활용된다.[71]

감정 데이터를 수집, 분석하는 원천은 표정 외에도 다양하다. 인간은 목소리의 높낮이와 성량(강도), 음질, 발화 시간과 속도를 통해 감정을 드러낸다.[72] 음성을 통한 감정 표현의 목록을 구축하기 위해 연구원들은 영어를 사용하는 매우 다른 5개국 호주, 케냐, 인도, 싱가포르, 미국에서 100명의 배우를 고용했다. 배우들은 날짜나 숫자 같은 간단한 글을 여러 가지 감정을 담아 읽도록 요청받았다.[73]

많은 연구자가 이런 '인위적인' 음성 표현으로는 실제 대화를 실시간으로 처리하는 머신 러닝 시스템을 성공적으로 훈련시킬 수 없다고 말한다. 배우는 감정을 과장하여 표현하는 훈련을 받기 때문이다. 최근 연구에서는 고객상담센터의 방대한 아카이브가 감정의 라이브러리를 구축하기 위한 정보 원천으로 활용되었다. 고객상담센터 상담원들은 통화 중에 고객의 감정 상태를 포착하여 녹음 파일에 레이블을 추가하는 방식으로 교육 데이터를 생성했다. '아', '오', '예', '오케이' 같은 삽입어까지 포함해 짜증, 체념, 분노, 중립 등으로 분류된 발화[74]는 음성 인식 시스템을 훈련시키기 위해 사용되었다. 감지된 감정을 뒷받침하기 위해 고객 만족도 조사에서 얻은 데이터와 음성 신호를 결합한 사례도 있었다.[75]

라이브옵스나 매터사이트 등의 고객상담센터 회사는 고객을 상담자와 매치시키기 위해 음성 인식 소프트웨어를 사용한다. 고객이 사투리를 사용하는가? 그렇다면 해당 지역의 재택 상담원에게 연결하여 보다 친근한 느낌을 주도록 한다. 고객이 선택 메뉴의 음성 안내에 불만스러운 목소리로 반응하는가? 그렇다면 까다로운 문제와 고객을 다루는 데 능숙한 상담원에게 연결한다. 만일 상담자의 노력에도 불구하고 고객의 목소리가 계속 높아진다면 매니저에게 보고해야 할 건으로 별도 표시한다. 라이브옵스는 소셜 미디어와 기타 정보원을 훑어 고객의 항의 전화 데이터에 추가적인 맥락을 더한다.[76] 상담원과 즉각 공감대를 형성한 고객은 상담원을 힘들게 하지 않거나 제품이나 서비스를 구매하도록 설득당할 확률이 더 높다. 매터사이트는 고객을 상담원과 매치시킬 때 개인별 성격 유형에 기반하여 더욱 맞춤화된 서비스를 제공한다고 말한다. 매터사이트는 어떤 내용이 어떤 방식으로 얘기되고 있는지 커뮤니케이션 기록을 분석하여 고객을 '외향적, 냉소적, 내향적' 등의 유형으로 분류한 다음, 각 유형을 더 잘 다루는 상담원에게 연결하여 고객 만족도를 높인다.[77] 단순히 전화와 전화를 연결하는 것이 아니라 성격 유형으로 매치하는 매터사이트를 이용하는 기업의 상당수는 의료 서비스 제공자, 보험회사, 통신사 등 정기적으로 고객들과 상호 작용하는 업체다.

알고리즘은 스스로 의사를 표현할 수 없는 사람이 목소리를 내도록 도와주는 역할도 수행할 수 있다. 부모는 아기의 울음소리를 듣고 어떤 감정을 호소하는지 구분하는 법을 배운다고 얘기하지만, 대부분 그저 지레짐작에 불과하다. 그도 그럴 것이 부모는 아주 작은 표본을 통해 학습할 수 있을 뿐이기 때문이다. 데이터를 기반으로 모델을 구축할 때 인간과 기계의 차이점 중 하나가 바로 이것이다. 구글의 자율 주행 자동차 프로젝트에 참여하고 교육 벤처기업 유다시티를 공동 창립한 세바스찬 스런에 따르면, 인간 운전자는 개인적인 경험을 토대로 운전을 더 잘하는 방법을 배우는 반면 구글 무인 자동차는 구글이 보유한 모든 자동차의 실수로부터 배운다. 인간은 주로 자신의 실수와 성공에서 배우며, 소셜 네트워크상에 존재하는 사람들의 실수와 성공의 교훈이 이를 보강한다. 더불어 그들은 전문가의 조언을 통해서도 배운다. 이와 대조적으로 기계는 자신의 실수를 포함하여 네트워크상의 모든 다른 기계의 실수를 바탕으로 학습한다.[78]

IBM의 디미트리 카녜브스키와 동료들은 아기의 뇌, 심장, 폐의 활동에서 수집한 데이터와 울음소리 및 칭얼거림을 녹음한 데이터로 학습하는 시스템을 개발해 특허를 취득했다. 아기가 우는 이유는 관심을 끌기 위해서일 때도 있고 가만 내버려두기를 바라서일 때도 있다. 데이터 정제소는 부모가 자녀의 감정 상태를 더 잘 파악하고 적절한 결정을 내리도록 도와준다.[79]

미래에는 표정이나 울음소리의 음색 및 성량 외에 좀 더 감지하기 어려운 단서로부터 감정을 포착할 수 있게 될 것이다. 핏빗, 위딩스 펄스, 가민 비보 시리즈 같은 활동 추적기는 안정 시 심박수와 운동 시 심박수를 비롯한 활력 징후를 기록한다. 활력 징후는 개인이 특정한 감정 상태에 접어들었다거나 감정 상태가 고조되고 있음을 알려주는 단서다. 심박수는 애플 워치의 뒤판에 들어 있는 것과 같은 적외선 센서를 통해 신체에 피가 돌 때 피부의 홍조가 강해지는 정도를 측정하여 판독한다. 많은 병원에서 환자의 심장 박동을 모니터링하기 위해 적외선 카메라를 사용한다. 신체에 부착된 장치는 환자가 뒤척거릴 때 느슨해질 수 있으니 이렇게 하는 편이 더 정확하기 때문이다. 엑스박스는 적외선으로 신체 활동 수준을 추적하여 실시간으로 사용자가 느끼는 즐거움이나 지루함의 정도를 분류한다.[80] 이 정보는 사용자의 기분에 부합하는 새로운 게임을 선별하여 제시하는 데 사용된다.[81]

감정을 드러내는 생화학적 신호는 감추기가 훨씬 더 어렵다. 혈액 검사를 통해 공포, 스트레스, 피로와 관련된 생화학 물질을 판별할 수 있으며, 발한 검사로도 마찬가지의 결과를 얻을 수 있다. 제너럴일렉트릭은 미국 국방성의 지원을 받아 반창고처럼 피부에 부착할 수 있는 무선 센서 '피어빗'을 개발했다. 피부에 붙는 면에는 특정한 생화학 물질을 유인하고 그 물질의 밀도가 올라가면 컴퓨터에 알리도록 설계된 나노 구조물이 들어 있다.[82] 공기중에 떠도는 화합물의 '냄새를 맡을' 수 있는 센서는 휴대폰 내부에 장착할 수 있을 정도로 크기가 작다. 그래핀graphene(육각형의 2차원 나노 탄소 물질)으로 제조된 버전은 이미 십억 분의 몇 개 수준의 분자를 검출할 수 있을 정도로 고도의 민감성을 자랑한다. 한 초기 연구는 입김을 통해서도 스트레스 상태를 감지할 수 있음을 시사했다.[83]

다양한 감정 센서를 상황별로 결합할 수 있다면 우리의 삶이 바뀔 것이다. 예를 들어, MIT미디어연구소 어펙티브 컴퓨팅 그룹의 대학원생들은 시중에 나와 있는 센서들을 자동차에 장착하여 안전 운전을 돕는 '오토이모티브AutoEmotive'라는 시스템을 개발했다. 손바닥의 땀, 심박수, 호흡, 핸드 그립을 측정하는 센서가 장착된 자동차 핸들은 스트레스를 나타내는 핵심적인 생체 표지자를 감지한다. 내장된 마이크는 목소리의 높낮이와 성량을 모니터링하여 운전자가 순간적으로 깜짝 놀랐는지, 아니면 갈수록 짜증 지수가 높아지고 있는지 판단한다. 내부를 향해 설치된 블랙박스는 운전자의 미세한 감정 표현을 상세히 기록한다. 운전자가 높은 스트레스 수준을 보이면 데이터 정제소는 더 편안하게 운전할 수 있는 경로를 제안하거나 음악 재생 목록 중에서 잔잔한 음악을 골라준다. 또한 대시보드에 설치된 조명 색깔로 본인의 감정 상태 변화를 알려줘서, 운전자가 바이오 피드백을 참고하여 더 나은 결정을 내릴 수 있게 도와준다. 에릭 호르비츠가 나사의 기상 관제소를 위해 고안한 최적화 데이터 디스플레이처럼, 오토이모티브는 스트레스를 받아서 '터널 시야'에 빠지기 쉬울 때 효과적으로 대처할 수 있도록 설계되었다.[84]

모든 심리학자가 특정한 감정 상태가 일으키는 신체 반응에 동의하는 것은 아니라는 점을 염두에 두어야 한다.[85] 가장 큰 쟁점은 감정이라는 경험의 주관성이다. 현재와 과거의 경험은 개인의 감정적 반응에 어떤 영향을 미칠까? 두려울 때 나타나는 전형적인 증상, 즉 호흡, 심박수, 땀, 혈당치 증가를 보이는 사람은 과연 **겁을 먹은** 상태일까? 그저 일시적으로 충격을 받았거나, 만성적으로 불안하거나, 약간 긴장했거나, 기대감으로 아찔하거나, 공포증으로 마비되어 있을 수도 있다. 아니면 오후에 간식을 먹은 후 운동하고 있는 중일 수도 있다.[86]

폴 에크만은 감정을 해석할 때 '오셀로의 오류'를 저지를 수 있음을 경고했다. 셰익스피어 비극의 주인공 오셀로는 아내 데스데모나가 카시오에게 마음을 줬다고 비난하면서, 자신이 카시오를 죽였다고 말한다. 그러고는 아내의 얼굴이 공포와 비통함으로 뒤덮이는 것을 본다. 그는 데스데모나의 감정을 유죄의 증거로 받아들인다. 오셀로는 아내가 애정 행각을 들켰기 때문에 두려워하면서 애인의 죽음을 슬퍼하고 있다고 생각한다. 하지만 데스데모나의 공포와 비통함은 오셀로의 추정과는 다른 이유 때문이었다. 그녀는 남편의 비이성적인 질투심을 두려워하고 결백을 증명할 수 없는 자신의 무력함에 슬픔을 느끼며 곧 다가올 자신의 죽음을 비통해하고 있었다.[87] 오셀로의 유감스러운 판단 오류가 증명하듯이, 특정한 감정의 생리석 신호를 탐지하기는 쉬워도 무엇이 감정적 반응을 유발했는지를 파악하는 것은 어렵다. 의사결정을 돕기 위해 감정 데이터를 사용할 때 오셀로의 오류가 주는 교훈을 잊지 말아야 한다. 인간이 해석하든 기계가 해석하든 마찬가지다.

표정과 음성을 비롯한 생리적 데이터는 정직한 신호다. 감정 인식 시스템은 대부분의 사람이 아무리 노력해도 인지하기 어려운 패턴까지 감지해낼 수 있다. 가공된 감정 데이터에 실시간으로 접근할 수 있다면 삶이 크게 향상될 것이나, 한편으로는 그에 따른 위험도 존재한다. 당신은 첫 데이트나 취업 면접을 보러 가기 전, 가는 도중, 그리고 다녀온 이후 자신의 감정 상태가 어떻게 감지되는지 알고 싶은가? 이런 정보는 결과에 심각한 영향을 미칠 수 있다. 면접을 보러 갔더니 면접관이 감정 탐기지 앱을 사용하고 있다고 통보한다면 인터뷰에 임하는 당신의 감정은 어떻게 바뀔까? 면접에 대한 불안감이 더 높아질까 아니면 자신감이 솟구칠까? 이런 상황에서는 누구나 자신의 감정을 어느 정도 숨기려 하는 것이 보통이다. 그러나 기계가 미세 표현의 '누수'를 찾아내기 위해 당신의 얼굴을 집중적으로 분석하고 있다면 이는 불가능할 것이다.

앞서 나는 상호 작용에 관여한 모든 당사자가 기록에 접근할 수 있어야 한다고 얘기했다. 기업이 통화 내용을 '품질 보증 목적'으로 녹음한다면 고객도 그것을 확인할 수 있어야 한다. 그러나 점점 더 많은 인간 상호 작용의 감정적 요소가 분석되는 현실에서, 그저 **미가공** 녹음 파일에 접근할 수 있는 것만으로 공정한 게임이라 할 수 있을까? 기업이 음성 데이터를 통해 사용자의 기분을 추정하고 분석 결과에 따라 고객의 전화를 다른 방식으로 처리한다면, 우리가 접근할 수 있는 정보는 어떤 종류의 것이어야 할까? 만일 당신이 경험한 감정이 알고리즘의 해석과 다르다면 어떻게 할 것인가?

게다가 가공된 감정 데이터를 실제로 가족, 친구, 동료와 상호 작용하는 방식을 개선하기 위해 사용하려면, 손목에 센서를 달거나 카메라가 달린 안경을 쓰는 것 이상을 수행해야 한다. 이를테면 우리가 느끼는 감정을 명시적으로 밝히는 데이터를 생성하고 공유하거나, 기계가 측정한 생리적 수치에 구체적이고 개인적인 꼬리표를 다는 방식으로 센서 데이터 해석을 개인화해야 한다. 행동 패턴에 대한 통찰을 제공하여 의사결정을 돕는 데이터를 얻기 위해 우리는 어떤 감정과 기분을 기꺼이 공개할 것인가?

⌐ 시선이 머무는 곳

오디오와 비디오 영상은 사람의 위치와 감정 상태뿐만 아니라 무엇에 주의를 기울이고 있는지를 알아내는 데에도 놀라운 정확성을 보인다. 일반 비디오카메라로 시선의 대략적인 방향과 지속 시간을 실시간으로 파악하는 것은 비교적 간단한 일이다. 안면 인식 및 물체 인식 시스템은 고개를 돌린 후 시야에 들어오는 새로운 물체와 사람을 판별한다. 영국 랭커스터대학과 독일의 막스플랑크정보과학연구소 연구원들은 시중에서 흔히 파는 카메라로 광고 스크린을 지나치는 군중의 시선을 추적하여 얼마나 관심을 보이느냐에 따라 맞춤형 내용을 내보내는 시스템을 구축했다.[88] 인간은 보통 의식적으로 한 곳에 시선을 두는 것이 아니라 주변의 자극에 무의식적으로 반응하기 때문에, 무엇이 개인의 관심을 잡아끄는지를 아는 것은 강력한 도구다.

카메라는 미세한 주의 변화도 감지해낸다. 에릭 호르비츠와 동료들은 나사의 지상 관제소 디스플레이를 개선하는 과정에서 정보를 처리하고 문제를 해결하기 위해 투입하는 노력의 총량인 **인지 부하**cognitive load 문제에 봉착했다. 대니얼 카너먼과 잭슨 비티의 연구에 따르면, 동공의 상대적 크기는 과제 수행 중 인지 부하의 수준을 드러내는 지표다. 일련의 숫자를 들을 때처럼 새로운 정보를 흡수할 때는 사람의 동공이 확대되고, 들은 내용을 다시 되풀이하여 전달할 때는 동공이 수축한다. 과제가 어려울수록 동공 크기의 변화가 컸다.[89]

인지 과정의 많은 부분이 미세한 안구 운동에 의해 드러난다. 안구의 구조상 추상체가 밀집해 있어 세밀한 디테일을 구분할 수 있는 영역은 시계視界의 아주 작은 부분, 망막의 1퍼센트 미만에 불과하기 때문에 대상에 초점을 맞추려면 실제로 눈동자가 움직여야 한다. 게다가 뇌는 시신경의 통로인 맹점을 감안하여 시각 정보를 처리해야 한다. 그로 인해 일정한 각도 안에서 초당 5~100회 정도 움직이는 단속성 안구 운동을 **핵보기**saccades라고 한

다. 홱보기의, 그리고 그보다 더 작은 움직임인 **미세홱보기**microsaccades
의 방향, 진폭 및 속도는 문자 그대로 초점의 변동을 드러낸다.[90]
일정 시간 시선이 고정되어 있다면, 뇌가 지금 눈앞에 있는 장면
의 일부분에 대한 정보를 처리하고 있다는 의미다. 응시는 주목을
시사한다.

눈이 한 번에 100퍼센트의 정확도로 읽을 수 있는 글자는
5~7개에 불과하기 때문에 글 읽기는 지속적인 홱보기 운동을 요
구한다. 익숙한 단어는 훨씬 짧은 시간 동안 응시한다. 이미 보고
처리한 정보를 다시 왔다 갔다 하면서 보는 '역행'은 입력된 정보
가 혼란을 일으켰음을 나타낸다. 일본 오사카부립대학의 카이 쿤
즈가 개발한 시선 추적 앱은 독자의 집중도를 '대충 훑어보기'에
서 '완전한 몰입'까지 단계적으로 평가한다. 쿤즈는 앞으로 개발
되는 앱이 독자의 눈에 걸리는 단어를 포착하여 자동으로 팝업창
을 띄워 뜻을 제공해주게 되기를 기대한다.[91] 앱을 이용하여 독자
의 독서 집중도에 따라 그가 지금 '방해 가능한' 상태인지를 평가
하는 것도 가능할 것이다.[92]

미세홱보기는 1도 미만의 아주 작은 움직임이라서 육안으로
분간하기 어렵다. 스웨덴의 토비 그룹을 비롯한 몇몇 기업은 이런
미세한 움직임을 포착하여 분석하는 전용 시선 추적 장치와 소프
트웨어를 개발했다. 시선 추적기는 일반적으로 대상자의 눈에 발
광 다이오드LED에서 발산되는 특정한 적외선 패턴을 쏘는 방식으
로 작동한다. 인간의 눈은 적외선을 볼 수 없지만 적외선 카메라
는 각막에 반사된 빛을 감지할 수 있기 때문에 시선의 방향을 추
측할 수 있다.

토비의 시선 추적 안경은 '현장'에서도 사용될 수 있다. 예를 들어 매장에 진열된 물건을 둘러볼 때 무엇이 고객의 시선을 잡아 끄는지 포착하거나, 아직 말을 못하는 아기가 지각 및 인지 능력을 가졌는지 아닌지, 가졌다면 어떻게 가졌는지를 알아내는 데 활용할 수 있다. 토비 그룹은 사용자가 안경을 착용할 필요가 없도록 컴퓨터 화면에 부착해 시선을 추적하는 시스템도 보유하고 있다.[93] 이 기술을 개발하기 위해서는 몇 가지 난제를 해결해야 했다. 햇빛이나 백열등 같은 다른 광원은 적외선 센서로 전달되는 신호를 방해한다. 조명 환경의 변화뿐만 아니라 감각적, 감정적으로 주의가 분산될 때도 동공의 크기가 변하기 때문에 시선 추적과 관심도 측정이 한층 더 어려워진다.

시선 추적기가 시선이 고정되는 정도나 미세훑어보기의 수준을 정확하게 측정해내기 위해서는 보정 과정이 필요하다. 실험실이나 근무 환경에서는 사용자에게 보정에 필요한 작업을 수행하도록 요청할 수 있을 것이다. 영리한 연구자들은 화면에 시선을 잡아끄는 이미지를 보여주는 방법 등을 통해 사용자가 눈치 채지 못하게 기기를 보정하는 방법을 고안해냈다.

토비 그룹은 시선 추적 데이터를 인지 과정에서 나타나는 다른 생리적 단서들과 통합하는 방법을 모색했다. 심박수, 호흡수, 피부 전기 반응(피부의 전기 전도도), EEGs(뇌의 전기적 활동을 측정하는 뇌전도)는 모두 인간이 자극에 반응할 때 변화하기 때문에 관심과 흥미의 변화를 보여주는 강력한 지표다. 시선 추적기는 다양한 생리적 센서 데이터를 통합 분석하여 시야에 들어온 대상 중에서 어떤 것이 감정적 반응을 유발했는지를 유추한다.

시선 추적 결과를 가공한 데이터는 개인의 학습 및 성과를 향상시킬 커다란 잠재력이 있다. 몇몇 연구 결과에 따르면 초보자가 전문가의 안구 운동 패턴을 그대로 따라하여 난제를 해결하도록 훈련시킬 수 있다. 한 연구 사례에서는 컴퓨터로 코딩을 배우는 학생들이 문제를 푸는 동안 그들의 안구 운동을 추적했다. 초급 학생들은 문제의 일부분만을 바라보면서 같은 내용을 거듭 읽는 경향이 있는 반면, 상급 학생들은 코드를 고안할 때 훨씬 많은 양의 정보를 훑어보는 것으로 드러났다. 연구자들은 초보자에게 전문가의 시선 패턴을 보여주면 학습 과정이 가속화될 것이라고 말한다. 그뿐만 아니라 초보자가 간과하는 중요한 정보를 강조하기 위해서도 사용될 수 있다.[94]

혹이나 종양을 찾기 위해 엑스레이 사진을 분석하는 방사선 사진 판독가 교육에서도 유사한 사례를 찾아볼 수 있다.[95] 사람마다 엑스레이 사진에서 놓치는 부분이 다르기 때문에, 초보자는 경험 많은 판독가뿐만 아니라 동료 초보자들의 응시 패턴을 통해 배운다. 시선 추적 데이터도 가공이 가능하다. 엑스레이 사진에서 컴퓨터로 추출한 데이터와 사람의 응시 패턴을 결합한 머신 러닝 시스템은 다수의 인적 오류를 예상해냈다.[96] 궁극적으로 시선 추적 시스템은 의사가 더 나은 진단을 내리는 데 보조적인 역할을 한다.

기초적인 수준의 시선 추적은 휴대폰과 컴퓨터에 장착된 카메라로도 충분히 수행할 수 있다. 일부 스마트폰은 사용자가 정확히 화면 어디를 보는지를 판별하는 소프트웨어가 내장되어 있어, 사용자의 시선이 화면 최하단에 도달하면 자동으로 스크롤해주

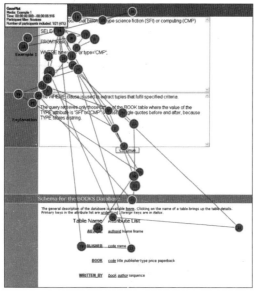

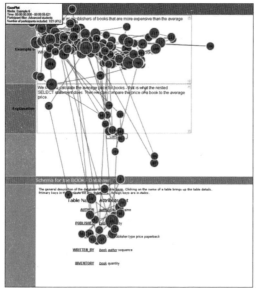

데이터베이스 프로그래밍 수업에서 코딩 문제를 푸는 과제를 받은 초보(위) 및 상급 학생들(아래)의 응시 패턴('Eye Tracking and Studying Examples: How Novices and Advanced Learners Study SQL Examples', Amir Shareghi Najar, Antonija Mitrovic, Kourosh Neshatian, *Journal of Computing and Information Technology* 23, no. 2, 2015에서 전재).

는 옵션을 제공한다. 향후 몇 년간 기기용 응시 제어 시스템이 점점 더 정확해지면 인간이 기계와 상호 작용하는 방식이 마우스, 터치스크린, 음성 인터페이스가 발명되었을 때처럼 획기적으로 변할 것이다. 2015년 4월, 애플은 카메라와 적외선 센서를 사용하여 눈이 깜빡이는 시점과 눈동자가 움직이는 시점 및 시간을 측정하는 기술 특허를 획득했다.[97] 수집된 데이터는 하나의 물체(예를 들어 커서)에 계속 시선을 고정하면 주변부가 점차 소실되는 트록슬러 효과Troxler effect 문제를 해결하기 위해 사용될 수 있다.

앞에서 살펴보았듯이, 응시 제어 시스템은 애플을 비롯한 여러 데이터 정제소들이 휴대폰 스크린에 떠 있는 내용 이상으로 사용자의 시선이 어디에 얼마나 머무는지에 관한 훨씬 방대한 정보에 접근할 수 있게 해준다. 예를 들어 알츠하이머, 자폐증, 난독증, 조현병, 다발성 경화증을 비롯한 여러 신경학적 질환 및 장애는 안구 운동에 영향을 주므로 과학자들은 시선 추적을 질병의 진단 및 환자 모니터링에 활용할 방법을 모색하고 있다.[98]

물론 시선 추적기는 무엇이 충분히 주목받지 못하는지에 관한 정보를 수집하는 데도 사용될 수 있다. 지속적인 관심이 요구되는 반복적인 작업에 많은 시간을 투여하는 사람은 시선이 초점의 중심에서 멀어지는 경우가 잦다. 시선의 표류는 대개 신체적, 정신적 피로가 초래한 결과다.[99] 연구자들은 '멍해지기' 직전의 순간에 나타나는 독특한 안구 운동 패턴을 조사한다. 중요한 정보를 놓칠 위험을 의식적으로 깨닫기 훨씬 전에 미리 효율적으로 사용자에게 알려주는 시선 추적 시스템을 고안하기 위해서다.[100] 이런 경우가 얼마나 자주 발생할까? 현실 세계에서 발생하는 사건에 대한 주목도 표본을 수집하는 스마트폰 앱을 개발한 하버드 대학 심리학과 교수 대니얼 길버트에 따르면, 사람들이 멍하게 있었다고 보고한 시간은 대략 20~40퍼센트에 달했다.[101]

　　교육, 업무, 기타 부문에서 조직이 신기술을 이용하여 인간의 주목도를 미세한 수준으로 관찰, 분석할 수 있게 되면 혁신이 일어날 것이다. 시선 추적기는 집중도가 떨어지기 시작하는 직원을 업무에서 제외하거나, 고도의 집중을 요하는 작업을 수행하는 직원의 성과급을 결정할 때 사용할 수 있다. 빅 브라더가 모든 안구 운동을 감시하는 악몽 같은 시나리오처럼 들리는가? 반드시 그렇지는 않다. 시선 추적은 장거리 트럭 운전사나 중장비 기사처럼 피로가 심각한 비용을 유발할 수 있는 작업의 수행 효율을 향상시키는 데 유용하다.[102] 게다가 길버트에 따르면, 정신이 멍해질 때 타격을 받는 것은 작업 수행 능력과 기억력뿐만이 아니다. 대부분의 실험 참가자들은 딴생각에 정신이 팔렸음을 깨달았을 때(기분 좋은 생각에 정신이 팔렸을 때조차) 기분이 저하되었다고 보고했다.[103] 정신을 산만하게 하는 조건을 이해하는 것, 딴생각을 할 때 알림을 받는 것은 직무 만족도와 전반적인 감정 상태를 향상시키는 훌륭한 도구다. 개인의 행동을 통제하기보다 각자의 의사결정을 개선하는 방향으로 가공한 데이터를 제공한다면, 개인도 안구 운동과 주목도 측정의 혜택을 받을 것이다.

　　센서가 개인 간 상호 작용의 장에서 주목도 데이터를 수집할 때 특히 그렇다. MIT 앨릭스 '샌디' 펜틀랜드의 연구소는 10년간 '사회관계 측정 배지'를 사용한 실험을 수행해왔다. 배지에는 사람이 언제 얼마나 빨리 움직이는지를 측정하는 가속도계, 적외선

LED, 그리고 주변 사람이 착용한 배지의 LED가 발산하는 빛을 감지하여 누구와 마주 보고 서 있는지 알아내는 적외선 센서가 장착되어 있다. 다른 배지들이 얼마나 가까이에 위치하는지 포착하기 위해 블루투스도 내장되었다. 샌디와 연구원들은 배지 신호를 분석하여 직장에서 누가, 어디에서, 얼마나 오래 만나는지 파악하고 직원 간의 소통 등을 나타내는 인간 상호 작용 그래프를 그렸다. 사회관계 측정 배지는 회의 때 누가 누구 옆에 앉는지, 누가 집단에서 가장 많은 관심을 받는지, 특정한 사람이 발언할 때 누가 동의하며 머리를 끄덕이는지 등과 같은 자세한 정보를 기록한다. 회의 때와 혼자 일할 때의 자세 역시 개인의 참여도와 피로도를 나타낼 수 있기에 함께 측정된다.

그뿐만 아니라 배지는 음성 데이터를 수집하여 말투, 높낮이, 성량, 속도, 말하는 시간과 듣는 시간의 비율, 말하는 차례와 끼어들기 패턴 같은 발화의 특성을 판별한다. 샌디는 실험 참여를 장려하기 위해 대화 내용은 녹음하지 않는다고 말한다. 유의미한 상호 작용의 패턴을 식별하기 위해 음성을 모두 녹음할 필요는 없다는 것이다.

여기서 중요한 것은 무엇을 말하느냐가 아니라 어떻게 말하느냐다. 인간은 집단에 적응하고, 유대감을 형성하고, 충돌을 피하고 싶을 때 상대방의 말투를 모방하는 경향이 있다. 의태擬態라 불리는 무의식적인 전략이다. 개인의 **영향력**은 다른 사람들이 얼마나 자주 그 사람을 흉내 내 말하는 패턴을 바꾸는지에 의해 드러난다. 말할 때 '음', '아'를 남발하거나 머뭇거리지 않는, 또는 말할 때 다른 사람이 끼어들지 않고 경청하는 **유창함**은 전문가가 흔히 보이는 특징이다. 몰입하거나 흥분했을 때 목소리가 빨라지고 높아지는 것을 뜻하는 **활량**activity이라는 요소도 있다. 이상의 요소를 모두 합친 사회관계 측정 데이터는 팀의 결속도와 조직 위계상 개인의 위치(명함에 뭐라고 찍혀 있는지와 무관하게)에 대한 단서를 제공한다.[104] 샌디에 따르면, 센서에 의해 포착된 신호가 자기 보고나 외부 관찰보다 훨씬 더 정확하다.

샌디의 박사 과정 학생이었으며 컨설팅 회사 소시오메트릭 솔루션스[105]를 공동 창립하고 대표를 맡고 있는 벤 웨이버는 뱅크 오브 아메리카를 위해 수행한 연구에서 고객상담센터의 일부 부서가 근무 기간, 경험, 훈련 등을 기준으로 예상보다 훨씬 나은 성과를 보이는 이유를 조사했다. 사회관계 측정 배지 데이터는 회사에서 최고 성과를 내는 부서의 팀원들이 비공식적으로 자주 모이며 낮은 스트레스 수준을 보인다는 사실을 밝혀냈다. 연구자들은 이 결과를 바탕으로 A/B 테스트를 제안하고, 몇몇 부서의 휴식 시간을 일원화하여 팀원들이 비공식적 상호 교류의 기회를 더 많이 가질 수 있도록 조치했다. 이렇게 더 많은 시간을 함께 보내도록 장려한 부서의 성과는 약 25퍼센트 상승했다.[106]

지금까지 수많은 센서가 인간의 감정과 초점을 포착하는 방식을 살펴봤지만, 우리가 어떤 생각을 하는지 읽어낼 수 있는 센서는 아직 존재하지 않는다. 그렇지만 결정을 내릴 때 뇌 안에서 어떤 일이 벌어지는지를 관찰하는 센서는 존재한다. 바로 기능자기공명영상fMRI 스캐너다. 신경과학자들은 fMRI 기술로 뇌의 혈류와 혈중 산소 농도를 관찰하여 약 1초의 시간 해상도temporal resolution와 약 1밀리미터의 공간 해상도spatial resolution에 주어진 감각적 자극에 뇌의 어느 부분이 활성화되는지 파악한다. 강한 신념에 도전하는 정보에 직면할 때는 일반적으로 '냉철한 추론' 작업, 즉 계산 문제 같은 비감정적 작업을 할 때 활발하게 작동하는 뇌 부위가 활성화되지 않는다.[107] 뿐만 아니라 과학자들은 fMRI 스캔을 통해 평가나 결정이 요구되는 상황에서 뇌의 어떤 부위가 활성화되는지 볼 수 있었고, 많은 경우 의사결정 과정이 예상보다 훨씬 빨리 시작된다는 사실을 발견했다.[108]

fMRI 스캔에 필요한 강력한 자기장은 초전도 자석에 의해 생성되며, 초전도가 가능하기 위해서는 시스템이 절대 0도에 가깝게 냉각되어야 한다. 따라서 fMRI 스캐너를 휴대폰에 내장할 방법은 없다. 하지만 연구자들은 뇌 활동을 엿볼 다른 방법을 모색하고 있다. 한 가지 방법은 대뇌 피질의 혈류를 측정하는 소형 무선 근적외선NIR 센서를 사용하는 것이다. 비록 소형 무선 근적외선 장치가 fMRI와는 다른 방식으로 혈류를 측정하고 측정값이 그리 상세하지도 않지만 휴대성 측면에서는 훨씬 우월하다. fMRI 스캐너 측정값과 '현장'에서 획득한 무선 근적외선 측정값을 통합하려는 시도도 연구자들의 흥미를 불러일으키고 있다.[109] 미래의 기술 혁신은 두뇌의 작동을 들여다볼 또 다른 창을 제공할 것이다.

오셀로의 오류에서 보듯, 인간의 생리적 상태를 묘사하는 것과 그것을 유발한 원인을 실세계의 복잡한 환경 속에서 정확히 유추하는 것 사이에는 커다란 간극이 존재한다. 과학자들은 현장에서 기록된 현상을 이용해 실험실에서 기록된 현상을 보정한다. 피하에 이식된 무선인식RFID 칩[110]부터 실시간으로 유기체의 DNA 염기 서열을 분석하는 휴대용 나노포어 시퀀서,[111] 그리고 아직 상상도 못한 수많은 센서에 이르기까지 새로운 신호 송수신 기술을 이용하여 생성되는 데이터의 가이드라인에 대한 사회적 합의가 필요하다.

시민의 증인

> 나는 사람들에게 현재의 행동을 바꾸라고 말해왔다. 미래에 그 기록이 어떻게 분석될지 모르기 때문이다.[112] - 브래드 템플턴

2014년, 네덜란드 학생 질라 판 덴 보른은 매우 흥미로운 여행길에 올랐다. 학교 프로젝트를 위해 그녀는 가족과 친구들에게 동남아시아로 배낭여행을 떠난다고 말한 다음 5주 동안 가짜 여행기를 공유했다.[113] 그녀는 스노클링하는 모습(아파트 수영장에서 찍었다), 현지 음식을 먹는 모습(근처 레스토랑에서 찍었다), 불교 사원을 방문하는 모습(고향인 암스테르담에 있는 사원이었다) 등 일련의 연출된, 그리고 포토샵 처리된 사진을 페이스북에 올렸다. 현지 시간대를 감안하여 한밤중에 사진을 업로드하고 코멘트를 다는 것도 잊지 않았다. 부모님과의 스카이프 통화 중에는 커튼을 친 침실에 크리스마스 조명을 달아 이국적인 호텔 방 분위기를 만들어내기도 했다. 가족들은 그녀가 '귀국'하여 실험 사실을 공개할 때까지 아무 의심도 하지 않았다. 판 덴 보른은 자신의 의도를 이렇게 설명한다. "우리가 소셜 미디어에 올리는 내용을 선별하고 조작한다는 사실을 보여주고 싶었습니다. 나의 목표는 현실을 왜곡하는 것이 얼마나 흔하고 쉬운지 증명하는 것이었습니다.

모델을 찍은 사진이 조작되는 것은 누구나 알지만, 일상 속에서도 현실이 조작된다는 사실은 간과하는 경우가 많잖아요."[114]

온라인에 공유하는 센서 데이터는 선별, 조작될 수 있고, 또 많은 사람이 그렇게 하는 것이 사실이지만, 판 덴 보른의 실험에서 알 수 있듯이 감쪽같은 대체 현실을 창조하기 위해서는 상당한 대가를 치러야 한다. 그녀는 친구들과 가족을 속이기 위해 계속해서 가짜 사진을 연출하고 비디오 채팅에서 할 얘기를 검색하는 데 모든 시간을 투자해야 했다. 게다가 그녀는 5주 내내 집안에 틀어박혀 있어야 했다. 간혹 밖에 나갈 때는, 예를 들어 사원 사진을 찍기 위해 외출할 때는 신원이 드러나지 않도록 엄청난 공을 들여야 했다. 선택의 여지는 없었다. 그렇게 하지 않으면 친구들이나 페이스북(또는 다른 데이터 정제소)의 사진 인식 소프트웨어가 그녀의 실제 위치를 감지하지 않으리라는 보장이 없었다. 대부분의 사람은 이런 속임수를 위해 쓸 시간도 에너지도 없다.

센서 데이터를 위조하기 위해 충족시켜야 하는 기준은 앞으로 계속 높아질 것이다. 미래에는 감정 인식 알고리즘이 여행 사진 속 판 덴 보른의 가짜 '팬 암' 미소를 감지하여, 주변 사람들이 그녀가 정말 즐겁게 지내고 있는지 의구심을 갖게 될지도 모른다. 갈수록 더 다양한 정보원에서 나온 더 많은 데이터가 결합하여 친구들뿐만 아니라 낯선 사람들과의 상호 작용에 영향을 미칠 정보를 자동으로 생성하고 있다. 우리가 누구이고, 어디에 있고, 어떻게 지내는지를 나타내는 정직한 신호는 소셜 데이터의 상당 부분을 차지한다.

나는 올랜도 경찰을 촬영한 후 체포당한 제프 그레이의 사례로 이 장을 열었다. 많은 경찰서가 블랙박스와 바디캠bodycam 영상을 보관하는 전용 데이터베이스[115]를 운영하며, 일반인이 내용을 확인하려면 복잡하기 그지없는 법적 절차를 거쳐야 한다. 2015년 여름 로스앤젤레스 경찰서는 신체 장착형 카메라 7000대를 도입하면서[116] 법정 증거로 채택될 경우에만 녹음 기록을 일반에 공개할 것이라고 발표했다. 그러나 더 심각한 시스템적 불균형은 따로 있었다. 바디캠은 자동으로 모든 것을 녹화하지 않았다. 촬영 여부는 경찰관의 재량에 달려 있었다. 게다가 소수의 사람들, 즉 경찰서 내부의 경찰들이 데이터베이스에 접근할 수 있는 무제한적 권한을 갖고 있었다. 그들은 심지어 경찰관의 행위가 조사를 받고 있을 때도 사건 보고서를 작성하기 전에 바디캠으로 수집된 영상을 마음대로 꺼내 볼 수 있었다.[117] 따라서 그들은 영상의 '사각 지대'를 이용하여 징계 조치로부디 자신들을 보호하는 쪽으로 사건을 묘사할 권력을 갖는다. 경찰과 그들이 봉사하기로 맹세한 시민에게 각각 다른 규칙이 적용되는 이유는 무엇인가?

　　노골적인 권력 불균형에 맞서 싸워온 미국시민자유연맹은 개인이 찍은 현장 동영상을 실시간으로 자동 업로드하여 훗날을 위해 보관해주는 클라우드 플랫폼을 제공한다. 또한 사건이 녹화되고 있음을 현장 근처의 다른 사용자들에게 알려 함께 증거를 수집하도록 도와주는 앱도 제공한다.[118]

　　한편 시애틀 경찰서를 비롯한 일부 지자체에서는 투명성을 전격 수용했다. 2014년 12월, 시애틀 경찰서에 근무하는 경찰관 12명이 바디캠을 장착하고 업무를 보는 시범 프로그램에 참여했다. 시애틀 경찰서장은 『뉴욕 타임스』에서 이렇게 말했다. "동영상을 어떻게 관리할까 의논하고 있는데 누군가가 그랬어요. '사람들이 보통 경찰을 찍으면 그걸로 뭘 하죠?'"[119] 시애틀 경찰서는 바디캠 동영상을 전용 데이터베이스에 쌓아두는 대신 유튜브에 올리기로 했다.[120] 현행법을 준수하기 위해 동영상은 일정한 편집을 거쳤다. 얼굴을 가리기 위한 알고리즘이 개발되었고, 소리는 완전히 제거되었다.[121]

편집을 했음에도 불구하고 시애틀 경찰서의 바디캠 동영상은 시민들이 경찰의 업무 수행 현장을 볼 수 있는 전례 없는 기회를 제공했다. 수완 좋은 데이터 탐정은 원한다면 동영상 속 경찰관들이 용의자, 증인, 시민들에게 어떻게 접근하는지를 분석하여 치안 유지 활동의 패턴을 알아낼 수도 있을 것이다. 바디캠 데이터는 경찰이 훈련 방식이나 업무 절차를 바꿨을 때 경찰과 지역 사회의 관계가 얼마나 향상될지 시험해보는 A/B 테스트의 자료로도 활용할 수 있다. 주민들은 지역 사회 개선을 위한 강력한 도구를 갖게 된다.

유감스럽게도 이런 도구가 데이터 악용을 방지하지는 못한다. 모든 클릭, 보기, 연결, 대화, 발걸음, 눈길, 숨소리, 말이 수집되는 것을 막을 수는 없다. 하지만 투명성과 주체성을 최대한 보장하는 일련의 권리를 요구할 수는 있다.

5장 투명성 확보를 위한 권리

사람을 위한 투명성

자신의 데이터에 관해 무엇을 알 수 있어야 하는가?

셀 수 있다고 해서 모두 중요하지는 않으며, 중요하다고 해서 모두 셀 수 있는 것은 아니다.[1] - 윌리엄 브루스 캐머런

지금까지 날마다 생성되고 공유되는 광범위한 범주의 데이터를 살펴보고, 데이터 정제소의 산출물이 사람들의 삶에 미치는 영향을 논의했다. 우리는 계속해서 데이터를 생성할 것이며, 대다수의 사람은 데이터 공유를 중단하지 않을 것이다. 따라서 데이터를 **사람을 위한** 것으로 만들기 위해서는 데이터 생성을 통제하는 데 초점을 맞출 것이 아니라, 데이터 정제소가 어떻게 운영되는지 이해하고 어떻게 영향력을 행사할지를 논의해야 한다.

대부분의 사람이 데이터 정제소의 데이터 가공 과정을 검토하고 해독할 만큼 프로그래밍 언어를 유창하게 구사하지 못하는 상황에서 투명성과 주체성을 증대시킬 방법에 대해서도 앞에서 살펴보았다. 고객상담센터가 녹음한 통화 내역을 고객도 들을 수

있게 공개하는 것부터 사용자가 페이스북 뉴스피드의 '인기 소식'과 전체 피드를 직접 비교할 수 있게 하는 것에 이르기까지, 사용자의 권한을 강화하는 몇 가지 간단한 방법이 있다.

하지만 존재하는 데이터의 양을 감안할 때, 추가적인 도움 없이는 수집되고 분석되는 미가공 데이터를 모두 살펴보기란 어려운 일이다. 개인 데이터가 내포한 의미를 해석하고 이해하기 위해서는 데이터 정제소의 도움이 필요하다.

개인별 특성, 인맥, 상황에 관한 데이터로 무장한 데이터 정제소는 우리가 원하는 것이 무엇인지(스스로 깨닫고 있는지와 무관하게)를 갈수록 더 정확하게 예측할 것이다. 하지만 기계의 추천이 아무리 훌륭해진다 해도 그것을 거절하거나 변형하는 것을 포함해 우리가 원하는 대로 반응할 자유는 계속 쥐고 있어야 한다. 이를 위해서는 데이터 정제소의 추천 원리를 이해하는 도구뿐만 아니라 데이터 정제소의 기본 설정을 우리 각자가 선호하는 값으로 바꿀 수 있는 도구가 필요하다.

어떤 데이터 정제소는 데이터를 공유하는 개인을 위한 제품과 서비스를 개발하는 데 집중할 것이고, 또 어떤 데이터 정제소는 개인의 구매 성향을 파악하고자 하는 기업과 조직을 위한 제품과 서비스 개발에 집중할 것이다(이쪽이 돈이 되기 때문이다). 우리의 힘은 데이터를 공유하는 대가로 얼마나 많은 혜택을 얻을 수 있는지를 판단할 도구, 나아가 투명성과 주체성을 확대할 수 있는 도구를 제공하는 데이터 정제소를 선택하는 일에 달려 있다.

우리는 이제 막 소셜 데이터가 어떻게 이용 또는 악용될 수 있는지를 이해하기 시작한 참이다. 따라서 데이터 정제소가 어떤 도구를 도입해야 하는지를 논하기 전에 먼저 데이터 정제소를 평가할 기준을 세우는 것이 우선이다. 다음의 여섯 가지 권리는 이를 위한 기본 틀을 제공한다.

데이터 정제소의 투명성을 높이는 두 가지 권리

1. 데이터에 접근할 권리
2. 데이터 정제소를 점검할 권리(이하 3개 요소로 구성)

　　가. 데이터 안전 점검 결과를 볼 권리

　　나. 프라이버시 효율성 등급을 볼 권리

　　다. '데이터 편익률' 점수를 볼 권리

사용자 주체성을 증대시키는 네 가지 권리

3. 데이터를 수정할 권리
4. 데이터를 흐릴 권리
5. 데이터 정제소로 실험할 권리
6. 데이터를 이전할 권리

이상의 권리는 데이터와 데이터 정제소의 특성을 '읽고', 데이터 정제소와의 상호 작용 지침을 직접 '쓸' 수단을 제공한다.[2] 오스트리아 태생의 영국 철학자 루트비히 비트겐슈타인은 "언어의 한계는 세계의 한계를 의미한다"라고 말했다.[3] 어떤 것에 대한 개념을 갖고 있지 않으면 그것을 **보지** 못한다. 데이터 정제소를 이해하고 상호 작용을 주도하기 위해서는 새로운 언어를 배워야 한다.[4] 데이터 정제소의 분석과 추천을 평가할 도구가 없다면 데이터가 어떻게 다른 방식으로 해석되고 이용될 수 있는지 상상하기 어렵다. 단지 자신이 만들어내는 미가공 소셜 데이터에 접근하는 것만으로는 충분하지 않다. 데이터가 어떻게 사용될 수 있는지 알아야 한다.

가장 중요한 것은 투명성과 주체성이라는 권리를 현실에서 사용 가능한 도구로 바꾸는 것이다. 권리 행사를 위한 도구를 사용하는 사람은 필연적으로 더 많은 데이터를 생성할 것이다. 사용자 피드백은 데이터 정제소가 자사의 제품을 개선하는 데 중요한 역할을 하므로 데이터 정제소에 의해 분석될 수 있고, 또 분석되어야 한다. 데이터 정제소와의 모든 상호 작용은 새로운 데이터 포인트다.

주체성에 대해서는 다음 장에서 논의할 것이다. 이 장에서는 요구해야 할 두 가지 형태의 투명성에 대해 자세히 알아본다. 첫째는 본인의 데이터에 접근할 권리이며, 둘째는 데이터 정제소를 점검할 권리다. 전자는 당신이 생성한, 그리고 당신에 관한 데이터를 당신이 보고 해석할 수 있어야 함을 의미한다. 후자는 데이터 정제소가 개인의 데이터를 어떻게 다루고 사용하는지 공개하여 그들의 활동을 보다 투명하게 만드는 것과 관련이 있다.

└ 데이터에 접근할 권리

투명성과 주체성 어느 쪽에 중점을 두든, 모든 데이터 권리의 기반은 접근성이다. 서문에서 언급했듯이 수집된 개인 데이터에 접근할 권리는 미국과 유럽연합 회원국을 포함한 여러 국가에서 표준으로 자리 잡았다. 그러나 오늘날 '데이터 접근'을 다루는 방식은 한심할 정도로 부적절하다. 소셜 데이터의 질적으로 새로운 성질, 즉 나의 데이터가 타인의 데이터와 뒤얽혀 존재하는 현실을 반영하고 있지 않기 때문이다.

이미 본인에게 접근이 허용된 데이터인 금융 거래 내역과 신용정보를 고려해보자. 신용대출 한도를 결정하는 데 사용되는 데이터이기에 일부 국가에서는 본인이 직접 내용을 확인하고 오류를 바로잡을 수 있는 권리를 준다. 미국과 영국에서는 채무 내역과 청구서 납부 기록을 수집하고 분석하는 대형 개인신용조사기관이 1년에 한 번 개인의 요청에 따라 신용평가보고서 사본을 제공하게 되어 있다. 개인은 사실 관계를 확인하고 잘못된 내용이 있으면 신용조사기관에 통보하도록 권장된다. 예를 들어, 대출을 받은 적이 없는데 내 이름과 주소를 이용한 대출 신청 내역이 무더기로 올라와 있다면 누군가 신분을 도용하여 대출을 받으려고 했다는 얘기다. 신용 점수는 공과금을 제때 냈는지, 단기 부채를 신속하게 상환했는지, 아니면 고액의 카드빚이나 리볼빙론이 누적된 이력이 있는지, 신용계좌를 얼마나 오래 보유하고 있었는지, 융자를 몇 번이나 신청했는지, 그리고 본인 이름으로 된 신용카드, 대출, 모기지 내역이 있는지 등에 기반하여 결정된다. 신용점수는 개인의 재정 상황과 습관을 한눈에 보여주는 지표다. 신용조사기관은 과거의 어떤 행위가 신용 점수에 긍정적, 부정적 영향을 미치며, 기술 분석 카테고리별로 얼마만큼의 비중을 차지하는지 구체적으로 명시한다. 어쩌면 신용 점수의 30퍼센트가 공과금을 납부 기일에 맞춰 제때 납부했는지 여부로 결정되고, 여러 개의 신용카드를 돌려 사용하는지 아니면 장기 대출을 받았는지 여부는 10퍼센트밖에 차지하지 않을 수도 있다. 만일 공과금을 자주 연체해서 대출 위험도가 '평균 이상'이라는 보고서를 받았다면, 공과금을 제때 납부하여 신용 점수를 향상시킬 수 있다.

보통 신용 점수라고 하면 하나의 숫자, 파이코 스코어FICO score(미국의 페어 아이작 코퍼레이션Fair Isaac Corporation이 제공하는 개인신용평가 점수 - 옮긴이)를 떠올릴 것이다. 그러나 신용조사기관마다 자체적으로 개인정보를 수집하기 때문에 기관별로 신용 점수가 다르게 산출된다. 『뉴욕 타임스』에 따르면 어느 신용조사기관이 어떤 방식으로 데이터를 수집하는지, 어떤 종류의 대출을 신청하는지에 따라 적어도 49가지의 파이코 스코어가 나올 수 있다.[5] 『포춘』의 보도에 따르면 "각 기관—신용카드, 대출, 모기지 신청을 승인할지 평가하는 은행—마다 매개 변수를 변경할 수 있기 때문에", 심지어 한 신용조사기관 내에서조차 누구도 '단일한' 신용 점수를 갖지 않는다.[6] 이와 같은 단방향 거울은 우리에 관한 결정을 내리는 사람들이 보는 데이터가 우리에게는 보이지 않도록 제한한다.

진정한 투명성이 도입된다면, 대출 기관이 신용정보 범주별로 할당한 가중치를 어떻게 바꿀 수 있고 또 실제로 어떻게 바꾸는지 알 수 있다. 다시 말해, 기관이 우리의 신용정보를 어떻게 바라보는지 알 수 있다. 데이터 생성자에게도 가공된 데이터에 접근할 권한이 주어진다면 대출받을 때 어느 은행에 먼저 연락하면 좋을지를 결정할 때 꽤나 유용할 것이다.

데이터에 접근할 권리는 데이터를 맥락 속에서 볼 권한도 포함해야 한다. 가장 효과적인 맥락은 개인의 과거와 또래 집단이다. 나의 과거와 현재, 그리고 나의 현재와 다른 사람들의 현재가 어떻게 다른지 볼 수 있어야 데이터의 맥락을 파악할 수 있다. 분석, 비교, 해석을 위한 도구 없이 그저 미가공 데이터에 접근할 수 있는 권한만 주는 것은 별 의미가 없다.

현재의 걸음걸이와 과거의 걸음걸이를 비교할 수 있다면 어떤 이점이 있을지 생각해보자. 사내를 오가는 직원들을 추적하는 보행 인식 소프트웨어는 만성 요통이나 심각한 근육 퇴행위축의 초기 증상으로 보이는 보행 방식이 감지될 때, 아직 너무 초기라서 미처 의식하지 못한 잠재적인 질병을 조기에 발견해 알려줄 수 있다. 나라면 이런 조기 경보를 꼭 받고 싶을 것이다.

데이터를 십분 활용하려면 당신의 데이터를 다른 사람의 데이터와 비교할 수 있어야 한다. 하지만 누구의 데이터를 벤치마크로 사용할지 결정할 때 당신에게 얼마만큼의 재량권이 주어져야할까? 같은 병원에 다니는 환자, 같은 은행 지점을 이용하는 고객, 같은 부서 직원들의 데이터를 당신의 데이터와 비교할 수 있어야할까? 비교 집단이 상대적으로 소규모일 경우(이를테면 직장 동료 10여 명) 당신은 다른 이들에 관한 정보를 유추할 수 있을 것이고, 다른 이들도 마찬가지로 당신에 관한 정보를 유추할 수 있을 것이다.

당신에 관한 데이터는 상당 부분 다른 사람들의 데이터와 얽혀 있다. '당신의 데이터'가 꼭 당신 혼자만의 것은 아니다. 데이터 브로커 회사 액시엄이 생성하는 프로필처럼 표면상 당신에 관한 것으로 보이는 데이터조차 다른 사람들과 연관되어 있다. 액시엄의 프로필 분석 단위가 개인이 아니라 가구임을 상기하자. 광고

주들은 전통적으로 가구 단위로 생각하는데, 과거의 가용 데이터 수준이 그러했기 때문이다. 그들은 많은 구매 결정이 가구 단위로 이루어지는 점을 들어 이런 선택을 정당화했다. 그러나 자신에 관한 민감한 정보를 노출시킬지도 모를 광고가 다른 가족들에게 보여지는 걸 모든 가족 구성원이 원하는 것은 아니다. 부모님 모르게 임신한 10대 자녀에게 아기 옷과 유아용 침대 쿠폰이 발송된 것을 본 아버지가 유통업체 타깃의 엉뚱한 마케팅에 불만을 제기한 사례를 상기해보라.[7]

소셜 데이터는 가족이 공유하는 주소 이상으로 훨씬 더 복잡하게 얽혀 있다. 친구의 페이스북 게시물에 댓글을 달 때 우리는 시간과 에너지를 투자하여 데이터를 생성하고 공유하면서 개인적 취향과 선호도를 드러낸다. 그런데 원글을 올린 친구가 어떤 이유에서인지 글을 삭제하기로 결정했다고 하자. 당신의 댓글은 어떻게 될까? 타인이 생성한 데이터에 대한 반응이 원글 게시자의 통제하에 있어야 할까? 공동으로 생성한 모든 데이터는 당신도 계속해서 접근할 수 있어야 하고, 또 원래의 맥락 속에서 볼 수 있어야 한다. 그렇다고 다른 사람들이 기여한 내용을 허락 없이 사용할 수 있다는 얘기는 아니다.

삶의 상당 부분이 디지털의 형태로 경험, 소통, 심지어 구축되며, 사람들은 타인 및 세상과 상호 작용하는 과정에서 문자 그대로 데이터 생성에 참여한다. 고인이 남긴 디지털 '유산'에 접근할 때는 어떤 규칙이 적용되어야 할까? 그냥 실없이 해보는 질문이 아니다. 2016년에 100만 명에서 1000만 명 사이의 페이스북 사용자가 세상을 떴으며,[8] 누가 죽은 이의 계정을 관리할 권한이 있는지를 두고 많은 논란과 혼란이 벌어졌다.[9] 일부 계정은 유족의 요청에 따라 삭제되었다. 서로 태그한 사진과 함께 나눈 대화 등 해당 계정에서 공동으로 생성된 모든 데이터가 그것을 공동 소유한 많은 사람들의 의사와 무관하게 영영 사라져버렸다.

페이스북은 2015년부터 '유산 상속자'를 지정할 수 있는 기능을 제공하기 시작했다. 상속자로 지정된 사람에게는 마치 유언 집행자처럼 고인의 계정 내용을 보고 변경할 수 있는 매우 제한적인 권한이 주어진다. 이를테면 프로필 사진을 바꾸고, 타임 라인 상단에 고정 게시물을 작성하고, 친구나 가족의 새로운 친구 요청을 수락할 수 있다.[10] 그 이상의 데이터에 대한 접근이 허용되지 않는 데는 그럴만한 이유가 있다. 접근성은 데이터를 사용하기 위해 필요한 것인데, 고인에게 맞게 개인화된 추천이나 순위는 다른 사람에게 별 소용이 없기 때문이다. 그리고 만일 고인의 계정에서 새로운 데이터가 다수 생성된다면 해당 계정은 더 이상 추모 공간이 아니라 계정 '관리자'의 성격과 특성을 반영하게 될 것이다.

센서로 수집된 데이터까지 고려 대상에 포함하면 '당신의 데이터'를 정의하는 것이 더욱 까다로워진다. 사회 통념상 공공장소에서 사진을 찍을 때 카메라 프레임 안에 들어온 모든 사람에게 촬영 허락을 받을 필요는 없다. 그런데 사진 찍은 사람은 사진 안의 모든 사람의 신원을 다 알지 못하겠지만 페이스북의 딥페이스 안면 인식 시스템이라면 얘기가 다르다. 딥페이스는 페이스북 사용자들이 태그한 방대한 사진 라이브러리를 이용하여 개인을 식별한다. 페이스북의 알고리즘은 새로 업로드된 사진의 얼굴에 자동으로 태그를 제안할 수 있을 정도로 정교하다. 현재 이런 '자동 태그'는 태그된 사람의 친구만 볼 수 있다.

일부 국가에서는 자동 태그를 프라이버시 침해로 규정한다. 유럽연합이 이미지 자동 태그에 이의를 제기하자 페이스북은 자발적으로 유럽 국가에서 해당 서비스를 중단했다.[11] 그런데 기계가 제안한 태그는 금지하면서 인간이 제안한 태그는 허용하는 이유는 무엇인가? 둘 다 태그된 사람이 원치 않을 경우 태그를 해제할 수 있다. 인간이 생성한 태그도 자동으로 생성된 태그와 똑같이 개인에게 도움을 주거나 피해를 끼칠 수 있다.

페이스북은 게시자가 누구인지와 무관하게 업로드된 모든 사진 속 얼굴을 식별하여 자동 태그를 생성할까? 틀림없이 그럴 것이다. 얼굴을 인식하기도 전에 특정 사진을 알고리즘에서 제외하는 것은 불가능하기 때문이다. 따라서 태그가 악용될 가능성에 대한 우려를 어떻게 불식시키느냐 하는 문제가 부상한다. 정부가 기업의 자동 태그 사용을 금지할 수도 있겠지만, 이런 식의 전면 규제는 우리가 데이터 정제소와 데이터를 공유해 얻을 수 있는 혜택을 제한한다. 더 나은 방법은 사람들에게 태그를 **보여줘서** 자동 태그의 위험과 혜택을 직접 배울 수 있도록 하는 것이다.

당신이 참석한 행사의 페이스북에 모르는 사람이 사진을 올렸다고 해보자. 사진에 찍힌 사람 중에 당신이 포함되어 있다. 안면 인식 소프트웨어가 당신의 얼굴을 식별하고, 그 사진을 보는 당신의 페이스북 친구들에게 당신의 이름을 태그로 제안한다. 만일 누구도 이 자동 태그를 수용하지 않으면, 당신은 아마 이 사진의 존재를 영영 알지 못할 것이다.

만일 당신이 페이스북에 본인의 이름이 태그된 이미지를 모두 보여달라고 요청한다면, 페이스북은 사람이 생성한 태그든 자동으로 생성된 태그든 상관없이, 그리고 게시자가 그 이미지를 당신에게 공개했는지 아닌지와 무관하게 모두 보여줘야 마땅하다. 자동 태그는 확률에 기반하여 생성되기 때문에, 페이스북이 당신일 확률이 낮다고 판단한 이미지들까지 전부 나열될 것이다. 따라서 당신이 포함되었을 가능성이 있는 모든 이미지를 보려면 엄청난 수의 이미지를 확인해야 할지도 모른다. 이 작업을 좀 더 쉽게 하려면 사진 속 얼굴이 본인일 확률이 높은 순으로 이미지를 정렬하고, 어느 기준 이상의 확률일 때 결과에 포함시킬지 말지를 조절할 수 있어야 한다. 비질런트 솔루션스가 거리에서 찍힌 번호판을 판독하여 자동차가 하루 동안 움직인 경로를 추적할 수 있듯이 여러 장의 사진, 동영상, 기타 데이터를 한데 묶어 당신의 동선을 추리할 수 있는 세상에서는 이와 같은 검색 도구가 특히 중요하다. 데이터 접근권은 그 데이터가 어디서 만들어졌는지와 상관없이 정제소가 가진 당신과 관련된 모든 데이터에 접근할 수 있는 권리를 포함해야 한다.

사진이나 동영상에 등장하는 다른 사람들은 어떤가? 당신이 모든 사람의 얼굴을 볼 수 있어야 할까? 당신의 친구가 아닌 사람들에게 붙은 자동 태그도 볼 수 있어야 할까? 어쨌거나 당신도 그 자리에 있었고, 행사 주최 측이나 사진 찍은 사람에게 물어보면 (또는 구글 리버스 이미지 검색을 사용하면) 그들이 누구인지 알아낼 수 있다. 소프트웨어로 얼굴을 모두 흐릿하게 처리하거나 가린 경우에도(시애틀 경찰서가 바디캠 영상을 유튜브 채널에 올릴 때 그랬듯이) 이는 마찬가지다. 그러나 모르는 사람의 신원을 알아내는 데

따르는 경제적 제약은 데이터의 악용을 막아주는 이점이 있다. 예를 들어, 가능한 한 사진이 많이 찍히기 위해 행사장 곳곳을 돌아다니는 특이한 사람이 있다고 해보자. 그는 데이터 정제소로부터 자신이 포함된 모든 이미지를 확보한 후, 사진 속 혹은 사진에 딸린 정보를 이용하여 같은 장소에 있었던 개인을 추적할 수 있다. 그가 추적하기로 한 개인은 잠재적 고객일 수도 있고(골칫거리), 스토킹 대상일 수도 있다(범죄). 자동 태그된 자신의 이름을 누가 볼 수 있는지를 설정할 권한을 사용자들에게 준다면 단지 그 정보를 입수하기 위해 드는 비용만 달라지는 것이 아니다. 사진이 사용될 수 있는 범위도 함께 규정된다. 대개의 경우 우리는 데이터를 배제하기보다는 포용하면서, 동시에 항상 개인의 의사가 존중될 수 있게 해야 한다. 자신을 드러내는 태그를 다른 사람에게 보여줄 것인지, 누가 태그를 볼 수 있는지를 각자 정할 수 있어야 한다.

데이터에 접근할 권리는 데이터를 누가 '소유하는가', '데이터를 소유한다는 것'이 실제로 의미하는 바는 무엇인가와 같은 질문에 의해 한층 더 복잡해진다. 태그의 사례에서 보았듯이, 역사적으로 창조자와 대상의 이해관계가 항상 일치하지는 않았다. 그러나 더 근본적인 문제는 오늘날 우리가 사용하는 소유라는 개념이 물리적 세계에서 진화했다는 사실이다. 내가 사과를 하나 구입했다면 나는 그것의 소유자다. 이 사과는 내가 원하는 대로 할 수 있는 나만의 것이다. 토막 낼 수도 있고, 먹을 수도 있고, 남에게 줄 수도 있고, 다른 사람에게 팔 수도 있다. 한 번에 한 사람만 그 사과를 소유할 수 있으며, 사과를 한 입 베어 물면 되돌릴 수 없다. 이와 대조적으로 데이터는 1명 이상이 동시에 소비할 수 있으며, 소비한다고 해서 데이터가 없어지지도 않는다. 동시에 1명 이상의 사람이 소유할 수도 있다. 데이터에는 새로운 소유권 개념이 적용되어야 한다. 데이터 소유권은 데이터를 사고, 팔고, 기부하고, 파괴하는 등 그것의 운명을 결정할 단 하나의 의사 결정권에 관한 것이 아니다. 그보다는 데이터에 접근하고 사용할 수 있는 권한이다.

이와 같은 다양한 차원의 접근을 고려하고 나면 왜 미가공 데이터 뭉치를 확보하는 것으로 충분하지 않은지가 명백해진다. 개인 데이터에 접근할 권리는 어떤 데이터가 타인에게 공개되어야 하고, 어떤 데이터는 공개되지 말아야 할지에 관한 신중한 논의를 요한다. 뿐만 아니라 신원을 어느 수준까지 공개할 것인지, 누가 어떤 데이터에 얼마간의 지분을 얼마 동안 갖는지를 계산하여 전달할 정밀한 옵션을 제공하는 복잡한 알고리즘, 사용자 인터페이스, 소프트웨어의 사려 깊은 개발이 요구된다. 컴퓨터 코드의 혁신이든 사회적 관례의 혁신이든 이런 혁신은 결코 사소한 일이 아니다. 그렇다고 그것을 요구하지 못할 이유는 없다. 우리가 자신의 데이터를 볼 수 있느냐 없느냐, 사용할 수 있느냐 없느냐가 바로 여기에 달려 있다.

ㄴ 데이터 정제소를 점검할 권리

위험 부담은 적으면서 쓸 만한 결과를 내주는 데이터 정제소를 어떻게 선별할 수 있을까? 완전한 투명성을 위해서는 개인 데이터 이상을 볼 수 있어야 한다. 즉 데이터 정제소에 관한 데이터를 볼 수 있어야 한다.

나는 사용자가 데이터 정제소별로 소셜 데이터 생태계의 온전성과 건강함을 점검할 수 있어야 한다고 주장한다. 이를 위해서는 보안 위협에 대한 대응력 측면에서 데이터 정제소의 '위생 상태'가 어떤지, 데이터 효율은 어떤지(프라이버시가 얼마나 빨리 '연소'되는지), 사용자가 데이터를 제공하는 대가로 기대할 수 있는 결과가 무엇인지 측정할 수 있어야 한다. 건강에 관해 얘기할 때, 우리는 위생 상태를 철저히 유지한다고 해서 병에 걸리지 않으리라는 보장이 없다는 걸 안다. 이 이야기는 데이터 정제소를 보다 투명하게 만들기 위한 세 가지 방법에도 해당된다.

식당 위생검사 제도를 예로 들어보자. 최소한의 기준을 충족시키면 식당 문을 열 수 있고 그렇지 않으면 문을 닫아야 하는 합격 또는 불합격의 이원적 체제로 이 제도를 운용할 수도 있을 것이다. 실제로 위생검사관은 식당에 영업정지 처분을 내릴 권한이 있지만, 보통은 '열악함'에서 '모범적'까지 등급별로 위생 점수를 부과한다.[12]

당국은 단순히 합격/불합격으로 평가하는 대신 등급제 체제로 운영하면서 다양한 지역 사회 구성원들이 가진 두 가지 전혀 다른 성격의 우선순위, 즉 공중 보건과 경제 활성화 사이의 균형을 맞춘다. 면역 체계가 손상되어 병원균에 노출되는 것을 특히 주의해야 하는 사람이라면 최고 위생 등급을 받은 식당만 골라서 갈 수 있다. 당국은 이렇게 이례적인 경우까지 감안하여 사회 구성원을 보호하고자 노력해야 한다. 한편 어떤 고객은 믿을 수 없

포스트 프라이버시 경제

을 정도로 싼 가격이나 놀랍도록 독창적인 요리를 먹는 대가로 완벽에 못 미치는 위생 상태를 기꺼이 감수할 것이다.

드물긴 하지만 늘 잠재되어 있는 극단적인 위험은 위생검사로 방지할 수 없다. 면역 체계가 아무리 막강한 사람이라도 장티푸스 메리Typhoid Mary(요리사로 일하며 수십 명을 감염시킨 장티푸스 보균자로 언론에서 선정적으로 보도하여 널리 알려진 메리라는 여성에게서 나온 말 – 옮긴이)가 요리한 음식을 먹은 후라면 얼마든지 병에 걸릴 수 있다.[13] 반半정기적인 검사에는 식당 직원들이 장갑을 착용하는지, 아플 때는 출근하지 않도록 교육받는지 등을 확인하는 과정이 포함된다.

이러한 위생 점수 개념은 데이터를 생성하고 공유할 때 고려해야 할 절충점에도 적용된다. 모든 결정에는 부정적인 측면과 긍정적인 측면, 예상하지 못한 결과와 예상한 결과가 존재한다. 어떤 데이터 정제소를 사용할지 결정할 때도 마찬가지다. 여기서 예상하지 못한 결과란 계산에 넣지 않았거나 상상조차 해보지 못한 어떤 것이 아니라, 장티푸스 메리가 우리 동네 식당에서 일하고 있는 것처럼 몹시 드물고 가능성이 낮지만 완전히 불가능한 것은 아닌 상황을 뜻한다. 예상한 결과란 식사하고 나올 때 돈을 지불해야 하는 것처럼 계획할 수 있고, 또 해야 하는 결과다. 예상한 결과와 예상치 못한 결과는 둘 다 부정적이거나 긍정적일 수 있다. 장티푸스 메리와 식사비 지불은 둘 다 부정적인 결과다. 다만, 심각한 병에 걸릴 위험보다 밥값이 얼마 나올지를 계산하는 편이 훨씬 쉽다.

데이터의 세계에서 예상치 못한 가장 심각하고 부정적인 결과(리스크)는 보안이 뚫리는 바람에 데이터를 악용하여 금전적으로든 다른 측면으로든 당신에게 해를 끼칠 수 있는 사람이 사용자 데이터에 접근하게 되는 것이다. 드물기는 하나, 단 한 건만 터져도 수백만 명의 사람들이 동시다발적으로 피해를 입을 수 있다. 한편, 일반적으로 예상할 수 있는 부정적인 결과(비용)는 개인정보가 데이터 징제소에 의헤 거듭 가공되면서 프라이버시가 처천히 잠식되는 것이다. 일정 정도의 프라이버시 훼손은 불가피하지만 얼마나 많은 프라이버시가 사용되는지, 다시 말해 '연소'되는지는 데이터 정제소의 정책과 절차에 따라 달라진다. 이것을 측정한 것이 '프라이버시 효율' 등급이다.

대부분의 사람들이 날마다 의지하고 있는, 데이터 제공의 대가로 얻는 익숙하고 긍정적인 결과(혜택)는 '데이터 편익률' 점수로 구체화할 수 있다. 순위와 매칭 정보를 제공하기 위해 사용자의 미가공 데이터와 밝혀진 선호도를 얼마나 잘 활용하는지는 데이터 정제소마다 다르다. 이상의 세 가지 평가 기준, 즉 데이터 안전과 보안 리스크, 프라이버시 효율성, 데이터를 주고 얻는 혜택의 총합에 기반하여 데이터 정제소를 비교할 권리는 어떤 업체를 선택할지를 결정하는 길잡이 역할을 할 것이다.

	부정적 결과	긍정적 결과
예상한 결과	'프라이버시 효율성' 등급	'데이터 편익률' 점수
예상하지 못한 결과	데이터 안전 점검	세렌디피티(뜻밖의 운 좋은 발견)

위의 표에서 '세렌디피티'라 명명된 예상치 못한 긍정적인

결과에 대해서는 따로 구체적인 측정 방법을 제시하지 않았다. 세렌디피티는 데이팅 사이트에서 영혼의 동반자를 만난 순간, 링크드인을 통해 꿈의 직장에 취업한 순간, 사진에 딱 맞아떨어지는 희소한 질병의 이름을 발견한 순간,[14] 그 밖에 일생에 다시 없을 중대한 질문에 대한 답을 소셜 데이터를 통해 발견한 순간이다. 앞으로 인생을 바꿔놓을 중요한 결정을 내릴 때 데이터 정제소가 점점 더 큰 역할을 하게 되리라 확신하지만, 이렇게 삶에 커다란 기쁨을 주는 드문 결과는 하나의 숫자로 집계하기에는 너무 주관적이고 개별적이다. 이제 데이터 정제소를 점검하는 세 가지 방법에 대해 알아보자.

데이터 안전 점검 결과를 볼 권리

수개월에 한 번씩은 대규모 데이터 유출 사고가 뉴스에 오른다. 모든 기술에는 장단점이 존재한다. 획기적인 신기술은 보통 그에 따른 위험을 수반한다. 인간이 운영에 관여할 경우 특히 그렇다. 자동차 운전은 대형 사고로 이어질 수 있다. 데이터 정제소와 데이터를 공유하면 보안 공격이나 해킹에 노출될 수 있다.

『누가 우리의 미래를 훔치는가Future Crimes』의 저자이자 유엔, 북대서양조약기구NATO, 인터폴에서 자문 역할을 맡았던 마크 굿맨은 보안 사고를 극히 드물게 일어나는 사건으로 치부해서는 안 된다고 강조한다. 세계 GDP의 15~20퍼센트가 마약 밀매, 인신매매와 매춘, 데이터 밀거래와 지적 자산 절도 같은 조직범죄 활동과 연루되어 있으며, 범죄 조직의 수입원에서 사이버 범죄가 차지하

는 비중이 높아지고 있다.[15]

　소매 유통업체인 타깃[16]과 이베이[17]의 거래명세 데이터 유출, JP모건 체이스의 금융 데이터 유출[18], 소니 픽처스의 고용 데이터 유출[19], 건강보험 회사 앤섬의 환자 데이터 유출[20], 필리핀 선거관리위원회의 유권자 정보 유출[21] 등 세간의 이목을 끄는 보안 사고는 주요 뉴스로 보도되고 심각한 문제로 다루어진다.[22] 하지만 이후 정확히 왜 이런 문제가 발생했는지 공개적으로 책임 소재를 묻거나, 회사가 어떻게 보안을 개선할 수 있었고 해야 했는지에 대한 공개 토론이 벌어지는 경우는 거의 없다. 데이터 허브 간 전송 시 데이터를 가로챈 것인가? 약점이 내부적으로 파악될 수 있었나? 데이터 정제소가 개인정보를 공유할 만큼 '충분히 안전한지' 어떻게 판단할 수 있나?

　보안 사고가 발생하면 기업은 정교한 지능형 공격을 막을 도리가 없다고 주장하곤 한다. 그런 사후 평가가 타당한 경우도 없지는 않다. 소니 픽처스가 해킹당한 후 대변인은 "소니 픽처스 엔터테인먼트가 이런 공격으로부터 스스로를 방어할 수 있어야 한다는 의견에는 심각한 결함이 있으며, FBI의 수사 결과와 논평을 무시하는 것"이라고 말했다.[23] FBI 사이버 수사국은 상원에서 "공격에 사용된 악성 코드는…… 오늘날 민간 업계 인터넷 방어 체제의 90퍼센트를 뚫을 수 있을 것이고, 심지어 정부도 안전하지 않았을 것이라고 본다"고 증언했다.[24] 해커들이 사용한 맞춤형 악성 코드는 장티푸스 메리와 같았다. 디지털 보안에 대대적으로 투자할 이유와 역량이 있는 기업마저도 하릴없이 당하고 말았던 예기치 못한 부정적인 결과였다.

데이터 안전 점검은 소셜 데이터를 가공하는 모든 회사가 필수적으로 진행해야 하며, 그 결과는 사용자에게 공개되어야 한다. 하지만 지금까지의 행태로 볼 때, 사용자들이 직접 나서서 안전 점검이 보편적으로 이루어지기를 요구해야 한다. 대부분의 기업은 점검 결과를 공유할 동기가 없을뿐더러, 결과가 공개되면 해킹에 더 취약해질 것이라고 우려한다. 데이터 정제소의 보안 취약점을 구체적으로 나열하는 것도 그렇고, 낮은 안전 등급을 공개하는 것 자체가 집 앞에 문이 잠겨 있지 않다는 광고판을 세워두는 것과 같다고, 따라서 도둑을 불러들이는 것이나 마찬가지라고 주장한다. 하지만 도둑은 보통 타깃이 얼마나 취약한지가 아니라, 얼마나 훔칠 가치가 있는지로 범죄 대상을 결정한다.

소니 픽처스는 자산을 보호하기 위해 선구적인 사이버 보안 전문가 케빈 맨디아를 고용했다.[25] 수백만 달러의 가치를 가진 할리우드 영화든 수백만 개의 고객 신용카드 번호든 민감한 정보를 다루는 기업은 대부분 보안 컨설턴트를 고용한다. 여기서 기업과 사용자의 이해관계는 일치한다. 어느 쪽도 데이터를 범죄자들에게 도난당하기를 원치 않으며, 어느 쪽도 사고로 인한 막대한 비용을 치르고 싶어 하지 않는다. 그러나 현재 우리 대부분은 특정 회사에 보관된 사용자 데이터가 얼마나 보안에 취약한지 판단할 정보를 갖고 있지 않다. 기업별로 데이터 보호를 위해 어떤 조치를 취하고 있는지 비교하는 것은 그보다 더 어려운 게 현실이다. 우리가 데이터 정제소 전반에 대해 안전 점검을 수행하고, 그 결과를 공개해야 하는 이유가 바로 여기에 있다.

데이터 안전을 위한 한 가지 길은 사용자 커뮤니케이션과 사용자 데이터 분석을 안전하게 만들어줄 표준을 채택하는 것이다. 전자프런티어재단Electronic Frontier Foundation은 암호화되지 않은 방식으로 데이터를 전송하는, 그리고 유감스럽게도 대부분의 웹사이트에서 기본 값으로 유지되고 있는 HTTP 프로토콜이 "근본적으로 안전하지 않다"고 강조한다. 데이터 정제소는 외부의 공격자가 커뮤니케이션을 가로채기 어렵게 클라이언트와 서버 간의 연결을 암호화하는 HTTPS 프로토콜을 도입해야 한다.[26]

직원이 사용자 데이터에 접근하는 방식도 안전 점검의 대상에 포함되어야 한다. 사용자가 휴대폰 앱이나 전용기기로 전송된 일회성 암호를 추가로 입력해야 하는 이중 또는 다중 인증을 채택한 데이터 정제소는 그렇지 않은 업체보다 데이터 안전 유지에 더 강한 의지를 갖고 있다고 볼 수 있다. 모든 데이터 접근 내역을 기록하고 분석하는 기업은 더 높은 보안 등급을 받을 것이다. 기록을 남기면 사고가 터졌을 때 수사관이 문제 발생 지점에서 어떤 이례적인 활동이 있었는지를 추적하는 데 도움이 될 뿐만 아니라, 평소 직원들 사이에 규칙을 준수하는 분위기가 형성될 것이다. 앞에서 얘기했듯이 사람들은 자신의 행동이 기록되고 있다는 것을 알면 행동을 바꾼다.

그러나 다수의 보안 사고는 소프트웨어 결함이 아니라 회사 내부 인력의 허점에서 시작된다. 불만을 품은 직원, 마음이 떠난 직원, 충분한 교육을 받지 못한 직원, 또는 그저 너무나 바빠 일 처리를 철저하게 하지 못한 직원이 문제의 시발점이 되곤 한다. 사용자는 자신의 데이터를 다루는 직원이 믿을 만한 사람인지를 비롯하여, 데이터 정제소 내부의 데이터 안전성을 더 소상하게 파악할 자격이 있다. 금융 기관은 직원을 채용하기 전에 반드시 이전 직장에서 어떤 종류든 사기 행위를 저지른 적이 있는지 확인하는 신원 조사를 실시한다. 데이터 정제소도 이와 마찬가지로 자사에 지원한 구직자의 신원 조사를 실시하여 직원에 의한 잠재적 리스크를 가늠해야 한다. 데이터 정제소의 개발자는 사용자의 미가공 데이터에 광범위하게 접근할 수 있으며, 개발자가 작성하거나 수정한 코드를 모두 다른 사람이 꼼꼼하게 점검하지는 않는다. 만일 개발자가 보안 절차를 따르는 데 느슨했거나, 터무니없이 부주의하게 또는 부정한 목적으로 작성된 코드를 제출했다는 사실을 발견하고도 데이터 정제소가 아무런 조치를 취하지 않았다면, 이에 대해 그들은 책임을 져야 할 것이다.[27]

실제로 가장 심각한 보안 사고 중 일부는 불법 사이버 공격이 아니라 데이터 처리 방식의 엉성함 때문에 일어났다. 미군 참전용사 7000만 명의 의료 기록 및 제대 기록이 담긴 정부기관의 하드 드라이브가 유출된 일이 한 예다.[28] 하드 드라이브가 오작동하자 담당 직원은 그것을 외부의 원 공급자에게 수리하러 보냈다. 수리가 불가능하다고 판단한 원 공급자는 하드 드라이브를 데이터도 지우지 않은 채 재활용을 위한 제3의 업체에 보냈다. 사건이 터진 직후 해당 기관은 업체와 맺은 계약서상의 프라이버시 조항이 데이터 보호를 보장한다고 주장했다. 하지만 범죄자는 그런 법적 세부사항에 신경 쓰지 않는다. 데이터의 취급과 대응 모두 용납할 수 없는 수준이었다. 데이터 유출 리스크를 수치화할 때, 식당 위생검사에서 직원들이 식품을 안전하게 취급할 지식이 있는지를 검사하듯 직원이 데이터를 안전하게 취급할 수 있는지도 반드시 철저하게 검토해야 한다. 이런 부분은 어떤 개인을 고용하느냐가 아니라 회사의 문화에 따라 달라진다.

고객용 웹사이트를 크롤링하여 정보를 수집하는 봇에 의해 데이터 유출이 벌어지기도 한다. 시스템이 비정상적으로 활동하는 계정을 포착하여 정지시킬 대책을 마련하는 것도 올바른 데이터 안전 수칙에 포함되어야 한다. 예를 들어, 매일 24시간 로그인한 상태로 매초 웹페이지를 옮겨 다니는 사용자가 인간일 가능성은 없다. 봇과 봇 운영자는 갈수록 똑똑해져 이제 이렇게 쉽게 판별 가능한 행동 패턴은 피하는 작전을 쓴다. 머신 러닝을 이용하여 승인되지 않은 데이터 수집을 식별해내는 데이터 정제소는 더 높은 안전 등급을 받을 것이다.

설사 정교한 모니터링 체제가 갖춰져 있다 해도 봇의 데이터 수집을 완벽하게 방지할 수는 없다. 질병을 갖고 살아가는 사람들을 위한 소셜 네트워킹 사이트 페이션츠라이크미의 사용자들이 값비싼 대가를 치르고 얻은 교훈이다.[29] 이 사이트의 채팅 포럼에서 공유되는 데이터는 임상진단, 현재 건강 상태, 처방 약과 처방받지 않은 약, 부작용, 예후 등 상당히 민감한 정보를 포함한다. 많은 이들이 다발성 경화증, HIV와 에이즈, 외상 후 스트레스 장애, 우울증과 같은 만성 질환을 갖고 살아가는 신체적, 감정적 어려움을 어떻게 극복할 것인지 조언을 주고받았다. 데이터 공유의 힘을 보여주는 훌륭한 사례였다. 이 사이트는 비슷한 문제를 겪고 있는 사람들을 만나 서로의 경험으로부터 배우고, 자신의 치료 과정을 다른 사람들과 비교할 수 있게 해주었다.

페이션츠라이크미 회원 중에는 본명을 밝히고 활동하는 사람도 있고, 프로필 페이지 또는 글 아래 서명에서 이메일 주소 같은 개인정보를 밝힌 사람도 있었다. 다른 환자들과 쉽게 연락하기 위한 선택이었겠으나, 그런 정보는 회원의 신원을 알아내는 작업도 더 쉽게 만든다. 밝혀지지 않은 제약회사 또는 의료장비 제조업체를 위해 시장 분석을 수행하던 데이터 업체 닐슨의 봇이 페이션츠라이크미 포럼에 접근하여 몰래 데이터를 긁어갔다는 사실이 밝혀졌을 때 회원들의 충격이 얼마나 컸겠는가.[30] 페이션츠라이크미는 봇 계정을 정지시켰지만, 사이트 게시물의 5퍼센트가 이미 복제되었다. 정기적인 데이터 안전 점검은 기업이 마련해둔 안전 절차가 얼마나 신속하게 봇 계정과 데이터 수집을 잡아내는지도 함께 평가해야 할 것이다.

이 외에도 보안 허점이 악용되기 전에 찾아내려는 보다 광범위한 노력이 필요하다. 페이스북은 2011년부터 프로그램 버그나 취약점을 발견하여 알려주는 사람에게 포상금을 지급했다. 그 결과 2000개가 넘는 버그가 발견되었고, 총 400만 달러가 넘는 포상금—페이스북 전체 보안 예산의 극히 일부에 불과한 금액—이 버그를 발견한 해커들에게 지급되었다.[31] 개별 '화이트 햇White Hat 해커(보안상 취약점을 찾아내 악용하지 않고, 다른 해커들의 공격을 방지하도록 알려주는 해커 - 옮긴이)'에게 지불된 보상금은 페이스북이 해당 문제를 이미 인지하고 있었는가 아닌가와 무관하게, 발견된 리스크의 심각성에 따라 정해졌다. 지금까지 단일 건에 지급된 포상금 최고액은 3만 3500달러로, 비밀번호 재설정 요청을 처리하는 코드에 포함된 버그를 통해 페이스북 서버를 해킹해낸 브라질 남성에게 돌아갔다.[32] 모든 데이터 회사가 제대로 된 보안 담당 부서를 설치할 자원을 보유하고 있지는 않다. 그러나 경쟁력 있는 포상 프로그램을 이용하면 적은 비용으로 보안 허점을 효과적으로 막을 수 있다.

해킹의 파급 효과는 '사물 인터넷'을 감안할 때 특히 위협적이다. 비행기, 기차, 자동차의 컴퓨터 시스템과 가정에서 병원에 이르기까지 모든 곳에 장착된 컴퓨터 네트워크를 통해 분석되는 막대한 양의 데이터는 **물리적인** 위협으로 작용한다. 4장에서 GPS 스푸퍼가 사람들을 엉뚱한 장소로 유인하는 데 사용될 수 있음을 다뤘다. 텍사스대학 공학과 교수 토드 험프리스가 스푸퍼와 리모컨을 사용하여 선원들 몰래 요트의 내비게이션을 장악한 사례는 특히 주목할 만하다.[33] 다른 사례에서는 2명의 해커가 크라이슬러사의 지프 체로키의 네트워크 엔터테인먼트 시스템을 통해 "운전대, 브레이크, 변속기"를 장악할 수 있음을 증명했다.[34]

이와 같은 시범 사례는 기업이 디지털 보안에 접근하는 방식을 바꾸고 있다. 2015년 메이오 클리닉은 10여 명의 화이트 햇 해커를 고용하여 병원의 중요한 의료 장비 수백 대를 통제하는 네트워크에 침투할 수 있는지 시험했다. 결과는 충격적이었다. 병원의 장비들은 믿을 수 없이 취약했으며, 사이버 보안 업계의 유명인사가 다수 포함된 해커팀이 주어진 일주일의 기한 내에 보안 결함을 총망라할 수 없었을 정도였다. 일부 장비는 공장 출시 당시의 기본 비밀번호를 그대로 사용하고 있어 네트워크에 침투하려고 마음먹은 사람에게는 비밀번호가 걸려 있지 않은 것이나 다름없었다.[35] 메이오 클리닉은 해커 팀의 보고서를 검토한 후 장비 구매 정책과 절차를 업데이트하고, 모든 의료 기기를 보안 프로토콜에 따라 관리하도록 조치했다. 그러나 이런 프로토콜이 의료 업계의 표준으로 자리 잡으려면 아직 갈 길이 멀다.[36]

데이터 모니터링을 시행할지 말지를 결정할 때 단순히 비용-효용 분석으로 결론을 내는 풍토가 만연하다. 소니 픽처스의 대형 해킹 사고가 있기 전인 2007년, "100만 달러의 손실을 피하고자 1000만 달러를 투자"하고 싶지는 않다고 말한 경영진의 사고방식이 바로 그랬다.[37] 소니 픽처스 해킹의 피해는 100만 달러 수준에 그치지 않았다. "조사 및 해결 비용"으로만 1500만 달러가 들었고,[38] 소니의 기업 평판이 입은 타격은 그보다 더 클 것이다. 취약성 탐지 및 화이트 햇 해킹 프로그램의 비용을 낮추는 한 가지 방법으로 업계 전반에 걸쳐 감사를 수행하고 해커를 인증하는 독립 협회의 설립을 고려해볼 만하다. 그와 동시에 사용자가 높은 데이터 안전 수준을 고집한다면, 사용자의 요구에 부응하지 않는 기업이 지불해야 할 비용이 증가할 것이다.

널리 알려진 데이터 유출 사례를 통해 데이터 정제소 사용자들에게 투명하게 드러나야 할 다섯 가지 안전 요소를 다음과 같이 요약해볼 수 있다. 첫째, 식당의 위생검사처럼 기업이 '문을 열기' 위해 반드시 충족해야 할 최소한의 요건이 존재한다. 지금까지 알려진 모든 취약성을 패치한 최신 소프트웨어를 보유하는 것이 한 예다. 둘째, 데이터 안전은 보안 코드를 설치하는 것에 국한되지 않는다. 사람이 관건이며, 사용자와 사용자의 데이터를 존중하는 사내 문화를 조성하는 것이 중요하다. 이를 위해 데이터 정제소의 전반적인 건전성 수준을 인증하고 직원들이 데이터를 안전하게 취급하는 교육을 받고 있는지를 비롯하여 기업별 보안 절차와 관행에 등급을 부여하는 외부 집단의 감사 제도를 도입할 수 있다. 셋째, 화이트 햇 해커 팀이 정기적으로 데이터 정제소의 네트워크와 컴퓨터에 침입을 시도하여 숨겨진 취약성을 확인하게 한다. 감사관이 비정상적인 활동에 대한 업체의 대응 시간을 평가하고 구체적인 개선안을 제안한다면 더욱 이상적일 것이다. 이는 데이터 정제소와 사용자 양측 모두에 이득이다. 넷째, 데이터 정제소 전반에 걸쳐 일관적인 기준과 테스트를 적용하여 데이터 안전을 평가해야 한다. 다섯째, 특정 데이터 범주 유출 시 잠재적 피해에 대한 가중치를 둘 수 있어야 한다. 커넥티드 카Connected Car(양방향 인터넷, 모바일 서비스가 가능한 차량 - 옮긴이)가 운전 중에 해킹을 당했을 때의 피해는 신용카드 정보를 도용당하는 것보다 훨씬 심각할 수 있다.

검사관은 데이터 안전 점검 목록에 따라 데이터 정제소의 실행 수준을 검토하고 테스트하면서 점수를 부여할 것이다. 데이터 정제소별 최신 총점이 공개되고, 이전 점검 결과까지 볼 수 있는 옵션을 통해 전체 맥락 속에서 기업별 점수를 평가할 수 있을 것이다. 향상된 점수는 보안 인프라 부문의 신규 투자나 직원 교육이 성과를 내고 있음을 의미한다. 악화된 점수는 최근 발견된 취약성이나 신규 직원 교육의 부실함 등을 반영할 것이다. 추세 정보는 최신 점수만큼이나 유용하다.

마지막으로 데이터 안전 점검에서 낮은 점수 또는 위험 등급을 받았다고 해서 부주의로 인한 데이터 유출 시 데이터 정제소가 사용자에게 끼친 손해를 보상할 법적, 도의적 책임을 지지 않아도 되는 것은 아니다. 사고로 인해 발생하는 손해는 데이터를 주는 사용자뿐만 아니라 데이터를 얻는 기업도 함께 짊어져야 한다. 그렇지 않으면 경쟁사들이 낮은 안전 등급을 받은 경우(또는 높은 등급을 받았지만 제품이나 서비스가 형편없는 경우) 기업이 보안을 개선할 이유가 없을 것이다. 훗날 개인이 입게 될 손해가 특정 데이터의 유출이나 보안 허점으로 인해 초래되었음을 증명할 수 없을지도 모르기 때문에 더 그렇다. 기업이 사용자에게 자발적으로 보상을 제공하지 않는다면 정부나 법원이 개입하여 벌금을 부과하거나 사용자에 대한 변상을 강제하는 것도 고려해볼 만하다.

데이터 정제소를 이용하는 삶의 영역이 갈수록 늘어남에 따라, 보안 사고가 발생하기 전에 데이터 안전에 관한 정보가 더욱 활발하게 공적으로 논의되어야 한다. 온라인으로 개인의 신원과 평판을 구축하고 일상을 공유하는 소셜 데이터의 세상에서 보안 사고의 위협은 개개인의 삶에 막대한 영향을 미치는 문제다.

<h2>ㄴ 프라이버시 효율성 등급을 볼 권리</h2>

보안 침투가 예기치 못한 치명적인 사건이라면, 사용자 프라이버시의 점진적인 침식처럼 데이터 정제소를 이용하기 위해 치러야 하는 일반적이고 예상 가능한 대가도 존재한다. 앞에서 살펴보았듯이, 사용자가 데이터 정제소로부터 개인화된 제품과 서비스를 얻으려면 개인정보를 제공해야 한다. 프라이버시는 데이터 정제소가 사용자의 데이터로부터 산출물을 생성하는 과정에서 소비하는 **자원**이다.

다른 자원과 마찬가지로 프라이버시도 효율적으로 소비되거나 낭비될 수 있으며, 사용 과정을 관리하고 사용량을 정할 수 있다. 마이크로소프트 리서치의 신시아 더크에 따르면 데이터를 이용할 때 손실되는 프라이버시의 양을 수치화하는 것이 관건이다. 신시아가 명명한 '차등적 프라이버시differential privacy(의도적으로 데이터를 흐려 근사치의 결과만을 나오게 하는 등 개인의 신분을 밝히지 않으면서 사용자의 행동 패턴을 파악하는 기술 – 옮긴이)'의 목적은 개인이 데이터 공유로 인해 부정적인 결과를 직접적으로 경험하지 않도록 데이터 시스템을 설계하는 것이다. 신시아는 이 개념을 다음의 두 가지 질문으로 집약한다. "일정한 프라이버시 유실 범위 내에서 더 나은 정확도를 제공하는 기술은 무엇인가? 일정한 정확도 내에서 더 나은 프라이버시를 제공하는 기술은 무엇인가?"[39]

데이터 정제소는 사용자가 데이터를 공유하여 얻는 이익에 비해 얼마만큼의 프라이버시를 잃게 되는지를 관리할 수 있게 설계되어야 한다.[40] 여기서도 데이터 정제소를 특정 개인이 아니라 전체 생태계의 건강함에 주의를 기울일 때 가장 잘 유지되는 하나의 생태계라고 생각하는 것이 도움이 된다. 정확성과 프라이버시의 절충은 한 사람이 아니라 모두를 염두에 두어야 한다. 사용자는 어떤 데이터 정제소를 사용할지 결정할 때 그곳에서 프라이버시가 얼마만큼 빠르게 또는 천천히, 비효율적으로 또는 효율적으로 소모되는지 판단할 수 있어야 한다.

프라이버시의 사용 속도와 효율은 공학과 환경과학의 '연소율' 개념과 유사하다.[41] 방을 골고루 따뜻하게 할 만큼 열을 발생시키지는 못하면서 매우 빠른 속도로 많은 양의 연료를 태우는 화목 난로는 여전히 기능적이라고는 할 수 있겠지만 연료 효율이 높다고는 할 수 없다. 장작을 계속 추가하면 실내를 따뜻하게 유지할 수 있겠지만 열전달의 최적화와는 거리가 멀다. 데이터는 더 이상 희소 자원이 아니다. 그러나 프라이버시는 여전히 그러하며 시시각각 더 희소해지고 있다. 장작처럼 프라이버시도 효율은 별로 내지 못하면서 쉽사리 연소되어버릴 수 있다.

현대식 화목 난로는 최대 이론 효율 100퍼센트 대비 60~80퍼센트의 종합 효율을 보장하도록 제작된다. 프라이버시 효율 등급도 이와 유사한 방식으로 계산할 수 있다. 100퍼센트 효율은 일정한 정확도를 얻기 위한 최소한의 프라이버시만 유실되는 이상적인 상태로, 반드시 필요한 데이터만 사용될 때를 의미한다. 길찾기 서비스를 제공하기 위해 사용자의 현재 위치와 목적지 정보를 요구하는 내비게이션 서비스가 그 예다.

데이터 정제소는 제품과 서비스를 향상시킬 방법을 모색하는 과정에서 끊임없이 어떤 데이터에 접근할지 결정한다. 아마존이 고객에게 추천 제품 목록을 제공하기 위해 사용하는 클릭 및 구매 데이터베이스는 개별 고객의 신상 정보를 기록할 필요가 없다. 중요한 것은 고객이 한 제품에서 다른 제품으로 이동한 궤적이지, 한 제품을 클릭한 다음 다른 제품을 클릭한 사람이 오마하에 사는 베로니카라는 사실이 아니기 때문이다. 따라서 설사 누군가 데이터베이스를 몰래 들여다보더라도 특정 개인에 관한 정보를 발견하지는 못할 것이고, 따라서 데이터 유출로 인해 고객이 피해를 볼 가능성도 줄어들 것이다.

내가 데이팅 사이트 프라이데이와 일할 때, 우리는 사용자가 다른 회원에 관해 적어놓은 수천 개의 메모를 분석했다. 사용자 메모란 이를테면 "메시지 5개 받음. 답장해줘야 함", "만났음. 내 타입 아님", "화학과를 우수한 성적으로 졸업", "스물아홉 살보다 훨씬 나이 들어 보임" 등의 짧은 주석이다. 메모는 작성자에게만 보이고 다른 회원들에게는 보이지 않는다. 우리는 어떤 유형의 정보가 메모에 기록되는지, 그리고 그중에 사이트 설계에 적용할 만한 아이디어가 있는지 알아보고자 했다. 분석 결과에 따르면 회원들은 누구에게 메시지를 보냈는지, 또는 만나보니 좋았는지 별로였는지를 기억하여 같은 사람에게 다시 연락하는 수고와 무안함을 방지하기 위해 메모 기능을 유용하게 사용하고 있었다. 하지만 우리는 메모 내용을 분석하기 전에 모든 사용자 이름을 제거했다. 덕분에 프라이데이의 서비스를 개선하기 위해 연소되는 프라이버시의 양이 줄어들었다. 직원 중 누구도 메모 패턴을 파악하고 프라이데이 사이트의 새로운 기능이나 필드를 고려하기 위해 특정 사용자의 기호를 알 필요는 없었다.

효율성이 중요한 고려 요소가 아닐 때 강력한 기계를 제작하는 일은 그리 어렵지 않다. 포뮬러1 서킷용으로 설계된 자동차 엔진은 엄청난 양의 휘발유를 소모한다. 수십 년 동안 자동차 제조업계는 연료 사용량에 크게 신경 쓰지 않았다. 휘발유 가격이 싸고 무한해 보였던 데다가 소비자들은 자동차의 외양, 성능, 안전, 가격 같은 다른 요소에 더 관심을 보였기 때문이다. 1970년대의 석유 위기는 자동차 엔진 설계 방식을 근본적으로 바꿔놓았다. 정부는 자동차 연비를 높일 것을 요구했고, 소비자는 주유소에서 기름값이 얼마 나오는지 꼼꼼히 따졌다.

미국에서 갤런당 주행 거리로 측정되는 연료 효율은 엔진에 요구되는 바에 따라 극적으로 달라진다. 잦은 정지와 출발, 저속 주행이 특징인 '시내 주행'은 고속도로 주행보다 연비 효율이 떨어지는 경향이 있다. 날씨나 다른 요소들(예를 들면 에어컨)도 연비를 좀먹는 무시 못 할 요소다. 미국 환경보호국은 실험실에서 다섯 가지 운전 시나리오를 테스트하여 광범위한 주행 조건을 단일한 연료 효율 등급으로 집약한다. 모든 자동차는 동일한 체크 리스트로 검사를 받는다. 환경보호국에 따르면 "통제된 실험실 조건의 테스트는 모든 차량을 공평하게 시험하는 환경을 제공하며, 일관되고 정확하며 반복 가능하고 공정한 결과를 보장한다."[42]

유감스럽게도 효율성 등급은 그럴듯하게 조작될 수 있다. 이는 직접 경험하지 않거나 경험할 수 없는 메커니즘 혹은 상태를 집약한 효율 등급 전반에 해당되는 얘기다. 당신이 머물고 있는 호텔 방이 너무 덥다고 하자. 온도 조절 장치를 눌러봐도 방 온도가 바뀌지 않는 것 같아서 프런트에 전화를 걸어 기술자를 불러달라고 요청한다. 기술자가 와서 온도 조절 장치를 만지작거리니 화면에 아까보다 낮은 온도가 표시된다. 하지만 그런 다음에도 방이 계속 덥다면 기술자가 온도 조절 장치를 고친 것이 아니라 화면의 숫자만 바꾼 것은 아닌지 의구심이 들 것이고, 실제 방 온도를 확인하기 위해 온도계를 갖다 달라고 요청할 수 있다.

그러나 많은 경우 우리는 측정치의 신뢰성에 의문을 제기할 계산 능력이나 감각 능력을 가지고 있지 않다. 어떤 경우에는 기계가 너무나 복잡하기 때문에 특정 조건하에서, 예를 들면 기계가 검사를 받고 있는 상황에서 실제보다 훨씬 효율적으로 작동하는 것처럼 보이게 만들 수 있다. 폭스바겐의 엔지니어들은 환경보호국의 산화질소 배출 테스트가 실험실에서 이루어지며, 차의 센서가 실험실 환경을 감지할 수 있다는 사실을 알고 있었다. 배기가스 기준을 초과하지 않으면서 디젤 엔진의 연비 성능을 개선할 방법을 찾지 못한 폭스바겐 직원들은 실험실 환경에서 배기가스의 양을 낮추는 소프트웨어를 개발했다. 폭스바겐의 속임수는 웨스트버지니아대학 연구원들이 도로상에서 실주행 측정 테스트를 진행한 후에야 세상에 밝혀졌다.[43]

데이터 정제소는 최소한 자동차만큼이나 복잡하다. 대부분의 사람은 특정 제품 및 서비스를 얻기 위해 프라이버시 효율성의 신뢰도를 판단하는 데 어려움을 겪을 것이다. 그러나 데이터 정제소의 프라이버시 효율도 자동차의 연료 효율처럼 알기 쉽게 만들 수 있다. 휘발유 1갤런당 주행 마일 수를 추정하듯, 데이터 정제소가 손실되는 프라이버시 단위당 응답할 수 있는 질문의 수를 추산하는 방법이다.

이를 실제로 적용하려면 환경보호국이 연료 효율을 측정하기 위해 일련의 표준화 테스트를 구축했듯이 프라이버시 효율을 측정하기 위한 일련의 테스트가 정립되어야 한다. 목표는 일정한 확률로 개인의 신원이 드러나기까지 수행되는 상호 작용의 평균 수를 파악하는 것이다. 숫자가 클수록, 즉 프라이버시가 소진되기 전에 수행되는 질문 수가 많을수록 더 효율적으로 설계된 데이터 정제소라는 의미다.

신시아 더크와 영국 기업가 존 테이섬 등은 데이터의 유용성을 유지하면서 데이터 프라이버시를 향상시키는 방법을 모색하고 있다. 그들의 노력은 앞에서 언급한 데이터 정제소의 프라이버시 소모율 계산 도구를 개발하는 것이 가능함을 보여주고 있다. 존은 제품과 서비스를 제공하기 위해 연소되는 프라이버시의 양을 줄이는 몇 가지 흥미로운 발명으로 특허를 취득했다.[44] 그는 데이터 정제소가 자체적으로 검사를 실시할 것이라 기대할 수 없으며, 그렇다고 정부 기관에 의존할 수도 없다고 말한다. "기업은 (적어도 선진국에서는) 100세까지 살 것으로 기대되는 인간과 비교할 때 그리 오래 살아남지 않습니다. 정부는 그간 개인정보 보호 문제에서 그다지 모범적인 행보를 보이지 않았던 데다가 때가 되면 교체됩니다. 어느 쪽도 유전자 데이터처럼 100년 넘게 수세대에 걸쳐 활용될 데이터를 관리할 적절한 거버넌스 구조로 볼 수 없습니다."[45] 데이터 안전성과 마찬가지로, 사용자를 대신하여 프라이버시 효율을 평가하고 알려줄 독립적인 데이터 전문 기관이 필요한 이유다.

우리는 데이터 제품 및 서비스를 제공받는 대가로 유실되는 프라이버시를 어떻게 이해하고 관리할 것인지를 파악하는 초기 단계에 있다. 앞으로 몇 가지 놀라운 혁신이 기다리고 있을지 모른다. 전 세계 탄소 자원 연소율을 관찰하여 기후 변화를 조사하는 환경 과학자들의 예를 보자. 그들은 단지 매년 얼마나 많은 탄소가 소비되는지만을 계산하는 것이 아니라, 지구 생태계의 균형을 잃지 않으면서 매년 얼마나 많은 양을 사용할 수 있는지까지 계산한다. 일부 국가에서는 탄소 배출을 줄이기 위해 기업들에 연간 허용량을 할당한다. 만일 한 기업이 탄소를 허용치보다 적게 소비하면 배출량 잔고를 허용치를 초과한 회사에 판매할 수 있다. 만일 어떤 기업이 탄소를 초과 배출하고 타사로부터 배출량 잔고를 구매하지 못한다면, 초과량을 '상쇄'하기 위해 벌금을 지불해야 한다. 이는 제조 비용을 증가시킨다. 따라서 기업은 탄소 배출량을 줄이거나, 고객의 지갑과 환경에 부과되는 추가적인 부담을 정당화할 만큼 경쟁사보다 훨씬 나은 제품을 제공하도록 유도될 것이다. 또한 조직과 개인은 나무 심기 등과 같은 노력에 돈을 지불하는 방식으로 자발적으로 탄소발자국을 상쇄할 수 있다.

미래에는 데이터 정제소들이 프라이버시 잔고를 거래할 수 있는 제도가 도입될지도 모른다. 그러려면 먼저 프라이버시가 어떻게 사용되는지 객관적으로 측정하고 알기 쉽게 설명할 도구가 개발되어야 하며, 적절한 연소율 수준에 대한 사회적 합의가 이루어져야 할 것이다.

∟ '데이터 편익률' 점수를 볼 권리

개인정보를 내어주는 대신 얻을 것으로 기대되는 편익은 어떻게 계산할 수 있을까? 데이터 편익률과 프라이버시 연소율은 둘 다 데이터 정제소가 데이터를 얼마나 효율적으로 사용하는지에 관한 정보다. 프라이버시 연소율은 데이터 정제소를 이용할 때 노출되는 개인정보의 예상 손실을 측정한다. 데이터 편익률은 공유한 데이터 대비 사용자가 얻는 가치의 기대 혜택을 측정한다. 후자는 특정 제품 및 서비스를 이용하기 위해 데이터 정제소에 개인정보를 내어줄 가치가 있을지 판단할 때 유용하다.

쓸 만한 서비스인지 아닌지를 판단하기도 전에 과도한 개인정보를 요구하는 데이터 정제소가 너무 많다. 마치 소개팅 자리에

나갔더니 상대방이 스무 가지 질문 목록을 만들어 와서 답을 요구해놓고, 정작 본인에 대해서는 아무것도 말해주지 않는 것이나 다를 바 없다. 소개팅은 아마 화기애애하게 끝나지 않을 것이다. 그런데 수많은 데이터 수집 회사가 바로 이런 식으로 사용자와 관계를 맺는다. 그보다는 사용자가 데이터를 내어주기 전에 먼저 데이터 정제소로부터 기대할 수 있는 편익을 가늠할 방법이 있어야 한다. 이때 데이터 편익률 점수가 데이터 정제소의 유용성을 따져볼 수단을 제공한다.

사용자가 주는 것에 비해 얻는 것이 얼마나 크다고 느끼는지는 다분히 주관적이다. 어떤 사람들은 페이스북에 아기 사진을 올리는 것이 과도한 사생활 공개라고 느끼지만 어떤 사람들은 이를 전혀 개의치 않는다. 누군가에게는 바흐의 〈여섯 개의 무반주 첼로 모음곡〉에 대한 열정을 공유하는 친구의 친구와 친해질 기회가 매우 가치 있는 반면, 누군가에게는 새로 알게 된 지인이 자신의 시간과 관심을 내주길 요구하는 두통거리처럼 느껴질 수도 있다. 그러므로 개인별 데이터 편익률은 정제소와 데이터를 공유하고 제품과 서비스를 사용해본 다음에야 제대로 판단할 수 있겠으나, 과거와 현재 사용자들의 평균 편익률은 특정 데이터 정제소를 사용할지 말지를 결정할 때 유용한 정보가 된다. 데이터 편익률 점수는 사용자가 얻는 것(정보 제품 및 서비스의 효용)을 사용자가 주는 것(사용자의 데이터 투자)으로 나눈 값의 평균치다.

그러면 데이터 편익률은 어떻게 측정하는가? 개인이 제공하는 데이터가 정제소의 산출물에 어떤 영향을 미치는지를 출발점으로 삼을 수 있다. 아무런 영향을 미치지 않는다면 이 데이터의 한계 편익률은 0이다. 그러나 대부분의 경우 어느 정도 영향을 미치기 마련이므로 계산이 복잡해진다.

먼저 사용자가 정제소에 투자하는 데이터인 분모를 계산하는 방법부터 살펴보자. 일반적으로 투자 수익률은 달러와 센트로 계산하며 프로젝트, 포트폴리오, 기업에 투자한 1달러당 몇 달러를 벌어들였느냐를 말한다. 그러나 1장에서 살펴봤듯이 데이터 정제소와 공유하는 일련의 데이터에는 가격을 매기기 어렵다. 데이터 투자는 달러와 센트, 바이트와 비트로 간단히 치환할 수 없다.

사용자가 투자하는 데이터를 계산하는 한 가지 방법은 개인의 노력이나 관심을 측정하는 것이다. 관심 측정은 단순히 사용자가 데이터 정제소에서 보낸 시간을 측정하는 것보다 더 복잡하다. 예를 들어 브라우저에서 웹페이지를 열어놓았다고 해서 사용자가 실제로 그 페이지를 보고 있다고 단정할 수 없으며 클릭, 스와이프, 검색, 댓글, 업로드, 다운로드 등의 활동이 있을 때 비로소 관심을 투자하고 있다고 볼 수 있다(기기에 내장된 카메라가 사용자의 모습을 찍은 동영상 스트리밍을 데이터 정제소에 보내는 걸 허용한 경우가 아니라면 말이다). 일부 데이터 정제소는 가입자가 서비스를 사용하기 전에 몇 가지 프로필 입력란을 채울 것을 요구한다. 서비스 이용에 반드시 필요한 정보(예를 들어 물품을 배송받기 위한 주소)는 투자할 가치가 있다. 하지만 어떤 데이터는 단지 마케팅 담당자들이 고객의 인구통계학적 정보를 보유하고 있어야 한다고 배웠기 때문에 막무가내로 수집된다. 제공되는 산출물에 아무런 영향을 주지 않는 질문 목록에 답하는 것은 사용자에게 전혀 가치가 없다.

사용자의 관심을 측정할 때 고려해야 할 또 한 가지는 데이터가 생성되고 공유되는 방식이다. 질문 목록에 답하거나 프로필 사진을 올리는 등 특정 데이터 공유 업체를 위해 데이터를 생성하는 것은 클릭, 스와이프, 검색보다 더 많은 노력을 요하는 작업이다. 페이스북 체크인으로 위치를 공유하는 것은 위치 정보 공유 설정을 켜는 것보다 더 번거로운 작업이다. 대신 체크인 기능을 사용하는 것은 페이스북에 위치 기반 추천을 받고 싶다는 의사를 좀 더 명확하게 전달한다. 일반적으로 사용자의 투자를 계산할 때 암시적 데이터보다 명시적 데이터에 더 큰 가중치가 부여되어야 한다.

가중치 부여 메커니즘은 페이스북 로그인이나 이와 유사한 서비스를 통해 다른 사이트나 앱에 로그인할 경우, 새로운 데이터 정제소에서 개인화된 추천이나 매칭을 얻기 위해 투자해야 하는 노력이 줄어든다는 뜻이기도 하다.[46] 페이스북 로그인을 사용하면 페이스북이 해당 앱과 관련 데이터를 자동으로 공유한다. 이를테면 페이스북은 자동차 공유 플랫폼 우버나 리프트와 사용자의 프로필 사진을 공유하여 운전자와 고객이 서로를 알아볼 수 있게 해준다. 음악 스트리밍 서비스 스포티파이와는 페이스북 친구들이 듣고 있는 음악을 공유하여 사용자가 이미 다른 곳에서 공유한 정보를 재구축하는 수고를 덜어준다.

숙박 공유 플랫폼 에어비앤비처럼 가입 시 소셜 네트워크 계정을 연결하라고 요구하는 사이트나 앱도 있다. 실제로 에어비앤비는 회원의 신원을 확인하고, 사용자들 간에 신뢰를 형성하기 위해 정부 발급 신분증, 온라인 아이디, 프로필 사진, 이메일 주소, 전화번호 등 광범위한 개인정보를 확인한다며 고객을 안심시킨다. 에어비앤비가 체크하는 온라인 신원은 친구 네트워크까지 포함한다. 개인 프로필을 가짜로 만들어 올리는 것보다 페이스북에서 가짜 친구를 수백 명 확보하는 것이 훨씬 어렵기 때문이다. 에어비앤비의 사례를 통해, 우리는 호스트나 게스트의 신원을 확인하기 위해 요구되는 소셜 그래프 정보가 상대적으로 많음에도 불구하고 모든 개인정보를 넘겨줄 필요는 없음을 알 수 있다. 한편 에어비앤비는 사용자 프로필상의 추가적인 데이터를 이용하여 서비스를 향상시킬 수 있다. 애완동물 애호가인가? 매일 아침 운동을 즐기는가? 에어비앤비는 당신의 페이스북 친구들과의 상호작용을 분석하여 적절한 호스트나 게스트를 연결해줄 수 있을 것이다. 하지만 이보다는 호스트와 게스트로 하여금 손님을 받을 때 또는 방을 예약할 때 어떤 점을 특히 중시하는지 직접 밝히도록 하는 편이 더 효율적이다.

이제 사용자가 데이터 정제소로부터 얻는 효용을 계산하는 방법을 알아보자. 효용은 더 나은 의사소통, 더 나은 매칭, 더 나은 결정의 형태로 나타난다. 실제로 얼마나 더 나은 결과가 나왔는지를 수치화하는 것 역시 그리 간단한 문제가 아니다. 사이트에 오래 머물렀다고 해서 반드시 유용하거나 즐거운 시간을 보냈다고 할 수는 없다. 고객상담센터 전화번호를 찾기 위해 필사적으로 사이트를 뒤지는 데 한참을 허비했을지도 모를 일이다. 원하는 정보를 빨리 찾았다고 해서 사용자가 결과에 만족했다거나 유용한 서비스라고 느꼈으리라는 보장도 없다. 대안으로는 월간 액티브 유저active user(지난 30일간 사이트 또는 앱을 방문했거나 사용한 사람) 수를 집계하는 방법이 있다. 하지만 최근 진행한 마케팅 캠페인 덕분에 방문자 수가 일시적으로 급증했을 수도 있기 때문에 이 역시 무조건 신뢰할 만한 기준은 아니다.

보다 확실한 계산법은 데이터 정제소에서 일상적으로 측정하고 분석하는 사용자 참여 데이터인 사용의 **최신성, 빈도, 다양성**을 살펴보는 것이다. 사용자가 마지막으로 방문한 것은 언제인가? 평균적으로 얼마나 자주 사이트나 앱에 접속하는가? 방문 시 몇 가지 작업을 수행하는가? 최근 방문 데이터에 부여되는 의미는 데이터 정제소가 제공하는 서비스 유형에 따라 달라진다. 구글 사용자들의 마지막 방문 시간이 평균 6시간 전이라고 할 때, 6분 전에 구글 검색을 이용한 사람이 더 큰 효용을 얻는 것은 아니다. 그저 잠자는 시간을 포함하여 일과 중 이때 검색을 한 것에 지나지 않는다. 최근 방문 데이터가 유용한 기준이 되는 것은 유사한 다른 검색 사이트와 비교할 때뿐이다. 반면 데이팅 앱은 전날 접속한 사람을 한 달 또는 1년 전에 마지막으로 로그인한 사람보다 매칭 순위에서 더 상단에 보여줄 가능성이 크다. 이 경우 참여가 늘어나면 혜택도 커진다. 사용자의 방문 빈도(한 사람이 일, 주, 월별로 데이터 정제소를 사용한 횟수)도 시간이 지남에 따라 어떻게 변하는지 비교할 수 있다. 1년 전보다 평균 방문 수가 감소했다면 이는 데이터 편익률이 낮음을 시사한다. 마지막으로, 얼마나 다양한 서비스를 사용했는지는 데이터 정제소가 제공하는 제품과 서비스의 범위를 나타낸다. 데이터 편익률 점수에 업체별 최신성, 빈도, 다양성 점수가 나열되고, 각각의 가중치를 변경했을 때 점수가 어떻게 바뀌는지 보여준다면 이상적일 것이다.

이렇게 분모 값과 분자 값을 계산하고 나면 개인별 데이터 편익률이 나온다. 사용자 전체의 데이터 편익률을 구하려면 사용자별 이용 빈도와 무관하게 개인별 편익률의 평균값을 구한다. (만일 먼저 모든 사용자 효용의 총합을 구한 다음 사용자 투자의 총합으로 나눈다면 더 활동적인 사용자의 비중이 커진다.) 데이터 정제소의 총 데이터 편익률 점수가 1보다 낮다면 사용자가 데이터 정제소에 주는 것보다 받는 것이 적다는 뜻이다. 좋은 거래가 아님은 물론이거니와 거래할 이유 자체가 없어 보인다. 그러나 데이터 편익률은 단순히 좋고 나쁨으로 구분되는 이진 신호binary signal(신호를 보내는 매체가 0과 1, 참과 거짓, on과 off 등과 같이 두 가지 상태만 표현되는 정보통신신호 - 옮긴이)가 아니다. 1보다 높은 점수가 나왔다 하더라도 어떤 **종류**의 데이터를 요구하느냐에 따라 사용자는 굳이 서비스를 이용할 가치가 없다고 판단할지도 모른다.

사용자의 행동을 관찰하여 얻은 데이터는 사용자의 동기를 밝혀주는 질적 데이터로 보완될 수 있고, 또 그래야 한다. 예를 들어 제품이나 서비스의 장점을 수치화하고 고객이 앞으로 계속 구매하거나 사용할 가능성을 정량화하기 위해 시행하는 고객 만족도 조사처럼, 데이터 정제소는 사용자에게 본인의 경험을 적어달라고 요청하여 고빈도 방문에 맥락을 부여할 수 있다. 데이터 정제소는 사용자가 사이트 또는 앱을 얼마나 자주 방문하는지 알고 있으며 클릭과 검색에 기반하여 방문 목적을 추측할 수 있지만, 사용자별로 정확한 방문 이유는 알지 못한다. 이때 간단한 설문조사로 추가 정보를 확보할 수 있다. **회원님은 오늘 저희 사이트를 세 번 방문하셨습니다. 그 이유가 원하는 정보를 찾았지만 도중에 중단하셨기 때문인가요, 아니면 원하는 것을 찾지 못했지만 추천받은 내용으로도 충분하다고 생**

각하시기 때문인가요?

순수 추천고객 지수Net Promoter Score는 데이터 정제소와 사용자들의 이해관계가 일치하는 방법론이기 때문에 데이터 정제소들에게 특히 매력적으로 다가온다. 고객에게 특정 기업을 추천할 가능성을 0점부터 10점 사이에서 선택하도록 요청하고, −100(답변자 전원이 추천 가능성이 별로 없는 '비추천 고객'일 때)부터 +100(답변자가 모두 추천 가능성이 높은 '추천 고객'일 때)까지 총점을 낸다.[47] "우리 회사/제품/서비스를 친구나 동료에게 추천할 의향이 얼마나 있습니까?"[48]라는 질문 뒤에는 자연스럽게 소셜 네트워크상의 친구들에게 추천하는 옵션을 덧붙일 수 있다. 이런 경우 사용자와 데이트 가공 업체의 이해관계가 일치한다. 사용자 피드백은 데이터 정제소의 사용자 기반이 성장하는 바탕이 된다.[49]

시간이 지남에 따라 개인은 단순히 데이터 투자 대비 가치뿐만 아니라 큰 그림 속에서 데이터 정제소 이용에 따르는 리스크를 파악하고, 프라이버시 비용 대비 얼마나 큰 효용을 기대할 수 있을지 배우게 될 것이다. 어느 데이터 정제소를 이용할지 결정하기 위해서는 업체 전반에 걸쳐 예상치 못한 리스크, 예상 비용, 예상 이익이 어느 정도인지 직접 보고 평가할 수 있어야 한다.

대시보드의 역할

운전자는 엔진 오작동 표시등, 유압 경고등, 연료 게이지, 속도계 등의 주요 성능 지표가 눈에 잘 띄는 곳에 배치되어 있기를 바란다. 그래야 자동차가 제대로 작동하는지를 주시하면서도 주변의 교통 흐름을 살피며 사고 없이 목적지까지 운전해 갈 수 있기 때문이다. 자동차의 대시보드는 이런 중요 정보들을 압축 전달하여 운전자가 흘낏 쳐다보는 것만으로도 빠른 결정을 내릴 수 있게 해준다.

진정한 투명성이 구현되기 위해서는 자동차 대시보드처럼 데이터 정제소의 세 가지 평가 기준을 압축하여 전달하는 표준화된 대시보드가 필요하다.[50] 그러면 사용자는 계정을 만들기 전에 업체의 평가 점수를 볼 수 있게 될 것이다. 데이터 정제소는 이 점수를 메인 페이지나 앱 소개에 잘 보이도록 배치해야 한다. 기존 사용자에게는 설정 페이지, 예를 들어 구글의 현행 대시보드에서 점수를 볼 수 있게 해준다. 나는 가격 비교 사이트처럼 데이터를 수집해서 평가 점수를 나란히 보여주는 '데이터 정제소의 데이터 정제소'가 등장하기를 기대한다. 신호등처럼 삼색으로 구분하여 점수가 높은 업체는 녹색, 최악의 업체는 빨간색으로 표시하는 식의 명확하고 직관적인 시각화가 필요하다.[51] 평가의 기준점을 수립하기 위해서는 등급 분석이 먼저 이루어져야 하므로, 다시 한번 데이터 정제소를 점검하는 외부 기관의 필요성이 대두된다.

나는 사람들이 새로운 데이터 정제소와 데이터를 공유할지 결정할 때 대시보드를 참조하게 되기를 희망한다. 대시보드는 각 데이터 정제소를 더 쉽게 평가할 수 있게 해줄 것이며, 특정 업체를 계속해서 이용할지 아니면 최근 론칭한 새로운 업체를 이용해볼지를 결정할 때도 유용할 것이다. 데이터 정제소를 많이 이용하는 사람일수록 프라이버시 연소에 대한 우려가 클 것이고, 현재 사용 중인 데이터 정제소와 경쟁사를 비교해보고 싶을 것이다.

업체 등급이 세 가지 기준 중 하나라도 일정 수준 이하 또는 '위험 수준'으로 떨어질 경우 사용자에게 자동으로 통보하는 옵션도 함께 제공되어야 한다.

점수를 계산하는 공식은 데이터와 데이터 정제소에 대한 이해가 깊어짐에 따라 점차 바뀔 것이다. 법령을 만들 때 그러하듯이 가장 중요한 것은 원칙이다. 세부 사항은 가공된 데이터의 사용 방법을 익히고, 투명성 권리를 행사하는 과정에서 점차 발전해 나갈 것이다. 하지만 데이터 정제소가 사용자를 위해 대시보드를 만들어줄 때까지 가만히 앉아서 기다린다면 아무것도 바뀌지 않는다. 직접 나서서 사용자가 중시하는 성능을 판단할 도구를 제공하라고 요구해야 한다.

단일 사용자의 데이터가 정제소 입장에서 별다른 금전적 가치가 없는 것처럼, 투명성을 보장하라는 한 사람의 요구는 별다른 주목을 받지 못할 것이다. 하지만 소셜 데이터 혁명에 참여한 사용자는 10억 명에 달한다. 수백, 수천, 수억 명의 사용자가 투명성을 요구한다면 쉽사리 무시하지 못한다. 특히 이제 사용자들이 그저 항의 편지를 보내는 수준을 넘어, 사람과 정보를 발견하고 커뮤니케이션하고 조직하는 놀라운 도구―상당 부분 데이터 정제소들이 만든―에 접근할 수 있기에 더욱 그러하다. 우리는 이런 도구를 십분 활용하여 권력의 균형을 바꿔놓고 데이터가 보다 안전하게 취급되기를, 그리고 프라이버시 효율과 데이터 편익률이 향상되기를 바라는 다른 사용자들과 협력할 수 있다.

우리는 힘을 합쳐 기준에 미달하는 데이터 정제소에 압력을 가할 수 있다. 사용자의 이익에 봉사하는 투명한 기록을 가진 업체를 선택하고, 사용자 데이터를 빼돌려 다른 이들에게 넘기거나 사용자를 위한 투명성과 효용을 제대로 제공하지 않는 업체를 피하는 방식으로 우리의 한 표를 행사할 수 있다.

이 방식이 통하지 않으면, 기준 미달의 데이터 정제소가 확실한 개선의 여지를 보일 때까지 데이터 공유를 중단하는 캠페인을 조직하여 온라인 보이콧을 진행할 수도 있다. 그래도 데이터 정제소가 우리의 요구에 응하지 않으면, 다음 단계로 정부에 압력을 넣어 마치 미국 항공사들이 비행 지연 정보를 공개해야 하듯이 수준 미달의 데이터 정제소를 정기적으로 검사하고 결과를 공개하는 규제안을 마련할 수 있다.

온종일 대시보드를 들여다본다 한들, 주어진 정보를 가지고 **행동**하지 않으면 데이터 정제소에서 얻는 혜택에 대한 우리의 통제권은 제한적인 수준에 그칠 것이다. 주어진 정보로 저절한 조치를 취하기 위해서는 네 가지 주체성 권리, 즉 데이터를 수정할 권리, 흐릴 권리, 실험할 권리, 이전할 권리가 필수적이다.

ㅂ장 주체성 확보를 위한 권리

사람을 위한 주체성

데이터로 무엇을 할 수 있어야 하는가?

계몽을 위해서는 오직 **자유**만이 필요하며, 자유라 이름 할 수 있는 온갖 것 가운데서도 가장 무해한 자유인 이성을 공적으로 사용할 수 있는 자유가 있으면 족하다.[1] – 임마누엘 칸트

데이터 정제소는 기계다. 기계는 인간의 지시를 받아 작동한다. 따라서 내부 메커니즘이 아무리 투명한 기업이라도 당신에 관한 데이터와 당신이 만든 데이터가 당신을 위해 사용된다는 보장은 없다. 기계 설계를 담당한 사람들은 사용자에게 어떤 기능을 어떤 방식으로 제공할지 자신들이 가장 잘 알고 있다고 말할지도 모른다(그리고 실제로 그렇게 믿고 있을지도 모른다). 하지만 데이터 정제소가 운영진의 변덕에 따라 사용자를 떨어뜨리고, 치고, 뒤집고, 돌리고, 볼모로 잡으며 공 취급하는 핀볼 머신에 지나지 않는 건 아닌지 어떻게 아나? 만일 공이 광고나 유료 콘텐츠에 적중할 때마다 핀볼 머신을 조작하는 사람들에게 커미션이나 보너스가 돌아간다면, 기계는 그런 결과가 나오도록 최적화될 것이 뻔하다.

그러므로 데이터 정제소가 어떻게 작동하는지 투명하게 볼 수 있는 것으로는 충분하지 않다. 우리의 데이터가 정제소에 의해 어떻게 사용되는지 자유롭게 결정할 수 있는 주체성도 함께 보장되어야 한다. 다시 말해, 데이터 정제소의 운영에 참여하겠다고 요구해야 한다.

이는 우리가 데이터 정제소와 상호 작용하는 방식에도 적용된다. 기꺼이 컴퓨터에 위임하는 '스팸'과 '스팸 아님' 분류 같은 흔한 기능조차도 사용자에게 더 많은 주체성을 제공하여 품질을 향상시킬 수 있다. 누구도 받은 편지함이 저렴한 비아그라 광고나 상속인이 없는 유산을 약속하는 이메일로 가득 차던 시절로 돌아가고 싶어 하지 않는다. 그렇지만 기다리던 이메일이 스팸함에 들어가 있거나 내가 보낸 이메일이 상대방의 스팸함에 들어가 있는 더욱 골치 아픈 일을 누구나 한 번씩은 경험해봤을 것이다. 스팸 필터는 잘못 분류된 이메일을 받은 편지함으로 옮기고, '스팸 해제'를 할 수 있는 옵션을 제공한다. 시스템은 사용자 피드백을 통해 개선된다.

스팸 필터는 '스팸'으로 잘못 분류하는 긍정 오류와 '스팸 아님'으로 잘못 분류하는 부정 오류를 절충하여 균형점을 찾는다. 이메일에 할당되는 스팸 '점수'는 대개 이메일 서비스 공급자의 서버를 거쳐 가는 모든 이메일의 메타 데이터와 발신자 데이터에 기반하므로 네트워크 수준의 머신 러닝이 가능하다. 하지만 지금보다 더 나은 서비스를 제공하려면 아예 스팸 분류 기준을 공개하는 것도 방법이다. 한 걸음 더 나아가 사용자가 직접 스팸 분류 규칙을 검토한 후 본인의 선호도와 의사소통 패턴을 보다 정확하게 반영하도록 규칙을 조정하는 옵션을 제공할 수도 있다.

스팸 메일을 일일이 수동으로 삭제하는 데 많은 시간을 소비하고 싶지 않고, 간혹 실수로 스팸으로 분류되어 이메일이 누락되어도 크게 신경 쓰지 않는 사람이라면 강한 스팸 필터를 선택할 것이다. 반면 어떤 이메일도 놓치고 싶지 않고, 스팸함을 뒤지는 데추가로 시간을 들이고 싶지 않은 사람이라면 약한 스팸 필터를 선택할 것이다. 나이지리아에 친구와 가족이 살고 있다면 전체 스팸메일의 90퍼센트가 그곳에서 발송된다는 사실을 개의치 않을지도 모른다.[2] 그러니 사람이 기계에 피드백을 제공하는 영역을 확장하여 사용자에게 이메일 분류 기준에 대한 발언권을 주는 것은어떤가? 이메일 제공 업체가 스팸 분석 시 사용하는 기준을 공개하고 사용자가 직접 해당 변수를 조정하도록 허용하여 본인의 이메일이 처리되는 방법을 어느 정도 제어할 수 있게 하는 것이다.

주체성의 확대는 사용자가 데이터와 데이터 정제소의 작동방식에 대해 더 많은 권한을 갖게 됨을 의미한다. 데이터 정제소가 사용자에게 통제권을 줄 수 있는 방법은 크게 네 가지다. 자신의 데이터를 수정할 권리와 흐릴 권리, 자신의 데이터 및 데이터정제소의 설정을 실험할 권리, 그리고 자신의 데이터를 이전할 권리가 그것이다. 데이터를 수정할 권리는 자기표현의 힘을 통해, 데이터를 흐릴 권리는 자기 결정의 힘을 통해 사용자의 주체성을증대시킨다. 실험할 권리는 탐색의 자유를 확장하여, 이전할 권리는 이동의 자유를 확장하여 주체성을 증대시킨다. 이상의 네 가지권리를 바탕으로 개발된 도구는 사용자가 원하는 조건으로 데이터를 활용할 수 있는 포스트 프라이버시 경제를 창조하여 데이터 정제소의 정보 제품과 서비스를 향상시킬 것이다.

└ 데이터를 수정할 권리

수메르인들이 설형 문자[3]를 발명하여 인류 최초의 기록을 남긴 6000년 전에는 주로 지배계급인 사제 왕들이 인간 문명의 영구적인 기록을 담은 점토판을 만들고, 건조하고, 보관하고, 보존하는 책임을 맡았다.[4] 점토판은 누가 무엇을 소유하고, 누가 얼마만큼의 세금, 임대료, 수수료, 융자금, 거래 대금을 빚졌는지,[5] 어떤 법이 소유권과 거래를 관장하는지 기록했다. 점토판에 이렇게 중대한 사안이 담겨 있었기 때문에, 정확한 내용을 두고 다툼이 일어나거나 기록을 위조하려는 시도가 횡행했다. 수메르인들은 점토판을 안전한 곳에 보관하기로 하고 사원에 임무를 일임했다. 그런데 이는 곧 제사장들이 데이터를 통제하게 되었음을 의미했다. 사원에 보관된 공식 기록을 누가 볼 수 있게 허락하고, 누구의 접근을 거부할 것인지를 제사장들이 결정하게 되었다. 나머지 사람들은 제사장들이 정보를 올바르게 기록했기를, 그리고 보관 중인 데이터를 변경하고자 하는 유혹에 넘어가지 않았기를 바랄 뿐이었다. 애석하게도 사제 왕과 지배계급이 늘 올곧거나 믿을 만하지는 않았다. 데이터의 장악은 권력의 집중을 의미했다.[6]

이미지 인식 스타트업 젯팩의 공동 설립자 피트 워든은 오늘날 다시 한 번 과도한 정보 보호의 시대를 경험하고 있음을 설득력 있게 지적한다.[7] 우리는 문제, 즉 부정확한 데이터가 유발할 수 있는 피해를 인식하고, 모든 데이터의 정확성을 보장하는 것이 해결책이라고 생각한다. 그러나 현존하는 막대한 규모의 데이터를 감안할 때 더 이상 모든 비트와 바이트의 위조를 방지할 도리가 없다. 인구 100만 명 규모의 수메르는 소수에게 데이터 통제권을 부여한 후 데이터가 여전히 변조에 취약하다는 사실을 발견했다. 게다가 인간이 모든 정보의 진실성 여부를 파악하는 것은 불가능하다. 1600만 인구의 동독이 이런 작업을 시도했으나, 슈타지는 동독의 노동 가능 연령 인구의 1퍼센트를 고용하고도 수동으로 모든 데이터를 확인하는 것은 불가능하다는 결론에 도달했다. 하지만 오늘날에는 머신 러닝을 활용하여 데이터의 사실 여부를 확인하고 개인별로 관련 데이터를 정렬하는 것이 가능해졌다.

'정확한' 데이터만 유지하겠다는 목표를 버리고, 사용자에게 더 많은 작성 권한을 부여해야 한다. 데이터를 수정할 권리는 의도적으로 데이터를 **덧붙일** 권한이다. 기존 데이터와 관련된 새로운 데이터를 생성하고 공유하면서 '연결'을 생성할 권리다. 관련 광고를 띄우기 위해 구축된 순위 및 추천 알고리즘은 다른 데이터에 덧붙여진 추가 데이터를 비롯한 개인별 관련 정보를 불러오는 데도 이용될 수 있다. 가용 데이터의 방대함, 잠재적으로 모순되는 다량의 데이터를 분석하는 기술, 현대 통신의 경제성을 감안할 때 더 이상 참과 거짓의 이진법으로 세계를 축소할 이유가 없다. 수정할 권리는 확률론적 세계관을 취한다.

데이터를 수정할 권리는 유럽연합의 잊힐 권리보다 훨씬 폭넓은 사용자 주체성을 가능케 한다. 잊힐 권리가 채택되자마자, 자신의 이름이 탄트라 워크숍 참자가로 언급된 1998년의 『월스트리트 저널』 기사를 구글 검색 결과에서 삭제해달라고 요청한 사모펀드 투자자 그레그 린데이의 사례를 보자.[8] 삭제 판결은 커다란 뉴스거리가 되었고, 『월스트리트 저널』의 편집장은 그냥 지나치기에는 너무나 핫한 이슈를 만들어낸 장본인을 추적하여 그에 관한 기사를 내기로 결정했다. 역설적으로 새로운 기사로 인해 린데이의 이름을 언급한 '탄트라' 또는 '유럽연합 잊힐 권리'의 검색 결과 순위가 오히려 더 높아졌다(구글은 유럽연합 내에 위치한 컴퓨터로 린데이의 이름을 검색한 경우에만 삭제 요청한 링크를 보이지 않게 처리했다). 린데이는 잊힐 권리가 글로벌 표준이 될 가능성은 희박하다는 데 동의하면서, 원래 기사에서 자신의 말을 인용한 부분에 코멘트를 추가할 수 있었다면 더 좋았을 것이라고 『월스트리트 저널』과의 인터뷰에서 말했다. "약간의 문맥이 추가된다면… 문제가 되지 않습니다. 실제로 그 편이 더 나았을 겁니다."[9] 대다수의 사람은 『월스트리트 저널』 같은 기관이 데이터를 '수정'하게 만들 위치에 서기조차 힘들다. 데이터가 얼마나 핫한지와 무관하게 본인의 데이터를 수정할 권리는 보장되어야 한다.

잊힐 권리는 해당 정보가 공공의 이익과 개인 프라이버시의 영역 가운데 어디에 속하는지를 판단할 명확한 기준을 제공하지 않는다. 그렇기 때문에 삭제 요청을 받은 조직이 유용한, 심지어 꼭 필요한 정보까지 '덮어쓰기' 해버리는 상황이 생긴다. 이는 사람들의 '알 권리'에 위배된다. 게다가 현재로서는 사람이 개입하여 사례별로 삭제 요청의 유효성을 판단하는 것이 유일한 방법이다. 마치 제사장에게 어떤 점토판을 보관하고 어떤 것을 폐기할지 결정해달라고 요청하는 수메르 시대로 되돌아간 것이나 다를 바 없다.

잊힐 권리를 행사하려는 삭제 요청은 주로 다른 사람이 게시한 정보에 관한 것이다. 사용자가 직접 만들고 공유한 데이터는 대부분의 플랫폼에서 손수 제거할 수 있도록 허용하고 있기 때문이다. 그러나 앞서 데이터에 접근할 권리에서 보았듯이 다수의, 어쩌면 대부분의 데이터가 다른 사람과 관련되어 있기 때문에 '공동 소유'라고 보는 편이 더 정확하다. 정치에 관해서든 제품에 관해서든 누군가가 대화 일부를 삭제하면 그 글에 달린 댓글은 고아가 된다. 데이터의 맥락이 바뀌고 만다.

사람들은 변화로 인해 이익을 볼 것 같을 때 가장 적극적으로 기록을 변경한다. 집주인은 자기 집의 감정가가 잘못 매겨진 것을 바로 잡으려는 동기가 공무원보다 더 크겠으나, 모든 상황에서 반드시 그런 것은 아니다. 감정가가 너무 높게 매겨지면 세금이 많이 나오니까 감정가 정정을 원하겠지만, 마침 집을 내놓으려던 참이었다면 더 비싸게 팔 가능성이 커지므로 정정하지 않고 그대로 두고 싶을 수도 있다. 반면 감정인은 재감정할 동기가 별로 없다. 시간이 추가로 들 것이고, 애초에 실수했다는 것을 인정해야 할지도 모른다. 감정인 입장에서는 집값이 저평가되었고 판매가의 일정 비율을 수수료로 받을 때만 재방문하는 수고를 감수할 가치가 있다.

데이터를 수정할 권리는 데이터가 개인에게 피해를 줄 가능성이 있을 때 특히 중요하다. 휴대폰이 허드슨강 건너편 기지국에 연결되는 바람에 당신이 실제로는 맨해튼에 있었는데 위치 정보 데이터는 뉴저지에 있었다고 찍히는 경우가 있다. 그런데 그 날짜에 당신이 어디에 있었는지 증명해야 할 일이 생겼다고 하자. 뉴욕에 있었음을 증명하는 동영상 등 다른 데이터를 위치 정보 데이터에 첨부할 수 있다면 상반되는 증거가 존재한다는 것을 알릴 수 있다. 미래에는 공공장소에 설치된 카메라에 찍힌 동영상과 같이 개인이 제어할 수 없는 데이터가 구직이나 대출 자격을 결정하기 위해 사용될지도 모른다. 이런 데이터가 더 이상 존재하지 않게 할 수는 없지만, 거기에 데이터를 덧붙일 기회를 요구할 수는 있다.

그뿐만 아니라 본인의 데이터에 추가된 수정 사항, 즉 반박, 설명, 고지를 해당 데이터에 접근하는 모든 이에게 잘 보이는 위치에, 그리고 다른 사람이 추가한 수정 사항보다 우선순위가 높은 위치에 '고정'할 수 있어야 한다. 당신에 관한 데이터는 동시에 다른 사람들에 관한 데이터일 수도 있기 때문에, 데이터 정제소가 수정 사항을 정렬하거나 노출할 때 누구의 수정 사항을 우선시할지에 대한 기준이 마련되어야 할 것이다. 만일 수정 사항을 고정하거나 순위를 올리는 데 아무런 비용이 들지 않는다면 소셜 데이터 플랫폼은 이런 내용으로 가득 차버릴 것이다. 이 문제는 사용자별로 일정량의 포인트를 지급하여 수정하고 싶을 때마다 사용하는 가상 지불제를 도입하여 해결할 수 있다.

데이터의 출처 확인 여부나 다른 사용자로부터의 피드백 등 검증을 얼마나 받았는지에 따라 수정 사항에 가중치를 부여하는 방법도 생각해볼 수 있다. 2장에서 살펴봤듯이 레딧은 내용을 업보트Upvote 또는 다운보트Downvote하는 기능을 제공하여 사용자가 직접 게시물의 가치를 판단하게 하고, 투표 시스템으로 장난치는 아이디를 식별하여 집단적인 투표 조작을 제한한다. 업보트와 다운보트는 데이터 수정에 해당한다. 그런데 인터넷 트롤은 특별한 이유 없이 그저 타인을 도발하려는 목적으로 개인이나 온라인 커뮤니티의 평판을 해치거나 파괴하기도 한다. 건강한 생태계를 유지하는 한 가지 방법은 실명이나 아이디의 형태로 신원을 밝힌 후 수정 사항을 추가하도록 강제하는 것이다. 물론 법정에서 '오직 진실만을' 말할 것이라고 맹세한다고 해서 증언의 진실성이 보장되지는 않는 것처럼, 실명이나 고정된 아이디가 수정 사항의 진실성을 보장하지는 않는다. 게다가 사용자에게 책임감을 부여하고 부정행위를 줄인다는 명목으로 누가 수정했는지를 추적할 수 있게 한다면, 정체가 밝혀질 경우 목숨이 위험할 수도 있는 내부 고발자는 목소리를 내지 못하게 된다. 최근의 내부 고발 사례로는 정부 비밀문서를 공개한 위키리크스, 탈세를 고발한 파나마 페이퍼스,[10] 공장 작업 환경을 폭로한 레이버링크[11]가 있다.

　수정 내용이 언제, 어디에서 생성되었는지와 같은 메타 데이터는 검증에 유용하다. 동영상이나 음성 파일의 배경 잡음에는 전류의 주파수를 판별할 수 있는 소음이 포함되어 있다. 미국, 캐나다, 중국에서는 교류(AC) 주파수 표준이 초당 50 사이클, 즉 50헤르츠이고, 영국과 유럽은 60헤르츠다. 그러나 두 경우 다 실제 주파수는 전력망에 가해지는 부하에 따라 미세한 차이를 보이기 때문에, 이를 바탕으로 주파수별 장소는 물론 시간까지 분 단위로 알아낼 수 있다. 북미에는 총 4개의 주요 전력망이 있고, 각각은 요구되는 전력 부하량에 따라 고유한 '주파수 시그니처'를 갖는다.[12] 동영상과 음성 파일의 배경에 깔린 주파수 노이즈의 변동을 전력망 전반의 주파수 변동과 대조하면 어느 날, 어느 시각에, 대략 어느 지역에서 촬영 또는 녹음되었는지 알아낼 수 있다.[13]

전력망의 사례는 기록 내부에 삭제 불가능한 출처 정보가 포함되어 있다는 점에서 블록체인과 유사하다.[14] 암호 화폐 비트코인을 위해 개발된 디지털 거래 장부 시스템인 블록체인은 간단히 말하면 내장된 데이터의 모든 상호 작용과 처리 내역을 영구적으로 기록한 내용이다. 항상 데이터와 함께 전송되는 전체 히스토리는 분리할 수도, 변조할 수도, 지울 수도 없다. 블록체인은 각 비트코인의 현재 소유자를 기록하기 때문에 다수의 비트코인 사용자가 '지갑'에 가명을 사용함에 불구하고 하나의 비트코인이 이중으로 처리될 수 없도록 보장한다. 블록체인은 모든 거래가 널리 분산된 공개 장부에 기록되도록 설계된 시스템으로 누구나 블록체인을 읽고 기록을 추가할 수 있다. 데이터가 일단 다른 사람들과 공유되고 나면 인터넷에 연결된 수많은 컴퓨터에 사본의 형태로 저장되므로 완전히 말소하기란 불가능하다. 모든 이전과 변경 사항은 투명하게 드러나며, 시간을 거슬러 역추적할 수도 있다. 블록체인에 메모를 삽입하여 처리 내역에 맥락을 추가하는 것도 가능하다.[15]

블록체인은 특정 집단 내부의 임의의 개인들, 또는 '컨소시엄'이라 불리는 조직이 전체 히스토리의 읽기/쓰기 권한을 갖는 프라이빗 블록체인의 형태를 띠기도 한다.[16] 프라이빗 방식은 환자와 의사, 승인된 가족만이 기록을 수정하도록 설정할 수 있기 때문에 의료 데이터를 관리하는 매력적인 옵션이 될 수 있다. 완전한 퍼블릭 블록체인은 처리 과정이 네트워크상의 전체 사용자들에 의해 인증되므로 투명성이 좀 더 보장되고 더 신뢰할 수 있는 형태다. 만일 누군가 중요한 내용에 손을 대면 다른 누군가 알아챌 것이다. 이와 대조적으로 컨소시엄 블록체인은 처리 과정의 인증과 저장에 관련된 사람이 적기 때문에 보다 신속한 처리가 가능한 반면, 이해 당사자들끼리 공모하기도 쉬워 데이터 변경에 더 세심한 주의를 기울여야 한다. 퍼블릭이든 프라이빗이든 블록체인에 포함된 모든 상호 작용 히스토리는 특히 데이터가 악용될 경우 이전에는 불가능했던 책임 소재 파악을 가능하게 한다. 기존의 기술을 종이 클립에 비유한다면 블록체인은 마치 본드와 같은 접착성으로 모든 수정 사항을 생성자에게 연결시킨다.

앞에서 살펴보았듯이, 사용자의 데이터 투자를 계산할 때 생성에 더 많은 노력이 드는 명시적 데이터가 암시적 데이터보다 더 큰 무게를 갖는다. 수정 사항 자체는 명시적 데이터이지만, 암시적, 명시적 데이터 구분 없이 어떤 데이터에도 첨부될 수 있다. 사용자는 암시적 데이터를 수정함으로써(예를 들어 사진의 메타 데이터가 틀렸음을 지적) 데이터 편익률 계산 시 가중치를 높이고, 이런 종류의 수정이 개인적으로 더 유의미하거나 흥미롭다고 알려줄 수 있다.

마지막으로, 데이터를 수정할 권리가 현실화되려면 데이터 정제소가 사용자의 데이터 수정권을 지원하기 위해 자원을 투입해야 한다. 데이터 정제소는 사용자의 관심을 유료 광고처럼 돈이 되는 영역으로 집중시키려는 유혹에 빠지기 쉽다. 수정 내역을 게시할 공간을 할당하고, 적절히 노출하는 시스템을 구축하는 것은 사용자의 이익을 도모하기 위한 첫걸음이다.

└ 데이터를 흐릴 권리

주체성의 두 번째 요소인 데이터를 흐릴 권리는 사용자가 어느 수준까지 데이터를 공개할지를 결정하는 권한을 의미한다. 공유하는 데이터가 흐릿할수록 데이터 정제소에서 얻을 수 있는 서비스의 개인화 정도도 낮아진다. 그럼에도 불구하고 사용자는 때와 장소에 따라 자신에게 적합한 개인화 수준을 직접 정할 수 있어야 한다. 오늘날에는 GPS나 비콘을 통해 위치 정보를 1미터 이내 수준으로 정확하게 파악하는 등 놀라운 정확도로 사용자의 속성을 측정할 수 있다. 그렇다고 해서 우리가 항상 데이터 정제소와 고해상도의 데이터를 공유하고 싶어 하는 것은 아니며, 꼭 그래야 하는 것도 아니다. 최고 해상도의 데이터를 제공받는 것과 데이터 정제소의 서비스를 아예 사용하지 못하게 되는 것 중 하나를 선택하라는 이분법적 논리는 매우 조악한 데이터만 존재했던 시절의 이야기이며, 오늘날에는 더 이상 적절하지 못하다. 공유하는 데이터의 해상도를 사용자가 직접 정할 수 있어야 한다.

고해상도의 위치 정보 데이터가 필요할 때가 있고 그렇지 않을 때가 있다. 적시에 얻고자 하는 바가 있는 사용자는 두 번 생각할 것도 없이 정확한 위치를 공유할 것이다. 도미노 피자 가게에 정확한 주소를 알려주지 않으면 피자는 배달되지 않는다. 그러나 많은 경우 이보다 덜 정확한 정보를 공유하면서도 원하는 것을 원하는 때에 얻을 수 있고, 그로 인해 치러야 하는 대가는 충분히 납득할 만한 수준이다. 이를테면, 택시 기사에게 정확한 목적지 주소를 알려주는 대신 근처 교차로에 세워달라고 요청할 수도 있다. 여기서 치러야 할 대가는 몇 분 정도 걷는 것이다. 대부분의 도시에서 사용자는 구글 지도에 원래 의도한 목적지와 약간 떨어진 거리 번호를 넣고도 충분히 기능적인 경로를 얻을 수 있다.

수동으로 데이터를 바꾸거나 흐리는 대신, 기계가 고해상도 데이터에 담긴 숫자나 특성의 수를 줄인 후 작업을 실행하도록 만들 수도 있다. 마이크로소프트 리서치의 에릭 호르비츠는 데이터 정제소에 전송되는 위치 정보 데이터의 정확도를 1미터 이내부터 '지구 전체'까지 사용자가 설정할 수 있도록 허용하는 모델을 제안했다.[17] 에릭은 상황에 따라 필요한 정확도 범주가 달라진다고 말한다. 예를 들어, 주차해둔 자리를 찾을 때나 매장에서 특정한 물품을 찾고 있다면 최고 해상도의 위치 정보를 원할 것이다. 근무 시간 중에 쇼핑몰을 둘러보고 있다면 반대로 해상도를 낮추고 싶을지도 모른다. 근무 시간에 쇼핑몰에 있더라도 카페에서 새로운 고객을 만나기로 한 상황이라면 고해상도를 원할 수 있다. 알고리즘은 시간이나 위치 정보 같은 변수를 바탕으로 사용자의 선호도를 학습할 것이다. 정확도 범주가 꼭 물리적 거리 단위로 측정되어야 하는 것은 아니다. 인구 밀도가 낮은 지역에 사는 사람은 위치 반경을 마일 단위 대신 1000대의 휴대폰을 포함하는 반경으로 흐려서 신원이 쉽게 드러나지 않도록 설정할 수 있다. 데이터 리터러시는 데이터 정제소에서 원하는 결과를 얻기 위해 어느 정도로 정확한 데이터를 주는 것이 적절한지를 아는 것도 포함한다.

위치 정보가 데이터 해상도를 조절할 수 있는 유일한 영역도 아니다. 사람들의 관계, 클릭과 스와이프에 반영된 선호도와 의향, 어떤 것이 주어진 상황과 얼마나 관련이 있는지, 공간이 사적

또는 공적으로 간주되는 정도 등은 단순히 온오프 스위치를 끄고 켜는 것 이상으로 복잡하다. 삶은 이진법이 아니며, 데이터도 마찬가지다.

나이, 체중과 신장, 인종, 종교, 직장, 업계, 직업을 비롯한 수많은 개인적 특성도 흐리게 처리할 수 있다. 예를 들어 링크드인은 다른 사람들의 프로필을 볼 때 신원을 얼마나 노출할지 정할 수 있도록 허용하며, 나에 관한 세부 정보를 감추면 내 프로필을 본 사람들의 세부 정보도 똑같이 감춰지도록 설계되어 있다. 여성이나 소수인종에 속한 사람은 이름first name의 이니셜만 보이도록 이력서의 신원을 흐리는 옵션이 유용할 것이다. 경제학자들에 따르면 실제로 '소수인종' 또는 외국인이라는 느낌을 주는 이름의 지원자는 '백인' 또는 자국인이라는 느낌을 주는 이름을 가진 사람에 비해 서류 면접을 통과할 가능성이 낮다.[18]

데이터 흐리기는 상거래 부문에서도 개인에게 더 큰 통제권을 준다. 고객이 물건을 구입하면 유통업자는 해당 제품의 재고 관리 코드를 알아야 한다. 이 코드는 고객에 관해 많은 것을 말해준다. 남들에게 보여주기 민망한 물품을 구매한 사람이라면 해당 품목을 '마사지 도구' 또는 '웰빙과 휴식'이라는 보다 모호한 범주로, 혹은 '화장품/미용'이나 '생활/건강' 등의 카테고리 명으로 표시되는 기능이 유용하다고 여길 것이다. 이렇게 정확한 재고 관리 코드 대신 제품 카테고리로 처리하면, 해킹을 당했을 때나 컴퓨터를 공유하는 사람에게 뜻하지 않게 구매 내역이 노출되었을 때 난처한 입장이 되는 것을 방지할 수 있다.[19] 물론 구매 품목 데이터를 흐리게 처리하면 쇼핑 내역에서 재고 관리 코드로 연결되는 링크가 사라지므로 추천 품목 선정에 영향을 미친다. 그러나 이런 상황에서는 덜 개인화된 추천을 받는 쪽이 원하는 바일 것이다.

데이터를 흐릴 권리가 실제로 어떻게 작동하는지에 대한 논의에 앞서 사용자가 먼저 데이터를, 때로는 매우 정확한 데이터를 생성해야 한다는 사실을 유념해야 한다. 민간용 GPS가 훨씬 덜 정확한 수준이었던 시대에는 내비게이션 서비스에 사용할 만한 데이터를 얻을 수 없었다. 휴대폰으로 전화를 걸기 위해서는 기지국에 연결되어야 하므로 이동통신사는 어느 휴대폰이 어느 기지국에 연결되었는지를 안다. 오로지 이 시점 이후에야, 다시 말해 별도의 데이터 정제소와 해당 데이터를 공유하기로 하고 데이터가 어떻게 사용되기를 원하는지 제한을 두는 시점이 되어서야 데이터의 해상도를 줄이는 것이 가능하다.

데이터 생성 시점에 해상도를 변경하는 것이 가능한 경우도 있다. 하지만 원본을 흐리면 데이터 복구가 불가능하다. 훗날 미처 원하거나 필요하게 되리라 생각지 못한 제품과 서비스를 이용할 수 없게 될지도 모른다. 예를 들어 신원 정보 일부를 흐리면 디지털 결제를 할 수 없게 될지도 모른다. 신원 정보의 어느 부분이 인증에 요구될지 모르는 일이기 때문이다.

데이터를 흐리게 처리했는데 나중에 고해상도 데이터가 필요해질 수도 있다. 마약 판매 구역으로 알려진 동네의 친구 집에 자주 머물렀던 사람이 있다고 해보자. 그는 동네의 악명과 부적절하게 엮이지 않도록 본인의 위치 정보를 수 킬로미터 반경으로 흐리기로 결정했다. 훗날 그는 데이터 정제소를 이용해 암에 걸릴 위험이 높은 환경에 노출된 적이 있었는지 알아보고 싶었다. 친구

집이 있는 지역의 여러 건물에서 이미 납 성분이나 여타 발암 물질이 적정량보다 더 높게 검출된 것으로 밝혀졌다. 하지만 과거에 주소를 흐렸기 때문에 데이터 정제소는 그를 위해 정확한 리스크를 산출할 수 없다.

데이터를 흐리기로 한 선택은 많은 경우 파급 효과를 수반하는데, 어떤 결과가 초래될지를 항상 예측하기는 어렵다. 아마존 킨들은 독자가 책을 읽기 시작한 시점과 중단한 시점, 그리고 각 페이지를 읽는 데 걸린 시간을 기록한다. 이런 정보는 교사가 학생별로 공부하다 막힌 부분을 중점적으로 가르쳐줄 수 있도록 수업 계획을 개인화하는 데 유용하겠지만, 내신 등급에 얼마나 영향을 미치는지에 따라 학생은 상세한 데이터를 교사와 공유하는 걸 원치 않을 수도 있다. 당신은 좋아하는 스타일의 작가를 추천받기 위해 아마존 등의 책 추천 사이트와 상세한 독서 데이터를 공유했는데, 보스턴 마라톤 폭탄 테러범들이 어떻게 압력솥 폭탄을 만들었는지를 다룬 글을 읽느라 너무 오랜 시간을 보내는 바람에 FBI 요원들의 방문을 받게 될지도 모른다(이와 비슷한 일이 실제로 벌어졌다[20]).

다양한 상황에서 여러 가지 측면의 데이터를 흐릴 경우, 그것이 자신과 자신이 미래에 내릴 결정에 어떤 영향을 미칠지를 예측하기까지는 꽤나 시간이 걸릴 것이다. 데이터 정제소가 데이터 해상도 증가에 따른 제품 및 서비스의 한계 효용을 보다 투명하게 공개한다면 데이터 흐리기의 개념을 잡아나가는 데 큰 도움이 될 것이다. 데이터 정제소의 기본값 대신 다른 이가 정교하게 구축해 놓은 흐림 설정을 채택할 수 있다면 이 역시 도움이 될 것이다. 전자프런티어재단이나 미국시민자유연맹 등의 기관에서 개발하거나 권장하는 흐림 설정으로 휴대폰이나 컴퓨터의 기본 설정을 바꿀 수 있다고 상상해보라. 조직은 사용자 유형별로 몇 가지 기본 설정을 제공하면서 각 흐림 설정을 알기 쉽게 설명하고 장단점을 제시한다. 사용자는 여러 가지 종류의 설정을 탐색해본 후 자신에게 가장 적합한 설정을 고르고, 나아가 본인이 원하는 대로 설정을 최적화할 수 있을 것이다.

데이터에 민감한 정보가 포함되어 있을 때 어떻게 하면 좀 더 솔직한 의사 표현, 즉 더 많은 데이터 수정을 장려할 수 있을까? 예를 들어, 본명을 걸고는 고용주의 정치 성향과 상반되는 정치적 발언을 하거나 불법 약물의 사용 내역을 의료 기록에 포함시키기를 꺼리기 마련이다. 1960년대에 캐나다의 경제학자 스탠리 L. 워너는 현장 자료 수집 과정에서 같은 문제에 봉착했다.[21] 그는 많은 경우 개인이 자신에 관한 정보를 공개하지 않을 합당한 이유가 있으며, 아무리 정보 공유의 공익적 측면이나 개인적 혜택을 설명하며 설득한들 모든 사람에게서 솔직한 대답을 얻어낼 수는 없음을 깨달았다. "당신은 마리화나를 피웁니까?" 또는 "당신은 HIV 양성입니까?"와 같은 민감한 질문에 얼마나 많은 사람이 거짓으로 답했는지 (즉석에서 혈액 검사를 시행하지 않는 한) 확인할 방법은 없다.

워너는 답변자 중 일부가 거짓말을 할 것이며, 특정 하위 집단에 속한 사람들이 거짓말을 하는 경향이 더 큰지는 알 수 없다는 결론에 도달했다. 만약 특정 지역 거주자들이 거짓 음성false-negative 답변을 할 가능성이 높다면 그가 수집한 데이터는 도저히 어떻게 해볼 수 없을 정도로 왜곡될 것이다. 그는 답변자와 대답 사이에 일종의 보호막을 제공하는 불규칙 잡음을 도입하여 데이터를 흐리기로 결정했다.

작동 기재는 다음과 같다. 연구자의 질문에 답하기 전에 먼저 답변자가 동전을 던진다. 앞면이 나오면 정직하게 '예' 또는 '아니오'로 질문에 답하고, 뒷면이 나오면 진실과 무관하게 '예'라고 대답하기로 한다. 오직 답변자만이 동전 던지기 결과를 알고 있다. 따라서 나중에 곤란한 질문에 '예'라고 대답한 사실이 문제가 되면 동전 던지기 결과가 뒷면이 나왔기 때문이라고 말하여 자신을 보호할 수 있다. 누구도 그가 진실을 말하고 있는지 거짓을 말하고 있는지 알 수 없기 때문에 그의 답변을 문제 삼을 수 없다. 워너가 개발한 방법은 개인을 보호하는 동시에 연구자에게 필요한 데이터를 제공받는 기발한 해결책이었다. 실제로 이 빙법을 사용하면 불규칙 잡음을 도입하지 않은 경우보다 더 '진실한' 데이터를 확보할 수 있다.

데이터 흐리기는 사용자의 미가공 데이터와 데이터 정제소의 산출물 모두에 적용될 수 있다. 개별 데이터 포인트를 무작위화하여 개인정보를 보호하면서도 데이터를 집계하고 분석하여 더 나은 예측과 처방의 혜택을 누릴 수 있다.

데이터 정제소로 실험할 권리

데이터 정제소는 지속적으로 설계, 설정, 순위 알고리즘을 실험한다. 그리고 앞에서 살펴봤듯이 사용자도 실험의 대상이다. 데이터 정제소가 우리를 상대로 실험할 수 있다면 우리도 그들을 상대로 실험할 수 있어야 한다.

데이터를 수정할 권리가 표현의 자유에 관한 것이고 데이터를 흐릴 권리가 자기 결정에 관한 것이라면, 실험할 권리는 사용자들이 여러 가지 가능성을 시험해보는 탐색에 관한 것이다. 데이터 정제소의 핵심 기능 중 하나는 제품과 서비스가 사용자들에게 보이는 순서를 정하는 것이다. 결과 순위는 최신 결과가 상단에 위치하는 최신성, 사용자와 가장 가까운 결과가 상단에 위치하는 지리적 근접성, 사용자와 가장 강하게 연결된 결과가 상단에 위치하는 사회적 근접성 등의 기준으로 결정된다. 결과 순위를 결정하는 매개 변수는 스튜디오에서 음악을 녹음할 때 음향 믹서 제어장치의 높낮이를 조절하여 여러 개의 마이크에 입력되는 소리 사이의 균형을 잡는 데 사용하는 '다이얼' 또는 '슬라이더'에 비유하면 이해가 쉽다.[22]

안타깝게도 사용자가 늘 데이터 정제소의 다이얼을 볼 수 있는 것은 아니다. 설정 기능이 사용자의 시야나 도달 범위 밖에 있는 블랙박스 안에 숨겨져 있는 경우가 왜 이렇게 많을까? 나태함이나 욕심 같은 평범한 이유도 아니고, 심플한 인터페이스 디자인 원칙에 대한 확고한 신념 때문도 아니다.[23] 기업이 다이얼을 노출하지 않는 이유는 우선 만드는 데 돈이 들고, 이를 통해 기업 비밀이 새어 나가거나 기업이 소송을 당할 수도 있는 등 사업적으로 고려해야 할 요소가 있기 때문이다. 게다가 데이터 정제소는 맞춤형 프로그램 개발 사업에 종사하지 않는다. 사용자가 요구하는 대로 온갖 다이얼을 추가해줄 수 없다. 그렇지만 이미 존재하는 다이얼 설정은 사용자가 접근하여 조절할 수 있도록 허용해야 한다. 그런데 기업이 인식론적 이유로 다이얼을 숨겨두는 경우도 있다. 어떤 기능을 하는 다이얼인지 사용자가 즉시 이해할 수 있게, 따라서 편리하게 사용할 수 있게 기술할 단어를 찾기가 어려울 때가 많기 때문이다. 그럼에도 불구하고 빅토어 마이어-쇤베르거와 케네스 쿠키어가 『빅 데이터가 만드는 세상Big Data』이라는 획기적인 저서에서 지적했듯이, 정확히 **어떻게** 예측과 처방이 나오게 되었는지 이해하지 못하더라도 그것을 사용하는 데는 아무 문제가 없다.[24] 이상의 이유는 어떻게 보면 충분히 이해할 만한 우려이기도 하지만 사용자의 주체성을 제한하기 위한 변명이기도 하다. 나는 사람들이 직접 다이얼로 이런저런 실험을 해봐야만 다이얼의 기능과 의미, 그리고 어떤 설정이 자신에게 가장 적합한지를 알수 있다고 믿는다.

　다이얼 설정으로 실험을 해보면서 사용자는 데이터 정제소의 작동 방식에 대한 사고 모델을 구축할 수 있다. 예를 들어, 예전 데이터 대비 최근 데이터의 가중치를 조절하는 다이얼이 있다면 사용자는 다이얼을 이리저리 돌려보면서 어떤 정보가 나오는지 살펴볼 수 있다. 다이얼은 일리노이대학교에서 사용자들에게 페이스북 피드를 이해시키는 방편으로 개발한 피드비스 프로그램의 온/오프 스위치보다 훨씬 역동적인 도구다.

　여행 검색 사이트 힙멍크의 '애거니 기능'은 항공편을 가격, 경유지 수, 비행시간의 조합으로 분석하여 순위를 매긴다. 힙멍크가 이런 기능을 제공하는 것 자체는 훌륭하나, 애거니 기능으로 원하는 결과를 얻지 못한 사용자는 단지 가격, 비행시간, 또는 이 착륙 시간을 기준으로 항공편을 정렬하거나 특정 항공사 또는 확실히 원하지 않는 여행 조건(이를테면 경유 2회 이상)을 걸러내는 방식으로 정렬하는 방법에 기댈 수밖에 없다. 사용자가 직접 애거니 방정식에 포함된 요소들의 비중을 이리저리 실험해볼 수 있게 하는 것이 모두에게 더 합리적인 방법이 아닐까? 다음 단계는 사용자가 변경한 조건을 애거니 기능에 적용하도록 허용하는 것이다. 이렇게 하는 편이 힙멍크 측에도 이익이다. 사용자와 힙멍크의 조건이 일치하지 않는다면 힙멍크의 혁신적인 항공편 비교 옵션—기본적으로 동일한 조건을 가진 선택지가 수십 개씩 나열되지 않도록 비슷한 일정의 항공편을 한데 묶어 보여주는 것, 그리고 검색 결과를 와이파이 제공 여부나 환승 시간과 같은 항공편의 특징에 따라 시각적으로 전달하는 타임라인 형식으로 보여주는 것—은 사용자에게 그리 매력적으로 다가오지 않을 것이다. 사용자가 설정 기능을 가지고 실험하여 진정으로 마음에 드는 항공편을 찾을 수 있게 하는 편이 보다 합리적이다.

다음으로는 아마존이 수집하는 데이터를 살펴보자. 아마존은 당신이 구매한 모든 제품과 배송지 기록을 갖고 있다. 클릭과 구매 데이터로 개인화된 추천을 제공하는 것 외에도, 아마존은 이전에 특정 제품을 클릭했던 사람들과 당신이 얼마나 멀리 떨어져 있는지도 알 수 있다. 때로 사용자는 같은 도시나 주에 사는 사람들이 자주 구입하는 항목에 기반한 추천을 원한다. 거주 지역별 규제 기준을 충족하는 제품, 이를테면 가뭄으로 고통받는 캘리포니아에 거주한다면 물 절약형 기기를 찾고 있는 경우가 한 예다.[25] 아마존은 고객이 쇼핑할 때 사용하는 기기의 유형 등 다른 범주의 데이터도 수집한다. 사용자가 휴대폰으로 아마존에 접속했을 때 PC가 아닌 휴대폰으로 주문된 제품이 먼저 보이도록 가중치를 조절할 수 있다면 원하는 물건을 더 빨리 찾는 데 유용할 수 있다. 이때 기기 지문에 맥락 데이터(예를 들어 기내 와이파이를 통해 인터넷에 접속하고 있는지)를 추가하는 작업이 필요할 수도 있다.

데이터 정제소들은 기본 설정과 같은 다이얼을 노출시키면 경쟁 우위가 줄어들 것이라고 주장할지도 모른다. 실제로 일부 기업의 비즈니스 모델은 정보 비공개에 의존하기 때문에 사용자에게 순위와 추천을 통제하는 다이얼로 실험할 권리를 주지 않으려 한다. 몇 년 전, 아크타레 자만이라는 22세 사업가가 스킵래그드를 설립했다. 스킵래그드는 때때로 항공사들이 방문자 수가 많은 허브 도시가 포함된 다중 구간 항공권을 할인 판매한다는 사실을 이용해 항공사 정가보다 저렴한 미국 내 항공편 요금을 찾아주는 사이트다. 예를 들어, 특정 날짜에 샌프란시스코에서 덴버까지 비행기로 가야 할 일이 생겼다고 하자. 내가 찾을 수 있는 가장 저렴한 항공편은 750달러다. 그런데 같은 항공사가 샌프란시스코에서 덴버를 거쳐 피닉스로 가는 항공편을 500달러에 판매하고 있다. 실제로 첫 번째 구간은 내가 찾은 표와 완전히 똑같은 항공편이다. 피닉스행 항공편 수요가 덴버행 항공편보다 적기 때문에, 나는 900킬로미터를 덜 가는데도 50퍼센트의 할증료를 내는 셈이다. 자만은 이것을 '히든 시티hidden city' 티켓팅이라 불렀다. 유나이티드 항공은 스킵래그드를 '불공정 경쟁'으로 고소했다. 하지만 자만은 항공사의 수익 관리 시스템의 부산물을 고객에게 투명하게 공개했을 뿐이다.[26] 사용자가 데이터뿐만 아니라 다이얼에도 접근할 수 있다면, 데이터 정제소와 우리의 이해관계가 일치하지 않는 상황을 발견하고 폭로할 수 있게 될 것이다.

무엇보다 중요한 것은 데이터 정제소의 설정을 놓고 실험을 하다 보면 그에 따른 산출물의 변화를 볼 수 있어 개인적 선호도가 어떻게 기능하는지 알 수 있게 된다는 점이다. 다시 말하면 여러 가지 결과를 고려해보면서 자신의 호오를 파악하고, 그것이 의사결정에 어떤 영향을 미치며 또 의사결정을 어떻게 향상시키는지 알게 된다. 심리학자 대니얼 카너먼과 고인이 된 아모스 트버스키는 불확실한 상황에서 내리는 의사결정에 관한 획기적인 연구를 남겼다. 연구 결과에 따르면, 사람들은 변수가 너무 많아서 최적의 선택지를 효과적으로 고르기 힘들 때 휴리스틱heuristics(어림짐작)에 의지하는 경향이 있다. 대니얼과 아모스는 세 가지 가장 보편적인 휴리스틱을 언급했다. 첫째는 아이디어나 사물이 얼마나 쉽게 머릿속에 떠오르는지 여부로 결정하는 **가용성 휴리스틱**, 둘째는 특정 범주의 보다 전형적인 케이스에 비중을 두는 경향인 **대표성 휴리스틱**, 그리고 셋째는 기준점과의 관계를 통해 사물을 판단하려는 경향인 **기준점 휴리스틱**이다.[27] 그들의 영향력 있는 논문이 발표된 이래 반세기 동안 휴리스틱을 주제로 한 수백 가지 변형이 판을 쳤다. 그러나 휴리스틱이 우리에게 미치는 영향은 오직 실험을 통해서만 제대로 이해할 수 있다. 그리고 데이터 정제소가 존재하는 오늘날에는 그들이 제공하는 다이얼을 조절하면서 현재 상황 및 선호도에 대한 가정과 미래에 닥칠 일의 여러 가지 가능성을 탐색해볼 수 있다.

현실적인 예를 하나 들어보자. 안락한 은퇴 생활을 위해 얼마를 저축해야 할지 예상하기란 쉽지 않다. 계산에 불확실한 변수가 너무 많이 개입된다. 향후 5년, 10년 후에 경제 상황이 어떻게 변할 것인가? 에너지 가격은 얼마나 상승할 것이며, 어떤 에너지원이 새로 개발될 것인가? 노년의 의료비 수준은 얼마로 잡아야 할까? 은퇴 생활에 영향을 미치는 여러 요소를 정확히 예측하기 위한 정보는 사실상 전무하다. 설사 예언자가 정답을 가르쳐준다고 하더라도 미래의 상황에 어떻게 대비해야 할지 알기 힘들다. 대신 어느 정도 통제 가능한 결정들을 바탕으로 어떤 결과가 나올지 다양한 시나리오를 짜본다면 훨씬 도움이 될 것이다. 경제 상황이나 포트폴리오 구성과 같은 매개 변수를 이리저리 바꿔보면서 특정 결과가 나올 확률이 어떻게 변하는지 살펴볼 수 있을 것이고, 또 이로 인해 초기 기준점과 멀리 떨어진 옵션을 선택하는 데 훨씬 부담이 덜해질 수도 있다. 데이터 정제소가 이런 식의 '가정What-If' 분석을 위한 도구를 만들어 제공하도록 요청해야 한다.

가정 분석은 삶의 다양한 영역에서 유용하다. 하버드대학과 스탠퍼드대학의 합격 통지서를 들고 고민하는 고등학교 졸업반 학생을 떠올려보라. 어느 대학에 갈지 어떻게 결정할 것인가? 2014년에 링크드인은 그간 축적한 대규모 데이터베이스를 분석하여 대학별로 졸업생들이 어디에 취업했고 어떤 직업을 갖게 되었는지를 보여주는 '대학 페이지University Pages' 서비스를 시작했다. 링크드인의 가공 데이터는 초기 설정(어느 대학에 갈까)과 결과(어떤 직업을 갖게 되는가)에 초점을 맞춰 사용자의 가정 분석을 도와준다. 앞으로 꼭 일하고 싶은 분야가 있는 학생이라면, 이를테면 졸업 후 구글, 맥킨지, 몬산토, 세계자연기금에서 일하고 싶다면 어느 대학 졸업생들이 이런 기업에서 일하게 될 확률이 높은지 검색해볼 수 있다. 어느 대학이 NGO 경영 컨설팅, TV 시나리오 작가, 세라믹 공학 같은 흥미진진한 세부 분야를 비롯한 특정 업계에 졸업생을 가장 많이 배출하는지도 볼 수 있다. 원하는 직장에 취직할 확률을 높여주는 전공이나 자격증이 무엇인지 필터로 실험해볼 수도 있다.[28]

다른 수많은 결정과 마찬가지로 은퇴 계획과 대학 선택 시나리오들에는 제각각 장단점이 있다. 그러나 많은 경우 사람들은 어떤 선택지를 포기하라고 강요당하기 전까지는 그것을 얼마나 강렬히 원하는지 알지 못한다. 여러 옵션을 놓고 장단점을 따져본 후에야 어떤 결과가 더 혹은 덜 바람직한지 제대로 와닿는다. 미리 장단점을 파악할 수 있는 것이야말로 다이얼로 실험하는 기능이 주는 혜택이다. 실험할 권리는 우리의 결정을 돕고 우리가 내린 결정을 이해하는 새로운 길을 열어준다.

└ 데이터를 이전할 권리

데이터를 수정하고 흐리고 실험할 권리와 마찬가지로, 데이터를 이전할 권리는 사용자 주체성의 확장에 초점을 맞춘다. 앞서 데이터에 접근할 권리가 그저 비트와 바이트를 볼 수 있는 권리 이상이라고 말했다. 데이터 접근권은 데이터를 사용자가 이해할 수 있는 방식으로 볼 권리, 이를테면 개인의 데이터를 전체 데이터나 기준점과 비교하여 맥락 속에서 볼 수 있는 권리다. 사용자가 본인의 데이터를 해석할 수 있어야 비로소 진정한 투명성이 보장된다. 데이터 접근권이라는 명분하에 사용자는 데이터 정제소에 자신의 데이터 사본을 요청할 수 있지만,[29] 대부분의 경우 다른 데이터 정제소의 손을 빌리지 않는 한 그것을 가지고 할 수 있는 일이 별로 없다. 사용자 주체성이 의미를 가지려면 사용자가 데이터를 자유롭게 **이용**할 수 있어야 한다. 데이터를 어떻게 이용할지, 누구와 공유할지 사용자가 정할 수 있어야 한다. 이것이 데이터를 이전할 권리의 핵심이다.

물건을 옮기려면 원래 있던 곳에서 목적지까지 가져다 놓아야 한다. 반면 데이터는 이전한 후에도 원래 위치에 남는다. 대학 졸업생이 지원한 대학원이나 회사에 성적표를 제출하는 상황을 떠올려보자. 성적 증명서를 발송한 후에도 대학 측이 계속 성적을 보유하고 있는 것에는 의심의 여지가 없다. 그러나 이런 간단한 예에서도 데이터 이전 작업에 내재된 복잡성을 엿볼 수 있다. 먼저 수령인이 그 성적 증명서가 졸업생의 대학에서 발행한 것이 맞는지, 그 내용이 조작된 것은 아닌지 확인할 수 있어야 한다. 졸업생은 성적 증명서가 본인이 선택한 목적지로만 발송되기를 원할 것이다. 성적 증명서가 누구나 볼 수 있도록 게시되거나 사본을 요구하는 모든 이에게 무차별적으로 발송된다면 데이터 검토 과정에 미치는 졸업생의 영향력이 줄어들 것이다. 본인의 성적을 감안하여 지원한 모든 곳에 성적 증명서를 일괄적으로 발송하는 것이 자신에게 이득인지 아닌지 직접 결정할 수 있다면, 나쁜 성적을 받은 이유를 자소서나 인터뷰를 통해 설명할 기회를 만들 수 있다.

이 과정은 오랫동안 졸업생이 각자 밀봉된 성적 증명서를 발부받아 선택한 수신자에게 발송하는 수작업으로 이루어져왔다. 데이터 규모가 비교적 작기 때문에 수작업으로도 충분히 가능했다. 매년 약 100만 명의 졸업생이 대학원에 등록하며, 상당히 오랜 기간에 걸쳐 생성된 작은 양의 데이터―대학 4년간의 재학 기록 요약―를 소수의 수신자와 공유하는 작업이기 때문이다.

반면 10억 명에 달하는 사용자가 생성한 데이터를 단지 버튼 클릭이나 화면 스와이프로 이전할 수 있는 시스템을 구축하기 위해서는 훨씬 정교한 기술적 솔루션이 요구된다. 데이터 정제소의 주요 기능 중 하나가 개인의 평판을 분석하고 요약하는 것이기에, 데이터를 이식할 때는 출처를 매우 신중히 따져야 한다. 이베이나 아마존 등에서 개발한 평점 및 리뷰 시스템은 다른 사이트에서 고객들로부터 높은 평판을 받은 것처럼 날조한 데이터를 이식하는 사기꾼에 취약하다. 데이터 정제소의 평판 데이터가 신뢰를 잃으면 데이터 정제소는 물론 전체 생태계까지 위태로워진다. 이전된 데이터가 제 기능을 하기 위해서는 검증하고 확인하는 단계가 필수적이다.

검증은 이미 많은 사람이 전자 통신을 암호화 및 복호화하기 위해 사용하는 암호 키로 수행할 수 있다. 사용자는 누구와도 공유하지 않는 비밀 키와 누구나 볼 수 있도록 게시된 공개 키로 구성된 한 쌍의 키를 얻는다. 당신이 누군가에게 메시지를 보내려 하고, 받는 사람이 그 데이터가 실제로 당신이 보낸 것임을 확인하고 싶다고 하자. 당신은 비밀 키를 사용하여 데이터를 암호화하여 전송하고, 받는 사람은 당신의 공개 키로 데이터를 여는 방식으로 발신자를 확인할 수 있다. 한 쌍의 키를 사용하는 전략은 보낸 메시지를 수신자 외에는 읽지 못하게 할 때도 유용하다. 데이터를 수신자의 공개 키로 암호화하면, 오직 수신자의 비밀 키를 알고 있는 사람만 메시지를 해독하거나 열 수 있다. 이 두 가지 접근법을 결합하여 발신자의 신원을 검증하고 메시지를 읽을 수 있는 사람을 제한할 수도 있다. 데이터를 이전할 때는 반드시 암호화가 동반되어야 한다.

성적 증명서를 한 통씩 출력해서 개별적으로 발송하는 것처럼, 데이터 이전도 이메일로 일일이 하나씩 전송하는 것이 가능하다. 그러나 대규모의 데이터는 이런 식으로 처리할 수 없다. 게다가 검증된 데이터는 반드시 수신하는 데이터 정제소에서 즉시 이용 가능한 형식으로 전송되어야 한다. 다행히도 이를 위한 데이터 공유 프로토콜이 마련되어 있다. 애플리케이션 프로그램 인터페이스Application Programming Interface, 즉 API다. API를 사용하면 개발자가 데이터 정제소에 일련의 질의를 보내고 받은 결과를 일일이 판독할 필요 없이 자동으로 데이터에 접근할 수 있다. 힙멍크와 같은 여행 검색 사이트는 API를 사용하여 몇 초 이내에 수십 개 항공사의 항공편 및 요금 정보에 접근한다. 이처럼 개발자는 API로 여러 곳의 데이터를 결합하여 새로운 제품과 서비스를 만들어낼 수 있다.

데이터 정제소에 API '호출'을 보내서 받은 데이터는 그 순간의 스냅숏이다. 사용자가 힙멍크에서 항공권 검색 결과를 살펴보는 사이 항공사가 좌석을 판매하고 요금을 변경해도 힙멍크 사이트의 검색 결과 화면은 업데이트되지 않는다. 사용자는 지금 보이는 검색 결과 중에서 어떤 항공권을 선택할지 고민하는 사이에 표가 사라질 수도 있다는 사실을 알고 있다. 만일 새로운 데이터가 공유되고 분석될 때마다 사용자 화면의 검색 결과가 계속해서 업데이트된다면, 사용자는 번번이 새로운 선택지를 고려해야 하므로 예약 결정을 내리기가 더 어려워진다.

이와 같은 도구들은 데이터가 하나의 데이터 정제소에 묶여 있지 않도록 해준다. 여러 곳에 분산된 개인 데이터를 통합, 비교, 대조할 수 있다면 데이터로부터 얻을 수 있는 효용이 더 커진다. 소셜 데이터 중에서도 가장 중요한 부분이 신용 및 평판 데이터라는 점을 감안하면 특히 그렇다. 우버나 리프트 같은 차량 공유 플랫폼은 서비스를 믿고 사용할 수 있도록 하기 위해 사용자 평점과 리뷰에 의존한다. 리뷰와 평점은 운전자와 승객 양측을 '심사'하는 기능을 한다. 운전자 평점은 고객서비스의 질을 평가하는 주요한 척도다. 우버는 2014년에 운전자의 평균 평점이 5점 만점에 4.6점 이하로 떨어지면 운전자 계정을 정지시키는 정책을 도입했다.[30] 또 다른 중요한 측정 기준은 운전자의 수락률이다. 탑승 요청은 최적의 위치에 있는 운전자부터 한 사람씩 순차적으로 보내지며, 각 운전자는 이를 15초 이내에 수락해야 한다. 수락하지 않으면 시스템상의 다음 번 운전자에게 넘어간다. 수락률이 80퍼센트(또는 90퍼센트) 아래로 떨어지면 운전자는 경고를 받고, 경고가 쌓이면 앱이 일시적으로 잠긴다. 탑승 요청을 세 번 잇달아 거절하면, 앱은 운전자가 현재 운행이 불가능하기 때문에 연결해줘도 승객이 오래 기다리게 되리라 추정하여 10분 정도 탑승 요청을 보내지 않는다. 마지막으로, 만일 운전자가 탑승 요청을 무작정 수락해놓고는 취소하는 꼼수를 쓰면 더 강한 처벌이 기다리고 있다. 운전자는 계정이 정지될 위험에 처한다.[31]

차량 공유 플랫폼은 사용자 데이터를 분석한 결과에 기반하여 운전자에게 인센티브를 부여한다. 피크 타임에 승객이 오래 기다리지 않도록 최대한 많은 수의 운전자를 확보하는 것이 중요하기 때문에 차량 수요가 많은 시간대에 운전자들이 자사 플랫폼에서 최대한 오래 머물도록 인센티브 제도를 도입했다. 리프트는 주당 60회의 운행을 90퍼센트 이상의 수락률로 완수한 운전자에게는 더 이상 수수료를 받지 않는 정책을 도입해 운전자 유치에 힘썼다.[32] 2015년에 시행된 우버의 시급 보장 제도의 참가 자격을 따내기 위해서는 운전자가 80퍼센트 또는 90퍼센트(도시별로 다르다) 이상의 수락률을 기록해야 할 뿐만 아니라, 지정된 시간대, 주로 출퇴근 러시아워와 주말 야간 같은 피크 타임에 적어도 50분 동안 온라인 상태이고 시간당 1건 이상의 고객을 받아야 했다.[33] 다른 플랫폼을 사용하는 것이 노골적으로 금지되어 있지는 않아도 사실상 다른 플랫폼을 사용하면 우버가 보장하는 시급을 받지 못하게 된다.

인센티브 제도는 근로자 록인Lock-in(기존의 제품이나 서비스보다 더 뛰어난 것이 나와도 이미 투자한 비용이나 기회비용, 혹은 귀찮음 때문에 옮겨가지 못하고 머무르는 것 - 옮긴이) 문제를 야기한다. 하나의 플랫폼에서 훌륭한 평판을 쌓은 운전자는 선택의 갈림길에 선다. 기존 플랫폼을 계속 사용할 것인가, 아니면 평판을 처음부터 완전히 새로 구축해야 하는 경쟁 플랫폼을 써볼 것인가? 평판 데이터가 하나의 플랫폼에 묶여 있으면 운전자가 수입을 벌어들일 기회도 갈수록 그 플랫폼에 귀속된다.

데이터를 이전할 권리는 힘의 균형을 조직에서 개인으로 옮겨 현재의 상황에 도전한다. 유니온 스퀘어 벤처스의 알베르트 벵거는 온디맨드 경제on-demand economy(각종 서비스와 재화가 앱과 온라인 네트워크 등 IT 기술을 통해 수요자가 원하는 형태로 즉각 제공되는 비즈니스 - 옮긴이)의 종사자들(우버, 리프트, 그리고 다른 차량 공유 서비스 업체 소속 운전자가 여기에 포함된다)이 "API 키를 가질 권리"가 있어야 한다고 주장했다.[34] API 키는 API를 통해 사용자 데이터의 정해진 부분에 접근할 수 있도록 허용하는 인증 토큰이다. 사용자가 자신이 내어준 데이터의 대가로 데이터 공유 업체로부터 무엇을 얻을 수 있을지를 협상할 때 정보의 형평성을 맞추는 것이 목표다. 그렇게 된다면 사용자는 개인 데이터를 새로운 '시장'으로 옮길 수 있다. 이를테면 차량 공유 업체들이 평점이 좋은 운전자를 자사 플랫폼으로 영입하기 위해 기꺼이 프리미엄을 지급하는 '운전자 평점 비교 사이트'로 정보를 옮길 수 있다. 평판과 거래 내역 등의 데이터를 한 업체에서 다른 업체로 복제할 수 있게 되면 온디맨드 경제 종사자들의 협상력이 증가한다.[35] 데이터를 이전할 권리는 실제 세계에서 그런 것처럼 사람이 일터를 옮길 때 평판도 같이 따라가게 한다.

더불어 데이터를 이전할 권리는 기업이 마구잡이식 데이터 수집보다는 더 나은 제품과 서비스 개발에 집중할 수 있는 환경을 조성한다. 인터넷 초기 20년간 고객을 상대해온 기업들을 돌이켜보면 주로 더 많은, 더 나은 데이터를 수집하는 데 지속적으로 투자한 기업들이 더 나은 알고리즘을 개발하는 데 주력한 기업들보다 성공적이었다. 데이터가 알고리즘을 이긴다. 다른 곳에서 생성된 데이터를 추가하거나 결합하면 개인화의 품질이 향상될 것이므로 기업이 이전된 데이터를 수용하지 않을 이유가 없다.

그러나 개인이 데이터를 이전할 권리를 누리기 위해서는 데이터가 반드시 양방향으로, 즉 밖으로, 그리고 안으로 흘러야 한다. 사용자들은 데이터 이전을 허용하는 정제소로 옮겨감으로써 저항해야 한다. 또한 막 데이터를 수집하기 시작한 신생 기업들에 비해 압도적으로 유리한 입지의 대형 초기 데이터 업체들(구글, 페이스북, 아마존)이 데이터 이전을 허용하도록 요구해야 한다. 사용자의 관점에서 봤을 때, 데이터를 이전할 권리는 사용자 데이터가 특정 데이터 정제소에 인질로 잡히지 않도록 해주어 같은 데이터로 다른 정제소가 어떤 서비스를 제공해줄지 탐색할 수 있는 자유를 준다.

지난 1000년간 인류는 신체의 자유를 확보하기 위해 투쟁했다. 이제는 데이터를 자유롭게 옮길 권리를 위해 투쟁해야 한다. 소셜 데이터 혁명에서 이동성은 주체성의 핵심이다.

∟ 기계와 인간의 역할

지금까지 다룬 네 가지 주체성은 우리의 데이터가 정확히 언제, 어디서, 어떻게 사용될 수 있는지 '당국'이 규제해주기를 기다리기보다는 직접 사용자 데이터와 데이터 정제소의 설정을 주도적으로 관리하도록 촉구한다. 이때 인간이 기계보다 더 잘할 수 있는 일이 무엇인지 명확히 구분하는 것이 중요하다. 사람이 잘하는 일은 사람에게, 컴퓨터가 잘하는 일은 컴퓨터에게 맡기고, 이 두 가지를 혼동하지 말아야 한다. 무엇을 직접 통제하고 무엇을 기계가 통제하게 할 것인지는 경험을 통해 터득할 수 있다.

통제권을 일부 기계에 내주었던 기술 발전의 초기 사례를 살펴보자. 1960년대에 몇몇 대형 자동차 제조사와 엔지니어링 회사는 자동차용 미끄럼방지장치Anti-lock Brake System(ABS)의 도입 가능성을 검토했다.[36] 파일럿의 제동 실수가 수백 명의 목숨을 좌우할 수 있는 항공 분야에서는 사고율을 줄이려는 항공사들의 적극적인 노력의 일환으로 이미 유사한 시스템이 도입되어 항공 운항을 더 안전하게 만든 전례가 있었다. 그러나 자동차 영업사원들이나 차를 보러 온 고객들, 심지어 일부 업계 전문가들까지도 ABS에 회의적이었다. **고객들은 차가 미끄러질 때 생사가 달린 결정을 트랜지스터 몇 개에 맡기는 것을 절대 받아들이지 않을 것이다.** 그들은 단호하게 머리를 가로저었다. 1978년, 부품 제조사 보쉬가 최초로 메르세데스 벤츠와 BMW의 최고급 모델에 장착될 표준 사양 ABS를 생산했다.[37] 거듭된 안전성 테스트를 통해 차가 미끄러질 때 컴퓨터가 사람보다 더 안정적이고 정확하게 브레이크를 제어하는 반면, 인간은 자동차의 방향 제어에 더 뛰어나다는 사실이 드러났다. 따라서 두 가지 시스템—기계와 인간—을 결합할 때 더 안전한 운행이 가능했다. 정부는 수십 년간 수집된 근거를 바탕으로 자동차에 ABS를 장착하지 않는 것이 사고 위험을 높인다고 판단했다.[38] 부호 반전이 일어났다. 오늘날 미국과 유럽연합에서 판매되는 모든 신차에는 ABS가 장착되어 있다.

ABS가 개발된 이래 사람들은 자동차에 탑재된 컴퓨터가 운전의 상당 부분을 담당하는 것에 익숙해졌다. 그렇다고 모든 결정을 컴퓨터에 맡기지는 않았으며, 단지 컴퓨터가 인간보다 더 잘하는 부분을 넘겼을 뿐이다. '크루즈 컨트롤(정속 주행 장치)'의 예를 보자. 초기 크루즈 컨트롤 시스템은 운전자가 가속 페달에 가하는 압력을 조절하지 않아도 차량의 속도를 일정하게 유지해주는 장치였다. 자동차에 내장된 컴퓨터는 주변 환경과 관련된 어떤 데이터도 계산에 넣지 않았고, 자동으로 속도를 변경할 수 있도록 설정되어 있지도 않았다. 이것은 전적으로 현지 교통 법규와 도로 상태에 따라 운전자가 결정할 몫으로 남겨져 있었다.

보다 현대적인 '적응형' 크루즈 컨트롤은 컴퓨터가 환경 분석에 일정한 역할을 담당하도록 진화했다. 일부 시스템은 유입되는 센서 데이터를 기반으로 운전자에게 경고를 보내거나 설정된 속도를 무시한다. 예를 들어 전방에 다른 차나 장애물이 지나치게 가까이 감지되면 알아서 속도를 줄이는 식이다. 운전자가 눈앞에 위험 요소가 나타나기 전에 미리 크루즈 컨트롤을 끄기를 기대하기보다는, 자동차가 규정된 '안전' 거리에 이르면 속도를 줄이는 방식이다. 교통 표지판 인식 및 경보 시스템 부문에서 BMW와 메르세데스 벤츠를 포함한 자동차 제조사들은 적외선 거리 센서와 전면 유리창에 부착된 카메라의 입력값을 이미지 인식 소프트웨어로 처리하여 통합하며, 때로는 위치 정보가 태그된 법정 속도 제한 데이터베이스와 비교한다. 운전에서 인간과 컴퓨터 간 역할 배분의 다음 단계는 자동긴급제동장치Automatic Emergency Braking(AEB)다.[39] 초기 연구에서 AEB는 후방 충돌 사고를 절반 가까이 감소시키는 것으로 나타났다. 전방 충돌 경고 시스템(운전자에게 경고는 하지만 브레이크 작동에 개입하지는 않는)은 사고를 4분의 1 정도 감소시켰다.[40] 이 밖에도 자동차의 컴퓨터끼리 직접 통신하면서 차량의 위치 정보, 속도, 주행 방향뿐만 아니라 목표 속도로 주행하려는 것인지, 차선을 바꾸려는 것인지, 아니면 주차 공간을 찾는 것인지 등 차량의 '의도'까지도 운전자가 알아채거나 추측하기 전에 교환하는 새로운 기술 발전이 이루어지고 있다. 지금까지의 모든 혁신은 자율 주행차를 향한 여정의 주요한 성취다.

오늘날에는 컴퓨터가 안전 운전의 많은 측면을 책임지고 있다. 하지만 센서가 지정 속도보다 더 빨리 달려도 안전하다는 신호를 보냈다고 해서 자동으로 알아서 속도를 높이는 자동 크루즈 컨트롤이 장착된 차를 몰고 싶은 사람이 얼마나 될까? 컴퓨터가 우리의 선호도를 파악하고 그에 상응하는 매개 변수를 조정할 수 있을지라도, 그 결정이 가져올 결과의 무게는 우리가 직접 정해야 한다. 앞으로 소셜 데이터가 상업, 금융, 고용, 교육, 의료 서비스 및 거버넌스와 완전히 융합되면서 이 점이 더욱 중요해질 것이다. 데이터 정제소를 투명하게 만들 도구와 사용자 주체성을 행사할 도구가 반드시 필요한 이유다. 이를 통해 우리는 데이터가 어떤 식으로 우리의 의사결정에 영향을 미치는지 이해하고, 항상 주체적으로 결정을 내릴 권한을 유지할 수 있게 된다.

7장 권리를 현실로

투명성과 주체성의 힘을 실현하기

사람을 위한 데이터가 삶에서 어떻게 구현될 수 있을까?

미래를 예측하는 최선의 방법은 미래를 직접 만드는 것이다.[1]
– 앨런 케이

권리를 논하는 것은 좋지만, 실제 삶에 아무런 영향도 미치지 못한다면 듣기 좋은 꽃노래에 지나지 않는다. 우리는 데이터가 어떤 방식으로 사용될 수 있으며 어떻게 사용하는 것이 올바른지 결정하는 중요한 기점에 서 있다. 쇼핑몰이 개인화된 할인 코드를 보내줄 때 어떤 종류의 개인정보를 사용할 수 있도록 허용해야 할까? 대출 기관이 대출 신청서를 검토할 때 신청자의 페이스북 친구들을 볼 수 있게 허용해야 할까, 아니면 이것은 대출 신청자의 주거지에 근거하여 차별적인 서비스를 제공했던 '레드라이닝redlining(미국에서 빈곤층 거주 지역에만 붉은 선을 그어 경계를 짓고 대출·보험 등 금융 서비스를 받는 데 제한을 두었던 행위 - 옮긴이)'의 21세기 버전일까? 고용주가 제공하는 의료 서비스 업체의 건강검진 데이터가 업무 능력을 평가하는 데 사용되지 않을 것이라

장담할 수 있나? 광범위하게 수집되는 학생들에 관한 데이터를 이용하여 실제로 어떤 아이도 뒤처지지 않도록 교실 설계를 최적화할 수 있을까? 데이터 공유는 더 나은 결정을 보다 현명하게 내릴 수 있게 해주지만, 데이터 공유의 장점과 단점을 이해하고 투명성과 주체성의 권리를 적극적으로 활용하려는 끊임없는 노력이 수반되어야 한다.

└ **구매의 혁신**

제품이나 서비스를 구매할 때 보통 가격과 제품 설명, 평점과 리뷰를 비교한다. 소셜 데이터가 이미 기존의 정보 비대칭을 상당히 감소시켰으나, 고객들의 구매 패턴을 투명하게 공개하는 것도 사람들이 구매 결정을 내리는 방식을 바꿔놓을 것이다. 아마존에서 어떤 데이터가 고객의 구매 결정에 가장 도움이 되는지 파악하는 실험을 진행한 적이 있다. 브라우징 데이터("이 제품을 클릭한 고객이 본 다른 제품")일까, 구매 데이터("이 제품을 구입한 고객이 구매한 다른 제품")일까, 아니면 이 두 가지의 조합("이 제품을 본 고객이 최종적으로 구매한 제품")일까? 실험 결과, 다른 사람들의 클릭과 최종적으로 구매한 제품 간의 관계를 보여주는 데이터를 더 많이 제공할수록 고객 만족도가 증가한다는 사실이 드러났다.

센서 데이터는 기업이 제품의 투명성을 높이는 데 기여할 것이다. 뉴질랜드의 아웃도어 브랜드 아이스브레이커는 몇 년간 전 제품에 알파벳과 숫자로 구성된 고유 코드를 부여했다. 고객이 회사의 웹사이트에서 '바코드Baacode(양이 우는 소리인 '바Baa'와 코드를 합한 것 – 옮긴이)'를 입력하면 구매한 제품의 양모가 생산된 목장 정보를 볼 수 있었다.[2] 내가 구매한 스웨터를 검색해보니, 제품에 사용된 양모는 레이 앤더슨의 할아버지가 1차 세계대전에 참전 했다 귀환한 이래 대대로 운영해온, 9000마리의 양을 키우는 1만 6000에이커가 넘는 규모의 목장인 브랜치 크리크 스테이션에서 생산된 것이었다.

구매한 옷의 원산지를 알려주는 친근한 마케팅 외에도 아이스브레이커가 '바코드'를 사용한 이유는 세계 곳곳에서 출몰하는 짝퉁과 복제품을 추적할 수 있기 때문이다. 고객이 '바코드'를 확인한다는 사실이 알려지자 사기꾼들은 짝퉁 제품의 레이블에도 진품과 흡사한 형태의 코드를 인쇄하기 시작했다. 중복되거나 엉뚱한 '바코드'가 웹사이트에 입력되면 아이스브레이커의 데이터 과학자들이 위조품의 출처를 추적하여 피해에 노출된 공급업체와 소매업체에 문제를 알렸다. 과거에는 짝퉁이 진품과 최대한 비슷해야 걸리지 않았다. 이제는 너무 비슷하면 오히려 발각될 가능성이 커진다.[3]

앞으로 많은 제품과 부품에 바코드, QR코드, RFID 태그와 같은 고유한 식별자가 부착될 것으로 예상된다. 몇몇 기업은 제조 공정 초기부터 아이템을 추적할 방법을 모색하고 있으며, 식품 포장에도 식별자 부착이 가능하다. 폰 카메라로 스캔할 수 있는 QR코드는 갓 잡은 생선을 부두에서 도매 시장까지 추적하여 요리사들이 신선한 지역 해산물을 구입할 수 있게 해준다.[4] 가짜 약을 퇴치하려는 노력의 일환으로, 약품 배급업자가 자신이 판매하는 약이 제약회사가 제조한 정품이 맞는지 확인하기 위한 용도로 QR코드를 사용한 사례도 있다.[5] 그뿐만 아니라 식별자 데이터를 각 제조 단계에서 삽입되는 센서가 전송하는 데이터와 결합하여, 식품이나 의약품이 생산 및 유통 과정에서 계속 적정 온도로 보관되었는지 구매자가 확인하는 용도로 사용할 수도 있다. 부품을 어디에서 조달했고 어떻게 조립했는지 분명하게 밝히는 회사의 제품만 구매하는 고객도 생길 것이다. 어플라이드 DNA 사이언스라는 회사는 식물에서 추출한 유전자를 고유한 서열로 재배열한 액상형 DNA를 판매한다. 제품을 물건의 표면에 바르고 중앙 데이터베이스에 등록하면, 경찰이 도난당한 물건을 회수했을 때 화학 검사를 통해 고유한 DNA를 탐지하여 합법적인 소유자가 밝혀진다. 이 기술은 극소량의 DNA만 사용되는 장점을 살려 위조 의약품 검사에도 활용할 수 있을지 테스트 중이다.[6]

앞으로 고객은 투명한 회사의 추적 가능한 제품을 구입하는 것과 내력을 알 수 없는 제품을 구매하는 것 가운데 선택권을 갖게 될 것이다. 투명성에는 대가가 따른다. 하지만 투명성의 결여에도 마찬가지로 대가가 따른다. 제품이 정부의 규제 대상이든 아니든, 소비자는 원산지, 생산 라인 환경, 매장 진열대에 도달하기까지의 과정과 같은 정보에 접근할 수 있어야 한다. 마찬가지로, 구매한 제품과 제품 사용에 관한 데이터를 공유할 때(이를테면 품질 보증서를 받기 위해 구매한 물품을 등록할 때) 기업이 그 정보를 어떻게 사용할지도 알 수 있어야 한다. 제품 결함이나 리콜을 통지해주거나 분실 및 도난 시 기업이 제품을 되찾는 것을 도와준다면 정보를 공유할 가치가 있다.[7] 또는 기업이 마케팅팀에서 마구잡이로 발송하는 프로모션 광고가 아니라 실제로 관심을 가질 만한 유용한 제품 추천만 보내기로 약속한다면 기꺼이 협조할지도 모른다. 반면에 개인정보가 별 관련 없는 광고를 보내는 데 사용되거나 심지어 제3의 업체에 판매된다면 사용자는 정보를 제공할 가치를 느끼지 못할 것이다.

구입 전, 구입 시, 사용 중, 사용 후 등 제품의 전체 라이프 사이클의 가시화도 소비 패턴을 바꿔놓을 수 있다. 이를테면 기업이 고유한 식별자를 통해 소비자가 제품을 사용하는 동안 계속 추적할 수 있다면, 추적을 허용하는 고객들에게 사용 패턴에 더 잘 맞는 제품을 추천해주거나 제품을 재활용하는 사람에게 보상을 해주는 등 일정한 혜택을 제공할 수 있다. MIT의 쓰레기 추적 프로젝트는 제한된 기능을 가진 휴대폰 형태의 태그를 쓰레기통에 부착하여 얼마나 많은 양이 재활용 센터로 보내지거나 매립지에 버려지는지 추적했다. 이 휴대폰은 매일 몇 차례 '깨어나서' 현재 위치를 감지하고 중앙 서버에 문자를 전송하도록 설계되었다.[8] 쓰레기 추적 프로젝트는 벌금과 보조금 제도가 공동체의 재활용 비율을 어떻게 바꾸는지 알아보기 위한 목적으로 진행되었다. 또 다른 목표는 쓰레기 문제를 부각하여 재활용 비율을 높이는 것이었다.

휴대폰 데이터는 그 밖에도 여러 가지 참신한 방식으로 활용될 수 있다. 앞에서 얘기했듯이 통신업체는 필연적으로 사용자가 어디에 있었으며 누구에게 전화를 걸었는지 알고 있다. 때로 통신사는 요금을 절약해준다는 명분으로 통화, 문자 메시지, 데이터 사용 패턴을 분석하여 다른 요금제를 제안해주는데, 고객이 사용 패턴 데이터로부터 얻는 효용은 대개 이것이 전부다. 하지만 통신사는 이 데이터를 활용해 꽤 유용한 서비스를 만들어낼 수 있다.

통신사들은 앨릭스 앨거드의 회사 하이야(기존에는 화이트페이지 발신자 아이디)와 스팸 필터의 선례를 참고해 텔레마케터나 사기꾼일 확률이 높은 번호에서 전화가 걸려올 때 고객들에게 알려줄 수 있다. 스카이덱처럼 통화 패턴을 분석하여 당신이 누구와 연락이 뜸해져 사이가 멀어질 것 같은지를 알려주는 '친구 관계 관리' 서비스도 제공할 수 있다. 심지어 통화 패턴을 기반으로 건강 위험 신호를 경고해줄 수도 있다. 심각한 우울증을 앓고 있는 사람은 휴대폰 사용 패턴과 이동 패턴이 바뀔 것이고, 이 사실은 휴대폰 사용 내역과 위치 정보를 통해 드러난다. 아마도 외출하는 일이 뜸해질 것이고, 출퇴근 등의 정기적 활동이 부정기적이 될 것이며, 휴대폰을 오랜 시간 붙들고 있지만 통화는 잘 하지 않을 것이다.[9] 이와 같은 패턴이 나타날 때 알림이 오도록 설정하여 본인의 심적 상태를 환기시켜주거나, 믿을 수 있는 친구나 의사에게 그가 어떻게 지내는지 체크해보라는 메시지가 가도록 설정할 수 있다. 이처럼 새로운 유형의 서비스를 제공하는 통신업체는 고객에게 추가적인 가치를 제공하므로 평범한 통화 서비스를 고수하는 업체에 비해 더 높은 데이터 편익률 점수를 얻을 것이다. 이밖에도 데이터 편익률 점수는 여러 다양한 영역에서 혁신에 박차를 가할 수 있다.

이상의 사례들은 5장에서 다룬 데이터 접근권과 데이터 정제소를 점검할 권리가 고객이 더 나은 결정을 내리는 데 어떻게 기여하는지 보여준다. 그러나 6장에서 다룬 정보를 수정하고 이전할 권리를 확보할 때 고객은 더 큰 힘을 얻는다. 개인별로 구매 조건을 협상할 능력을 비롯하여, 더 만족스러운 결과를 기대할 수 있는 조건을 만들어주기 때문이다. 항공권 구매를 예로 들어보자.

수십 년간 고객은 항공권 요금이 어떻게 결정되는지 알 수 없었다. 가격, 날짜, 항공편 번호, 기타 세부 사항이 모두 고정되어 있었다. 항공권과 탑승권은 종이로 발행되었고, 탑승권은 게이트에서 탑승할 때 제출했다. 일단 티켓이 발급되고 나면 교환에 시간이 걸리고 비용도 많이 들었다.

오늘날에는 항공 일정과 항공사의 수익 관리가 디지털로 처리되며 항공권도 대부분 e티켓으로 발권된다. 스카이스캐너, 카약, 힙멍크 같은 온라인 여행 데이터 정제소의 출현 이후,[10] 고객은 항공사와 노선 전반에 걸쳐 항공권 가격을 비교하고, 운임이 어떻게 변동되는지 살펴보고, 가격 변동 추세 정보를 얻을 수 있게 되었다. 뿐만 아니라 힙멍크의 애거니 기능이나 그와 유사한 서비스를 이용하여 항공편의 운행 거리와 비행시간 등 각 요소의 비중을 실험해보면서 수천 개의 항공편을 비교할 수 있다. 항공사는 여행자가 느끼는 가격 변동에 대한 불안감을 이용하여 수수료를 내면 며칠 동안 운임을 변동 없이 묶어둘 수 있는 옵션을 고안하기도 했다. 그럼에도 불구하고 이 모든 검색 옵션은 기본적으로 구매 시점에 당신에게 가장 적합한 표를 찾기 위한 것이다. 이제 항공권이 종이가 아니라 전자 데이터의 형태를 띤다는 점을 감안하면, 우리는 더 이상 구매 당시의 조건을 그대로 묶어두어야 할 이유가 없다.

데이터를 수정할 권리는 항공권 매매 방식에 새 바람을 일으킬 기반이다. 일정이 유동적인 여행자가 항공권 정보를 수정할 수 있다고 가정해보자. 예를 들어, 한 사람이 보스턴에서 샌프란시스코로 가는 오전 6시 출발 첫 비행기 표를 350달러에 구입했지만, 사실 그날 일정이 여유로워서 꼭 첫 비행기를 타지 않아도 된다. 따라서 200달러 캐시백을 받을 수 있다면 이후 시간대의 비행기를 탈 의향이 있다고 항공사에 통지하는 내용을 티켓 정보에 추가한다. 몇 주 후 다른 여행자가 온라인으로 비행기 표를 예약한다. 그는 비즈니스 런치를 갖기 전에 샌프란시스코에 사는 친구를 만나기 위해 첫 비행기를 타고 싶지만 오전 6시와 7시 비행기는 이미 매진되었다. 따라서 일단 이후 시간대의 비행기 표를 구입한 후, 만일 첫 비행기를 탈 수 있다면 300달러를 더 지불할 의향이 있다는 정보를 추가한다. 항공사 시스템이 두 사람을 연결하여 먼저 예약된 표를 후에 예약한 사람에게 넘겨주면서 추가금 300달러를 청구하고, 먼저 예약한 고객의 표를 이후 시간대로 바꾸면서 200달러 캐시백을 지급한다. 차액 100달러는 항공사의 추가 매출로 잡힌다. 구입한 티켓의 수정 사항은 티켓 자체와 마찬가지의 법적 구속력을 가져야 한다. 때로는 고객이 언제 어떤 조건하에서 티켓 수정을 받아들일지 구체적으로 명시해야 할 것이다.

데이터 권리는 항공사 마일리지 제도가 운용되는 방식에서도 고객과 항공사 간 힘의 균형을 바꿔놓을 것이다. 너무 많은 로열티 프로그램이 특정 항공사 및 항공 동맹체에 고객을 묶어두려는 목적으로 설계된다. 예를 들어, 아메리칸 항공의 교통 허브 중 하나인 댈러스에 살고 있는 사람이 아메리칸 항공 골드 회원이라고 하자. 그가 유나이티드 항공의 거점인 휴스턴으로 이사한 후에는 아메리칸 항공 골드 회원의 혜택인 공항 라운지 이용권, 전용 체크인, 무료 업그레이드 등을 받을 일이 별로 없다. 만약 아메리

　　　　포스트 프라이버시 경제

칸 항공의 회원 등급, 만료 날짜, 그리고 어쩌면 전체 탑승 내역까지 유나이티드 항공으로 이전할 수 있다면, 유나이티드 항공은 고객 확보를 위해 아메리칸 항공에서 받고 있던 혜택을 똑같이 적용해주는 정책을 고려할 수 있다.[11]

오해는 마시라. 투명성과 주체성 권리가 그저 고객이 기업에 기꺼이 데이터를 내놓도록 만드는 수단이라는 얘기는 아니다. 이것은 고객관계관리Customer Relationship Management, 즉 CRM을 근본적으로 바꿔놓는 사고의 대전환이다.[12] 고객에게 신제품과 서비스를 좀 더 유연한 방식으로 제공하는 방법을 고안해낸 창의적인 기업도 혜택을 받겠지만, 가장 중요한 것은 사람을 위한 데이터가 힘의 균형을 소비자에게로 옮겨놓는다는 점이다.

└. 금융의 미래

소셜 데이터 권리의 행사는 돈을 쓰는 방식뿐만 아니라 돈을 관리하는 방식까지 바꿔놓는다. 과거에는 소도시의 은행 대출 담당자가 영화 〈멋진 인생It's a Wonderful Life〉에 나오는 조지 베일리처럼 모든 사람과 알고 지내는 경우가 흔했다. 반면 요즘 은행에서 돈을 빌리는 사람은 덩치가 너무 커서 원칙대로 도산시킬 수도 없는 다국적 기업에 본인의 신용도 판단을 맡겨야 한다. 어쩌면 당신은 대출 담당자가 신용도를 평가하기 위해 상세 거래 내역이나 페이스북 타임라인을 뒤지는 데 거부감을 느낄지도 모른다. 하지만 현존하는 수많은 데이터 중 일부는 훗날 은행에서 돈을 빌려야 할 때 유용하게 쓰일 수 있다. 당신의 금융 데이터 중에서 어떤 것을 보여줄지(또는 보여주지 않을지)를 결정하는 것은 당신이다. 다만, 은행이 요구하는 데이터를 공유하지 않기로 결정한다면 그에 따른 결과를 감수해야 한다. 다양한 종류의 개인정보 공유는 신용 기록이 별로 없는 사람들, 예를 들어 사회 초년생들에게 특히 요긴하다.

최근 대학을 졸업한 미겔의 상황을 보자. 허리가 좋지 않은 그는 새 매트리스가 꼭 필요하지만 수백 달러를 한 번에 지불할 여유가 없다. 신용카드도 한도까지 쓴 상태이고, 한도 초과 시 부과되는 연 39.9퍼센트의 이자율이 밤잠을 푹 자게 해줄 리도 만무하다. 그리하여 미겔은 온라인 매트리스 판매 사이트 캐스퍼닷컴의 결제 페이지에서 핀테크 스타트업 어펌이 개발한 단기 융자 옵션인 '어펌으로 지불하기Pay with Affirm'를 선택한다. 즉시 3, 6, 12개월 할부 시 매월 얼마를 지불해야 하는지가 화면에 뜬다. 미겔이 그중 하나를 선택하고 어펌에 첫 달치 할부금을 지불하자마자 캐스퍼슬립에 총 구매 가격이 지불되고 매트리스가 배송된다. 상품 예약구매 제도Layaway(원하는 제품에 계약금을 지불하고 예약해둔 다음 잔금을 다 갚고 물건을 찾아가는 미국식 할부 제도 – 옮긴이)를 이용할 필요도 없고, 비싼 월 이자를 걱정할 필요도 없다.

어펌의 CEO 맥스 레브친은 페이팔의 공동 창업자이자 CTO였다. 그는 페이팔이 온라인 지불을 재창조했듯이 어펌을 통해 소비자 신용을 재창조하고자 한다. 그는 소셜 데이터가 더 많은 사람에게 대출받을 수 있는 길을 열어준다고 믿는다. 금융 거래 내역이 별로 없는 사람들의 신용 리스크를 보다 정확하게 예측하기 위해, 어펌은 파이코 스코어를 산출하는 데 사용되는 다섯 가지 범주의 정보보다 훨씬 광범위한 데이터를 활용한다. 웹 브라우징 습관, 페이스북이나 트위터 활동, 휴대폰 통화 및 문자 메시지 사용 빈도, 심지어 휴대폰의 운영 체제까지 분석 대상에 포함된다.[13] 그뿐만 아니라 대출 신청자가 소프트웨어 개발자들이 코드를 공유하고 다른 이들과 협업하는 깃허브 같은 온라인 커뮤니티에서 활동하는지도 확인한다. 깃허브의 기여자들은 보통 신원이 확인되어 있고 개발자로서의 평판을 보유하기 때문이다. 일부 신청자의 경우 어펌은 구매 및 소득 패턴을 분석하기 위해 추가적으로 당좌예금 계좌 내역을 볼 수 있는 임시 권한을 요청하기도 한다.[14]

다른 핀테크 스타트업들도 '금융 접근성이 낮은' 고객을 대상으로 대출 서비스를 제공한다. 업스타트는 신용카드 빚을 차환하려는 20대와 30대를 중점적으로 공략한다. 업스타트는 현재 수입과 지출만으로 대출 여부를 판단하는 대신 출신 대학, 전공, 수강한 강의, 학점, 그리고 SAT 점수를 바탕으로 향후 수년간의 급여 증가율을 예측하여 대출 상환 가능성을 산출한다.[15] 유사한 서비스를 제공하는 제스트파이낸스는 빈곤층과 은행 계좌가 없는 사람의 신용도를 판단하기 위해 수천 개의 데이터 포인트를 수집한다고 자랑한다. 한 예로 데이터 과학자들은 대출 신청서에 대문자와 소문자를 섞어 쓰는 사람보다 대문자만 쓰는 사람들이 대출금을 상환할 확률이 낮다는 사실을 발견했다.[16]

이처럼 핀테크 기업들은 소셜 데이터를 이용하여 신용 등급이 낮은 사람이나 제한적인 거래 실적을 가진 사람에게 대출 서비스 제공할 것인지 여부를 결정한다. 2015년 기준으로 성인 5명 중 1명만이 신용 등급을 보유하고 있는 중국에서는 소셜 데이터

가 소비자 신용 부문을 개척하는 견인차 역할을 담당하고 있다.[17]

최근까지만 해도 대부분의 중국인은 급전이 필요할 때 친구와 가족에게서 돈을 빌려야 했다. 2016년에 약 2억 건의 신용카드 신청서가 제출되었으며, 승인율은 30퍼센트 정도에 그쳤다. 은행 거래 내역이 없거나 신용 등급이 나빠서 승인이 거부된 경우도 있지만, 중국 정부가 각 은행의 대출 한도를 제한하기 때문이기도 했다.[18]

중국 정부가 발급한 신용평가 라이선스 중 하나는 알리바바가 개발한 시범 사업인 세서미 크레딧이 따냈다. 매년 알리바바의 전자 상거래 사이트를 이용하는 6억 5000만 명의 사용자 덕분에 세서미 크레딧이 접근할 수 있는 거래 및 커뮤니케이션 데이터는 어마어마하다. 예를 들어 알리바바는 자사 결제 시스템인 알리페이를 통해 2015년 11월 11일—알리바바가 싱글을 위한 쇼핑 축제로 대중화한 날로 광군제光棍節 또는 싱글스 데이라 불린다—하루 동안 140억 달러어치의 결제를 처리하여 사상 최대의 쇼핑일을 기록했다.[19] 판매량의 70퍼센트가량이 스마트폰에서 발생했다. 알리바바는 알리페이 앱이 기록하는 위치 정보를 보고 고객들이 어디에서 시간을 보냈는지 파악한다. 알리페이 모바일 앱은 레스토랑 청구서를 더치페이할 수 있는 결제 옵션을 제공한다. 따라서 알리바바는 사람들이 어느 식당에서 밥을 먹었는지뿐만 아니라 누구와 함께 먹었는지까지 세서미 크레딧 점수를 산출하는 데 활용할 수 있다.

다양한 종류의 거래 데이터와 소셜 그래프 데이터가 대출 승인 시 중요한 요소로 자리 잡게 된 만큼 일반인들도 같은 데이터에 접근할 수 있어야 한다. 청구서를 제때 납부했는지가 파이코 스코어의 몇 퍼센트를 차지하는지를 알 수 있는 것처럼, 데이터 원천이 어떻게 분석되고 신용 점수에 어떤 영향을 미치는지를 볼 수 있어야 한다. 당신이 직장에서 잘릴까 봐 걱정하고 있다는 게 드러날 수 있는 트윗 의미 분석이 신용 점수 계산에서 얼마만큼의 비중을 차지하는가? 당신이 어디서 시간을 보내는지를 드러내는 위치 데이터가 평가 기준에 포함되어, 만일 사무실에서 오랜 시간을 보낸다면 가산점을 주고 동네 술집에 너무 자주 간다면 감점하는 식으로 점수가 매겨지고 있을까? 허위로 보험 청구서를 제출한 적이 있는 사람을 친구로 둔 사람의 보험 청구서를 따로 면밀히 조사하는 올스테이트처럼, 데이터 정제소가 당신의 친구 중에 신용이 나쁜 사람이 포함되어 있는지 알아내기 위해 소셜 그래프를 분석하고 있을까? 만일 어떤 사람과의 관계가 나의 대출 가능성을 낮춘다면 누가 내 발목을 잡는지 알 수 있어야 한다. 페이스북이 당신이 포함된 사진을 보여주어야 하듯이, 은행은 대출 결정을 내릴 때 반영하는 데이터를 보여주어야 한다.

데이터를 보고 나면, 행동을 바꿀 것인지 아니면 데이터를 수정하거나 흐릴 것인지 결정할 수 있다. 데이터 수정은 대학성적증명서상의 나쁜 학점에 부연 설명을 덧붙이거나, 기존에 동네의 빌딩&론 대출 담당 직원과 인터뷰할 때 그랬듯이 개인적 상황을 설명하는 방식으로 이루어질 것이다. 소셜 그래프상의 이웃이 나의 대출 성공률에 어떤 영향을 미치는지 확인한 다음에는 신용 점수를 끌어내리는 사람을 (동네에서 평판이 좋지 않은 사람과 관계를 끊듯이) 친구 목록에서 삭제하기로 결정할 수 있다. 소셜 그래프 데이터 사용에 관한 페이스북 특허에 명시된 것처럼, 만일 데이터 정제소가 친구의 친구의 친구의 평판까지 고려한다면 문제가 더 복잡해진다.[20] 금융 기관에 노출되는 친구의 범위를 당사자가 정할 수 없다면, 금융 기관이 페이스북 소셜 그래프를 들여다보는 데 동의하기 힘들다.

소셜 네트워크가 대출을 더 쉽게 만들어주는 경우도 있다. 친구들이 착실하게 빚을 갚는 사람들이거나, 혹은 프렌드슈어런스 식으로 친구들이 납부금 일부를 사실상 '공동 서명' 해줄 의향이 있는 경우가 이에 해당된다. 소셜 그래프로 실험할 권리를 행사하여 개인 데이터 가운데 어떤 부분을 잠재적인 대출 기관으로 이전할지 감을 잡을 수 있다.

데이터 이전은 돈을 빌릴 때만 중요한 것이 아니다. 돈을 투자할 때도 공평한 경쟁의 장을 열어준다. 나와 함께 아마존에서 결제 서비스를 담당했던 마이크 샤가 설립한 시그피그 자산관리는 투자 부문의 개척자다. 아마존 퇴사 후 마이크는 개인이 접근할 수 있는 증권회사 데이터를 한데 모아 분석하면 투자 결정이 얼마나 향상될 수 있는지 보여주는 서비스를 구축했다.[21]

가까운 과거에는 투자 중개사의 조언이 고객의 신뢰와 존중을 받았다. 그들은 고객과 마주 앉아 장기적 재정 목표를 파악하고 적절한 투자 포트폴리오를 제안했다. 투자 조언 서비스를 위해 지불하는 수수료는 보통 겉으로 드러나지 않으므로 협상의 여지가 별로 없었다. 마이크는 투자 중개사가 법으로 정해진 것 이상의 정보를 공개할 리 없다고 판단했다. 그는 경제 전문 매체인『비즈니스 인사이더』와의 인터뷰에서 이렇게 말했다. "전화를 걸어서 수수료를 얼마나 받는지 물어볼 수 있는 문제가 아니에요. 업계 관계자들과 얘기해봤는데, 다른 회사의 수수료 구조를 전혀 모르더라고요."[22] 개별 중개사의 성과 데이터는 더 확보하기 어려웠다. 투자 자문업자들은 은폐의 달인처럼 보이는 경우도 많았다. 그렇다면 개인 투자자들이 올바른 투자 결정을 내리는 데 필요한 정보에 접근하려면 어떻게 해야 할까? 마이크는 '얻기 위해 주기' 원칙을 적용해야 한다고 판단했다.

그는 증권사 고객들에게 편파적이지 않은 투자 분석과 재무 평가를 해주는 조건으로 시그피그가 개인 계좌에 접근할 수 있는 권한을 달라고 요청했다. 시그피그의 알고리즘은 비효율을 감지하고 포트폴리오를 개선할 방법을 제안한다. 시그피그는 사용자 계좌에 로그인한 후 화면에 뜨는 데이터를 수집하기에(물론 사용자의 허락을 받아), 데이터 이전을 지원하지 않는 증권사를 대상으로도 작동한다. 이것은 증권사의 협조를 받지 않은 데이터 이전으로 볼 수 있지만, 효과는 마찬가지로 강력하다. 100개사가 넘는 금융 기관의 80만 명 이상의 고객이 시그피그가 계좌에 접근하는 것을 허용했으며, 총액은 3500억 달러가 넘었다.[23] 막대한 양의 데이터로 무장한 시그피그 자산관리는 어떤 중개사도 단독으로 해줄 수 없고 해주지 않을 유례 없는 수준의 투명성을 제공했다. 시그피그는 투자자들이 실제로 지불한 수수료를 계산하여 이 정보를 고객들과 공유했다. 또한 개인별 포트폴리오 성과를 분석하여 상장지수펀드ETF를 비롯한 다른 저비용 대안과 비교했다. 이런 정보는 고객이 증권사에 더 나은 조건과 서비스를 요구하거나 경쟁 업체로 옮겨갈 수 있는 든든한 무기가 된다.[24] 시그피그는 고객들과 손잡고 개인 투자자에게 데이터를 이전할 수단을 제공하여 증권사들의 닫힌 문을 강제로 여는 데 기여했다.

중국에서도 고객들이 기술의 힘을 빌려 금융 결정의 투명성을 증대시키고 있다. 정부가 결정하여 하달하는 은행별 대출 한도를 둘러싼 불투명성으로 인해 복잡해진 신용카드 신청 과정을 돕는 서비스가 한 예다. 파이코와 액시엄에서 근무했던 다원 투는 중국으로 귀국하여 신용카드 신청자들이 불투명한 절차를 헤쳐 나가도록 돕는 51크레딧닷컴을 설립했다. 시그피그와 마찬가지로 51크레딧닷컴은 고객들의 데이터, 이 경우 신용카드 신청 시 요구되는 정보를 분석한 후 이전에 승인되거나 거부된 신청서와 비교하여 신용카드가 승인될 확률이 가장 높은 은행을 알려준다.[25] 다원이 이끄는 팀은 은행의 의사결정 과정을 '리버스 엔지니어링'하여 기존에 존재하지 않았던 투명성을 창출했다.

은행이 투명성과 주체성을 제공하지 않는다면 고객들은 은행을 억지로 비집어 열기 위한 도구를 찾아 나설 것이다.

∟. **공정한 고용**

J. P. 랑가스와미는 투자은행 드레스드너 클레인워트 와서스테인의 최고정보책임자Chief Information Officer(CIO)로 일하는 동안 착잡한 현실에 직면했다. 직원들 사이의 다툼을 중재하는 데 업무 시간이 너무 많이 낭비되고 있었다.[26] 그의 이메일 편지함은 다른 부서, 매니저, 팀원에 대한 불만으로 가득 찼다. 일부는 타당한 문제 제기였으나, 나머지는 전형적인 사내 정치에 지나지 않았다.

랑가스와미는 이 모든 정보를 소화하여 개입해야 할 이메일과 그렇지 않은 이메일을 구분할 시간이 없었다. CIO로서 그는 직원들이 서로의 신뢰도와 기여도를 평가하는 사내 인트라넷 시스템을 구축할 수도 있었지만, 이 방식은 직원의 사기에 부정적인 영향을 미칠 가능성이 있었다. 대신 그는 훨씬 간단한 방법을 고안해냈다. 모든 직속 부하 직원들에게 자신의 받은 편지함과 보낸 편지함을 볼 수 있는 권한을 부여했다.[27]

그 즉시 동료에 대한 불평을 늘어놓는 이메일이 격감했다. 모두가 이런 조치를 기꺼이 받아들인 것은 아니었으며, 사표를 내고 나가는 직원도 나왔다. 다른 사람들이 이메일을 읽는다는 것을 알게 되자 직원들의 행동 방식이 바뀌었다. 랑가스와미는 직원들이 무엇을 클릭하는지 궁금해졌다. 직원들이 어떤 생각을 하고 있는지 이해하고 싶었고, 그의 말을 빌리자면 "그들의 머릿속을 들여다보고" 싶었다.[28] 그는 직원들이 자신의 받은 편지함보다 보낸 편지함에 훨씬 관심이 많다는 사실을 발견했다. 다시 말해, 다른 사람들이 그에게 무슨 얘기를 하는지보다 그가 무슨 말을 하는지에 더 관심이 많았다.

랑가스와미의 조치가 있었던 2001년은 지메일과 페이스북이 생기기 3년 전이자, 전 직원이 모든 메모와 메시지를 볼 수 있게 해주는 업무 커뮤니케이션 플랫폼인 슬랙이 등장하기 10여 년 전이다.[29] 직원들이 방대한 양의 정보를 처리하기 위해서는 데이터 수정 작업을 위한 강력한 도구가 필요했다. 업보트와 다운보트보다 더 표현력 있으면서도 버튼처럼 간단한 이모지emoji(유니코드 체계를 이용해 만든 그림 문자 - 옮긴이)와 잘 설계된 주석 시스템으로 자신의 의견을 올릴 수 있게 되면서 게시물과 댓글이 활성화되었다. 앞으로 슬랙과 같은 커뮤니케이션 플랫폼은 작성 중인 글에 대해 실시간으로 의미 분석을 하거나 카메라로 작성자의 표정을 인식하여 몇 가지 적절한 이모지를 추천할 수 있게 될 것이다.

오늘날 기업은 큰 비용을 들이지 않고도 직원의 산출물을 키보드 타이핑별, 동영상 프레임별로 측정하여 직무 만족도와 업무 실적을 분석할 수 있다. 회사가 전체 직원을 대상으로 사회관계 측정 배지 타입의 프로그램을 도입했다고 가정해보자. 경영자는 다양한 상황에서 직원들의 상호 작용과 생산성을 관찰할 수 있게 될 것이다. 회사가 직원의 각성도, 기분, 심지어 취침 시간의 수면 패턴까지 모니터링하는 센서를 이용하는 것이 사회적으로 용인되는 관행으로 자리 잡을지도 모른다. 직원들도 같은 데이터를 볼 수 있게 된다면, 언제 어디서 어떤 유형의 일을 할지 결정할 때 참고할 수 있을 것이다. 시스템이 직원별로 현재의 체력 수준에 맞는 프로젝트를 추천해줄 수도 있다. 그러나 다른 한편으로는 경영자가 데이터를 토대로 직원을 중요한 프리젠테이션에서 제외시킬 수도 있다. 데이터 수집 및 분석 프로그램에 동참할 가치가 있는지 판단하기 위해서는 경영자가 아닌 직원의 관점에서 데이터 편익률 점수를 볼 수 있어야 한다.

기업이 새로운 데이터 원천을 모색함에 따라, 직원들은 모든 입력값과 가중치 목록을 비롯하여 회사가 성과를 평가하고 연봉을 결정하는 방식을 공개하라고 요구해야 한다. 정보가 투명하게 공개될 때, 직원들은 회사의 우선순위에 부합하는 곳에 시간과 노력을 투자할 수 있게 된다. 회사가 이메일과 통화 패턴, 사회관계 측정 배지 값, 동료 평가, 평점, 표본조사 등 복수의 정보원으로부터 수집한 데이터를 취합한다면, 직원이 성과를 조작하기가 훨씬 더 어려워질 것이다. 또한 경영진과 직원의 아이디어가 조직 내부에 전파되는 방식을 볼 수 있고, 비공식적으로 존재하는 전문 지식 허브와 커뮤니케이션의 병목 지점을 알 수 있게 될 것이다. 데이터 접근과 이전이 조직 내부에 존재하는 편견과 차별을 가시화하여 경영진의 행동이 규정에 어긋날 때 더 쉽게 감지할 수 있는 효과도 있다.

고용 데이터를 외부의 데이터 정제소와 공유한다면 직장 생활에 영향을 미치는 경제 트렌드에 대한 이해도 깊어질 것이다. 링크드인은 4억 명의 회원이 공유하는 데이터를 통해 특정 회사나 업계의 건전성을 짚어낼 수 있다. 특히 주목할 만한 사례를 보자. 2008년 9월 14일 일요일, 링크드인의 데이터 과학자들은 사이트 트래픽이 급증했음을 포착했다. 주말임을 감안하면 지극히 이례적인 패턴이었기에 사이트 해킹이 의심되었고, 보안팀이 호출되었다. 조사 결과 트래픽은 미친 듯이 모든 인맥에 연락을 돌리고, 이력서를 업데이트하고, 연락처 정보를 다운로드하는 리먼 브라더스 직원들에게서 나오고 있었다. 링크드인은 리먼 브라더스의 파산을 막기 위해 진행 중이던 협상이 실패로 돌아갔음을 뉴스가 발표되기 전에 미리 추측했다.

직원들이 연락처 정보를 죄다 다운받는 것은 나쁜 조짐이다. 직원 이탈은 또 다른 나쁜 징조다. 지속적으로 동종업체에 인재를 잃는 기업의 미래는 경쟁사만큼 밝지 않다. 링크드인은 현재 이 정보를 기업 고객에게만 제공한다. 개인 회원을 위해서는 특정 대학 졸업자에게 가장 인기 있는 고용주를 보여주는 대학 페이지 서비스를 제공하고 있다. 링크드인은 여기서 한 걸음 더 나아가, (아마존의 상품 추천 알고리즘을 본떠서) 같은 회사에서 일하다가 전직한 사람들의 현재 직장을 집계하여 퇴사한 직원들 사이에서 가장 인기 있는 회사가 어디인지 보여주는 것도 가능할 것이다.

소셜 데이터는 직원별 성과 최적화뿐만 아니라 근무시간 및 팀 구성의 최적화에도 유용하다. 교대 근무자 배치는 소매업(그리고 다른 업계)이 직면하는 고질적 문제다. 날씨(연일 이어지는 강추위 또는 억수같이 쏟아지는 비)부터 마케팅(파격적인 판촉 행사 또는 대대적인 TV 광고)에 이르기까지, 수많은 변수가 특정한 날과 특정 시간대에 매장을 방문하는 사람 수에 영향을 미친다. 인스토어 애널리틱스In-store Analytics, 즉 매장 데이터 분석 기업인 퍼콜라타[30]를 설립한 그레그 타나카가 이끄는 팀은 매장 방문 고객 수와 필요한 직원 수를 예측하는 모델을 개발했다. 매장 내 직원 수를 최적화하는 것이 모델의 핵심이다. 그레그는 "고객 3명 중 1명이 구매 결정을 도와줄 영업 사원을 찾을 수 없어 매장을 떠난다"고 설명한다.[31] 소매업계의 박한 마진을 감안하면, 지속적으로 필요 이상의 직원을 두면서 이익을 내기는 힘들다. 직원들 간의 역학도 무시할 수 없다. 팀은 개인의 총합 그 이상(또는 이하)일 수 있으며 생산성, 사기, 매장 내 분위기도 영향을 미친다.

유능한 매니저들은 매출이 가장 높은 영업일과 시간대를 감으로 알고 있지만, 개인적인 관찰에 기반한 예측은 상점에 설치된 카메라와 마이크의 데이터에 기반한 퍼콜라타의 모델을 따라갈 수 없다. 카메라와 마이크는 전체 소음 수준을 감지하여 어느 매

　　　　포스트 프라이버시 경제

대나 제품이 고객의 흥미를 가장 많이 끄는지를 파악하는 등 고객수뿐만 아니라 고객의 관심도까지 측정한다. 그 밖에도 퍼콜라타는 인터넷 브라우저 쿠키의 오프라인 버전에 해당하는 휴대폰 지문[32]도 수집한다. 고객의 방문 빈도와 매장의 어느 구역을 방문하는지를 파악하는 데 유용한 데이터다. 매장들은 퍼콜라타의 데이터를 바탕으로, 함께 일할 때 높은 판매 실적을 보일 것으로 예상되는 사람들로 팀을 구성하여 인건비를 그대로 유지하면서도 매출을 10퍼센트 높일 수 있었다.[33]

퍼콜라타는 일별 근무표 시스템을 개발하는 과정에서 예상을 벗어난 도전에 직면했다. 그레그는 매장 직원들에게 개인 캘린더를 공유하여 급히 추가 근무자가 필요할 때 인력을 보충하는 시스템을 간소화하자고 제안했다. 그는 직원들이 캘린더의 세부 항목을 감출 수 있는 기능을 제공하여 근무가 가능한지 아닌지를 표시한 부분만 공유할 수 있게 했다. 그러나 예상 밖으로 참여자가 별로 없었다. 왜일까? 관리자와 데이터를 공유하고 싶지 않아서일까? 그는 근무자들과 이야기를 나누는 과정에서 이유가 훨씬 단순하다는 것을 발견했다. 많은 사람이 온라인 캘린더를 사용하지 않았으며, 사용한다고 하더라도 늘 최신 정보로 갱신하지 않았다. 그들에게는 먼저 데이터를 작성할 인센티브가 필요했다.

여기서 데이터를 수정할 권리가 효력을 발휘한다. 직원은 단지 해당 시간대에 일할 수 있는지 없는지만을 놓고 단순하게 근무 여부를 결정하지 않는다. 영업 수당을 지급하는 매장에서는 기왕이면 손님이 가장 많은 바쁜 시간대에 일하고자 할 것이다. 직원이 먼저 확실히 근무가 가능한 시간대를 캘린더에 표시해놓으면, 추가 인원이 필요할 때 자동으로 자리를 할당받을 수 있다. 보너스나 추가 수당이 있으면 특정 시간대에 근무할 의사가 있는 직원은 해당 조건을 근무표에 기입할 수 있다. 추가 수당을 지급하지 않는 기업은 일정한 양의 포인트를 지급하여 선호하는 근무 시간대를 표시할 수 있도록 한다. 관리자는 실적이 높은 직원들에게 추가 포인트를 주는 방식으로 인센티브를 부여할 수 있다. 두 경우 다 직원은 더 큰 협상력을 얻게 되고 경영진은 더 높은 효율성을 확보한다. 다시 한 번, 주체성의 증가가 전체 생태계를 향상시킨다.

근무 데이터로 실험할 권리는 경력 관리에도 도움이 될 것이다. 링크드인 대학 페이지는 학생들이 다양한 교육 시나리오를 살펴보고 특정 대학에 진학할 경우 원하는 직업으로 이어질 가능성이 얼마나 되는지를 보여준다. 여기서 한 걸음 더 나아가, 어떤 기술(이력서나 링크드인 인맥의 보증을 통해 확인된)을 보유하는지, 그리고 어느 회사 또는 부서에 취업하는지에 따라 연봉 승급과 승진에 걸리는 시간이 어떻게 달라지는지를 비교해볼 수 있는 서비스가 제공된다고 상상해보라. 이력서의 단어 선택이 검색 결과 순위에 미치는 영향을 시험해볼 수 있는 것도 취업 시장에서 더 나은 매칭으로 이어지는 유용한 서비스가 될 것이다.

인재를 발굴하는 데는 시간과 돈이 든다. 그렇기에 갈수록 소셜 데이터를 통해 인재를 찾는 기업이 늘어나고 있다. 데이터 전략 회사 모데이터의 CEO이자 설립자인 갬 디아스는 데이터 과학자를 물색하는 과정에서 질의응답 웹사이트 쿼라에서 한 가지 주제에 관해 지속적으로 좋은 답변을 올리는 사람은 해당 분야 전문가일 가능성이 크다는 사실을 깨달았다. 갬은 이렇게 말했다. "사람들이 가입해서 게시물을 읽고 글을 올리고 추천하고 댓글을 답니다. 쿼라는 게시물의 질, 인기도, 영향력을 보여주고 주제를 둘러싼 잠재적인 지식과 영향력의 네트워크를 발굴하는 매우 독특한 지식경제입니다."[34] 그는 머신 러닝 분야에서 훌륭한 평판을 가진 몇 명의 기여자를 발견했고, 그중 특히 한 사람이 마음에 들었다. 그 사람에게 연락이 닿았을 때 그는 직장을 옮기는 데 관심이 없다고 말했지만 실리콘밸리로 날아가 인터뷰를 하는 데는 동의했고, 결과적으로 모데이터에 합류했다.

10년 전만 해도 대부분의 사람은 힘들게 구축한 전문 지식을 온라인에서 공개적으로 공유하는 것이 말도 안 된다고 생각했다. 전문 지식은 곧 수입으로 직결되며, 그것을 공짜로 나눠주는 것은 직업 시장에서 잠재적 수입을 감소시킨다는 사고방식이 보편적이었다. 하지만 이제는 자신이 가진 기술을 드러내는 데이터를 생성하고 공유하여 재직 중인 회사와 자신이 보유한 고객을 훨씬 넘어서는 명성을 구축할 수 있다.

사람들이 전문가로서 명성을 구축할 수 있는 데이터를 생성하고 공유함에 따라, 기업들은 매출이나 순이익 같은 전통적 성과 지표를 넘어서는 연봉과 보너스 제도를 고안할 수 있게 될 것이다. 동료들 사이에서 전문가라는 명성을 얻는 것, 팀 내부와 외부 커뮤니케이션의 강도와 속도, 심지어 주재하는 회의의 효율성까지도 수치화될 수 있다. 예를 들어 한 대형 실리콘밸리 회사에서는 내부 전화나 채팅 요청을 받을 때 연락한 사람의 커뮤니케이션 기록이 뜬다. 만일 그 사람의 평균 통화 시간이 30분에 달한다면,

수신자는 지금 전화를 받는 대신 음성 메시지로 넘어가게 두는 편이 낫다고 결정할 수 있다. 직원들은 근무 시간을 더 효율적으로 쓸 수 있을 것이고, 경영진은 직원 역학 관계에 관한 중요한 정보를 얻는다. 커뮤니케이션 데이터는 사회관계 측정 배지 데이터와 마찬가지로 직원이 동료를 돕는 데 할애하는 시간을 드러낸다.

그렇지만 이는 세계 최대 규모의 헤지펀드인 브리지워터 어소시에이츠의 창업자 레이 달리오가 주창한 '파격적 투명성radical transparency'에 비하면 아무것도 아니다. 브리지워터 어소시에이츠는 자사가 수십억 달러가 걸린 결정을 내리는 과정을 수집하고 분석한다. 대부분의 회의가 기록된다. 직원들은 아이패드 앱을 통해 불만을 비롯한 동료 피드백을 등록하고 다른 사람들의 업무 능력을 평가한다. 누구나 직원 평점을 조회할 수 있다.[35] 브리지워터 어소시에이츠의 소프트웨어는 안건을 논의할 때 참가자들의 목소리에 담긴 감정 등 행동 패턴을 관찰하여 결정에 이의가 많이 제기되지 않은 상황을 판별해낸다. 회의적인 시각을 장려하고, 내부 토론을 활성화하기 위해서다. 다수의 동영상과 일부 분석은 사내에 공개된다. 달리오는 묵시적인 정보를 가시화하여 합의를 도모하고, 의사결정 프로세스를 개선하고, 더 나은 성과를 낼 수 있다고 믿는다.[36] 나는 브리지워터 어소시에이츠의 전 직원이 모든 데이터에 접근하여 수정하고 실험할 수 있다면 더 나은 성과가 나올 것으로 생각한다.

앞서 차량 공유 운전자의 사례에서 봤듯이, 직업적 평판과 리뷰 데이터를 이전할 권리는 소득 중 적어도 일부를 독립 계약자independent contractor로서 벌어들이는 미국 인구 3분의 1에 해당하는 사람들에게 중요한 문제다.[37] 프리랜서닷컴이나 업워크(기존의 이랜스-오데스크) 같은 프로젝트 입찰 및 협업 사이트는 프리랜서들이 이력서와 포트폴리오를 생성할 플랫폼을 제공하고, 그들을 프로젝트에 투입할 인재를 찾고 있는 기업과 연결한다. 클라이언트는 프리랜서의 커뮤니케이션, 전문성, 작업 품질을 평가하고, 잠재적 클라이언트는 프리랜서별 반복 채용 여부, 예산과 데드라인 준수 여부, 작업 완수율에 관한 데이터를 검토할 수 있다. 업워크는 (소프트웨어 개발자를 위한) 깃허브와 스택 오버플로, (그래픽 디자이너를 위한) 비핸스와 드리블 등 다른 플랫폼에서 평판 데이터를 가져올 수 있는 기능을 제공한다. 페이스북에서 서로 친구 관계를 맺듯이 평점 시스템은 대칭적이며, 이를 통해 기업과 프리랜서가 실제로 협업했음이 증명된다. 프리랜서는 고객사의 직무 기술서가 전체 업무 범위와 소요 시간을 정확히 반영했는지, 그리고 지체 없이 임금이 지불되었는지 평가한다. 과거에는 오직 회사 측만 누가 프로젝트에 입찰했는지 볼 수 있었고, 프리랜서들은 아무 정보 없이 백지 상태에서 입찰가를 정해야 했다. 프리랜서닷컴과 업워크에서는 서로의 프로필, 리뷰, 입찰을 볼 수 있다. 투명성은 힘의 균형을 프리랜서 쪽으로 옮긴다.

유엔 총회가 1948년에 채택한 세계인권선언은 모든 사람이 일할 권리와 자유롭게 직업을 선택할 권리, 정당하고 유리한 노동 조건에서 일할 권리를 갖는다고 규정했다. 그로부터 70년이 지난 지금 우리는 여기서 한 걸음 더 나아가, 일하면서 얻은 기록, 평점, 리뷰를 원하는 곳으로 이전할 권리를 요구해야 한다. 노동자가 데이터 권리를 행사할 수 있다는 전제가 충족될 때, 소셜 데이터는 보다 공정하고 투명한 방식으로 일과 노동자, 연봉과 성과를 연결하고 노동력을 최적화할 방법을 제공할 것이다.

⌐ 교육의 진화

1세기 전 미국 철학자 존 듀이는 "교육은 지시하고 지시받는 것이 아니라 능동적이고 건설적인 과정이다"라고 말했다.[38] 그러나 켄 로빈슨이 테드 강연 '학교가 창의력을 죽이는가Do schools kill creativity?'에서 지적했듯이, 교육은 여전히 권위와 일방적인 가르침에 기반하고 있으며, 규칙을 위반하고 위험을 감수하는 것에 비싼 대가가 뒤따랐던 산업화 시대의 공장 노동자를 배출하기 위해 설계된 시스템을 고수한다.[39]

실제로 교실의 구성은 지난 2000년간 별로 바뀐 것이 없다. 교사가 학생들 앞에 서서 강의를 하고, 배운 것을 얼마나 기억하고 있는지 확인하기 위해 시험을 친다. 교사는 채점이 끝난 후에야 뒤늦게 누가 무엇을 얼마나 습득했는지 알게 된다. 학생들은 동급생에게 배우거나 교실 밖에서 배운 것을 학교 수업과 연결할 기회를 거의 얻지 못한다. 정보는 대개 단방향으로, 모든 학생에게 단일한 형태로 제시된다. 사실을 얼마나 잘 외웠는지가 학생의 우열을 가른다.

교육이 늘 이런 식으로 이루어졌던 것은 아니다. 소크라테스는 제자 플라톤을 가르칠 때 모든 수업을 일련의 질문 형식으로 구성했다. 소크라테스는 좋은 질문을 하는 법을 가르치는 것을 답을 가르치는 것보다 중시했다. 생각해낼 수 있는 거의 모든 것에 대한 답을 검색 엔진이 제공하는(답이 옳은지 아닌지는 별개의 문제겠으나) 오늘날의 실정에 더욱 잘 들어맞는 교육관이다. 하버드대학 물리학 교수 에릭 마주르가 말했듯이 "사실은 잊어버릴 수 있지만 이해한 것은 잊지 않는다."[40] 자신이 혼자 앞에서 떠들 때보다 다른 학생들과 협업할 때 학생들이 더 많이, 더 잘 습득한다는 사실을 깨달은 마주르는 웹 기반 교육 시스템인 러닝 캐털리틱스 Learning Catalytics를 만들었다.

　미국 메인주에 위치한 고등학교 물리 교사 제니퍼 커티스는 이 소프트웨어를 가장 먼저 도입한 교사 중 하나다. 커티스는 수업을 시작할 때 학생들에게 아이패드를 꺼내게 한다. 공부를 방해한다는 명목으로 기기를 압수하는 대신, 앱을 열어 1시간 동안 소프트웨어의 안내를 받으며 학생들끼리 서로 배우게 했다. 먼저 학생들은 전날 숙제로 받은 책이나 동영상에 관한 몇 가지 질문에 답했다. 커티스는 테스트 결과에 따라 학생들을 2명씩 짝짓고, 각자 자신이 선택한 답을 상대방에게 설득시킨 다음 두 사람의 최종 답안을 앱에 입력하게 했다. 그 과정에서 커티스는 누가 개념을 이해하는 데 도움이 필요한지 파악할 수 있었다. 점차 이 방식에 익숙해진 학생들은 변증법적 탐구, 추론, 팀워크를 통해 문제를 해결하는 방법을 배웠다. 이 방법은 학생들에게 답을 암기하기보다는 개념과 문제의 근본 구조를 이해하고, 다양한 해결책을 제시할 수 있도록 가르쳤다.[41] 러닝 캐털리틱스는 커티스가 담당하는 학생들의 그룹 토론 수준과 성적을 끌어올렸다.[42]

　교육 앱과의 모든 상호 작용은 흔적을 남기며, 이런 흔적은 학습 능력을 향상시키기 위해 사용될 수 있다. 기록 가능한 모든 것을 기록하는 새로운 교육 프로그램이 수립되고 있다. 사진 공유 및 인쇄 서비스 스냅피시의 전 CEO 벤 넬슨과 심리학자이자 하버드대학 사회과학부의 전직 학과장 스티븐 코슬린이 설립한 켁대학원Keck Graduate Institute(KGI)의 미네르바스쿨은 데이터를 중심으로 구성된 교육기관이다. 2015년 가을 미네르바스쿨이 문을 열었을 때, 7개 도시에 위치한 학생과 교수진은 주로 컴퓨터를 이용해 소통했다. 수업 영상, 채팅 메시지, 시험 답안은 실시간으로 분석되어 강사가 수업 중 학생 토론의 사회를 보고 장거리 학생들과 성공적으로 원격 수업을 진행할 수 있게 도왔다.[43] 그런 후에는 감정 표현 전문가들이 동영상을 코드화하여 학생들이 흥분, 지루함, 좌절, 혼란스러움 등의 다양한 감정을 보이는 영역을 찾아냈다. 학생들도 이 데이터에 접근할 수 있었으며, 추가적으로 학습을 돕는 참고 자료와 교실 밖 활동을 추천받았다. 완전하게 계측화된 프로그램이라면 학생의 집중력이 떨어질 때를 포착하여 휴식을 취할 시간이라고 제안할 수도 있을 것이다.

소셜 데이터를 이용한 신중한 실험을 통해 학습 환경이 학생에게 미치는 영향을 밝혀낼 수 있을 것이다. 어떤 학교는 매일 과목별 수업 시간을 변경하여 오전(또는 오후)에 더 잘 집중하는 학생들이 모든 과목에서 탁월한 능력을 발휘할 기회를 준다. 뉴저지의 한 고등학교는 스쿨로지라는 온라인 플랫폼을 통해 '가정 학습일'을 시범 운행했다.[44] 나라면 과학자로서 변경 가능한 다양한 값, 예를 들어 교수 스타일, 교실 온도, 점심시간에 제공되는 음식 또는 책상 사이의 거리를 체계적으로 바꿔보면서 이러한 요소들이 학생의 학습과 복지에 미치는 영향을 분석해볼 것이다. 그렇게

포스트 프라이버시 경제

할 때 교사와 학생 양측 모두 어쩌다 한 번 보는 시험으로 알 수 있는 것보다 훨씬 더 깊게 학습 진척 상황을 이해하게 될 것이다. 이때 학생과 학부모에게는 결과는 물론 내포된 의미에 대한 해석까지 제공되어야 할 것이다.

학생들의 학습 패턴을 완전히 이해하고 정확하게 평가하기 위해서는 정규교육 전 과정은 물론 대학과 그 이후 '평생 학습' 프로그램을 통해 생성될 데이터까지도 모두 보존해야 한다. 지금까지 얼마나 많은 데이터가 얼마나 오랫동안 보존되어야 할지에 관한 논의는 프라이버시 침해에 대한 쟁점으로 귀결되었고, 널리 사용되는 학생 행동 추적 앱은 학년이 마감되면 데이터를 모두 삭제해왔다.[45] 이 얼마나 아까운 일인가! 교육 데이터를 삭제하기보다는 학생, 학부모, 교사, 교육 정책 입안자들이 계속해서 그것을 이용해 배울 수 있어야 한다. 여러 교육용 앱의 데이터를 통합할 수 있는 기능은 학생들에게도 유용할 것이다. 교육부, 사립 재단, 또는 영리를 추구하는 회사가 만든 하나의 교육 데이터 정제소로 각각의 앱에서 생성된 데이터를 이전할 수 있다면 학습 방식에 대한 깊이 있는 통찰을 얻을 수 있을 것이다. 더불어 학부모, 교사, 학교 행정 직원들이 데이터 안전성, 프라이버시 효율성, 데이터 정제소의 데이터 편익률을 모니터링할 수 있게 될 것이다.

여기서 데이터 이전 가능성을 언급하는 이유는 적성 검사 점수가 이력서를 걸러낼 때 사용되는 데이터 포인트 중 하나이듯이, 학교에서 생성된 데이터를 이용하여 그 사람이 직업이나 다른 자리에 필요한 자격요건을 갖추고 있는지를 예측하는 방법에 많은 관심이 쏠릴 것으로 예상되기 때문이다. 시험 점수와 달리, 학생들에게서 수집된 데이터는 특정 종류의 직업에 대한 적합성을 판별하는 데 유용하게 사용될 수 있다. 어린이가 도전적인 상황에 어떻게 대응하는지를 관찰하면 어른이 된 후의 성향(거절당하는 것을 얼마나 잘 수용하는지를 비롯하여)을 예측할 수 있기 때문이다.[46]

예상 밖의 장기 예측 사례 중에서 내가 즐겨 드는 예는 심리학자 월터 미셸이 1960년대에 스탠퍼드대학 부설 빙 보육원의 4~6세 아동을 대상으로 진행한 '마시멜로 테스트'다.[47] 미셸은 테이블에 아이가 선택한 간식—그들은 주로 마시멜로를 골랐다—를 놓아두고, 아이들에게 간식을 지금 바로 먹어도 되지만 15분 동안 참고 기다리면 마시멜로를 하나 더 주겠다고 말한 다음 방에서 나갔다. 혼자 남겨진 아이의 3분의 1이 간식을 먹지 않고 기다렸다. 대체로 집단에서 나이가 좀 더 많은 아이들이 참을성이 더 많은 것으로 나타났다. 그러나 그들이 10대와 성인이 된 후에 다시 연락했을 때 더욱 흥미로운 사실이 드러났다. 마시멜로를 하나 더 얻기 위해 기다렸던 아이들이 또래보다 훨씬 높은 성과를 내고 있었으며 적성검사 점수도 더 높게 나왔다.[48] 미취학 아동이 보여준 의지력과 훗날의 성공 사이의 상관관계는 예상치 못한 것이었으며, 후속 연구를 통해 뒷받침되었다(최근 발표된 연구에서 이와 상반되는 결과가 나왔다. 소수의 중산층 아동을 대상으로 했던 기존 실험과는 달리 부모의 소득 수준, 인종, 가정환경 등을 다양하게 반영하여 실험한 결과, 아동의 의지력보다 사회경제적 배경이 더 중요한 요소인 것으로 나타났다 - 옮긴이).

교육은 마시멜로 실험의 연속이다. 계측화된 교실에서 배우는 아동은 개인화된 피드백의 혜택을 받을 뿐만 아니라, 의지력을 비롯한 성격적 특성에 관한 데이터를 보유한 채로 졸업하게 될 것이다. 앞으로 교육 데이터를 삶의 다른 영역에서 활용하는 데 많은 관심이 쏠릴 것으로 예상된다. 기업은 지원자의 성격을 평가하고 싶어 하며, 많은 기업이 면접 과정에서 심리 테스트를 요구한다. 미래에는 이력서와 함께 자신이 보유한 장점을 증명할 교육 데이터를 잠재적 고용주에게 이전할 수 있게 될지도 모른다. 그 전에 데이터 기반 교육 또는 커리어 상담가에게 먼저 데이터를 이전하여 당신의 데이터가 당신에 관해 무엇을 말해주는지를 파악하고 싶을 것이다.

교육 데이터는 문을 닫는 것이 아니라 열어야 한다. 소셜 데이터의 수집과 분석은 교육 시스템 전반에 혜택을 가져올 것이다. 교사들은 한정된 자원으로 인해 종종 일부 학생들에게만 관심을 집중해야 하는 상황에 처한다. 분포 곡선 축의 왼쪽에 위치한 평균 이하의 학생들에게 집중해야 할까, 오른쪽에 위치한 평균 이상의 학생들에게 집중해야 할까, 아니면 중간에 모인 평균적인 학생들에게 초점을 맞춰야 할까? 고등학교에서 과학을 가르쳤던 나의 아버지는 뒤처진 학생들이 중퇴하지 않고 학교를 끝까지 마쳤을 때 가장 뿌듯해했다. 대학에서 가르치는 나는 최고의 학생들에게 동기를 부여하여 내 강의를 듣지 않았다면 생각해내지 못했을 아이디어를 떠올리게 했을 때 가장 큰 만족감을 느낀다. 어떤 교사는 일반적인 교실에서 다수를 차지하는 평균적인 학생들의 성과를 향상시키는 데 초점을 맞춘다.

어떤 집단에 중점을 둘지 결정하기란 쉽지 않다. 수업 스타일, 학습 환경, 도전에 대한 학생의 반응 등 학생에 관한, 그리고 학생이 만들어낸 데이터는 사회가 이 가운데 어떤 결과를 추구해야 할지를 말해주지 않는다. 하나의 정답은 없다. 교육 방정식의 조건을 정하고 입력값을 측정하고 가중치를 바꾸고 실험을 거듭하면서, 학생별로 학급별로 지속적으로 개선해나갈 방법을 모색해야 한다.

└ 데이터의 처방

> 디지털화되고 무선화된 의료로 인해, 플립폰을 사용하는 세상에서 전체 의료 서비스 모델이 뒤집히는(플립) 세상으로 나아갈 것이다.[49] – 에릭 **토폴** 박사

1895년에 최초로 촬영된 엑스레이 사진은 상당히 으스스했다. 실제로 엑스레이에 찍힌 손의 주인, 그러니까 엑스레이 기술을 발견하여 최초의 노벨 물리학상을 받은 빌헬름 뢴트겐의 아내는 엑스레이 사진을 보고 "나의 죽음을 보았다"라는 말을 남겼다고 전해진다.[50] 별안간 의사가 신체 내부를 볼 수 있게 되었다. 보이지 않던 것이 보이게 되었다. 이제 훨씬 정밀한 질병 진단, 치료법 제안, 메스 절개가 가능해졌다. 그로부터 채 6개월이 지나지 않아 이탈리아-에티오피아 전쟁에서 부상당한 두 이탈리아 병사의 몸에 박힌 총알의 위치를 알아내기 위해 엑스레이 장비가 사용되었다.

지난 100년간 신체를 새로운 방식으로 볼 수 있게 해주는 일련의 기술이 의학을 완전히 탈바꿈시켰다. 엑스레이 기

술은 1970년대 컴퓨터가 다수의 엑스레이 사진을 통합하여 인체를 3차원 영상으로 재구성하는 컴퓨터축단층촬영Computer Axial Tomography(CAT) 스캔으로 이어졌다. 자기공명영상Magnetic Resonance Imaging(MRI) 기계는 신체의 수분 및 지방 함량을 측정하여 뼈뿐만 아니라 연조직과 혈류도 볼 수 있게 해줬다. 2004년에는 국제인간게놈서열컨소시엄이 완전한 인간 게놈 서열을 발표하여 정밀의학precision medicine이 가능해졌으며, 그 결과 개인별로 게놈을 분석해 맞춤형 치료를 할 수 있게 되었다.[51] 오늘날 전 세계적으로 수천만 대의 엑스레이 장비, 수십만 대의 CT 스캐너와 MRI 스캐너, 그리고 수천 개의 DNA 염기서열분석기가 존재한다.[52]

그러나 이 숫자는 10억 대의 스마트폰과 핏빗, 가민, 조본, 페블 등이 제조한 1억 대의 신체 활동 추적기에 실려 움직이는 의료 기술의 규모와 비교하면 아무것도 아니다. 휴대용 기기는 활력 징후는 물론 운동 습관, 수면 패턴, 기분을 지속적으로 기록하여 건강과 웰빙을 모니터링하고 관리하는 데 핵심적인 역할을 담당하고 있다. 활동 추적기는 배우자(또는 다른 사람)와 얼마나 자주 섹스하는지와 같은 사적인 정보까지 드러낼 수 있다.[53] 우리는 자신의 신체와 스스로에 관한 전례 없이 풍부하고 상세한 그림을 확보할 수 있게 되었다. 나는 이런 데이터의 잠재력을 무시하는 것이 일종의 배임 행위라고 생각한다. 그러나 데이터를 활용하기에 앞서 먼저 환자의 권리와 의료 데이터의 흐름을 재고할 필요가 있다.

보통 우리는 아프거나 건강검진을 받을 때만 의사를 찾아간다. 의사는 진찰 과정에서 심장 박동수, 혈압, 체중 등 몇 가지 몸 상태를 측정하지만, 이 정도로는 환자의 전반적인 건강 상태를 파악하기에 너무나 미흡하다. 심각한 문제가 있는 것으로 드러나면 추가적인 검사를 받거나 전문의를 찾아가야 한다. 에릭 토폴 박사는 연례 건강검진이 극히 비효율적이라고 말한다. 통상적인 검사로는 의사가 문제를 포착하기에 충분한 데이터가 수집되지 않는 반면, 몸 전체를 검사하는 데에는 시간이 많이 든다.[54] 문제가 시기적절하게 발견되지 않으면 병을 키운다. 게다가 개인별 의료 기록은 주로 의료비 청구 목적으로 선택된 산발적인 측정치, 명백한 사실, 진단 코드로 구성된 형식을 고수하는 경우가 대부분이다. 의료 데이터 수집과 사용이 개인병원, 약국, 대형병원, 보험회사 등 기관의 필요에 맞춰져 있는 경우가 너무 많다. 데이터 수집과 분석의 초점이 환자에게로 옮겨가야 한다.

이는 의료비 청구 시스템의 변화 그 이상을 요구할 것이다. 많은 환자가 자신의 건강 상태에 관한 정부를 심지어 의사와도 공유하기를 꺼린다. 건강에 나쁘다고 얘기되는 식습관이나 생활습관에 대한 비판을 두려워하기 때문일 수도 있고, 문제를 무시하면서 저절로 사라지기를 바라기 때문일 수도 있다. 또는 병원과 보험사가 다른 기업들과 다를 바 없이 의료 데이터를 철저히 보호하지 못할 것이라고 여기기 때문일 수도 있다.[55] 기존의 병력으로 인해 보험료가 인상되었거나 보험 가입을 거부당하는 등 건강 데이터가 자신에게 불리하게 사용된 경험을 가진 사람도 있다.[56] 의료 기록이 우리에게 어떤 식으로 불리하게 사용되는지 걱정하지 않아도 된다면, 건강과 행복을 장단기적으로 증진시키기 위해 데이터를 적극적으로 이용할 수 있을 것이다.

이와 별개인 동시에 관련된 문제가 있다. 검사 결과를 비롯한 개인의 의료 정보가 삶에서 중대한 결정을 내리는 데 필수적이라는 사실에도 불구하고 의료 기록을 환자에게 보여주는 관행이 일반화된 것은 최근의 일이다.[57] 그 이유는 의사의 진단서가 환자의 관점을 염두에 두고 작성되지 않기 때문이다. 한 저명한 의사가 내게 얘기해준 바에 따르면 의사는 주로 세 가지 이유로 진단서를 작성한다. 첫째, 진찰 내역을 항목화하여 청구서를 제출하기 위해서. 둘째, 환자를 맞이할 때 그 사람을 기억하는 것처럼 보이기 위해서. 셋째, 문제가 생겨 소송을 당했을 때를 대비해 기록을 남겨두기 위해서. 목록 중에 환자의 건강 증진과 관련된 것은 없다.

하버드 의과대학의 톰 델방코 박사가 론칭한 오픈노트는 일반인이 병원 진단서에 보다 쉽게 접근할 수 있도록 해주는 서비스다. 2010년 1만 9000명의 환자를 대상으로 시작한 파일럿 연구에서 2016년에는 800만 명의 회원을 가진 서비스로 빠르게 성장했다. 파일럿 연구에 참여한 환자들은 본인의 검사 결과, 진단명, 처방전 목록뿐만 아니라 진단서와 후속 조치 권장 사항까지 볼 수 있었다. 의사가 진단서를 업데이트할 때마다 환자는 이메일 알림을 받는다. 환자 5명 중 4명이 진단서를 읽었으며, 투명한 정보 공개가 자신의 건강 상태를 더 잘 이해하고 의사와 더 나은 관계를 맺는 데 도움이 되었다고 밝혔다.[58] 거기에 더해, 파일럿 실험 참가자들은 처방 약의 부작용을 기록하거나 진단서의 오해나 오류를 지적할 수 있도록 진단서 수정 기능을 요청했다. 예를 들어 진찰 중 음주량이 주당 다섯 잔이라고 답했는데 의사가 매일 다섯 잔이라고 잘못 기록할 수 있다. 오픈노트 프로그램이 확장됨에 따라 더 많은 환자가 의사의 질문에 대한 자신의 답변을 수정해달라

고 요청했으며, 전문 용어를 해석해달라고 요구하기 시작했다.[59]

　오픈노트는 또한 환자가 심리치료사를 비롯한 정신과 전문가와의 상담 기록을 읽어서는 안 된다는 터부에 맞섰다. 많은 심리치료사들은 정신건강에 관한 기록을 보는 것이 환자가 회복하여 더 나은 삶을 사는 데 해를 끼친다는 입장을 견지해왔다. 정신건강에 대한 보호주의적이고 가부장적인 접근은 20세기 중반까지 여성은 너무나 연약하다며 그들에게 의료 정보를 알려주지 않고 남편이나 아버지와 치료 방법을 의논했던 관습과 크게 다르지 않다. 델방코는 "무릎에 상처를 입었을 때나 마음에 상처를 입었을 때나 똑같이 의사가 쓴 진단서 내용을 볼 권리가 있다"고 말한다.[60] 게다가 치료 과정에서 환자에게 더 많은 투명성과 주체성을 부여하면 격리감과 불안감이 줄고 심리치료사를 더 신뢰하게 되어 상담 효과가 좋아지기 때문에 장기적으로는 더 나은 결과를 가져올 것이다. 그뿐만 아니라 환자는 상담 기록을 다시 보면서 상담 시간에 얘기되었던 대응 방법이나 다른 도구를 되새길 수 있다.

　의료 기록을 수정할 수 있게 되면 다른 방식으로도 의료 서비스가 개선될 것이다. 모든 처방전을 약국 한 곳을 지정하여 제조하게 하면 사람보다 컴퓨터가 더 잘하는 일, 즉 어떤 약을 언제 타 갔는지 집계하고 여러 다른 병원에서 처방받은 약을 함께 먹을 때의 위험과 부작용을 경고해주는 역할을 컴퓨터에 맡길 수 있다. 그러나 이렇게 중요한 서비스는 환자가 한 약국에서 모든 약을 탈 수 없을 때도 제공되어야 마땅하다. 모든 의사의 진단서와 처방전을 한 곳에 취합하는 편이 더 안전하다. 이를 통해 신체 활동 추적기로 수집한 데이터를 자동으로 업로드하거나, 구글의 연구과학자 케빈 머피 팀이 개발한 음식 사진으로 음식 일기를 작성하고 칼로리를 계산해주는 아임투칼로리스 같은 앱을 사용해 건강 기록을 수정하는 것도 가능할 것이다.[61] 그렇게 하면 복용 중인 약이 있으니 지금 저녁 식사와 함께 즐기려는 레드 와인은 삼가는 것이 좋다는 경고가 뜨도록 설정할 수도 있을 것이다.

의료 서비스 제공 업체들은 장기적인 건강 개선을 위해 환자들이 다른 종류의 데이터도 공유하도록 설득하고자 한다. 남아프리카공화국의 보험회사 디스커버리 헬스는 바이탈리티라는 프로모션 프로그램의 일환으로 마트, 스포츠용품점, 건강용품점[62]과 협력하여 고객의 로열티 카드나 신용카드 구매 내역 가운데 건강에 좋은 식품이 포함되어 있으면 장보기 비용의 일부를 환불해주거나 보험료를 깎아주는 등 금전적 인센티브를 제공했다.[63] 이 프로그램의 성공은 환자들이 보험료를 덜 내는 조건으로 다른 데이터도 공유할 의사가 있음을 시사한다. 이를테면 매주 몇 번 정해진 거리를 걷기로 하고, 보험사가 휴대폰 위치 정보 데이터로 그것의 수행 여부를 확인하는 데 동의하는 식이다. 이때는 실제로 전화기를 들고 걷는 것이 본인이며, 다른 사람을 고용하여 휴대폰을 산책시키고 있는 게 아니라는 걸 증명하기 위해 지불 인증 시스템처럼 지문, 실시간 동영상 등의 고유한 식별자로 인증할 수 있어야 한다.

2012년에 나는 스탠퍼드대학에서 소셜데이터연구소 및 유나이티드헬스케어와 함께 환자 서비스 개선을 위해 센서 데이터 사용법을 논의하는 워크숍을 진행한 적이 있다. 그중 한 시나리오에서는 양로 시설에 들어가지 않고 자택에 계속 머물기로 한 사람이 값비싼 간호 인력의 불필요한 방문을 줄이면서도 건강 상태를 모니터링할 수 있는 방법이 논의되었다. 침실의 카펫 위나 아래에 부착된 센서는 환자가 침대에서 일어나다 쓰러졌을 때를 감지한다. 다른 방에서 넘어졌을 때는 휴대폰의 센서가 그 소리를 잡아낸다. 웹캠 동영상을 감정 인식 소프트웨어로 분석하여 도움이 필요한 상태라고 판단되면 이웃이나 의료 관계자를 집으로 보낸다. 이상 언급된 기술은 모두 기존의 의료 경보 시스템이 작동하는 방식과 달리 환자가 따로 말을 하거나 버튼을 누르지 않아도 된다.

나는 어머니를 자주 찾아뵙고 건강 상태를 체크하고 싶다. 하지만 90세의 어머니는 독일 프라이부르크의 양로 시설에 거주하고 있어서 그렇게 하는 게 쉽지 않다. 나는 어머니의 방에 웹캠을 설치하면 어떻겠느냐고 제안했고, 어머니도 좋은 생각이라며 찬성했다(비록 내가 동영상을 매일 24시간 지켜보고 있을 수는 없으니 문제가 생겼을 때 알려주기 위해 동영상이 어떤 방식으로 분석되어야 하는지 같은 복잡한 내용을 어머니가 다 이해하지는 못했지만 말이다). 하지만 웹캠을 설치하러 갔을 때, 나는 카메라 설치가 그곳에서 근무하는 간호사, 도우미, 다른 직원들의 프라이버시권을 침해한다는 얘기를 들었다. 그들이 내가 알게 되기를 원치 않는 일을 하고 있는 것인가? 돈만 청구하고 하기로 한 일을 제대로 하지 않고 있는 것인가? 의아하지 않을 수 없었다. 양로원 측에서 웹캠을 설치하고 직원의 신원을 가려주는 흐리기 도구를 적용한 다음 가족들에게 동영상 서비스를 제공하는 편이 훨씬 나을 것이다. 이렇게 하는 게 어머니가 제대로 보살핌을 받게 하고 싶은 나의 소망을 포함하여 관련자 모두가 만족할 수 있는 해결책일 것이다.

데이터를 이전할 권리는 의료 서비스의 다른 차원들을 개선하기 위해서도 활용될 수 있다. 처방전의 의약품 데이터를 데이터 정제소로 이전하여 가장 저렴한 건강보험과 약국을 간단히 확인해볼 수 있게 되는 것이 한 예다. 작업이 수행되는 조건을 직접 설정할 수 있게 해주는 IFTTT(만약에 그러하면 그러하다If This, Then That) 같은 서비스로 데이터를 이전할 수도 있다. 만약 자외선 지수가 높게 나오면 자외선 차단제를 바르라는 알림이 오도록 설정하는 식이다. 활동 추적기가 하루 최소 만 보를 걸었다고 표시한 후에야 TV가 켜지도록 설정하여 가정의 전자기기를 개인적 목표와 연결할 수도 있다.

의료 서비스의 미래는 개인별로 고유한 유전자에 기반하여 식생활, 약, 치료법을 맞춤 제공하는 것이다. 유전자 변이는 어떤 질병이 발생할지, 그리고 바이러스, 박테리아, 기타 화학 물질에 몸이 어떻게 반응할지를 알려주는 표식이다. 유전자에 따라 약의 효과가 달라지므로 개인별 유전자에 기초하여 처방전이 작성될 것이다. 그런데 유전자 검사는 한 사람에 관한 정보 이상을 드러낸다. 가족의 유전자는 서로 크게 겹치므로 당신의 유전자 구성을 알면 부모, 형제자매, 자녀의 유전자 구성까지 알 수 있다. 본인의 데이터를 공유하면 본의 아니게 가족의 데이터까지 공개하게 되는 셈이다. 오픈소스 유전자 연구기관인 오픈에스엔피openSNP에 유전자 정보를 두 번째로 업로드한 서맨사 클라크는 유전자를 공개할 것인지에 대해 가족과 논의하면서 이 문제와 씨름해야 했다.[64] 데이터 안전성과 프라이버시 효율성 등급이 특히 중요한 이슈가 되는 분야다. 법이 어떻든 유전자처럼 당신의 책임이 아니거나 바꿀 수 없는 것으로 인해 불이익을 당해서는 안 되며, 이는 당신의 가족도 마찬가지다. 유전자 데이터에 누가 접근했는지 철저히 기록한다면 데이터가 악용되었을지도 모르는 상황을 식별하는 데 도움이 될 것이다.

현재 의료 서비스는 개인 데이터를 충분히 활용하고 있지 않다. 하지만 니컬러스 크리스타키스와 제임스 파울러가 『커넥티드 Connected』라는 저서에서 언급했듯이, 소셜 그래프와 일상생활도 건강에 큰 영향을 미친다.[65] 단지 구글 독감 트렌드를 이용한 독감 바이러스 확산 경로 추적 같은 공공의 문제나,[66] 친구가 많은 사람은 자살 충동에 시달릴 확률이 낮다(아는 사람이 과거에 자살한 경우를 제외하고)는 사실을 이야기하고 있는 것이 아니다. 크리스타키스와 파울러는 이전까지 개인의 습관이나 유전에 의해 유발되는 것으로 여겨졌던 비만 같은 질병이 사회적으로 확산된다는 사실을 발견했다. 감정적으로나 물리적으로나 가까운 사람들이 대식가라면 당신도 많이 먹게 되기 쉽다. 그리고 그들이 과체중이기 때문에 당신이 살이 쪄도 개의치 않는다면 당신도 몸무게가 몇 킬로그램 늘어난 정도는 대수롭지 않게 여길 것이다.[67]

크리스타키스와 파울러의 연구가 증명하듯이, 센서로 체중이나 혈압을 측정하는 것만으로는 충분하지 않다. 소셜 그래프에도 주의를 기울여야 한다. 소셜 네트워크 실험을 통해 위험 인자를 감지하고 장기적 건강 상태에 영향을 미칠 수 있는 요인을 살펴본다면, 예를 들어 사진 인식과 분석을 통해 감지된 평균 몸무게의 변화에 근거하여 특정 집단의 친구들과 어울리는 것이 당신에게 어떤 영향을 미치는지 알 수 있게 된다면 획기적인 변화가

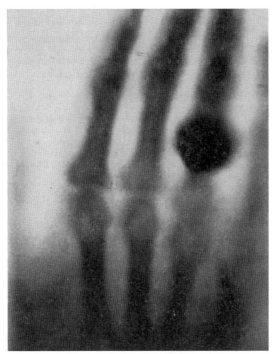

└ 1895년의 인체 내부 관찰 _ 뢴트겐 부인의 손을 찍은 최초의 엑스레이
(미국 국립보건원 산하 국립의학도서관의 사용 허가를 받아 전재).

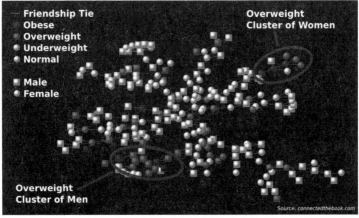

└ 2015년의 인체 내부 관찰 _ 비만인 페이스북 친구의 클러스터(제임스 파울러와 니컬러스 크리스
타키스의 사용 허가를 받아 전재. connectedthebook.com).

일어날 것이다.

미국 정부는 유전, 생활 습관, 환경적 요인이 건강에 미치는 영향을 종합적으로 고려하는 정밀의학의 중요성을 인식하고, 광범위한 개인 데이터를 공유할 의사가 있는 100만 명의 자원 봉사자들을 동원하여 심장병, 당뇨병, 비만, 우울증, 그 밖에 기타 질병으로 이어지는 요인과 건강을 유지하는 데 도움이 되는 선택을 조사하는 대규모 연구에 자금을 지원했다.[68] 의료 분야로 진출하는 데이터 정제소가 늘어나면서 필연적으로 의료 서비스의 성격이 바뀔 것이다. 앞으로는 행동 측정에서 행동 변화로, 사후 치료에서 사전 치료로, 기술 의학에서 예측 의학으로 옮겨갈 것이다. 환자들은 오늘의 행동이 내일의 건강에 어떤 영향을 미치는지 더 잘 파악하게 될 것이다. 피드백을 받는 데 수년이 걸리고 여러 요소가 복합적으로 작용하는 식습관, 운동, 잠에 관한 결정에서는 본인의 참여가 특히 중요하다. 의사는 환자가 다양한 시나리오를 탐색할 수 있도록 돕고, 본인의 건강 기록을 능동적으로 확인하고 수정하고 실험하고 데이터 정제소에 이전하여 건강 기록의 진정한 공동 관리자이자 공동 소유자가 되도록 이끌어야 한다. 그렇게 한다면 그들은 건강 데이터보다 더 중요한 것, 즉 건강을 소유하게 될 것이다.

스스로 건강을 책임지는 데 익숙해질수록 건강과 행복을 의사의 의무가 아니라 본인의 책임으로 여기는 사람이 늘어날 것이다. 습관을 바꾸면 예방할 수 있었던 질병은 보험 적용 대상에서 제외될까? 앞으로는 기존의 병력으로 인해 보험 가입을 거부당하는 것이 아니라 '스스로 선택한 질병'으로 인해 가입을 거부당할,

또는 더 비싼 보험료를 내야 할 가능성을 고려해야 할지도 모른다. 때로는 데이터가 처방한 약이 더 삼키기 힘들 것이다.

└ 공정한 거래?

데이터 투명성과 주체성이 확보되었다고 가정해보자. 이제 타인과 함께 생성하고 공동으로 소유하는 데이터까지 포함하여 자신에 관한 모든 데이터에 접근할 수 있다. 그리고 데이터 안전성, 프라이버시 효율성, 데이터 편익률 측면에서 데이터 정제소를 점검하고 비교할 수 있다. 더불어 데이터를 자유롭게 수정하고 흐리면서 데이터 공유에 따른 혜택과 리스크를 정확히 파악할 수 있다. 데이터 정제소로 실험하고 데이터를 이전할 수 있으며, 그들이 우리를 위해 무엇을 할 수 있는지 이해하고, 각자 가장 적절한 설정을 선택할 수 있다.

실험하는 것은 비교적 쉽다. 투입물과 알고리즘을 다양하게 변경하면서 산출물에 미치는 영향을 관찰할 수 있기 때문이다. 무엇을 최적화하고 싶은지 안다면 최적화도 상대적으로 쉽다. 그렇다고 해서 모든 난제가 해결된다는 얘기는 아니다.

어려운 문제는 공정성을 어떻게 정의할 것인가이다. 희소한 자원을 어떻게 배분할지를 결정할 데이터가 거의 존재하지 않았던 시절에 우리는 나름대로 최선의 해결책을 찾았다. 시장에서 자원을 두고 경쟁하게 하거나, 시장이 적절한 메커니즘이 아닐 경우에는 선착순 배분과 같은 규칙을 세웠다. 결정에 책임을 질 필요가 없는 무작위 추첨이 동원되기도 했다. 하지만 무작위 선택 말고 다른 방법도 있다. 장기 이식이 필요한 환자가 있을 때 우리는 누구에게 간을 이식할지 정하기 위해 동전을 던지거나 경매에 부치지 않는다. 대신 누가 살고 누가 죽을지의 어려운 결정을 의사들에게 맡긴다. 그들은 환자의 데이터를 기반으로 우선순위를 정한다. 안타깝게도 모든 사람이 제때 수술을 받지는 못한다. 2012년 노벨상 수상자 앨빈 로스는 장기 기증자와 환자 매칭을 최적화한 선구적인 알고리즘을 개발했다.[69] 앞으로는 소셜 데이터를 사용하여 각 환자가 가진 삶의 가치를 추정하게 될까? 환자별로 1년 더 연장된 삶이 환자의 가족과 사회에 어떤 가치를 갖는지 정확히 예측하여 알고리즘에 반영하게 될까? 그보다 정의하기 어렵고 논쟁의 여지도 많은 삶의 '질'도 계산에 넣게 될까? 설사 모든 이가 우선순위 결정 시 반영해야 할 변수가 무엇인지 동의한다고 하더라도 여전히 삶이라는 복잡한 문제의 여러 요소에 어떤 비중을 둘 것인지 판단해야 한다.

이 문제는 누가 생명이 걸린 수술을 받게 될 것인지와 같은 묵직한 철학적 문제뿐만 아니라 공공 주차장이 어떻게 채워지는지와 같은 일상적인 문제에도 적용된다. 센서를 이용하면 빈 주차 공간을 측정한 상세 데이터를 얻을 수 있다. 보쉬의 자동 주차 시스템은 카메라를 사용하여 주차 공간의 위치와 크기를 측정하고 자동차를 인도한다. 주행 시 자동차의 카메라가 주기적으로 캡처한 이미지는 GPS 데이터와 결합하여 실시간으로 빈 주차 공간의 위치를 파악하는 데 사용된다. 비질런트 솔루션스의 블랙박스 네트워크가 전국의 번호판 번호를 수집하는 것처럼, 많은 자동차 제조업체가 보쉬의 자동 주차 시스템을 장착한 자동차를 생산하고 있어 이 기능의 적용 범위를 넓힌다.

보쉬의 데이터베이스에 연결된 내비게이션 앱으로 목적지를 공유하는 운전자는 지금 지나치려는 주차 공간이 목적지에서 가장 가까운 빈자리일 것이라는 알림을 받는다. 앱은 목적지 대신 가장 가까운 주차 공간으로 가는 경로를 제안할 수도 있다. 교통량과 배기가스 배출량을 감소시키는 시스템이므로 운전자와 도시 전체에 유익하다.

보쉬의 접근 방식은 운 좋게 빈자리를 찾을 때까지 주차 공간을 찾아 빙빙 도는 기존 시스템보다는 훨씬 낫지만 여전히 무작위적이다. 개발자들은 운이 개입되는 정도를 줄이기 위해 조건이 맞는다면 비워줄 **수 있는** 주차 공간에 대한 정보를 공유할 방법을 모색했다. 그중 하나인 몽키파킹 앱은 사용자가 주차 공간을 비워주는 대가로 받을 요금을 설정할 수 있게 한다. 이 앱은 투명성과 주체성을 증가시켰지만 불공정한 거래로 간주되었다. 샌프란시스코시는 몽키파킹 앱이 운전자가 운전 중에 문자를 보내야 하기 때문에 위험하고, 불법이라면서 허가를 내주지 않았다. 산타모니카시의 대응도 비슷했다. 도시 주차 담당 관계자는 이렇게 말했다. "그들은 주차 공간에 대한 소유권이 없습니다. 따라서 불법이고, 비도덕적입니다. 빈 주차 공간에 서서 차를 안내하고 팁을 요구하는 길거리 부랑자와 다를 게 없습니다."[70] 이후 몽키파킹은 개인이 집 앞 주차 공간이나 차고를 경쟁력 있는 가격으로 대여할 수 있게 해주는 서비스로 방향을 틀었다.[71]

몽키파킹 서비스에 대한 비판은 공공 주차장 이용료가 치솟을 것이라는 데 집중되었다. 그러나 산타모니카 피코 대로에 있는 셔터스 온 더 비치에서 카운터를 보는 닷의 입장에서 시장이 실제로 어떻게 작동하는지 고려해보자. 그녀의 스마트폰이 진동한다. **오! 지금 내 차를 옮기면 누가 40달러를 지불하겠다는데!** 밖에서는 말리부한 대가 근처를 빙빙 돌고 있다. 운전자는 재판에 늦지 않게 참석하기 위해 산타모니카 법원과 가까운 주차 공간을 찾기 위해 필사적이다. 닷은 입찰을 수락하고 매니저에게 잠깐 쉰다고 말한 후 차를 뺀다. 다른 주차 공간을 찾지 못하면 매니저에게서 경고를 받거나 시급이 깎일지도 모른다. 휴식 시간이 끝나기 전에 다른 자리를 찾을 수 있다면 그녀는 다른 사람을 대신하여 주차 공간을 찾는 데 시간을 투자한 대가로 40달러를 번다. 이 앱이 제한적인 가용 시간보다 돈이 더 부족한 사람들에게 득이 될지 해가 될지는 분명하지 않다.

공공 주차 공간을 거래하는 시장은 소수의 사람이 장악하고 조종할 수 있다. 발 빠른 기업가는 저렴한 차량을 대거 구매하고 알바를 고용하여 매일 아침 가장 좋은 자리를 선점할 수 있다. 이렇게 되면 닷과 같은 사람들이 유연성과 시간 투자에 가격을 매겨 돈을 버는 것은 고사하고 직장 근처에 빈 주차 공간을 찾기조차 어려워질 것이다. 무료든 시간당 요금이든 정해진 공공 주차장 요금을 내고 주차하는 것도 어려워질 것이다. 시 당국은 주차 공간 감소를 보충하기 위해 몽키파킹 같은 마켓 플레이스의 구매자에게 세금을 매겨 대중교통 확충에 사용할 수 있다. 그러면 데이터는 일부를 위한 것이 아니라 모두를 위한 것이 된다.

소셜 데이터 혁명은 지금까지 얘기한 방법과 다른 무수히 많은 방법을 통해 예전에는 측정된 적이 없는, 또는 측정될 수 없었던 것을 측정할 수 있게 만들고 있다. 과거에는 가능한 선택지를 파악하고 분석할 데이터나 도구가 존재하지 않았다고 합리화할 수 있었지만, 이제는 더 이상 사실이 아니다. 우리는 개인화를 통해 자신의 선택이 미치는 영향을 알 수 있다. 하지만 앞에서도 말했듯이 **모든 것**이 쉽게 해결된다는 뜻은 아니다.

투명성과 주체성은 우리가 구체적인 목표를 향해 전진하도록 도와주기는 하겠지만 목표를 대신 정해주지는 않는다. 게다가 모든 사용자에게 '적합한' 하나의 데이터 최적화는 존재하지 않는다. 설사 모든 것을 완벽하게 측정할 수 있다 하더라도 모든 사람이 같은 비중의 동일한 조건을 가진 것은 아니기 때문이다. 미래에는 검색어부터 소셜 그래프에 이르기까지, DNA에서 표정에 이르기까지, 다양한 범주의 데이터를 분석한 결과에 따라 선택지를 나열하여 개인의 건강과 행복을 높은 정확도로 예측할 수 있게 될 것이다. 만일 당신이 대학 전공학과와 이후 얻은 직업으로 인해 심장병에 걸릴 확률이 높아질 것을 미리 알았더라면 다른 선택을 했겠는가? 직업, 건강보험, 거주 도시를 바꾸겠는가? 데이터에 접근하고, 그것을 점검하고, 수정하고, 흐리고, 실험하고, 이전할 수 있게 된다면 개인의 목표와 건강에 영향을 미치는 다양한 조건을 어떻게 저울질할지 더 잘 이해하게 될 것이다. 다양한 시나리오를 고려하는 과정에서 감정의 변화를 경험해보면서 가치관을 정립하고, 필요하다면 변경할 수 있게 될 것이다.

이제 우리는 어려운 결정의 장단점을 수치화하고, 가치관을 명확히 하고, 결과를 측정할 역량을 갖고 있다. 무엇이 공정하고 불공정한지를 선택할 때다. 무지無知는 더 이상 선택 사항이 아니며, 더 이상 무작위적인 수단을 동원할 필요도 없다. 하늘 아래 모든 데이터를 가공할 수 있게 된 오늘날, 투명성과 주체성의 권리는 사람의, 사람에 의한 데이터를 사람을 위한 데이터로 만들어줄 것이다.

햇빛 속으로

고개를 돌리도록 허용된 적이 없다면 어떻게 그림자 외에 다른 것을 볼 수 있겠는가?[1] -플라톤

　　펠로폰네소스전쟁 중에 소크라테스는 제자이자 플라톤의 형인 글라우콘과 마주 앉아 현실에 빛을 비추어 진리를 드러냄으로써 지식이 얻어진다고 가르쳤다. 소크라테스의 '동굴의 비유'에는 평생을 컴컴한 동굴 속에서 보내는 사람들이 등장한다. 그들의 목은 쇠사슬에 묶여 있어 고개를 돌릴 수 없다. 그들 뒤로는 벽이 쌓여 있고, 벽 뒤에는 불이 지펴져 있다. 벽 위로는 사람과 사물을 본뜬 형상이 이리저리 움직인다. 어린 시절부터 동굴에 갇혀 살아온 사람들은 꼭두각시 인형이 왔다 갔다 하고, 상호 작용하고, 물건을 교환하는 모습을 벽면에 비친 그림자의 형상으로 본다. 간혹 일렁거리는 인형의 그림자가 한 위치에서 다른 위치로 휘청거리기도 하지만, 그들의 모습에는 어떤 연속성과 질서가 존재한다. 동굴 속 사람들은 매일같이 그림자의 형상을 바라보고,

외부로부터 들리는 소리를 그들과 연결한다. 세상에 대한 이해는 그들이 볼 수 있는 것을 바탕으로 한다.

어느 날 그중 한 사람이 고개를 돌릴 기회를 얻게 된다. 평생을 어둠 속에서 살아온 그의 눈은 그림자의 희미한 일렁거림에 익숙하다. 그런 그가 갑자기 불을 직접 바라볼 수 있게 되자 빛에 눈이 멀어버릴 것 같고 아무것도 보이지 않는다. 당황한 그는 무언가를 볼 수 있는 동굴의 어둠 속으로 되돌아간다. 어쩌면 그는 다른 사람들에게 벽 위의 형상들 너머에는 눈으로 볼 수 있는 것이 아무것도 없다고 전할지도 모른다.

훗날 그에게 자유가 주어진다. 밖으로 나온 그의 눈은 다시 한 번 강렬한 불빛에 멀어버릴 것 같지만, 이번에는 눈이 불빛에 적응할 때까지 기다릴 시간이 있다. 자유의 몸이 아니던가! 얼마간의 시간이 흐른 후, 그는 이리저리 움직이는 꼭두각시 인형을 보고 그 그림자가 동굴 벽에 비치는 것이었음을 깨닫는다. 그는 차츰 인형과 그림자의 관계를 이해하게 된다.

마침내 그는 동굴 밖으로 나오고, 태양 빛이 그를 압도한다. 이제 그는 빛에 적응할 시간이 필요함을 알기에 참을성 있게 기다린다. 그는 그림자를 바라보지만, 이제 그것이 현실이 아니라 그림자임을 깨닫는다.

만일 그가 동굴로 되돌아가 다른 사람들에게 밖으로 나오라고 설득한다면 저항에 부딪힐 것이다. 어둠 속으로 돌아간 그는 다시 한 번 일시적으로 아무것도 볼 수 없게 된다. 그는 인형의 그림자를 배경과 구별해내지 못한다. 그 모습을 본 동굴 거주자들은 그가 햇빛에 눈이 멀어버렸다고 여길지도 모른다. 누가 그들을 비난

할 수 있겠는가? 아무도 자신에게 익숙한 세상이 완전히 뒤집어지는 것을 기꺼워하지 않는다.

플라톤이 소크라테스의 대화를 전한 것은 2000년 전이다. 오늘날 우리는 놀랍도록 비슷한 상황에 처해 있다. 페이스북, 구글 같은 데이터 정제소들은 타임라인과 웹페이지에 그림자를 투영하여 우리로 하여금 해석하게 한다. 비유 속 동굴의 그림자와 마찬가지로, 우리 삶의 디지털 흔적은 실제로 존재하는 것에서 나온 결과물이다. 구글은 검색 결과의 웹 페이지들을 직접 만들어내지 않으며, 페이스북은 게시물을 직접 작성하여 뉴스피드를 채우지 않는다. 동시에 우리는 매일 생성되는 방대한 양의 데이터, 즉 플라톤은 상상도 할 수 없었을, 그리고 우리가 소화하기에는 너무나 압도적으로 많은 양의 상호 작용과 움직임을 이해하기 위해 데이터 정제소들에 의존한다.

그러나 너무 많은 것이 어둠 속에 묻혀 있다. 우리는 알고리즘이 벽에 반영하는 그림자만을 현실로 받아들일 위험에 처해 있다. 새로운 데이터 정보원에 적응하고, 그것들을 보고 이용하고, 심지어 만끽할 도구의 활용법을 배우는 데는 시간이 걸린다. 투명성의 권리는 눈이 멀 위험 없이 빛을 바라보고 그림자가 어떻게 만들어지는지를 이해할 수 있게 해준다. 주체성은 광원을 조절하고 이동시켜 우리가 필요로 하는 방향을 비춰줄 것이다.

어둠 속에 앉아 있는 것은 더 이상 선택지가 아니다. 우리의 머리는 플라톤의 수인들과는 달리 고정되어 있지 않다. 우리는 자유롭게 보고 행동할 수 있어야 한다. 많은 수고와 노력을 들여야 하더라도, 그리고 처음에는 빛에 눈이 멀 것 같더라도.

수백 건의 강연과 수천 시간의 스카이프 통화를 한 권의 책으로 완성해준 런던의 대필 작가 로빈 데니스에게 깊은 감사를 전한다. 이 모든 것을 가능하게 해준 나의 에이전트 짐 러빈, 베이식 북스Basic Books의 편집자 TJ 켈러허에게 감사드린다.

이 밖에도 많은 분께 감사드리고 싶다. 책이 나올 수 있도록 도와준 사람들, 즉 친구, 조교, 공동 작업자, 학생들의 목록을 weigend.com/thanks에 올려두었다. 이 책의 정신을 살려 여러분이 직접 이 페이지를 수정할 권리를 행사할 것을 권한다.

책에서 논의된 데이터 권리와 아이디어에 대한 독자 여러분의 생각이 궁금하다. 예를 들어, 당신의 데이터를 데이터 정제소로 이전한 다음 무엇을 배웠는지 알고 싶다. 책에 관한 자세한 내용은 ourdata.com을 참고하면 된다. 페이스북 페이지 fb.com/ourdata에서는 토론에 참여할 수 있다. 내가 하는 일을 더 자세히 알고 싶다면 weigend.com을 방문하길 권한다. 내 이메일 주소는 andreas@weigend.com이다.

이 책을 번역하고 있을 때 케임브리지 애널리티카 사건이 터졌다. 페이스북에서 수집된 사용자 데이터가 미국 대선과 영국 브렉시트 투표 결과에 영향력을 행사하려는 집단에 이용되었다(그리고 둘 다 근소한 차이로 그들이 원하는 결과가 나왔다). 이 사실이 폭로된 후 케임브리지 애널리티카는 폐업하고 페이스북 주식은 곤두박질쳤다. #deletefacebook 해시태그가 유행했고, 실제로 미국 페이스북 사용자의 26퍼센트가 휴대폰에서 페이스북 앱을 삭제했다는 퓨 리서치 조사 결과도 나왔다.

하지만 페이스북 탈퇴가 답일까? 모든 온라인 활동이 기록되고, 온갖 종류의 센서가 오프라인에서 우리의 일거수일투족을 추적하는 시대다. 페이스북을 안 하는 사람도, 포털 뉴스 기사 댓글을 안 보는 사람도 우리가 알게 모르게 생성하는 '소셜 데이터'를 이용한 여론 조작에서 자유롭지 않다.

페이스북의 CEO 마크 저커버그는 2010년 프라이버시의 종말을 선언했다. 이 책의 저자도 프라이버시 개념이 무의미해진

'포스트 프라이버시 사회'를 기정사실로 간주한다. 물리학자 출신인 안드레아스 와이겐드는 데이터가 많으면 많을수록 좋다고 생각하는 자칭 데이터 광이자, 과학적 실험의 신봉자다. 그는 소셜 데이터 사회에서는 "우리 모두가 실험 대상이라는 사실을 받아들이고 실험을 수행하도록 데이터 과학자들을 독려해야 한다"고 말한다. 왜? 진짜 값어치 있는 데이터는 개개인이 쉬지 않고 생성해내는 '미가공 데이터'가 아니라 수많은 사용자의 정보를 취합, 분석하여 얻은 '가공 데이터'이기 때문이다.

이 책은 데이터 기업이 만들어내는 흥미로운(때로는 우려스러운) '가공 데이터'의 사례를 곳곳에서 소개한다. 블랙 프라이데이에 쇼핑몰과 대형 상점으로 향하는 자동차들의 위치 정보 데이터는 유통업체의 주가를 예측하는 헤지펀드에 의해 활용된다. 링크드인의 데이터 과학자들은 사이트 트래픽을 보고 언론 보도에 앞서 리먼 브라더스의 파산을 짐작했다. 시그피그 자산관리는 각 증권사 회원들의 데이터를 한데 모아 증권사별 수수료와 성과를 한눈에 보여주는 서비스를 만들었다. 우리가 생성한 데이터의 진가는 다른 사람들이 생성한 데이터와 취합될 때 비로소 드러난다. 수많은 데이터를 집계하여 분석해야 비로소 유용한 상관관계와 패턴이 드러난다. 따라서 기업이 어떤 데이터를 어떻게 수집하여 가공하고, 또 그것이 어떻게 이용되는지에 대해 우리도 발언권을 가져야 한다는 저자의 주장은 귀 기울여 들을 만하다. 데이터 기업이 수집한 페이스북의 '좋아요'와 그 밖의 여러 종류의 사용자 데이터로 정치까지 좌우할 수 있는 세상이라면 더욱더 그렇다.

머리말

1. McLuhan, Marshall, with Wilfred Watson, *From Cliché to Archetype* (Berkeley: Gingko Press, 2011), p. 13. 이 책의 초판은 1970년에 출간되었다.

2. Pidd, Helen, "Germans Piece Together Millions of Lives Spied on by Stasi," *Guardian*, March 13, 2011, http://www.theguardian.com/world/2011/mar/13/east-germany-stasi-files-zirndorf.

3. Koehler, John O., Stasi: *The Untold Story of the East German Secret Police* (Boulder, CO: Westview Press, 1999), p. 8.

4. Federal Commissioner for the Records of the State Security Service of the former German Democratic Republic, "What Was the Stasi?," Bundesregierung, http://www.bstu.bund.de/EN/PublicEducation/SchoolEducation/WhatWasTheStasi/_node.html.

5. Crocker, Andrew, "EFF Case Analysis: Appeals Court Rules NSA Phone Records Dragnet Is Illegal," Electronic Frontier Foundation, May 9, 2015, https://www.eff.org/deeplinks/2015/05/eff-case-analysis-appeals-court-rules-nsa-phone-records-dragnet-illegal.

6. Kravets, David, "Worker Fired for Disabling GPS App That Tracked Her 24 Hours a Day," *Ars Technica*, May 11, 2015, http://arstechnica.com/tech-policy/2015/05/worker-fired-for-disabling-gps-app-that-tracked-her-24-hours-a-day.

7. 3장에서 소셜 네트워크 실험에 관해 좀 더 상세히 논의할 예정이다. McNeal, Gregory S., "Facebook Manipulated User News Feeds to Create Emotional Responses," *Forbes*, June 28, 2014, http://www.forbes.com/sites/gregorymcneal/2014/06/28/

facebook-manipulated-user-news-feeds-to-create-emotional-contagion과 Booth, Robert, "Facebook Reveals News Feed Experiment to Control Emotions," *Guardian*, June 29, 2014, https://www.theguardian.com/technology/2014/jun/29/facebook-users-emotions-news-feeds 참조.

8. 세서미 크레딧은 중국에서 2020년까지 대출을 확대하기 위해 시행한 8개의 시범 프로젝트 중 하나다. Shu, Catherine, "Data from Alibaba's E-Commerce Sites Is Now Powering a Credit-Scoring Service," *TechCrunch*, January 27, 2015, http://techcrunch.com/2015/01/27/data-from-alibabas-e-commerce-sites-is-now-powering-a-credit-scoring-service 참조.

9. Hatton, Celia, "China 'Social Credit': Beijing Sets Up Huge System," *BBC News*, October 26, 2015, http://www.bbc.com/news/world-asia-china-34592186.

10. 나의 활동 현황은 다음의 웹페이지에서 볼 수 있다. http://weigend.com/past(과거 이벤트), http://weigend.com/future(현재 및 미래 이벤트).

서문

1. Emerson, Ralph Waldo, *The Prose Works of Ralph Waldo Emerson*, vol. 1, rev. ed. (Boston: James R. Osgood, 1875), p. 220.

2. 나는 2008년부터 스탠퍼드대학에서, 그리고 2011년부터 UC 버클리에서 '소셜 데이터 혁명'이라는 강의를 진행하고 있다. 하지만 그 이전부터 '소셜 데이터' 개념을 발전시켜왔다. 초기의 소셜 데이터는 그저 아마존 고객 리뷰와 소셜 미디어 플랫폼의 게시물 등 사람들이 사회화한 데이터였다.

3. 피상적인 데이터에 대한 보다 상세한 논의에 관심 있는 분들은 내가 패널로 참가했던 UC 버클리 정보대학원이 개최한 2013년 데이터엣지DataEdge 컨퍼런스 동영상을 추천한다. https://www.youtube.com/watch?v=BaWmQnkKrUg.

4. 미국과 유럽 데이터 보호 정책의 큰 차이점은 규칙이 시행되는 방식이다. 미국에서는 산업 부문별로 프라이버시 침해의 위험으로부터 개인을 보호하기 위한 자체적인 규제기구를 만들도록 했다. 유럽에서는 산업 전반에 걸쳐 동일한 규칙이 적용된다. Executive Office of the President, *Big Data: Seizing Opportunities, Preserving Values*, Report of the Big Data and Privacy Working Group and the Council of Advisors on Science and Technology, May 2014, pp. 17-18, https://www.whitehouse.gov/sites/default/files/docs/big_data_privacy_report_may_1_2014.pdf 참조.

5. 알고리즘을 이해하기 위해서는 알고리즘이 실제 데이터를 가지고 작동하는 방식, 이상적으로는 본인의 데이터가 다른 사람의 데이터와 결합하여 작동하는 방식을

볼 수 있어야 한다(그래야 제대로 비교할 수 있다). 현행법에 따르면 대부분의 데이터 회사는 동의 없이 타인의 데이터를 공개할 수 없게 되어 있다. 따라서 개인이 알고리즘을 이해할 방법도 제한된다.

6. See, for instance, the "Consumer Privacy Bill of Rights" proposed by the White House in February 2012, discussed on pp. 19‑20 of Executive Office of the President, *Big Data: Seizing Opportunities, Preserving Values.*

7. 단방향 반사 유리 대비 창구의 은유를 제안해준 에스더 다이슨Esther Dyson에게 감사드린다.

8. 언론 보도를 놓친 분은 사운드클라우드SoundCloud에서 진정 인내를 요하는 해당 통화 녹음을 들으실 수 있다: Block, Ryan, "Comcastic Service Disconnection (Recording Starts 10 Mins into Call)," SoundCloud, July 14, 2014, https://soundcloud.com/ryan-block-10/comcastic-service.

9. *The Cluetrain Manifesto*(데이비드 와인버거 외, 『웹 강령 95』, 황진우 옮김, 세종서적, 2000)의 공저자이자 *The Intention Economy*의 저자인 나의 친구 닥 설즈Doc Searls 는 고객과 회사 간 상호 작용에서 주체성의 필요성을 오랫동안 주장해왔다. 자신의 데이터를 스스로 이용할 권리로 대변되는, 의사결정 과정에서 개인의 힘이 가진 여러 측면을 망라하는 의미로 이 용어를 제안해준 것에 감사한다.

1장

1. Miller, George A., "The Challenge of Universal Literacy," *Science* 241 (September 9, 1988), p. 1293, http://science.sciencemag.org/content/241/4871/1293.

2. 나는 수년간 이 비유를 수업에서 사용해왔으며, 2011년에 유엔과 오라일리 스트라타 회담O'Reilly Strata Summit에서 열린 두 차례의 연설에서 데이터 정제소 개념을 설명했다. 하지만 내가 석유의 비유를 사용하는 유일한 사람은 아니다. 데이터를 새로운 석유라고 부르는 사람 중 하나는 클라이브 험비Clive Humby로, 그는 장바구니에 담긴 모든 품목을 추적하는 로열티 카드 제도를 도입한 최초의 마트 중 하나인 영국 테스코Tesco의 클럽카드Club card를 만드는 데 공헌했다. 나의 유엔 연설은 유엔의 빅데이터 혁신 이니셔티브인 글로벌 펄스Global Pulse의 일부였다. 동영상은 다음 링크에서 볼 수 있다. http://www.youtube.com/watch?v=lbmsDH8RJA4.

3. "Planet of the Phones," *The Economist*, February 28, 2015, http://www.economist.com/news/leaders/21645180-smartphone-ubiquitous-addictive-and-transformative-planet-phones; Rogowsky, Mark, "More Than Half of Us Have Smartphones, Giving Apple and Google Much to Smile About," *Forbes*, June 6, 2013,

http://www.forbes.com/sites/markrogowsky/2013/06/06/more-than-half-of-us-have-smartphones-giving-apple-and-google-much-to-smile-about.

4. Lunden, Ingrid, "80% of All Online Adults Now Own a Smartphone, Less Than 10% Use Wearables," *TechCrunch*, January 12, 2015, http://techcrunch.com/2015/01/12/80-of-all-online-adults-now-own-a-smartphone-less-than-10-use-wearables.

5. Tecmark, "Smartphone Usage Statistics 2014: UK Survey of Smartphone Users," October 8, 2014, http://www.tecmark.co.uk/smartphone-usage-data-uk-2014.

6. Miller, "The Challenge of Universal Literacy," p. 1293.

7. Madison, James H., "Changing Patterns of Urban Retailing: The 1920s," paper presented at the 22nd Annual Meeting of the Business History Conference, *Business and Economic History*, vol. 5 (1976), p. 104, http://www.thebhc.org/sites/default/files/beh/BEHprint/v005/p0102-p0111.pdf.

8. Clark, Anna, "The Tyranny of the ZIP Code," *New Republic*, March 8, 2013, https://newrepublic.com/article/112558/zip-code-history-how-they-define-us.

9. '애플파이 가정'은 액시엄의 꼬리표 중 하나다. Hicken, Melanie, "What Type of Consumer Are You?," *CNNMoney*, April 19, 2013, http://money.cnn.com/2013/04/18/pf/consumer-type/ 참조. '상류층 부자'와 '샷건과 픽업'은 1971년에 설립된 마케팅 업체 클라리타스Claritas가 개발한 프리즘PRIZM(Potential Rating Index for Zip Markets)의 두 카테고리다. 클라리타스는 제조업체를 대상으로 구매시점point-of-purchase의 세일즈 데이터를 제공하고 세트미터를 이용하여 TV 시청률을 측정하는 닐슨 컴퍼니Nielsen Company의 한 부문이 되었다(2017년에 칼라일그룹Carlyle Group에 인수되었다 - 옮긴이). Kotler, Philip, and Kevin Lane Keller, *Marketing Management* 14 (Upper Saddle River, NJ: Prentice-Hall, 2012), p. 215 참조. '교외 축구 맘'은 '빅 박스big-box' 체인 중에서 데이터를 개인화된 할인에 가장 적극적으로 활용하는 업체 중 하나인 유통업체 베스트 바이Best Buy가 보유한 7500만 명의 고객 가구 데이터베이스에서 사용되는 범주다. Kotler, Philip, and Kevin Lane Keller, *Marketing Management* 14 (Upper Saddle River, NJ: Prentice-Hall, 2012), p. 71; and Zmuda, Natalie, "Best Buy Touts Data Project as Key to Turnaround," *Advertising Age*, February 27, 2014, http://adage.com/article/datadriven-marketing/buy-touts-data-project-key-turnaround/291897 참조.

10. Tynan, Dan, "Acxiom Exposed: A Peek Inside One of the World's Largest Data Brokers," *IT World*, May 15, 2013, http://www.itworld.com/article/2710610/it-management/acxiom-exposed—a-peek-inside-one-of-the-world-s-largest-data-brokers.html.

11. *Acxiom Corporation Annual Report* 2000, June 26, 2000, p. 3, http://www. getfilings.com/o0000733269 - 00 - 000012.html.

12. 돈 페퍼스Don Peppers와 마사 로저스Martha Rogers가 공저 *The One to One Future*에 서 획기적인 마케팅 접근법을 제안한 지 채 10년도 되지 않았을 때의 일이다. Peppers, Don, and Martha Rogers, *The One to One Future: Building Relationships One Customer at a Time* (New York: Doubleday, 1993) 참조.

13. 『블룸버그 비즈니스위크Bloomberg Businessweek』 기자 브래드 스톤Brad Stone이 저 술한 아마존의 역사를 다룬 책의 제목이기도 한 이 문구는 제프 베조스의 기업가 정신 을 반영하는 슬로건으로 자리 잡았다. Stone, Brad, *The Everything Store*(브래드 스톤, 『아마존, 세상의 모든 것을 팝니다 - 아마존과 제프 베조스의 모든 것』, 야나 마키에이 라 옮김, 21세기북스, 2014) (New York: Little, Brown, 2013), p. 13 참조. 그러나 아마 존 직원들은 아마존을 무엇보다도 데이터 회사로 생각하며, 실제로 제프는 집요하게 새로운 데이터 원천을 발굴하는 데 집중하여 투자 방식에 혁명을 일으킨 헤지펀드 D. E. 쇼 앤 컴퍼니D. E. Shaw & Company에서 일할 때 이 아이디어를 생각해냈다.

14. 상황에 따른 개인화를 소비자 그룹 '10분의 1명'으로 부르게 된 것은 모데이 터의 CEO 겸 창립자이자 나와 자주 소셜 데이터를 논하는 갬 디아스와의 대화 중에 얻은 아이디어다.

15. Duhigg, Charles, "How Companies Learn Your Secrets," *New York Times Magazine*, February 16, 2012, http://www.nytimes.com/2012/02/19/magazine/shopping-habits.html.

16. 구매 전 아마존에서 검색하는 비율은 2012년 약 30퍼센트에서 2015년 50퍼센트가량으로 증가했다. Ludwig, Sean, "Forrester: 30% of Online Shoppers Research Amazon Before Buying," *VentureBeat*, July 26, 2012, http://venturebeat.com/2012/07/26/amazon-online-shoppers-research과 Mulpuru, Sucharita, and Brian K. Walker, "Why Amazon Matters Now More Than Ever," *Forrester Research*, July 26, 2012, https://www.forrester.com/Amazon/fulltext/-/E-RES76262, 그리고 Cassidy, Mike, "Survey: Amazon Is Burying the Competition in Search," *BloomReach*, October 6, 2015, http://bloomreach.com/2015/10/survey-amazon-is-burying-the-competition-in-search 참조.

17. 2015년 페이스북은 매월 15억 9000만 명이 페이스북을 방문하며, 일 방문 자는 10억 4000명이라고 발표했다. Isaac, Mike, "Facebook Reports Soaring Revenue, Buoyed by Mobile Ads," *New York Times*, January 27, 2016, http://www.nytimes.com/2016/01/28/technology/facebook-earnings-zuckerberg.html 참조.

18. 구글은 검색 수를 정기적으로 발표하지 않는다. 그러나 2012년 구글 '자이트

가이스트Zeitgeist' 보고서에 따르면 매일 33억 건의 검색이 이루어진다. https://www.google.com/zeitgeist/2012/#the-world 참조.

19. Lanier, Jaron, *Who Owns the Future?* (New York: Simon & Schuster, 2013), pp. 273 – 274.

20. 페이스북 2015년 연례보고서, 2016년 1월 28일, https://investor.fb.com/financials/default.aspx.

21. Gittins, J. C., "Bandit Processes and Dynamic Allocation Indices," *Journal of the Royal Statistical Society B (Methodological)* 41, no. 2 (1979), pp. 148 – 177, http://www.jstor.org/stable/2985029.

22. 지금은 마이크로소프트의 저명한 엔지니어로 있는 얀 O. 페데르센Jan O. Pedersen에게 (예전에 그가 검색 부문 수석 과학자로 일했던) 야후가 어떻게 이 '재규어' 검색어의 예를 이용하여 탐색-활용 문제를 다루었는지를 이야기해준 것에 감사드린다.

23. 가드너는『사이언티픽 아메리칸』1960년 2월/3월호에서 당시 '비서 문제'라 불리던 이 문제를 다루었다. Gardner, *Martin, Martin Gardner's New Mathematical Diversions* (New York: Simon & Schuster, 1966), p. 35 참조.

24. 1998년에 나, 크리스티안 피르크너Christian Pirkner, 엘리언 친Elion Chin, 톰 술처Tom Sulzer가 설립한 무드로직은 최초의 온라인 음악 추천 시스템 중 하나다. 이 사이트는 사용자 5만 명에 100만 곡에 대한 평점을 보유한 서비스로 성장했다. 무드로직의 소프트웨어와 데이터는 2006년에 로비Rovi의 자회사인 올 미디어 가이드All Media Guide에 인수되었다.

25. 글래스도어는 여행 검색 및 예약 플랫폼인 익스피디아Expedia에서 함께 일했던 리치 바턴Rich Barton, 팀 베세Tim Besse, 로버트 호만Robert Hohman이 2008년에 설립한 회사다. 바턴은 부동산 전문 데이터 정제소인 질로우Zillow의 설립자이기도 하다.

26. 1957년에서 1964년 사이에 태어난 미국인을 주기적으로 인터뷰하는 '청소년 추적 연구 자료(1979)National Longitudinal Survey of Youth 1979'는 민간인 표본 1만 1000명으로 시작했다. 1980년에서 1984년 사이에 태어난 미국인을 인터뷰하는 '청소년 추적 연구 자료(1997)'는 8000명의 표본 사이즈로 시작했다. 자세한 내용은 https://www.nlsinfo.org 참조.

27. 셜록 홈스에서 가장 자주 인용되는 대사 중 하나다. Doyle, Sir Arthur Conan, "The Adventure of the Copper Beeches," *Strand Magazine* (June 1892) 참조.

28. 인릭스는 교통 상황을 조사하기 위해 휴대폰 위치 정보를 분석하는 수많은 영리 기업 중 하나에 불과하다. 가민 등 경로 안내 및 교통 상황 보고를 위한 전용 내비게이션 기기에서 수집되는 데이터 또한 추세 분석에 이용된다.

29. 과거 IBM 스마터 커머스IBM Smarter Commerce에서 최고전략책임자CSO를 지냈고 다이내믹액션DynamicAction의 CEO를 맡고 있는 내 친구 존 스콰이어John Squire는 "가치는 함께 하는 데서 생성된다"라는 말로 여러 다른 출처에서 수집한 데이터를 결합하는 것의 중요성을 강조한다.

30. 디스틸러리Dstillery의 수석 과학자 클라우디아 펄리치Claudia Perlich와 저자의 인터뷰, 2015년 1월 25일. 클라우디아는 나의 좋은 친구이자, 콜로라도대학 볼더 캠퍼스와 뉴욕대학 제자이기도 하다.

31. Finley, Klint, "Christmas Delivery Fiasco Shows Why Amazon Wants Its Own UPS," *Wired*, December 30, 2013, http://www.wired.com/2013/12/amazon_ups.

32. Kastrenakes, Jacob, "Amazon Guarantees Packages Ordered Through Friday Will Arrive Before Christmas," *The Verge*, December 16, 2014, http://www.theverge.com/2014/12/16/7401299/amazon-sets-dec-19th-cutoff-for-christmas-free-shipping.

33. Snyder, Brett, "Sabre Makes the Wrong Choice by Removing American Airlines," *CBS News Moneywatch*, January 7, 2011, http://www.cbsnews.com/news/sabre-makes-the-wrong-choice-by-removing-american-airlines.

34. American Airlines, "November Line of Sale Analysis," memo to R. E. Murray from S. D. Nason, December 3, 1981.

35. Tefft, Sheila, "Reservation Systems' Bias a Sore Spot for Smaller Airlines," *Chicago Tribune*, February 11, 1983, http://archives.chicagotribune.com/1983/02/11/page/87/article/new-technology.

36. Whiteley, David, *An Introduction to Information Systems* (New York: Palgrave Macmillan, 2013), p. 109.

37. 1978년의 민항사 탈규제법 이후 민간항공위원회Civil Aeronautics Board는 반反편견 규정을 도입했다. Pearlstein, Debra J., and Robert E. Iloch et al., eds., *Antitrust Law Developments*, vol. 1 (Chicago: American Bar Association, 2002), p. 1428 참조.

38. 나는 2004년부터 2007년까지 아고다의 자문위원이었다. 아고다는 2007년 11월 프라이스라인Priceline에 인수되었다.

39. 공학에서 처방 분석은 '제어 이론control theory'이라 불린다.

40. Hern, Alex, "Why Google Has 200M Reasons to Put Engineers over Designers," *Guardian*, February 5, 2014, http://www.theguardian.com/technology/2014/feb/05/why-google-engineers-designers.

41. Kohavi, Ron, Roger Longbotham, and Toby Walker, "Online Experiments: Practical Lessons," *IEEE Computer* 43, no. 9 (September 2010), pp. 82 – 85, http://www.computer.org/csdl/mags/co/2010/09/mco2010090082-abs.html.

42. Döpfner, Mathias, "An Open Letter to Eric Schmidt: Why We Fear Google," *Frankfurter Allgemeine Zeitung*, April 17, 2014, http://www.faz.net/aktuell/feuilleton/debatten/mathias-doepfner-s-open-letter-to-eric-schmidt-12900860.html.

2장

1. As quoted in Hochschild, Jennifer L., "How Ideas Affect Actions," in Robert Goodin and Charles Tilly, eds., *Oxford Handbook of Contextual Political Analysis* (Oxford: Oxford University Press, 2006), pp. 284 – 296.

2. 무질의 책의 독일어 제목 *Der Mann ohne Eigenschaften*은 영어로 직역하면 '특성 (또는 재산) 없는 남자The Man Who Has No Properties'다. 영어권 출판사는 주인공이 아무것도 소유하지 않은 사람이라는 오해를 살까 봐 걱정했던 모양이다.

3. 내게 개인정보 보호 기술로서 굴뚝에 대한 아이디어를 소개해준 것은 블링크 박스 뮤직BlinkBox Music과 로이터스 벤처 캐피탈Reuters Venture Capital의 창업자 존 테이섬 John Taysom이다. 어느 정도의 프라이버시를 유지하면서 데이터 정제소의 개인화 서비스를 이용할 수 있게 만드는 것은 존이 추구해온 중요한 목표다. Taysom, John, "How Much Privacy Do We *Need?*," presentation at the Alan Turing Institute Financial Summit, British Library, London, October 14, 2015 참조.

4. 인클로저 운동의 일환으로 공유지의 사유화가 진행되었던 영국에서 특히 그러했다. 동시대의 다른 농업 혁신으로 인해 돌려짓기, 선택적 가축 사육, 보다 효율적인 금속제 쟁기와 농지 배수, 그리고 광범위한 수로 네트워크 등의 변화가 촉발되었다. Overton, Mark, *Agricultural Revolution in England: The Transformation of the Agrarian Economy 1500–1850* (Cambridge: Cambridge University Press, 1996) 참조.

5. 벤저민 프랭클린의 펜실베이니아 벽난로는 사실 벽돌로 된 구조물이 아니라 화로였지만 혁명적임에는 의심의 여지가 없다. Orville R. Butler, a historian at the American Institute of Physics; see Butler, Orville R., "Smoke Gets in Your Eye: The Development of the House Chimney," n.d., http://www.ultimatehistoryproject.com/chimneys.html 참조.

6. 이 비밀 투표의 역사는 레포어가 『뉴요커』에 기고한 흥미로운 이야기에서 도움을 많이 받았다: Lepore, Jill, "Rock, Paper, Scissors: How We Used to Vote," *The New Yorker*, October 13, 2008, http://www.newyorker.com/reporting/2008/10/13/081013fa_fact_lepore.

7. 오늘날 전해지는 그의 편지에 따르면, 밀은 적어도 1853년경에는 반대 의견으로 돌아섰다. Buchstein, Hubertus, "Public Voting and Political Modernization," in John

Elster, ed., *Secrecy and Publicity in Votes and Debates* (Cambridge: Cambridge University Press, 2015), pp. 29 - 30 참조.

8. Mill, John Stuart, "Thoughts on Parliamentary Reform," in *Dissertations and Discussions: Political, Philosophical, and Historical*, vol. 4 (New York: Henry Holt, 1873), pp. 36 - 37.

9. Buchstein, "Public Voting and Political Modernization," p. 31.

10. 놀랍게도, 1869년 토머스 에디슨Thomas Edison은 토글형 레버가 달린 투표 기계로 특허를 출원한 후 이 기계에 대한 수요가 없다는 사실을 발견했다. 정치인들은 다른 의원들이 어떤 의견을 갖고 있는지 듣고 싶어 했고, 많은 경우 그러했으리라 쉽게 상상할 수 있듯이 그들에게 영향력을 행사하고 싶어 했다. 에디슨의 투표 기계가 후원자를 얻게 된 것은 1950년대 말의 일이다. Stephey, M. J., "A Brief History of Ballots in America," *Time*, November 3, 2008, http://content.time.com/time/politics/article/0,8599,1855857,00.html 참조.

11. 물론 수십 년 동안 일부 미국인들은 광범위하게 행해진 '문맹 검사literacy tests'를 통해 투표 참여가 금지되었다. 타깃이 된 것은 지방의 선거 관계자들이 집으로 돌려보내고 싶어 했던 남부의 흑인들이었다.

12. Warren, Samuel D., and Louis D. Brandeis, "The Right to Privacy," *Harvard Law Review* 4, no. 5 (December 15, 1890), http://groups.csail.mit.edu/mac/classes/6.805/articles/privacy/Privacy_brand_warr2.html.

13. Glancy, Dorothy J., "The Invention of the Right to Privacy," *Arizona Law Review* 21, no. 1 (Spring 1979), pp. 9 - 10, http://digitalcommons.law.scu.edu/facpubs/317.

14. 이 결정은 교사가 독일어를 가르치는 것이 허용되었음을 의미했다. 이후 부부의 피임할 권리(그리스월드 대 코네티컷 판례, 1965)에서부터 동성 간 합의 성관계를 맺을 권리(로런스 대 텍사스 판례)에 이르기까지 여러 다른 영역에서 '프라이버시권'의 기초로 이 선례가 사용되었다. *Meyer v. Nebraska*, 262 US Supreme Court 390 (1923), p. 399, https://supreme.justia.com/cases/federal/us/262/390/case.html 참조.

15. Google, "Google's Targeted Keyword Ad Program Shows Strong Momentum with Advertisers," press release, August 16, 2000, http://googlepress.blogspot.co.uk/2000/08/googles-targeted-keyword-ad-program.html.

16. Miller, Ross, "Gmail Now Has 1 Billion Monthly Active Users," *The Verge*, February 1, 2016, http://www.theverge.com/2016/2/1/10889492/gmail-1-billion-google-alphabet.

17. 새로운 아이디어는 아니었다. 2000년 10월에 오픈한 UC 버클리 졸업생 제임

스 홍James Hong과 짐 영Jim Young의 '핫 오어 낫Hot or Not' 평가 사이트가 먼저 인기를 끈 바 있다.

18. 페이스북 사용 범위는 적어도 2009년 이후 대부분 차단된 중국을 포함한 여러 국가의 금지령에 의해 제한된다. Chen, George, "China to Lift Ban on Facebook—But Only Within Shanghai Free-Trade Zone," *South China Morning Post*, September 24, 2013, http://www.scmp.com/news/china/article/1316598/exclusive-china-lift-ban-facebook-only-within-shanghai-free-trade-zone 참조.

19. 2016년 8월에 페이스북이 http://newsroom.fb.com/company-info에서 발표한 수치다.

20. 나는 페이스북에서 가장 먼저 고용한 데이터 과학자 중 한 사람인 옛 제자를 방문한 참이었다.

21. 신분증은 나라마다 다르다. 미국의 경우 오늘날 18세의 절반가량이 운전 면허증을 소지하고 있다. 18세의 3분의 2가 운전 면허증을 보유했던 한 세대 전에 비해 크게 떨어진 수치다. Halsey, Ashley III, "Fewer Teens Get Driver's Licenses," *Washington Post*, July 31, 2013, http://www.washingtonpost.com/local/trafficandcommuting/fewer-teens-get-drivers-licenses/2013/07/31/60a32aaef9c7-11e2-a369-d1954abcb7e3_story.html 참조. 2012년 기준으로 미국인 3분의 1이 여권을 소지하고 있다. 1989년에는 여권 소지자 비율이 3퍼센트에 불과했다. Bender, Andrew, "Record Number of Americans Now Hold Passport," *Forbes*, January 30, 2012, http://www.forbes.com/sites/andrewbender/2012/01/30/record-number-of-americans-now-hold-passports 참조.

22. 페이스북이 13세를 기준으로 채택한 이유는 1998년 아동온라인개인정보보호법(COPPA)을 보다 쉽게 준수하기 위해서일 것이다. 이 법은 13세 미만을 대상으로 하는 상업용 웹사이트가 온라인 데이터 수집을 위해 부모님이나 보호자의 동의를 얻도록 규정한다. https://www.ftc.gov/enforcement/rules/rulemaking-regulatory-reform-proceedings/childrens-online-privacy-protection-rule 참조.

23. 『뉴욕 타임스』에 따르면, 1993년 7월 5일—세계 최초의 웹사이트가 오픈한 지 2년 반 후—에 게재된 이 만화는 『뉴요커』 역사상 가장 많이 복제된 작품이다. Fleishman, Glenn, "Cartoon Captures Spirit of the Internet," *New York Times*, December 14, 2000, http://www.nytimes.com/2000/12/14/technology/cartoon-captures-spirit-of-the-internet.html 참조.

24. 이 연구를 진행할 당시 스위니는 MIT 대학원생이었다. 그녀는 현재 하버드대학 정부기술학과Government and Technology 교수이자 하버드 데이터프라이버시연구소Data Privacy Lab 소장이다.

25. Ohm, Paul, "Broken Promises of Privacy: Responding to the Surprising Failure of Anonymization," *UCLA Law Review* 57, no. 6 (August 2010), p. 1720, http://www.uclalawreview.org/broken-promises-of-privacy-responding-to-the-surprising-failure-of-anonymization-2.

26. Sweeney, Latanya, *Uniqueness of Simple Demographics in the U.S. Population*, Laboratory for International Data Privacy working paper LIDAP-WP4 – 2000, http://dataprivacylab.org/projects/identifiability/index.html.

27. Golle, Philippe, "Revisiting the Uniqueness of Simple Demographics in the U.S. Population," *Proceedings of the 5th ACM Workshop on Privacy in the Electronic Society* (New York: Association for Computing Machinery, 2006), pp. 77 – 80, http://dl.acm.org/citation.cfm?id=1179615.

28. 미국 우체국 FAQ, http://faq.usps.com. 만일 가능한 숫자 9만 개(10000 – 99999)가 모두 할당되었다면, 식별 가능한 사람의 비율이 더 높아졌을 것이다. 식별 비율이 더 높지 않았던 또 다른 이유는 미국 인구가 우편번호별로 균일하게 분배되지 않았기 때문이다.

29. Barbaro, Michael, and Tom Zeller, Jr., "A Face Is Exposed for AOL Searcher No. 4417749," *New York Times*, August 9, 2006, http://www.nytimes.com/2006/08/09/technology/09aol.html.

30. Singel, Ryan, "Netflix Spilled Your *Brokeback Mountain* Secret, Lawsuit Claims," *Wired*, December 17, 2009, http://www.wired.com/2009/12/netflix-privacy-lawsuit.

31. Narayan, Arvind, and Vitaly Shmatikov, "Robust De-Anonymization of Large Sparse Datasets," paper presented at the 2008 IEEE Symposium on Security and Privacy, Oakland, CA, May 18 – 21, 2008, pp. 111 – 125, http://dl.acm.org/citation.cfm?id=1398064.

32. 자살이라는 주제에 관해 옥스퍼드대학 연구원이 실시한 메타 분석에 따르면 "인터뷰한 젊은이의 절반 이상(59퍼센트)이 온라인으로 자살을 검색했다". Daine, Kate, Keith Hawton, Vinod Singaravelu, Anne Stewart, Sue Simkin, and Paul Montgomery, "The Power of the Web: A Systematic Review of Studies of the Influence of the Internet on Self-Harm and Suicide in Young People," *PLoS One* 8, no. 10 (October 30, 2013), http://journals.plos.org/plosone/article?id=10.1371/journal.pone.0077555 참조.

33. 이 수치는 전직 캘리포니아주 고속도로 순찰경사 케빈 브릭스Kevin Briggs가 금문교 순찰에 관해 이야기한 테드 강연에서 인용했다. Briggs, Kevin, "The Bridge Between Suicide and Life," TED Talk, March 21, 2014, https://www.ted.com/talks/

kevin_briggs_the_bridge_between_suicide_and_life 참조.

34. 구글 트렌드에 따르면 '빅데이터'가 사람들의 입에 오르내리게 된 것은 2011년부터다.

35. '내 아마존' 페이지에서 이 작업을 수행할 수 있다: https://www.amazon.com/gp/yourstore/iyr.

36. 페이스북은 이것을 '삭제'라고 부르지만 실제로 데이터가 영구적으로 삭제되지는 않는다. 서버상의 데이터를 그대로 유지한 채로 사용법을 수정하는 것보다 모든 관련 데이터를 찾아서 제거하는 데 비용이 더 많이 들기 때문이다. 게다가 3장에서 다룰 예정이듯이 페이스북은 사용자 경험을 개선하고 사용자 활동을 증가시키기 위해 지속적으로 실험을 수행한다. 그중 한 가지는 사람들이 상태 업데이트 및 코멘트를 작성하기 시작했지만 게시하지 않기로 결정하는 '자체 검열'을 대상으로 한다. 올리지 않은 업데이트 및 코멘트는 사용자의 활동 로그에서 공유된 적이 없기 때문에 삭제될 수 없지만, 페이스북은 그 맥락('어떻게, 그리고 어디서')을 연구한다. Das, Sauvik, and Adam Kramer, "Self-Censorship on Facebook," *Proceedings of the 7th International AAAI Conference on Weblogs and Social Media*, Cambridge, MA, July 8–11, 2013 (Palo Alto: AAAI Press, 2013), https://www.aaai.org/ocs/index.php/ICWSM/ICWSM13/paper/viewFile/6093/6350 참조.

37. Bachrach, Yoram, Michal Kosinski, Thore Graepel, Pushmeet Kohli, and David Stillwell, "Personality and Patterns of Facebook Usage," *Proceedings of the 4th Annual ACM Conference on Web Sciences*, Evanston, IL, June 22–24, 2012 (New York: Association for Computing Machinery, 2012), pp. 24–32, http://dl.acm.org/citation.cfm?id=2380722.

38. Kosinski, Michal, David J. Stillwell, and Thore Graepel, "Private Traits and Attributes Are Predictable from Digital Records of Human Behavior," *Proceedings of the National Academy of Sciences USA* 110, no. 15 (April 9, 2013), p. 5802, http://www.pnas.org/content/early/2013/03/06/1218772110. 이와 같은 연구의 타당성을 평가할 때의 한 가지 어려움은 표현된 정체성에 관한 통계에 기인한다. 예를 들어, '남성에 관심이 있는' 동성애자 남성은 10퍼센트 정도이므로, 모델이 분석한 남성 사용자의 100퍼센트가 이성애자라고 예측한다면 90퍼센트의 정확도를 기록하기 때문이다. 그러나 YouAreWhatYouLike 앱 연구 결과는 특히 지능처럼 다른 방법으로 확인 가능한 개인적 특성을 다룰 때 여전히 흥미롭다.

39. Kosinski, Stillwell, and Graepel, "Private Traits and Attributes Are Predictable from Digital Records of Human Behavior," p. 5804.

40. 연구원들은 API를 이용하여 페이스북 '좋아요'에 접근했다. 따라서 프라이버

시 설정에서 '좋아요'에 접근할 수 있는 사람을 제한한 경우 이 앱을 통한 성격 테스트에 참가했다 하더라도 제대로 된 결과가 나오지 않을 것이다. http://applymagicsauce.com 참조. 코신스키는 인터뷰에서 "이 연구가 인력 채용에 많은 도움이 될 수 있을 것"이라고 말했다. Adams, Stephen, "'Like' Curly Fries on Facebook? Then You're Clever," *Telegraph*, March 12, 2013, http://www.telegraph.co.uk/technology/news/9923070/Like-curly-fries-on-Facebook-Then-youre-clever.html.

41. Simonite, Tom, "Facebook's New AI Research Group Reports a Major Improvement in Face-Processing Software," *MIT Technology Review*, March 17, 2014, http://www.technologyreview.com/news/525586/facebook-creates-software-that-matches-faces-almost-as-well-as-you-do; Taigman, Yaniv, Ming Yang, Marc'Aurelio Ranzato, and Lior Wolf, "DeepFace: Closing the Gap to Human-Level Performance in Face Verification," paper presented at the IEEE Conference on Computer Vision and Pattern Recognition, Columbus, OH, June 24 – 27, 2014, pp. 1701 – 1708, https://www.cs.toronto.edu/~ranzato/publications/taigman_cvpr14.pdf.

42. 신시아는 2015년 2월 4일 UC 버클리 정보대학원 Dean's Lecture에서 열린 'I'm In the Database(But Nobody Knows)'라는 제목의 강의에서 이 예제를 사용한다. http://www.ischool.berkeley.edu/newsandevents/events/deanslectures/20150204.

43. 여권의 형식은 1차 세계대전 직후까지 표준화되지 않았으나, 여행자의 신원을 확인하는 정부 발급 문서의 개념은 그보다 훨씬 오래되었다. 'Passport'라는 영어 단어는 1540년부터 존재했다. Benedictus, Leo, "A Brief History of the Passport: From a Royal Letter to a Microchip," *Guardian*, November 17, 2006, http://www.theguardian.com/travel/2006/nov/17/travelnews 참조.

44. 수표는 인증이 필요했다. 초기에는 수표의 서명을 은행에 보관된 서류의 서명과 대조하는 방식을 사용했다. Quinn, Stephen, and William Roberds, "The Evolution of the Check as a Means of Payment: A Historical Survey," *Economic Review* 93, no. 4 (December 2008) 참조, https://www.frbatlanta.org/-/media/Documents/research/publications/economic-review/2008/vol93no4_quinn_roberds.pdf.

45. Quoted in Leber, Jessica, "Forget Passwords: This Startup Wants to Authenticate Your Mind," *Fast Company Exist*, July 24, 2014, http://www.fastcoexist.com/3033383/forget-passwords-this-startup-wants-to-authenticate-your-mind.

46. O'Hear, Steve, "Pre-Crime Startup BioCatch Authenticates Users via Touch and Your Phone's Accelerometer," *TechCrunch*, July 7, 2015, http://techcrunch.com/2015/07/07/pre-crime-startup-biocatch-authenticates-users-via-touch-and-your-phones-accelerometer.

47. 아동의 운동 기능은 13세 무렵부터 안정기에 접어든다(클럽 펭귄Club Penguin의 공동 설립자 레인 메리필드Lane Merrifield와 저자의 인터뷰, 2016년 1월 21일). 2007년 디즈니Disney가 클럽 펭귄을 인수한 후 레인은 디즈니 인터넷 부문의 수석 부사장으로 취임했다. 그는 현재 교육 기술 스타트업 프레시그레이드FreshGrade의 CEO다.

48. 『연방주의자 논집』에 등장하는 어휘 패턴에 대한 초기 컴퓨터 기반 분석은 Mosteller, Frederick, and David Wallace, *Inference and Disputed Authorship: The Federalist* (Reading, MA: Addison-Wesley, 1964) 참조.

49. Anonymous, "Silly Novels by Lady Novelists," *Westminster Review*, new series, vol. 10 (October 1856), p. 442.

50. Wilkes, Geoff, "Afterword," in *Alone in Berlin* [English title of *Jeder stirbt für sich allein* ("Every man dies alone")] (London: Penguin, 2009), pp. 578 - 579.

51. 자살 시도 자체도 수치스러운 일로 간주되지만, 팔라다는 다른 남자와 함께 자살을 시도했고 상대방은 실제로 사망했다. Oltermann, Philip, "The Cow, the Shoe, Then You," *London Review of Books* 34, no. 5 (March 8, 2012), p. 27 https://www.lrb.co.uk/v34/n05/philip-oltermann/the-cow-the-shoe-then-you 참조.

52. The seminal paper outlining this concept is Friedman, Eric J., and Paul Resnick, "The Social Cost of Cheap Pseudonyms," *Journal of Economics and Management Strategy* 10, no. 2 (Summer 2001), pp. 173 - 199, http://onlinelibrary.wiley.com/doi/10.1111/j.1430 - 9134.2001.00173.x/abstract.

53. 세 가지 종류가 논의되었다. 첫 번째는 새로운 사용자명을 만드는 것이 매우 간단한 실용적인 익명 리뷰다. 두 번째는 리뷰 작성자가 어떤 사용자명이나 선택할 수 있지만 인증된 신용카드로 확인된 아마존 계정과 연결되어 추적 가능한 별명 리뷰다. 마지막으로 세 번째는 인증된 신용카드에 의해 사용자명이 결정되지만 리뷰 작성자가 성별을 드러내고 싶지 않을 때 이름 대신 이름의 이니셜만 공개할 수 있도록 하는 옵션이다.

54. Rubin, Ben Fox, "Amazon Looks to Improve Customer-Reviews System with Machine Learning," *CNET*, June 19, 2015, http://www.cnet.com/news/amazon-updates-customer-reviews-with-new-machine-learning-platform.

55. Rubin, Ben Fox, "Amazon Sues Alleged Reviews-for-Pay Sites," *CNET*, April 9, 2015, http://www.cnet.com/news/amazon-sues-alleged-reviews-for-pay-sites. 일부 판매자는 '검증된 구매' 마크를 얻기 위해 빈 상자나 빈 봉투를 등기 우편으로 발송한 것으로 나타났다.

56. Rudder, Christian, "How Your Race Affects the Messages You Get," OkTrends blog, October 5, 2009, http://blog.okcupid.com/index.php/your-race-affects-

whether-people-write-you-back과 "Race and Attraction, 2009 – 2014," OkTrends blog, September 10, 2014, http://blog.okcupid.com/index.php/race-attraction-2009 – 2014 참조. 데이팅 서비스 회원들처럼 조건에 따라 데이트 상대를 찾는 사람들에 관해서는 러더의 *Dataclysm: Who We Are (When We Think No One's Looking)* (크리스티안 러더, 『빅데이터 인간을 해석하다 – 우리는 어떻게 연결되고, 분열하고, 만들어지는가』, 이가영 옮김, 다른, 2015) (New York: Crown, 2014)에 훨씬 자세한 내용이 담겨 있다.

57. 음악 추천 스타트업 무드로직에서 일할 때 나는 음악 '스킵(건너뛰기)'은 낭비하기에 너무 아까운 데이터라고 얘기하곤 했다. 트랙을 건너뛴 사람의 부정적인 피드백은 추천 알고리즘을 향상시키는 데 엄청난 도움이 되었다. 관심도 수준은 반복 청취와 평점에 기반하여 장기간에 걸쳐 해석되어야 하지만, '롱 클릭long click'과 마찬가지로 한 곡을 끝까지 듣는 것은 일단 관심이 있음을 나타낸다.

58. Nisbett, Richard E., and Timothy D. Wilson, "Telling More Than We Can Know: Verbal Reports on Mental Processes," *Psychological Review* 84, no. 3 (March 1977), pp. 231 – 259, http://psycnet.apa.org/psycinfo/1978-00295-001.

59. 29세가 가장 많고 30세가 가장 적은 이 놀라운 연령 그래프를 내가 처음 알아챘을 때, 나는 Gay.com에서 일하고 있었다(28세라고 밝힌 프로필은 29세에 비하면 상당히 낮은 수치였지만 30세보다는 많았다). 이후 나는 2015년에 2억 5000만 달러의 기업 가치를 가진 것으로 추산되었던 바이허Baihe를 비롯한 다른 여러 사이트에서 같은 현상을 목격했다. 중국인들은 데이트 상대를 고려할 때 나이에 매우 민감하며, 따라서 사용자 매칭 알고리즘을 작성할 때 나이 기준을 엄격히 설정해야 했다. Hufford, Austen, "Chinese Dating Site Jiayuan Agrees to Be Bought by Baihe," *Wall Street Journal*, December 7, 2015, http://www.wsj.com/articles/chinese-dating-site-jiayuan-agrees-to-be-bought-by-baihe-1449501088 참조.

60. 나는 2007년부터 2012년까지 스카우트의 이사로 근무했다. 스카우트는 2016년 6월 밋미MeetMe에 인수되었다. Yeung, Ken, "MeetMe Acquires Mobile Flirting App Skout for $55 Million in Cash and Stock," *VentureBeat*, June 27, 2016, http://venturebeat.com/2016/06/27/meetme-acquires-mobile-flirting-app-skout-for-55-million-in-cash-and-stock 참조.

61. Brin, David, "Questions I Am Frequently Asked About(Part V): Transparency, Privacy and the Information Age," Contrary Brin, April 10, 2013, http://davidbrin. blogspot.co.uk/2013/04/questions-i-am-frequently-asked-about.html. Reprinted with permission of the author.

62. "The Man Who Sued Google to Be Forgotten," Reuters, May 30, 2014, http://www.newsweek.com/man-who-sued-google-be-forgotten-252854.

63. 구글은 2016년 8월까지 총 160만 개 URL에 상당하는 52만 건의 삭제 요청을 받았다. Google, "Transparency Report: European Privacy in Search," August 8, 2016, https://www.google.com/transparencyreport/removals/europeprivacy 참조.

64. 이것들은 구글이 예로 들었던 23가지 사례 중 일부다. 모두 요청을 승인하거나 거부할 분명한 이유가 있는 사례들이었다. Google, "Transparency Report: European Privacy in Search," August 1, 2016, http://www.google.com/transparencyreport/removals/europeprivacy 참조.

65. 비록 임마누엘 칸트가 당대의 유력한 철학자였지만, 독일 법에서 "인간의 자율성과 의지, 그리고 인격을 기반으로 한 자유"라는 사상을 완성한 사람은 (칸트에게서 영감을 받은) 프리드리히 카를 폰 사비니Friedrich Karl von Savigny다. Eberle, Edward J., "The German Idea of Freedom," *Oregon Review of International Law* 10, no. 1 (2008), p. 16, http://docs.rwu.edu/law_fac_fs/56/ 참조.

66. Bloustein, Edward J., "Privacy as an Aspect of Human Dignity: An Answer to Dean Prosser," *New York University Law Review* 39, no. 962 (December 1964), p. 962 – 1007, http://heinonline.org/HOL/LandingPage?collection=journals&handle=hein.journals/nylr39&div=71

67. Schwartz, Paul M., and Karl-Nikolaus Peifer, "Prosser's Privacy and the German Right of Personality: Are Four Privacy Torts Better than One Unitary Concept?," *California Law Review* 98, no. 6 (December 2010), pp. 1925 – 1986, http://papers.ssrn.com/sol3/papers.cfm?abstract_id=1816885.

68. Ibid., p. 1931.

69. Ibid., p. 1934.

3장

1. Attributed to Darwin in Ritchie, Anne, *Records of Tennyson, Ruskin, Browning* (New York: Harper & Brothers, 1893), p. 170.

2. 페이스북의 '권리 및 책임에 관한 정책Statement of Rights and Responsibilities'에 따르면, 2015년 8월 1일부터 가짜 프로필을 만들거나 자신에 대한 가짜 정보를 게시하는 것은 페이스북의 서비스 이용 약관에 위배된다(https://www.facebook.com/legal/terms).

3. 내 친구가 리베카의 이야기를 공유한 조건을 존중하기 위해 이것은 실제 메시지를 재구성한 것이다.

4. Attributed to Darwin in Ritchie, *Records of Tennyson, Ruskin, Browning*, p. 170.

5. Dunbar, Robin, *Grooming, Gossip, and the Evolution of Language* (Cambridge,

MA: Harvard University Press, 1996).

6. 카프카Kafka가 1909년 작 『공동체Gemeinschaft』에서 유려하게 표현했듯이, '공동체' 또는 '소속감'은 집단이 공유하는 어떤 것이 아니라 누구를 집단에서 배척하는지로 정의된다. 영역본은 다음 링크에서 볼 수 있다. http://www.ethnography. com/2014/12/fellowship-gemeinschaft-by-franz-kafka-1909.

7. Dunbar, Robin I.M., "Neocortex Size as a Constraint on Group Size in Primates," *Journal of Human Evolution* 22, no. 6 (June 1992), pp. 469–493. https:// www.sciencedirect.com/science/article/pii/0047248492900811.

8. Farber, Dan, "Facebook's Zuckerberg Uncorks the Social Graph," *ZDNet*, May 24, 2007, http://www.zdnet.com/article/facebooks-zuckerberg-uncorks-the-social-graph.

9. '소셜 그래프'와 '소셜 네트워크' 간의 이런 구분은 아직 표준으로 자리 잡지 않았다. 하지만 조만간 지구상 모든 사람의 상호 작용과 관계를 도식화할 수 있게 될 것이라는 기본적인 논점을 강조하기 위해 이 용어를 사용하기로 했다.

10. Moreno, Jacob Levy, *Who Shall Survive? A New Approach to the Problem of Human Interrelations* (Washington, DC: Nervous and Mental Disease Publishing Co., 1934).

11. Borgatti, Stephen P., Ajay Mehra, Daniel J. Brass, and Giuseppe Labianca, "Network Analysis in the Social Sciences," *Science* 323, no. 892 (2009), http://www. sciencemag.org/cgi/content/full/323/5916/892; Moreno, Jonathan D., "Social Networking Didn't Start at Harvard," *Slate*, October 21, 2014, http://www.slate. com/articles/technology/future_tense/2014/10/j_l_moreno_a_psychologist_s_30s_ experiments_invented_social_networking.html. 제이컵 모레노의 연구에 관해 자세히 알고 싶은 사람들에게 그의 아들인 조너선 모레노가 쓴 전기 *Impromptu Man: J. L. Moreno and the Origins of Psychodrama, Encounter Culture, and the Social Network*(New York: Bellevue Literary Press, 2014)를 추천한다.

12. '가치'는 가출 학생들과 연관시키기에 이상한 말처럼 보일 수 있다. 그러나 소녀들이 교사에 의해 '교화'되었다는 인정을 받는 것보다 자유를 더 중시했다는 사실을 고려해보라.

13. McAdam, Doug, "Recruitment to High-Risk Activism: The Case of Freedom Summer," *American Journal of Sociology* 92, no. 1 (July 1986), p. 71, http://www. jstor.org/stable/2779717. 매캐덤의 글을 상기시켜준 J. 네이선 마티아스J. Nathan Matias에게 감사드린다; Matias, J. Nathan, "Were All Those Rainbow Profile Photos Another Facebook Study?," *Atlantic*, June 28, 2015, http://www.theatlantic.com/

technology/archive/2015/06/were-all-those-rainbow-profile-photos-another-facebook-experiment/397088 참조.

14. McAdam, "Recruitment to High-Risk Activism," p. 72.

15. Ibid., p. 86.

16. Ackerman, Mark S., Volkmar Pipek, and Volker Wolf, *Sharing Expertise: Beyond Knowledge Management* (Cambridge, MA: MIT Press, 2003), p. 371.

17. Cross, Rob, Andrew Parker, and Stephen P. Borgatti, "A Bird's-Eye View: Using Social Network Analysis to Improve Knowledge Creation and Sharing," IBM Institute for Business Value executive strategy report no. G510－1669－00, 2002, https://www-07.ibm.com/services/hk/strategy/e_strategy/social_network.html.

18. Heath, Chip, and David Hoyt, "AT&T/MCI: The Long-Distance Phone Wars (A): MCI Introduces Friends and Family," Stanford Graduate School of Business case no. M298A, February 27, 2002, http://www.gsb.stanford.edu/faculty-research/case-studies/attmci-long-distance-phone-wars-mci-introduces-friends-family.

19. Arabie, Phipps, and Yoram Wind, "Marketing and Social Networks," in S. Wasserman and J. Galaskiewicz, eds., *Advances in Social Networks Analysis* (London: Sage Publications, 1994), p. 255; Givens, Jennifer L., and James Kyle Lynch, "MCI Communications Corporation: Friends and Family," in Robert J. Thomas, ed., *New Product Success Stories: Lessons from Leading Innovators* (New York: John Wiley & Sons, 1995), pp. 196－207.

20. 나는 마이클 슈워츠가 콜로라도대학 볼더 캠퍼스 컴퓨터공학과에 소속된 우리 모두에게 새로운 정보 접근 구조인 월드 와이드 웹의 존재를 알려줬을 때를 생생하게 기억한다. 그는 항상 정보 시스템의 최첨단을 달렸다. 슈워츠는 현재 구글에서 일한다.

21. Schwartz, Michael F., and John S. Quarterman, "Discovering Shared Interests Using Graph Analysis," *Communications of the ACM* 36, no. 8 (August 1993), pp. 78－89. https://dl.acm.org/citation.cfm?id=163402.

22. Truong, Alice, "Everything Facebook Announced on the First Day of Its F8 Developer Conference," *Quartz*, April 12, 2016, http://qz.com/660691/everything-facebook-announced-on-the-first-day-of-its-f8-developer-conference.

23. Lazarsfeld, Paul F., and Robert K. Merton, "Friendship as a Social Process: A Substantive and Methodological Analysis" in M. Berger, ed., *Freedom and Control in Modern Society* (New York: Van Nostrand, 1954), pp. 18－66.

24. Maccoby, Eleanor E., "The Uniqueness of the Parent-Child Relationship," in

W. Andrew Collins and Brett Laursen, eds., *Relationships as Developmental Contexts: The Minnesota Symposia on Child Psychology*, vol. 30 (Mahwah, NJ: Psychology Press/ Lawrence Erlbaum Associates Publishers, 1999), p. 159.

25. Granovetter, Mark, "The Strength of Weak Ties," *American Journal of Sociology* 78, no. 6 (May 1973), p. 1361. https://www.jstor.org/stable/2776392.

26. Tichy, Noel M., Michael L. Tushman, and Charles Fombrun, "Social Network Analysis for Organizations," *Academy of Management Review* 4, no. 4 (October 1979), p. 509. https://www.jstor.org/stable/257851.

27. '선택적 정보 공개'라는 구절은 1990년대에 오늘날의 페이스북과 같은 소셜 네트워킹 플랫폼의 기반이 된 정보 공유와 프라이버시 부문의 여러 혁신으로 특허를 출원한 마이클 진Michael Ginn과 관련이 있다. 나의 가까운 친구이자 정보 전문가 바니 펠Barney Pell—마이클을 잘 아는—은 마이클의 업적을 논하면서 '순차적 공개'라는 아이디어를 기각했다. 나에게는 신뢰를 방해하기보다는 신뢰를 구축하는 순차적 공유가 선택적 공유보다 더 흥미롭다.

28. Selman, Robert L., "The Child as a Friendship Philosopher," in Steven R. Asher and John M. Gottman, eds., *The Development of Children's Friendships* (Cambridge: Cambridge University Press, 1981), p. 250.

29. Aron, Arthur, Edward Mellinat, Elaine N. Aron, Robert Darrin Vallone, and Renee J. Bator, "The Experimental Generation of Interpersonal Closeness: A Procedure and Some Preliminary Findings," *Personality and Social Psychology Bulletin* 23, no. 4 (April 1997), pp. 363–377. http://psp.sagepub.com/content/23/4/363.abstract.

30. Simmel, Georg (trans. by Albion Woodbury Small), "The Sociology of Secrecy and of Secret Societies," *American Journal of Sociology* 11, no. 4 (January 1906), p. 443. https://www.jstor.org/stable/2762562.

31. 부정직한 TV 광고 '보증'의 전형적인 사례 중 하나는 청진기를 목에 걸고 흰 색 가운을 입고 등장하는 배우(2장에서 체포된 플로리다주의 10대와 크게 다르지 않 은)를 포함한다. 그러나 광고의 진실성을 보장할 것을 규정한 법률은 의사가 아닌 사 람을 의사로 내세워 광고하는 것을 금지한다.

32. Stone, Linda, "Q&A: Continuous Partial Attention," n.d., http://lindastone. net/qa/continuous-partial-attention.

33. 이 책의 출간 당시 딩은 새로운 스타트업 도어대쉬DoorDash에서 일하고 있었다.

34. 테스트 내용을 발표한 연구자들은 어떤 제품인지 명시할 수 없었지만, 행간을 읽어보면 신제품을 둘러싼 소문에 민감한 '얼리 어답터'를 겨냥한 새로운 기기—아마 전화기나 PDA—였을 것으로 추측할 수 있다.

35. Hill, Shawndra, Foster Provost, and Chris Volinsky, "Network-Based Marketing: Identifying Likely Adopters via Consumer Networks," *Statistical Science* 21, no. 2 (2006), pp. 256–276. https://arxiv.org/abs/math/0606278.

36. Granovetter, Mark, *Getting a Job: A Study of Contacts and Careers* (Cambridge, MA: Harvard University Press, 1974).

37. 이메일이 없었다는 것은 엄밀히 말해 사실이 아니다. 컴퓨터 과학자 레이 톰린슨Ray Tomlinson이 1971년에 아르파넷Arpanet(Advanced Research Projects Agency Network) 시스템으로 이메일 전송을 실험했다. Tomlinson, Ray, "The First Network Email," n.d., http://openmap.bbn.com/~tomlinso/ray/firstemailframe.html 참조.

38. Masnick, Mike, "Social Networking Services in the Enterprise Bringing Out Critics," *TechDirt*, December 15, 2003, https://www.techdirt.com/articles/20031215/132222_F.shtml.

39. 엘런과 나는 스탠퍼드대학에서 잠시 멘토를 공유했다. 신경망을 발명한 사람 중 하나로 인정받아 마땅한 데이비드 E. 럼멜하트David E. Rumelhart다. 나는 원래 물리학 박사 과정을 밟기 위해 1986년에 독일에서 미국으로 유학을 갔지만, 데이비드가 공저자인 책 *Parallel-Distributed Processing: Explorations in the Microstructure of Cognition*(Cambridge: MIT Press, 1986)의 8장을 읽고 컴퓨터의 데이터 학습 가능성에 큰 흥미를 갖게 되었다. 스탠퍼드 박사 과정 2년 차에 나는 데이비드에게 지도교수가 되어달라고 부탁했다. 늘 열린 마음을 가진 데이비드는 이를 허락했다. 데이비드는 다양한 배경과 전공을 가진 학생들을 받아들이는 것으로 알려져 있었지만, 우리는 '간학문적interdisciplinary' 성격에 대해 논한 적이 거의 없다. 안타깝게도 엘런이 심리학과에 들어왔을 때 데이비드는 병을 앓고 있었기 때문에, 그녀는 로저 섕크Roger Schank 밑에서 기억, 지각, 정보 과학을 공부했다.

40. Bluestein, Adam, "The Most Connected Woman in Silicon Valley?," *Fast Company*, June 29, 2012, http://www.fastcompany.com/1841490/most-connected-woman-silicon-valley.

41. Ponting, Clive, *A New Green History of the World: The Environment and the Collapse of Great Civilizations* (New York: Random House, 2011), p. 147.

42. Lorenz, Edward N., "Predictability: Does the Flap of a Butterfly's Wings in Brazil Set Off a Tornado in Texas?," presentation at the 139th meeting of the American Association for the Advancement of Science, Massachusetts Institute of Technology, Cambridge, MA, December 29, 1972, http://eaps4.mit.edu/research/Lorenz/Butterfly_1972.pdf.

43. 페이스북 콘텐츠에 대한 '싫어요' 버튼을 설계에 넣지 않은 것은 소셜 데이

터 생태계에 상당한 영향을 미친 결정의 전형적인 사례다. 마크 저커버그에 따르면, 페이스북은 부정적 성향을 장려하고 싶지 않기 때문에 '싫어요' 버튼을 도입하지 않았다. 페이스북은 사용자들이 '좋아요' 버튼과 함께 다양한 감정 반응 이모지를 사용하는 것을 보고, 이모지가 사용자 상호 작용의 빈도와 패턴에 어떤 영향을 미치는지 면밀히 관찰했다. 페이스북의 '싫어요' 버튼에 대한 접근이 어떻게 발전해왔는지 보려면, Oremus, Will, "You Can't Dislike This Article," *Slate*, December 15, 2014, http://www.slate.com/articles/technology/future_tense/2014/12/facebook_dislike_button_why_mark _zuckerberg_won_t_allow_it.html; Bosker, Bianca, "Facebookers Like the Idea of a 'Sympathize' Button (Keep Waiting for 'Dislike')," *Huffington Post*, December 5, 2013, http://www.huffingtonpost.com/2013/12/05/facebook-sympathize-button_n_4394451.html; King, Hope, "Mark Zuckerberg: Facebook Working on a 'Dislike' Button," *CNNMoney*, September 15, 2015, http://money.cnn.com/2015/09/15/technology/facebook-dislike-button/index.html; Lunden, Ingrid, "With Reactions, Facebook Supercharges the Like Button with 6 Empathetic Emoji," *TechCrunch*, October 8, 2015, http://techcrunch.com/2015/10/08/with-reactions-facebook-supercharges-the-like-burton-with-6-empathetic-emoji; 그리고 Barrett, Brian, "Facebook Messenger Finally Bridges the Great Emoji Divide," *Wired*, June 6, 2016, http://www.wired.com/2016/06/facebook-messenger-emoji 참조.

44. Millward, Steven, "WeChat Now Has 500 Million Monthly Active Users," *Tech in Asia*, March 18, 2015, https://www.techinasia.com/wechat-500-million-active-users -q4-2014; Sedghi, Ami, "Facebook: 10 Years of Social Networking, in Numbers," *Guardian*, February 4, 2014, http://www.theguardian.com/news/datablog/2014/feb/04/facebook-in-numbers-statistics.

45. 위챗 이전에 텐센트는 소셜 그래프 요소를 갖고 있지 않은 또 다른 메시징 및 동영상 커뮤니케이션 플랫폼 QQ를 제공했다. 그러나 위챗처럼 QQ도 찰나적인 커뮤니케이션을 위한 서비스였다. 일단 '게임', 즉 채팅이 종료되면 그것으로 끝이었다. 그리고 커뮤니케이션만 찰나적이었던 것이 아니다. 계정도 찰나적이었고, QQ는 수상한 사람들이 쓰는 커뮤니케이션 플랫폼이라는 명성을 얻었다. 텐센트는 소셜 그래프를 추가하여 QQ의 나쁜 평판을 어느 정도 상쇄할 수 있었다.

46. 위챗은 동시에 휴대폰을 흔든 사람의 프로필을 보여주는 '흔들기Shake'와 근처에 있는 위챗 사용자의 프로필을 보여주는 '주변 탐색Look Around' 등 사람들을 무작위로 발견할 수 있는 옵션을 제공한다.

47. 초기에는 위챗이 보여주는 사용자명 중에서 친구 두 사람을 고르라고 요구했다.

48. Bursztein, Elie, "New Research: Some Tough Questions for 'Security Questions,'" Google Online Security, May 21, 2015, https://googleonlinesecurity. blogspot.co.uk/2015/05/new-research-some-tough-questions-for.html. 소셜 그래프 데이터에 의존하지 않는 동적인 암호 보안 접근법이 존재한다. 예를 들어, 사용자로 하여금 긴 문자열에서 특정 자릿수의 값을 입력하라고 하거나 난수 생성기를 사용하게 하는 방식이다.

49. 스카이덱은 통화 차단 앱 미스터 넘버Mr. Number의 CEO이자 창립자 제이슨 데빗Jason Devitt이 개발했다. 미스터 넘버는 2013년에 화이트페이지(이후 하이야로 사명 변경)에 인수되었다.

50. Diuk, Carlos, "The Formation of Love," Facebook Data Science, February 14, 2014, https://www.facebook.com/notes/facebook-data-science/the-formation-of-love/10152064609253859.

51. Backstrom, Lars, and Jon Kleinberg, "Romantic Partnerships and Dispersion of Social Ties: A Network Analysis of Relationship Status on Facebook," paper presented at the 17th ACM Conference on Computer-Supported Cooperative Work and Social Computing (CSCW 2014), Baltimore, MD, February 15–19, 2014, http://arxiv.org/abs/1310.6753v1.

52. Eslami, Motahhare, Aimee Rickman, Kristen Vaccaro, Amerihossein Aleyasen, Andy Vyong, Karrie Karahalios, Kevin Hamilton, and Christian Sandvig, "'I Always Assumed That I Wasn't Really That Close to [Her]': Reasoning about Invisible Algorithms in the News Feed," *Proceedings of the 33rd Annual ACM Conference on Human Factors in Computing Systems*, Seoul, Korea, April 2015 (New York: Association for Computing Machinery, 2015), p. 154 [pp. 153–162]. http://social.cs.uiuc.edu/papers/pdfs/Eslami_Algorithms_CHI15.pdf.

53. Eslami, Motahhare, Amirhossein Aleyasen, Karrie Karahalios, Kevin Hamilton, and Christian Sandvig, "FeedVis: A Path for Exploring News Feed Curation Algorithms," paper presented at the 18th ACM Conference on Computer-Supported Cooperative Work and Social Computing (CSCW 2015), Vancouver, British Columbia, Canada, March 14–18, 2015, p. 3. http://social.cs.uiuc.edu/papers/pdfs/Eslami-CSCW-demo-2015.pdf.

54. Kramer, Adam D. I., Jamie E. Guillory, and Jeffrey T. Hancock, "Experimental Evidence of Massive-Scale Emotional Contagion Through Social Networks," *Proceedings of the National Academy of Sciences USA* 111, no. 24 (June 2, 2014), pp. 8788–8790. http://www.pnas.org/content/111/24/8788.full.

55. 실험 내용에 관해 연구자들은 다음과 같이 썼다. "이 실험은 사람들 (N=689,003)이 뉴스피드에서 감정적 표현에 노출되는 정도를 조작했다. 감정에 노출된 사람들이 포스팅 행동을 바꾸는지 테스트하기 위함이다"(p. 8788). 언론 보도는 연구 내용을 다루면서 '조작'이라는 용어를 자주 인용했다. 하지만 이것은 연구자들이 실험 대상에 미치는 영향을 관찰하기 위해 하나의 변수를 변경할 때 사용하는 통상적인 용어다. 예를 들어 McNeal, Gregory S., "Facebook Manipulated User News Feeds to Create Emotional Responses," *Forbes*, June 28, 2014, http://www.forbes.com/sites/gregorymcneal/2014/06/28/facebook-manipulated-user-news-feeds-to-create-emotional-contagion; Meyer, Robinson, "Everything We Know About Facebook's Secret Mood Manipulation Experiment," *Atlantic*, June 28, 2014, http://www.theatlantic.com/technology/archive/2014/06/everything-we-know-about-facebooks-secret-mood-manipulation-experiment/373648; and Dewey, Caitlin, "9 Answers About Facebook's Creepy Emotional-Manipulation Experiment," *Washington Post*, July 1, 2014, https://www.washingtonpost.com/news/the-intersect/wp/2014/07/01/9-answers-about-facebooks-creepy-emotional-manipulation-experiment 참조.

56. 이 연구는 2009년 1월부터 2012년 3월까지 1180일간을 비 오는 날과 비 오지 않은 날로 구분하고, 이 기간에 인구 순으로 100개 미국 도시의 영어권 페이스북 사용자가 올린 상태 업데이트에서 드러나는 감정 표현을 검토했다. Coviello, Lorenzo, Yunkyu Sohn, Adam D. I. Kramer, Cameron Marlow, Massimo Franceschetti, Nicholas A. Christakis, and James H. Fowler, "Detecting Emotional Contagion in Massive Social Networks," *PLoS One* 9, no. 3 (March 2014), http://journals.plos.org/plosone/article?id=10.1371/journal.pone.0090315 참조.

57. 페이스북을 비롯한 소셜 데이터 플랫폼은 사용자가 흥미를 느낀 모든 실험에 참여하거나 [/오직/] 흥미를 가진 실험에만 참여하도록 보장할 수 없었다. 그렇게 할 경우 결과가 편향될 것이기 때문이다. 그러나 이런 데이터는 사용자들로 하여금 진행된 실험이 개인적으로 그리고/또는 생태계 전체로 봤을 때 그들의 이해관계와 일치하는지 판단할 수 있게 도와줄 것이다.

58. Duffy, Nick, "Facebook's Rainbow Filter Was 'Dreamed Up by Interns," *PinkNews*, July 5, 2015, http://www.pinknews.co.uk/2015/07/05/facebooks-rainbow-filter-was-dreamed-up-by-interns.

59. 페이스북은 무지개 필터를 적용한 사람의 수—3000만 명가량—를 널리 홍보했으며, 그 때문에 필터가 사용자 표현을 위해서가 아니라 실험 목적으로 도입된 부분도 있지 않느냐는 무성한 추측을 낳았다. 예를 들어 Matias, J. Nathan, "Were All Those Rainbow Profile Photos Another Facebook Study?," *Atlantic*, June 28, 2015, http://

www.theatlantic.com/technology/archive/2015/06/were-all-those-rainbow-profile-photos-another-facebook-experiment/397088; and McDonald, James, "26 Million People Change Profile Picture with Facebook's Rainbow Pride Filter," Out, June 29, 2015, http://www.out.com/popnography/2015/6/29/26-million-people-change-profile-pictures-facebooks-rainbow-pride-filter 참조.

60. 훨씬 적은 수의 사용자들(약 300만 명)이 2013년 3월 프로필을 '등호'로 고로 교체했다. State, Bogdan, and Lada Adamic, "The Diffusion of Support in an Online Social Movement: Evidence from the Adoption of Equal-Sign Profile Pictures," *Proceedings of the 18th ACM Conference on Computer-Supported Cooperative Work and Social Computing* (New York: ACM, 2015), pp. 1741 – 1750, http://dl.acm.org/citation.cfm?id=2675290%22 참조.

61. Bond, Robert M., Christopher J. Fariss, Jason J. Jones, Adam D. I. Kramer, Cameron Marlow, Jaime E. Settle, and James H. Fowler, "A 61-Million-Person Experiment in Social Influence and Political Mobilization," *Nature* 489 (September 13, 2012), pp. 295 – 298, http://www.nature.com/nature/journal/v489/n7415/full/nature11421.html. 『네이처』에 보낸 서플먼트에서 저자들은 실험이 이상적인 A/B 설계가 아님을 인정했다. 하나의 '실험' 집단—'사회적' 투표 독려 메시지를 받은 사람—은 98퍼센트에 달하는 참가자로 구성되었다. 투표일에 아무 메시지도 보여주지 않은 통제 집단은 연구 대상의 1퍼센트를 구성했다. 또 다른 실험 집단—'정보형' 투표 독려 메시지를 받은 사람—이 나머지 1퍼센트를 차지했다. 저자들은 다음과 같이 썼다. "이상적인 조건하에서라면 효과를 극대화하기 위해 동일한 크기의 처치 집단과 통제 집단으로 실험을 설계했을 것이다. 하지만 페이스북은 모든 사용자를 2010년 미국 의회 선거에 참여하도록 장려하고자 했기 때문에 'get out the vote(GOTV)' 메시지를 받지 못하는 집단의 크기를 제한하도록 요구했다." Bond et al., "Supplementary Information for 'A 61-Million-Person Experiment in Social Influence and Political Mobilization,'" p. 2 참조.

62. Zittrain, Jonathan, "Facebook Could Decide an Election Without Anyone Ever Finding Out," *New Republic*, June 1, 2014, http://www.newrepublic.com/article/117878/information-fiduciary-solution-facebook-digital-gerrymandering.

63. Holmes, Oliver Wendell, *The Autocrat of the Breakfast-Table: Or, Every Man His Own Boswell* (Boston: Phillips, Sampson, 1859), p. 54.

64. Weirzbicki, Adam, *Trust and Fairness in Open, Distributed Systems* (Berlin: Springer Verlag, 2010), pp. 3, 120.

65. 에어비앤비는 호스트와 게스트를 인증하기 위해 네 가지 데이터 카테고리를

사용한다. 내부 데이터(프로필, 검색, 리뷰, 상호 작용 내역), 소셜 그래프 데이터(사용자가 활동하는 소셜 네트워크, 인맥, 그리고 상호 작용 패턴), 공공 데이터(인터넷 검색을 통해 발견되는 정보—예를 들어, 링크드인 프로필 또는 블로그 포스팅), 그리고 독점 데이터(정부 기록과 수수료를 내고 확인하는 기록—예를 들어 신원 확인이나 전과 기록을 확인하는 데 사용되는 데이터베이스)가 그것이다. 해당 내용은 2015년 10월 13일 UC 버클리에서 진행된 나의 "소셜 데이터 혁명" 강의 중 에어비앤비 데이터 과학 매니저 알록 굽타Alok Gupta의 프리젠테이션에서 소개되었다. https://www.youtube.com/watch?v=Sml06XHN6_0.

66. 옐프는 리뷰 작성자의 아이피 주소도 확인한다. 만일 업체가 옐프에 등록할 때와 동일한 아이피 주소에서 리뷰가 올라오면 검색 결과에 나오지 않도록 처리한다.

67. Roberts, Daniel, "Yelp's Fake Review Problem," *Fortune*, September 26, 2013, http://fortune.com/2013/09/26/yelps-fake-review-problem.

68. 옐프가 정확히 어떤 규칙에 따라 사이트에서 리뷰를 제거하는지 공개한다면 평판 관리 회사의 가짜 리뷰 등록이 더 쉬워질 것이고, 아마 이것이 옐프가 해당 정보를 공개하지 않은 이유일 것이다. "Five-Star Fakes," *The Economist*, October 24, 2015, http://www.economist.com/news/business/21676835-evolving-fight-against-sham-reviews-five-star-fakes와 Luca, Michael, "Reviews, Reputation, and Revenue: The Case of Yelp.com," Harvard Business School working paper no. 12-016, September 2011, http://people.hbs.edu/mluca/Yelp.pdf 참조.

69. 메이투안-디엔핑은 2015년 10월 알리바바가 투자한 메이투안과 텐센트가 투자한 디엔핑의 합병으로 탄생했다. Chen, Lulu Yilun, "China's Big Web Deal: Five Key Numbers for Meituan, Dianping," *BloombergBusiness*, October 8, 2015, http://www.bloomberg.com/news/articles/2015-10-08/china-s-big-web-deal-five-key-numbers-for-meituan-dianping 참조.

70. 2015년 기준, 텐센트는 디엔핑의 지분 20퍼센트를 소유했다. Carew, Rick, and Juro Osawa, "China's Dianping Valued at $4 Billion," *Wall Street Journal*, April 2, 2015, http://www.wsj.com/articles/chinas-dianping-valued-at-4-billion-1427962959.

71. Booker, Elias, "Travel Stress Quantified Using Big Data," *Information Week*, May 6, 2013, http://www.informationweek.com/big-data/big-data-analytics/travel-stress-quantified-using-big-data/d/d-id/1109824 참조.

72. 페이스북은 랩리프가 앱 개발자들에게 데이터를 구매하는 것에 대해 강력히 경고했으며, 랩리프는 페이스북 사이트에서 소셜 그래프 데이터 수집을 중단하는 데 동의했다. 2013년 랩리프는 이메일 서비스 회사 타워데이터TowerData에 인수되었다. Steel, Emily, "Online Tracking Company RapLeaf Profiles Users by Name," *Wall Street*

Journal, October 25, 2010, http://www.wsj.com/articles/SB10001424052702304410504575560243259416072 참조.

73. Sullivan, Mark, "Facebook Patents Technology to Help Lenders Discriminate Against Borrowers Based on Social Connections," *VentureBeat*, August 4, 2015, http://venturebeat.com/2015/08/04/facebook-patents-technology-to-help-lenders-discriminate-against-borrowers-based-on-social-connections.

74. Lunt, Christopher, "Authorization and Authentication Based on an Individual's Social Network," US Patent no. 9,100,400, August 4, 2015, http://www.google.com/patents/US9100400.

75. 생태계가 제대로 작동하려면 계수가 양수여야 한다. 음수로 된 계수를 다른 사람에게 할당하는 것은 공매하는 것이나 마찬가지, 즉 그 사람의 평판이 떨어질 것이라고 베팅하는 것이므로 그 사람에게나 생태계에나 좋지 않다.

76. 나는 2013년 9월 이래 프렌드슈어런스의 창립자 팀 쿤드Tim Kunde와 프렌드슈어런스 서비스 발전에 관해 많은 논의를 했다.

77. Felix, Samantha, "This Is How Facebook Is Tracking Your Internet Activity," *Business Insider*, September 9, 2012, http://www.businessinsider.com/this-is-how-facebook-is-tracking-your-internet-activity-2012-9. 추적 도구가 페이스북 사용자가 아닌 사람들에 관한 정보까지 수집한 경우도 있었다; Alba, Alejandro, "Facebook Admits Tracking People Who Don't Use the Site, Blames Bug," *New York Daily News*, April 13, 2015, http://www.nydailynews.com/news/world/facebook-admits-tracking-non-users-blames-unintended-bug-article-1.2183409 참조.

78. 이것은 페이스북의 광고주를 위한 교차 기기 개발의 일환이다. Facebook for Business, "Measuring Conversions on Facebook, Across Devices and in Mobile Apps," August 14, 2014, https://www.facebook.com/business/news/cross-device-measurement 참조.

4장

1. 안셀 애덤스Ansel Adams는 1939년 샌프란시스코현대미술관에서 열린 '안셀 애덤스 최신 작품전Recent Photography of Ansel Adams' 전시관 벽에 이 인용구를 게시하며 스티글리츠가 한 말이라고 밝힌다. Alinder, Mary Street, *Ansel Adams: A Biography*(New York: Bloomsbury Publishing USA, 2014), p. 134에 소개됨.

2. 이 장에서 재구성한 대화와 묘사는 '사진은 범죄가 아니다' 웹사이트에 올라온 동영상에서 따온 것이다. 첫 번째 동영상은 제프 본인이 촬영했다. 블랙박스 동영상과

음성은 이 사이트의 조사연구원 필리페 헤밍Felipe Hemming이 정보 공개법에 근거한 요청을 통해 입수한 것이다. Sanders, Brett, "Dashcam Video Reveals Suspicious Dialogue Between Orlando Cops Who Arrested PINAC Reporter," Photography Is Not a Crime, June 23, 2015, http://photographyisnotacrime.com/2015/06/orlando-police-jeff-gray 참조.

3. Turnbell, Michael, "License Plate Frames Can't Obstruct Any Information on Plate," *Sun Sentinel*, January 24, 2010, http://articles.sun-sentinel.com/2010‒01‒24/news/1001230055_1_tolls-turnpike-s-work-program-turnpike-in-south-florida.

4. Miller, Carlos, "PINAC Reporter Arrested by Clueless Cop, Leading to Facebook Damage Control by Police," Photography Is Not a Crime, January 29, 2015, http://photographyisnotacrime.com/2015/01/pinac-reporter-arrested-clueless-cop-leading-facebook-damage-control-police.

5. Sanders, Brett, "Dashcam Video Reveals Suspicious Dialogue Between Orlando Cops who Arrested PINAC Reporter," Photography Is Not a Crime, June 23, 2015, http://photographyisnotacrime.com/2015/06/orlando-police-jeff-gray.

6. Burt, Frank, Richard J. Ovelen, and Jason Patrick Karialla, "Florida Open Government Guide: Foreword," Reporters Committee for Freedom of the Press, n.d. (accessed September 30, 2016), http://www.rcfp.org/florida-open-government-guide/foreword.

7. 2015년 3월 그레이에 대한 모든 기소가 기각되었다. Miller, Carlos, "Charges Dismissed Against PINAC's Jeff Gray in Manipulated Probable Cause Arrest," Photography Is Not a Crime, April 3, 2015, http://photographyisnotacrime.com/2015/04/charges-dismissed-against-pinacs-jeff-gray-in-manipulated-probable-cause-arrest 참조.

8. Argyle, Rachel, "The End of the CCTV Era?," *BBC News Magazine*, January 15, 2015, http://www.bbc.co.uk/news/magazine-30793614.

9. 이 추정치―185만대―는 사실 2002년 영국 정부가 런던 일부 지역을 조사한 후 내놓은 수치인 400만 대보다 낮다. Lewis, Paul, "You're Being Watched: There's One CCTV Camera for Every 32 People in UK," *Guardian*, March 2, 2011, http://www.theguardian.com/uk/2011/mar/02/cctv-cameras-watching-surveillance와 Gerrard, Graeme, and Richard Thompson, "Two Million Cameras in UK," *CCTVImage*, no. 42 (Winter 2011), pp. 10‒12, http://2x9l6r2ys89s2leu9z30a8t1.wpengine.netdna-cdn.com/wp-content/uploads/2011/03/CCTV-Image-42-How-many-cameras-are-there-in-the-UK.pdf 참조.

10. 스마트폰 사용자는 몇 년 전에 10억 명을 넘어섰으며, 매년 10억 대가 넘는 스마트폰이 시장에 풀리고 있으니 사용자 기반은 더욱 확장되었을 것이다; Reisinger, Don, "Worldwide Smartphone User Base Hits 1 Billion," *CNET*, October 17, 2012, http://www.cnet.com/news/worldwide-smartphone-user-base-hits-1-billion 참조.

11. Merchant, Brian, "With a Trillion Sensors, the Internet of Things Would Be the 'Biggest Business in the History of Electronics,'" *Motherboard*, October 29, 2013, http://motherboard.vice.com/blog/the-internet-of-things-could-be-the-biggest-business-in-the-history-of-electronics.

12. 공공장소에서 경찰의 사진과 동영상(음성 없이)을 촬영하는 것은 2012년부터 미국 법무부에 의해 언론의 자유로 규정되었다. Smith, Jonathan M., Letter to Mark H. Grimes, Baltimore Police Department, and Mary E. Borja, Wiley Rein LLP, Re: *Christopher Sharp v. Baltimore City Police Department et al.*, May 14, 2012, http://www.wired.com/images_blogs/threatlevel/2012/05/united_states_letter_re_photography_5_14_2012_0.pdf, cited in Zetter, Kim, "Justice Dept. Defends Public's Constitutional 'Right to Record' Cops," *Wired*, May 16, 2012, http://www.wired.com/2012/05/doj-supports-right-to-record 참조.

13. 모든 올랜도 경찰의 블랙박스가 제대로 작동하지는 않는다. 2015년 초『올랜도 센티넬Orlando Sentinel』보도에 따르면 48대의 차량 내부 카메라 중 14대가 "정비가 필요했다". Cherney, Elyssa, "After DUI Case, OPD Revises Policy for Broken Cameras," *Orlando Sentinel*, May 12, 2015, http://www.orlandosentinel.com/news/breaking-news/os-orlando-police-cameras-policy-20150512-story.html 참조.

14. 구글 글라스는 2013년 4월 15일 '익스플로러'를 대상으로 출시되었다. 나는 2014년 4월에 구글 글라스를 손에 넣은 후 2015년 2월까지 계속 착용하고 지냈다. 2015년 1월 15일 구글 글라스 익스플로러 프로그램이 종료된 것은 제품의 실패를 의미하지 않는다. 구글은 익스플로러 단계에서 수집된 데이터를 이용하여 일반인 대상 버전 출시를 위한 프로토타입 개발을 계속할 것이라고 발표했다.

15. Fitzgerald, Drew, "Now Google Glass Can Turn You into a Live Broadcast," *Wall Street Journal*, June 24, 2014, http://www.wsj.com/articles/now-google-glass-can-turn-you-into-a-live-broadcast-1403653079.

16. Shteyngart, Gary, "O.K., Glass," *The New Yorker*, August 5, 2013, http://www.newyorker.com/magazine/2013/08/05/o-k-glass.

17. 만의 최신 모델은 아이트랩EyeTap이라 불린다. Miller, Paul, "Project Glass and the Epic History of Wearable Computers," *The Verge*, June 26, 2012, http://www.theverge.com/2012/6/26/2986317/google-project-glass-wearable-computers-

disappoint-me 참조.

18. 이 프로젝트는 1986년 당시 갓 MIT 교수로 취임한 앨릭스 '샌디' 펜틀랜드의 후원하에 시작되었다. Rhodes, Bradley, "A Brief History of Wearable Computing," MIT Wearable Computing Project, MIT Media Lab, n.d. (accessed September 30, 2016), https://www.media.mit.edu/wearables/lizzy/timeline.html; Konnikova, Maria, "Meet the Godfather of Wearables," *The Verge*, May 6, 2014, http://www.theverge.com/2014/5/6/5661318/the-wizard-alex-pentland-father-of-the-wearable-computer 참조.

19. Mann, Steve, "'Reflectionism' and 'Diffusionism': New Tactics for Deconstructing the Video Surveillance Superhighway," *Leonardo* 31, no. 2 (1998), pp. 93‒102, http://wearcam.org/leonardo/reflectionism.htm; Mann, Steve, Jason Nolan, and Barry Wellman, "Sousveillance: Inventing and Using Wearable Computing Devices for Data Collection in Surveillance Environments," *Surveillance & Society* 1, no. 3 (2003), pp. 331‒355. www.surveillance-and-society.org/articles1(3)sousveillance.pdf.

20. '감시surveillance'라는 단어는 프랑스에서 공포정치가 벌어지던 시절에 영국에 전해졌다. 감시위원회surveillance committee는 왕당파를 지지하는 것으로 의심되는 시민들을 감시, 체포, 때로는 처형하느라 바빴다. 이 용어는 라틴어 super(위에)와 vigilare(경계)에서 파생되었다. 스티브 만은 시민들이 당국을 감시하는 전술을 묘사하기 위해 sur-를 sous-(아래에서)로 대체했다.

21. Mann, Steve, with Hal Niedzviecki, *Cyborg: Digital Destiny and Human Possibility in the Age of the Wearable Computer* (Toronto: Doubleday Canada, 2001), p. 82.

22. Mann, Steve, "Wearable Computing as a Means for Personal Empowerment," keynote address delivered at the International Conference on Wearable Computing, Fairfax, Virginia, May 12, 1998, http://wearcomp.org/wearcompdef.html.

23. Horvitz, Eric, and Matthew Barry, "Display of Information for Time-Critical Decision Making," *Proceedings of the Eleventh Conference on Uncertainty in Artificial Intelligence*, Montreal, August 18‒20, 1995 (San Francisco: Morgan Kauffman, 1995), pp. 296‒305, http://research.microsoft.com/users/horvitz/ftp/vista.pdf; Horvitz, Eric, Corinne Ruokangas, Sampath Srinivas, and Matthew Barry, "A Decision-Theoretic Approach to the Display of Information for Time-Critical Decisions: The Vista Project," *Sixth Annual Workshop on Space Operations Applications and Research: Proceedings of a Workshop Sponsored by the National Aeronautics and Space Administration, Washington, D.C., the U.S. Air Force, Washington, D.C., and the University of Houston-Clear Lake,*

Houston, Texas, Houston, August 4–6, 1992 (Houston: NASA Johnson Space Center, 1993), pp. 407–441, http://research.microsoft.com/en-us/um/people/horvitz/ftp/soar.pdf.

24. Miller, George A., "The Magical Number Seven Plus or Minus Two: Some Limits on Our Capacity for Processing Information," *Psychological Review* 63, no. 2 (March 1956), pp. 81–97, http://psycnet.apa.org/psycinfo/1957-02914-001.

25. Waugh, Nancy C., and Donald A. Norman, "Primary Memory," *Psychological Review* 72, no. 2 (March 1965), pp. 89–104, http://psycnet.apa.org/journals/rev/72/2/89.

26. 2015년 8월 기준 Livejasmin.com은 온라인상에서 세 번째로 인기 있는 '성인' 사이트다. 검색어 '재스민'의 사례는 이 책을 쓰던 당시 마이크로소프트의 유명한 엔지니어 얀 페데르센(Jan Pedersen)이 제안한 검색어 'ebony(흑단)'에서 힌트를 얻은 것이다. 'ebony'를 검색하는 사람은 나무, 잡지, 텍사스의 마을, 만화책 캐릭터, 스티비 원더의 노래를 찾고 있을 수도 있고, 섹스 동영상 사이트를 찾고 있을 수도 있다. 실제로 'ebony'를 검색하는 사람은 섹스 사이트를 찾고 있었는지 아닌지와 무관하게 매우 높은 비율로 섹스 사이트를 클릭한다.

27. 소음의 목적은 민간인과 외국 정부 대상으로 위치 정보 데이터의 해상도를 흐리게 하기 위해서였다. 미군은 알고리즘이 생성하는 노이즈를 보유한 장치로 필터링하여 이미 수 미터 이내의 정확도를 확보할 수 있었다. Lendino, Jamie, "The History of Car GPS Navigation," *PC Magazine*, April 16, 2012, http://www.pcmag.com/article2/0,2817,2402755,00.asp 참조.

28. Leveson, Ira, "The Economic Value of GPS: Preliminary Assessment," presentation to the National Space–Based Positioning, Navigation, and Timing Advisory Board Meeting, June 11, 2015, http://www.space.commerce.gov/presentation-on-gps-economic-study.

29. "Humphreys Research Group Develops New Centimeter-Accurate GPS System," Cockrell School of Engineering, University of Texas at Austin, press release, May 5, 2015, https://www.ae.utexas.edu/news/features/834-humphreys-cm-accuracy.

30. Humphreys, Todd, "How to Fool a GPS," TEDxAustin presentation, Austin, TX, February 11, 2012, http://www.ted.com/talks/todd_humphreys_how_to_fool_a_gps.

31. Steven [user testimonial], "Tile Makes It Easy to Find Each Other," Tile App, November 17, 2015, https://www.thetileapp.com/stories/the-family-plan; Mike [user testimonial], "Stolen Office Projector Tracked Down to Pawn Shop," Tile App,

n.d. (accessed September 30, 2016), https://www.thetileapp.com/blog/stolen-office-projector-pawn-shop.

32. 이런 GPS 전파 방해기 중 하나인 웨이브 버블Wave Bubble은 MIT 대학원생이 시험 삼아 만든 것이다. Fried, Limor, "Wave Bubble: A Design for a Self-Tuning Portable RF Jammer," May 17, 2011, http://www.ladyada.net/make/wavebubble 참조.

33. Strunsky, Steve, "N.J. Man Fined $32K for Illegal GPS Device That Disrupted Newark Airport System," *New Jersey Star-Ledger*, August 8, 2013, http://www.nj.com/news/index.ssf/2013/08/man_fined_32000_for_blocking_newark_airport_tracking_system.html.

34. Humphreys, "How to Fool a GPS."

35. Kopytoff, Verne, "Why Stores Are Finally Turning On to WiFi," *Fortune*, December 14, 2012, http://fortune.com/2012/12/14/why-stores-are-finally-turning-on-to-wifi.

36. Giles, Jim, "Cameras Know You by Your Walk, *New Scientist*, September 22, 2012, https://www.newscientist.com/article/mg21528835-600-cameras-know-you-by-your-walk.

37. Davis, Lauren, "Fashion That Will Hide You from Face-Recognition Technology," *io9*, January 6, 2014, http://io9.gizmodo.com/how-fashion-can-be-used-to-thwart-facial-recognition-te-1495648863.

38. Kelion, Leo, "Face Scanners Added to Chip-and-Pin Terminals," *BBC News*, September 30, 2015, http://www.bbc.co.uk/news/technology-34399896.

39. Jones, Charisse, "MasterCard Tries Out 'Selfie Pay' for Online Purchases," *USA Today*, October 20, 2015, http://www.usatoday.com/story/money/personalfinance/2015/10/20/mastercard-selfie-pay-online-purchases/72982264.

40. Daugman, John, "Probing the Uniqueness and Randomness of IrisCodes: Results from 200 Billion Iris Pair Comparisons," *Proceedings of the IEEE* 94, no. 11 (2006), pp. 1927 – 1935, https://ieeexplore.ieee.org/document/4052470/.

41. Venugopalan, S., U. Prasad, K. Harun, K. Neblett, D. Toomey, J. Heyman, and M. Savvides, "Long Range Iris Acquisition System for Stationary and Mobile Subjects," *International Joint Conference on Biometrics*, October 11 – 13, 2011, Washington, DC, https://ieeexplore.ieee.org/document/6117484/.

42. Sharma, Amol, "India Launches Project to ID 1.2 Billion People," *Wall Street Journal*, September 29, 2010, http://www.wsj.com/articles/SB10001424052748704652104575493490951809322.

43. 비질런트 솔루션스는 이 분야의 선두 기업이다; Cushing, Tim, "Private Companies Continue to Amass Millions of License Plate Photos, Hold onto the Data Forever, *TechDirt*, March 16, 2015, https://www.techdirt.com/articles/20150308/14332230253/private-companies-continue-to-amass-millions-license-plate-photos-hold-onto-data-forever.shtml 참조. 일리노이주의 MVTRAC는 미국의 또 다른 대형 차량번호 민간 데이터베이스를 소유하고 있다.

44. Cushing, Tim, "DHS Takes Another Stab at License Plate Database, But This Time with More Privacy Protections and Transparency," *TechDirt*, April 7, 2015, https://www.techdirt.com/articles/20150403/10114630537/dhs-takes-another-stab-license-plate-database-this-time-with-more-privacy-protections-transparency.shtml.

45. 2014년에 차량 리포 회사 어드밴스드 리커버리Advanced Recovery는 비질런트 솔루션스에 번호판 인식 데이터를 제공하는 '파트너' 회사인 디지털 레코그니션 네트워크Digital Recognition Network의 데이터 수집 협력 업체 중 하나였다. Orr, Steve, "License Plate Data Is Big Business," *USA Today*, November 2, 2014, http://www.usatoday.com/story/news/nation/2014/11/02/license-plate-data-is-big-business/18370791 참조.

46. "Documents Show Location Records Being Kept on Tens of Millions of Innocent Americans," ACLU press release, July 17, 2013, https://www.aclu.org/news/aclu-releases-documents-license-plate-scanners-some-300-police-departments-nationwide.

47. Wu, Huadong, Mel Siegel, and Pradeep Khosla, "Vehicle Sound Signature Recognition by Frequency Vector Principal Component Analysis," *IEEE Transactions on Instrumentation and Measurement* 48, no. 5 (October 1999), pp. 1005 – 1009. https://ieeexplore.ieee.org/iel5/19/17382/00799662.pdf. 그냥 들어서는 아무 소리도 나지 않는 전기 자동차와 하이브리드 자동차조차도 특유의 소리가 있다. 2010년 보행자 안전 강화법Pedestrian Safety Enhancement Act of 2010에 따라 자동차 제조업체는 운전자와 보행자에게 신호를 보내는 '알림 소리'를 추가해야 한다.

48. Sottek, T. C., "The Xbox One Will Always Be Listening to You, in Your Home," *The Verge*, May 21, 2013, http://www.theverge.com/2013/5/21/4352596/the-xbox-one-is-always-listening; Kobie, Nicole, "Shh, the TV's Listening: Voice Is the New Privacy Frontline," *Motherboard*, February 9, 2015, http://motherboard.vice.com/read/shh-the-tvs-listening-voice-is-the-new-privacy-frontline.

49. "This Is What a Security Camera Should Be," Google Nest Cam, n.d. (accessed January 6, 2016), https://nest.com/camera/meet-nest-cam.

50. 저자와의 익명 인터뷰, 2015년 10월.

51. "Tokyo's Train Stations Use Theme Songs to Put a Jingle in Your Squashed Journey," *Time Out Tokyo*, March 25, 2015, http://blogs.timeout.jp/en/2015/03/25/train-melodies.

52. Perez, Sarah, "Social Travel App JetPac Ditches Facebook, Pivots to Instagram-Based 'City Guides' for At-a-Glance Recommendations," *TechCrunch*, December 5, 2013, http://techcrunch.com/2013/12/05/social-travel-app-jetpac-ditches-facebook-pivots-to-instagram-based-city-guides-for-at-a-glance-recommendations. 원래 젯팩은 페이스북의 공개 프로필에 업로드된 사진을 크롤링하여 이미지, 제목, 캡션, 그리고 설명을 캡처했다. 페이스북은 사람들이 검색창에 이름을 쳤을 때 프로필 페이지가 결과로 나오도록 검색 엔진이 페이스북 프로필을 인덱싱하길 바랐기 때문에 젯팩이 한 일은 완전히 합법적이었다.

53. Glusac, Elaine, "With New App, Photos Become a Travel Guide," *New York Times*, February 4, 2014, http://intransit.blogs.nytimes.com/2014/02/04/with-new-app-photos-become-a-travel-guide.

54. Perez, "Social Travel App JetPac Ditches Facebook."

55. Hardy, Quentin, "The Peril of Knowledge Everywhere," *New York Times*, May 10, 2014, http://bits.blogs.nytimes.com/2014/05/10/the-peril-of-knowledge-everywhere.

56. 테헤란에서 게이바를 찾기 위해 사진 분석 앱을 사용하는 것은 장점은 거의 없고 매우 위험한 일일 것이다. 만일 물라들이 게이라는 이유로 체포할 수 있다면 다른 이유를 대고 사람을 체포하는 것도 얼마든지 가능할 것이다. 이는 프라이빗 메시지 포럼이나 데이팅 앱에 게시물이나 이미지를 올릴 때도 마찬가지다.

57. Olsen, Erik, "Scientists Uncover Invisible Motion in Video," *New York Times*, February 27, 2013, https://bits.blogs.nytimes.com/2013/02/27/scientists-uncover-invisible-motion-in-video; Rubinstein, Michael, Eugene Shih, John Guttag, Frédo Durand, and William T. Freeman, "Eulerian Video Magnification for Revealing Subtle Changes in the World," paper presented at the ACM Special Interest Group on Computer Graphics and Interactive Techniques, July 2012, http://people.csail.mit.edu/mrub/papers/vidmag.pdf.

58. Santus, Rex, "This Wristband Works with Your Heartbeat to Pay for Things," *Mashable*, November 5, 2014, http://mashable.com/2014/11/04/wristband-heartbeat-payments/#S 8Re1Kn648qR; Tempterton, James, "Halifax Uses Heartbeat Sensor to Secure Online Banking," *Wired UK*, March 13, 2015, http://www.wired.co.uk/news/archive/2015 – 03/13/halifax-ecg-login.

59. "A Heart to My Key," *The Economist*, May 9, 2013, http://www.economist. com/blogs/babbage/2013/05/biometrics; Agrafioti, Foteini, Francis Minhthang Bui, and Dimitrios Hatzinakos, "System and Method for Enabling Continuous or Instantaneous Identity Recognition Based on Physiological Biometric Signals," US Patent application no. US20140188770 A1, July 3, 2014, http://www.google.com/ patents/US20140188770.

60. Warden, Pete, "Software That Can See Will Change Privacy Forever," *MIT Technology Review*, July 29, 2014, http://www.technologyreview.com/view/529396/ software-that-can-see-will-change-privacy-forever.

61. Ekman, Paul, and Wallace V. Friesen, *Facial Action Coding System: A Technique for the Measurement of Facial Movement* (Palo Alto: Consulting Psychologists Press, 1978).

62. See, for example, Fasel, B., and Juergen Luettin, "Automatic Facial Expression Analysis: A Survey," *Pattern Recognition* 36, no. 1 (January 2003), pp. 259 – 275, http://www.sciencedirect.com/science/article/pii/S0031320302000523과 Bartlett, Marian Stewart, Gwen Littlewort-Ford, Javier Movellan, Ian Fasel, and Mark Frank, "Automated Facial Action Coding System," US Patent no. US8798374 B2, August 26, 2009, https://www.google.com/patents/US8798374.

63. Ekman, Paul, *Emotions Revealed: Recognizing Faces and Feelings to Improve Communication and Emotional Life*(폴 에크만, 『얼굴의 심리학 – 우리는 어떻게 감정을 드러내는가?』, 이민아 옮김, 바다출판사, 2006) (New York: Times Books, 2003), pp. 3 – 8.

64. 같은 책, p. 220.

65. 카메라에 사용된 해상도—4K—는 요즘 대세를 이루는 가전제품 모델에서 찾아볼 수 있는 수준이다. 이모션트의 공동 창립자이자 수석 연구원인 하비에르 R. 마블런Javier R. Movellan과 저자의 인터뷰, 2015년 11월 14일.

66. Dwoskin, Elizabeth, and Evelyn M. Rusli, "The Technology That Unmasks Your Hidden Emotions," *Wall Street Journal*, January 28, 2015, http://www.wsj.com/ articles/startups-see-your-face-unmask-your-emotions-1422472398. 모델을 훈련시키기 위해 사용된 가짜로 고통스러운 표정을 짓는 비디오는 "Are These People in Real Pain or Just Faking It?," *New York Times*, April 28, 2014, http://www.nytimes.com/ interactive/2014/04/28/science/faking-pain.html 참조.

67. Truding, Alice, "This Google Glass App Will Detect Your Emotions, Then Relay Them Back to Retailers," *Fast Company*, March 6, 2014, http://www.

fastcompany.com/3027342/fast-feed/this-google-glass-app-will-detect-your-emotions-then-relay-them-back-to-retailers.

68. Kokalitcheva, Kia, "Apple Acquires Startup That Reads Emotions From Facial Expressions," *Fortune*, January 7, 2016, http://fortune.com/2016/01/07/apple-emotient-acquisition.

69. "Does My Ad Evoke the Emotions I Want It To? LG, 'Stage Fright,'" Realeyes, n.d. (accessed September 30, 2016), http://www.realeyesit.com/case-study-lg. LG의 완성된 광고는 다음 링크에서 볼 수 있다: https://www.youtube.com/watch?v=Yf636vLep8s.

70. Picard, Rosalind W., "Future Affective Technology for Autism and Emotion Communication," *Philosophical Transactions for the Royal Society of London Series B, Biological Sciences* 364, no. 1535 (December 2009), pp. 3575 – 3584. https://www.ncbi.nlm.nih.gov/pmc/articles/PMC2781888/.

71. Bosker, Bianca, "Affectiva's Emotion Recognition Tech: When Machines Know What You're Feeling," *Huffington Post*, December 24, 2012, http://www.huffingtonpost.com/2012/12/24/affectiva-emotion-recognition-technology_n_2360136.html.

72. 연구자들은 음성과 감정 인식 소프트웨어에서 수학적으로 도출된 소리 주파수 묘사인 멜-주파수 켑스트럴 계수mel-frequency cepstral coefficient를 사용하면 단순히 목소리의 높낮이를 측정하는 것보다 더 정확하다는 사실을 알아냈다. 여기서 나는 편의상 '높낮이'라는 용어를 사용했다.

73. 'Vocal Expressions of Nineteen Emotions across Cultures' 코퍼스를 위해 배우들은 애정, 즐거움, 분노, 경멸, 혐오, 괴로움, 두려움, 죄책감, 행복감, 흥미, 욕망, 부정적 놀라움, 중립적 놀라움, 긍정적 놀라움, 뿌듯함, 안도, 슬픔, 평온함, 수치심 등 19가지 감정을 3가지 수준의 강도로 표현하는 역할을 수행했다. Laukka, Petri, Hillary Anger Elfenbein, Wanda Chui, and Nutankumar S. Thingujam, "Presenting the VENEC Corpus: Development of a Cross-Cultural Corpus of Vocal Emotional Expressions and a Novel Method of Annotating Emotion Appraisals," *Proceedings of the LREC 2010 Workshop on Corpora for Research on Emotion and Effect* (Malta: European Language Resources Association, 2010), pp. 53 – 57, http://www.diva-portal.org/smash/record.jsf?pid=diva2%3A373848&dswid=760 참조.

74. Neiberg, Daniel, and Joakim Gustafson, "Cues to Perceived Functions of Acted and Spontaneous Feedback Expressions," *Proceedings of the Interdisciplinary Workshop on Feedback Behaviors in Dialog*, September 7 – 8, 2012, Stevenson, WA, pp. 53 – 56, http://www.cs.utep.edu/nigel/feedback/proceedings/full-proceedings.pdf.

75. Lutfi, Syaheerah Lebai, Fernando Fernández-Martínez, Juan Manuel Lucas-Cuesta, Lorena López-Lebón, and Juan Manuel Montero, "A Satisfaction-Based Model for Affect Recognition from Conversational Features in Spoken Dialog Systems," *Speech Communication* 55, nos. 7 – 8 (September 2013), pp. 825 – 840, http://www.researchgate.net/publication/257012012_A_satisfaction-based_model_for_affect_recognition_from_conversational_features_in_spoken_dialog_systems.

76. Lunden, Ingrid, "LiveOps Raises Another $30M, Acquires UserEvents to Expand Its Cloud Contact Center Platform," *TechCrunch*, January 27, 2014, http://techcrunch.com/2014/01/27/liveops-raises-another-30m-acquires-userevents-to-expand-its-cloud-contact-center-platform-with-routing.

77. Bertolucci, Jeff, "Big Data: Matching Personalities in the Call Center," *InformationWeek*, February 17, 2015, http://www.informationweek.com/big-data/big-data-analytics/big-data-matching-personalities-in-the-call-center/d/d-id/1319108.

78. Thrun, Sebastian, "From Self-Driving Cars to Retraining People," Next:Economy O'Reilly Summit: What's the Future of Work?, November 12, 2015, San Francisco, CA, http://conferences.oreilly.com/next-economy/public/schedule/detail/44930.

79. Kanevsky, Dimitri, "IBM 5 in 5: Hearing," IBM Research News, December 17, 2012, http://ibmresearchnews.blogspot.co.uk/2012/12/ibm-5-in-5 – 2012-hearing.html.

80. Valenza, Gaetano, Luca Citi, Antonia Lanatá, Enzo Pasquale Scilingo, and Riccardo Barbieri, "Revealing Real-Time Emotional Responses: A Personalized Assessment Based on Heartbeat Dynamics," *Nature Scientific Reports* 4, no. 4998 (May 21, 2014), http://www.nature.com/articles/srep04998.

81. 엑스박스에는 신체 움직임을 분석하기 위해 일반 카메라도 장착되어 있으며, 짐작건대 얼굴 표정도 이미 분석되고 있거나 조만간 그렇게 될 것이다. Wortham, Jenna, "If Our Gadgets Could Measure Our Emotions," *New York Times*, June 1, 2013, http://www.nytimes.com/2013/06/02/technology/if-our-gadgets-could-measure-our-emotions.html 참조.

82. Kellner, Tomas, "Meet the Fearbit: New Sweat Sensors Will Sniff Out Fatigue, Stress, and Even Fear," *GE Reports*, August 12, 2014, http://www.gereports.com/post/93990980310/meet-the-fearbit-new-sweat-sensors-will-sniff-out.

83. Turner, Matthew A., Stephan Bandelow, L. Edwards, P. Patel, Helen J. Martin, Ian D. Wilson, and Charles L. Paul Thomas, "The Effect of Paced Auditory Serial

Addition Test (PASAT) Intervention on the Profile of Volatile Organic Compounds in Human Breath: A Pilot Study," *Journal of Breath Research* 7, no. 1 (February 27, 2013), http://iopscience.iop.org/article/10.1088/1752‒7155/7/1/017102/meta.

84. Hernandez, Javier, Xavier Benavides, Patti Maes, Daniel McDuff, Judith Amores, and Rosalind M. Picard, "AutoEmotive: Bringing Empathy to the Driving Experience to Manage Stress," paper presented at the ACM Conference on Designing Interactive Systems, June 21‒25, 2014, Vancouver, BC, Canada, http://affect.media.mit.edu/pdfs/14.Hernandez_et_al-DIS.pdf; Hernandez, Javier, Judith Amores, Daniel McDuff, and Xavier Benavides, "AutoEmotive," MIT Affective Media Lab presentation at the VW Data Driven Hackathon, January 21, 2014, http://autoemotive.media.mit.edu/#about.

85. 감정의 심리학에 관한 논의는 Beck, Julie, "Hard Feelings: Science's Struggle to Define Emotions," *Atlantic*, February 24, 2015, http://www.theatlantic.com/features/archive/2015/02/hard-feelings-sciences-struggle-to-define-emotions/385711 참조.

86. Barrett, Lisa Feldman, Batja Mesquita, Kevin N. Ochsner, and James J. Gross, "The Experience of Emotion," *Annual Review of Psychology* 58 (January 2007), pp. 373‒403, http://www.ncbi.nlm.nih.gov/pmc/articles/PMC1934613.

87. Ekman, *Emotions Revealed*, p. 57.

88. Charlton, Alistair, "Future Supermarket Will Track Shoppers' Eye Movements," *International Business Times*, May 1, 2013, http://www.ibtimes.co.uk/future-supermarket-adverts-track-eye-gaze-sideways-463288.

89. Kahneman, Daniel, and Jackson Beatty, "Pupil Diameter and Load on Memory," *Science* 154, no. 3756 (December 23, 1966), pp. 158‒155. http://science.sciencemag.org/content/154/3756/1583.

90. Engbert, Ralf, and Reinhold Kliegl, "Microsaccades Uncover the Orientation of Covert Attention," *Vision Research* 43, no. 9 (April 2003), pp. 1035‒1045, http://www.sciencedirect.com/science/article/pii/S0042698903000841.

91. Marks, Paul, "Fitbit for the Mind: Eye-Tracker Watches Your Reading," *New Scientist*, February 12, 2014, https://www.newscientist.com/article/mg22129563‒700-fitbit-for-the-mind-eye-tracker-watches-your-reading.

92. Bulling, Andreas, Daniel Roggen, and Gerhard Tröster, "What's in the Eyes for Context-Awareness?," *IEEE Pervasive Computing* 10, no. 2 (April‒June 2011), pp. 48‒57, https://perceptual.mpi-inf.mpg.de/files/2013/03/bulling11_pcm.pdf.

93. 토비 테크놀로지Tobii Technology의 지식서비스knowledge services 부문장 윌키 웡

Wilkey Wong과 저자의 인터뷰, 2015년 12월 16일.

94. Najar, Amir Shareghi, Antonija Mitrovic, and Kourosh Neshatian, "Eye Tracking and Studying Examples: How Novices and Advanced Learners Study SQL Examples," *Journal of Computing and Information Technology* 23, no. 2 (2015), pp. 171 – 190, https://www.researchgate.net/publication/279230237_Eye_Tracking_and_Studying_Examples_How_Novices_and_Advanced_Learners_Study_SQL_Examples.

95. Litchfield, Damien, Linden J. Ball, Tim Donovan, David J. Manning, and Trevor Crawford, "Viewing Another Person's Eye Movements Improves Identification of Pulmonary Nodules in Chest X-Ray Inspection," *Journal of Experimental Psychology Applied* 16, no. 3 (September 2010), pp. 251 – 262, http://www.ncbi.nlm.nih.gov/pubmed/20853985.

96. Tourassi, Georgia D., Sophie Voisin, Vincent C. Paquit, and Elizabeth Krupinski, "Investigating the Link Between Radiologists' Gaze, Diagnostic Decision, and Image Content," *Journal of the American Medical Informatics Association* 20, no. 6 (November – December 2013), pp. 1067 – 1075, http://www.ncbi.nlm.nih.gov/pubmed/23788627.

97. Julian, David P., "Systems and Methods for Counteracting a Perceptual Fading of a Movable Indicator," US Patent no. 8,937,591, January 20, 2015, https://patents.google.com/patent/US8937591B2.

98. Vidal, Mélodie, Jayson Turner, Andreas Bulling, and Hans Gellersen, "Wearable Eye Tracking for Mental Health Monitoring," *Computer Communications* 35 (2012), pp. 1306 – 1311, http://www.sciencedirect.com/science/article/pii/S0140366411003549.

99. Di Stasi, Leandro L., Michael B. McCamy, Andres Catena, Stephen L. Macknik, Jose J. Canas, and Susana Martinez-Conde, "Microsaccade and Drift Dynamics Reflect Mental Fatigue," *European Journal of Neuroscience* 38, no. 3 (August 2013), pp. 2389 – 2398, http://www.ncbi.nlm.nih.gov/pubmed/23675850.

100. Bixler, Robert, and Sidney D'Mello, "Toward Fully Automated Person-Independent Detection of Mind Wandering," in Dimitrova, Vania, Tsvi Kuflik, and David Chin et al., eds., *User Modeling, Adaptation, and Personalization* (New York: Springer, 2014), pp. 37 – 48.

101. Killingsworth, Matthew A., and Daniel T. Gilbert, "A Wandering Mind Is an Unhappy Mind," *Science* 330, no. 6006 (November 12, 2010), p. 932, http://www.sciencemag.org/content/330/6006/932. 앱은 여전히 https://www.trackyourhappiness.org에서 다운받을 수 있다.

102. Kahl, Martin, "Eyeballing the Driver: Eye-Tracking Technology Goes from Vision to Reality," *Automotive World*, April 16, 2015, http://www.automotiveworld.com/analysis/eyeballing-driver.

103. Killingsworth, and Gilbert, "A Wandering Mind Is an Unhappy Mind," p. 932.

104. Ibid., p. 204.

105. 소시오메트릭 솔루션스는 샌디 펜틀랜드와 그의 MIT 박사 과정 학생 벤 웨이버, 김태미Taemie Kim, 대니얼 올긴Daniel Olguin이 설립했다. 2014년 나의 UC 버클리 강의 시간에 사례 연구를 공유해준 태미에게 특히 감사드리며, 벤의 책 *People Analytics: How Social Sensing Technology Will Transform Business and What It Tells Us About the Future of Work*(Upper Saddle River, NJ: FT Press, 2013)를 적극 추천한다.

106. 이 연구는 14주에 걸쳐 두 단계로 수행되었다. 첫 번째 단계에서는 기존의 팀 역학 데이터를 수집했고, 두 번째 단계에서는 A/B 테스트를 진행했다. 각 팀은 20명의 직원으로 구성되었다. 태미에 따르면, 휴식 시간을 함께 보낸 팀은 통화 처리 시간이 23퍼센트 단축되었으며 직원 이직률은 28퍼센트 감소했다. 2014년 11월 나의 UC 버클리 강의 시간에 진행된 태미의 사회관계 측정 관련 프레젠테이션을 보려면 https://www.youtube.com/watch?v=zXmukPb6ijs 참조.

107. Westen, D., P. S. Blagov, K. Harenski, C. Kilts, and S. Hamann, "Neural Bases of Motivated Reasoning: An fMRI Study of Emotional Constraints on Partisan Political Judgment in the 2004 U.S. Presidential Election," *Journal of Cognitive Neuroscience* 18, no. 11 (November 2006), pp. 1947–1958, http://www.ncbi.nlm.nih.gov/pubmed/17069484.

108. Keuken, Max C., Christa Muller-Axt, and Robert Langner et al., "Brain Networks of Perceptual Decision-Making: An fMRI ALE Meta-Analysis," *Frontiers in Human Neuroscience* 8, no. 445 (June 2014), n.p., http://www.ncbi.nlm.nih.gov/pmc/articles/PMC4063192.

109. Muehlemann, Thomas, Daniel Haensse, and Martin Wolf, "Wireless Miniaturized Near-Infrared Scans," *Optics Express* 16, no. 14 (July 7, 2008), pp. 10323–10330, http://www.ncbi.nlm.nih.gov/pubmed/18607442; Piper, Sophie K., Arne Krueger, Stefan P. Koch, Jan Mehnert, Christina Habermehl, Jens Steinbrink, Hellmuth Obrig, and Christoph H. Schmitz, "A Wearable Multi-Channel fNIRS System for Brain Imaging in Freely Moving Subjects," *NeuroImage* 85, no. 1 (January 15, 2014), pp. 64–71, http://www.sciencedirect.com/science/article/pii/S1053811913007003. 무선 근적외선의 개발은 특히 기능자기공명영상과 비교할 때

단속적인 수준에 머물렀다; Gary, Joseph P. Culver, John H. Thompson, and David A. Boas, "A Quantitative Comparison of Simultaneous BOLD fMRI and NIRS Recordings During Functional Brain Activation," *NeuroImage* 17, no. 2 (October 2002), pp. 719 – 731, http://www.sciencedirect.com/science/article/pii/S1053811902912279; Wolf, Martin, Marco Ferrari, and Valentina Quaresima, "Progress of Near-Infrared Spectroscopy and Topography for Brain and Muscle Clinical Applications," *Journal of Biomedical Optics* 12, no. 6 (November – December 2007), n.p., http://biomedicaloptics.spiedigitallibrary.org/article.aspx?articleid=1351966 참조.

110. Greenberg, Andy, "Want an RFID Chip Implanted into Your Hand? Here's What the DIY Surgery Looks Like," *Forbes*, August 13, 2012, http://www.forbes.com/sites/andygreenberg/2012/08/13/want-an-rfid-chip-implanted-into-your-hand-heres-what-the-diy-surgery-looks-like-video.

111. 실시간으로 DNA, RNA, 단백질, 기타 미세 분자를 분석하는 휴대용 기기 미니언MinION은 옥스퍼드 나노포어 테크놀로지스Oxford Nanopore Technologies가 생산한다. https://www.nanoporetech.com.

112. 브래드는 2000년부터 2010년까지 전자프런티어재단(EFF) 이사회 의장을 역임했다. Hardy, Quentin, "What's Lost When Everything Is Recorded," *New York Times*, August 17, 2013, http://bits.blogs.nytimes.com/2013/08/17/whats-lost-when-everything-is-recorded 참조.

113. 질라 판 덴 보른과 3장 초반에 등장한 나의 가짜 친구 리베카가 온라인 프로필을 위장한 유일한 사람은 아니다. 합법적이고 불법적인 사업체들—국가 보안기관을 포함하여—은 온갖 '매력적인' 제안을 하기 위해 개인에게 연락할 때 가짜 프로필을 사용한다.

114. Calkins, Kelley, "Dutch Woman Fakes Trip to Southeast Asia, Surfaces Universal Truth," *Huffington Post*, September 12, 2014, http://www.huffingtonpost.com/ravishly/dutch-woman-fakes-trip-to_b_5807572.html.

115. Mims, Christopher, "What Happens When Police Officers Wear Body Cameras," *Wall Street Journal*, August 18, 2014, http://www.wsj.com/articles/what-happens-when-police-officers-wear-body-cameras-1408320244.

116. 로스앤젤레스시 정보기술국 최고 책임자는 경찰이 착용한 비디오캠 센서가 항상 '온' 상태이지만 경찰관이 '녹화' 버튼을 누를 때만 경찰 데이터베이스에 저장된다고 설명했다(로스앤젤레스시 정보기술국 총괄 담당자이자 CIO 테드 로스Ted Ross와 저자의 인터뷰, 2015년 11월 3일).

117. El Nasser, Haya, "Los Angeles Police Roll Out the First of 7,000 Body

Cameras for Officers," *Al Jazeera America*, August 31, 2015, http://america.aljazeera.com/articles/2015/8/31/los-angeles-police-roll-out-the-first-of-7000-body-cameras-for-officers.html.

118. Meyer, Robinson, "Film the Police: A New App Makes It Easier," *Atlantic*, May 6, 2015, http://www.theatlantic.com/technology/archive/2015/05/film-the-police/392483.

119. Williams, Timothy, "Downside of Police Body Cameras: Your Arrest Hits YouTube," *New York Times*, April 26, 2015, http://www.nytimes.com/2015/04/27/us/downside-of-police-body-cameras-your-arrest-hits-youtube.html.

120. SPD BodyWornVideo 유튜브 채널: https://www.youtube.com/channel/UCcdSPRNt1HmzkTL9aSDfKuA.

121. Plaugic, Lizzie, "Seattle's Police Department Has a YouTube Channel for Its Body Camera Footage," *The Verge*, February 28, 2015, http://www.theverge.com/2015/2/28/8125671/seattle-police-body-cameras-youtube-channel; and Chan, Manila, "Seattle PD's YouTube Channel Met with Blowback from Public," *RT America*, February 27, 2015, https://www.youtube.com/watch?v=MJER8aYeMRM.

5장

1. 이 인용문은 나의 영웅인 알베르트 아인슈타인Albert Einstein이 남긴 말이라고 얘기되곤 하지만, 그가 이 말을 했다는 증거는 없다. Cameron, William Bruce, *Informal Sociology: A Casual Introduction to Sociological Thinking* (New York: Random House, 1963), p. 13 참조.

2. 나는 여기서 일부러 데이터베이스 전문용어를 사용하고 있다. 사용자는 데이터베이스상의 정보를 보기 위해 '읽기' 권한을 얻고, 편집하기 위해서는 '쓰기' 권한을 얻는다.

3. 독일어 원문은 'Die Grenzen meiner Sprache bedeuten die Grenzen meiner Welt'이다. 루트비히 비트겐슈타인Wittgenstein, Ludwig, 『논리철학논고Tractatus Logico-Philosophicus』, trans. by C. K. Ogden (London: Kegan Paul, Trench, Trubner & Co., 1922), p. 76, sec. 5.6, https://www.gutenberg.org/files/5740/5740-pdf.pdf 참조. 비트겐슈타인은 1차 세계대전 중에 이 글을 썼다. 1921년에 출간된 독일어 원제는 *Logisch-Philosophische Abhandlung*다.

4. 또는 비트겐슈타인식의 표현으로 '새로운 언어 게임'을 해야 한다.

5. Carrns, Ann, "Why You Have 49 Different FICO Scores," *New York Times*,

August 27, 2012, http://bucks.blogs.nytimes.com/2012/08/27/why-you-have-49-different-fico-scores.

6. Mayer, Caroline, "The Truth About Those New Free Credit Scores," *Forbes*, February 5, 2014, http://www.forbes.com/sites/nextavenue/2014/02/05/the-truth-about-those-new-free-credit-scores.

7. Duhigg, Charles, "How Companies Learn Your Secrets," *New York Times Magazine*, February 16, 2012, http://www.nytimes.com/2012/02/19/magazine/shopping-habits.html.

8. Carroll, Evan, "972,000 U.S. Facebook Users Will Die in 2016," The Digital Beyond, January 22, 2016, http://www.thedigitalbeyond.com/2016/01/972000-u-s-facebook-users-will-die-in-2016

9. Fowler, Geoffrey, "Life and Death Online: Who Controls a Digital Legacy?," *Wall Street Journal*, January 5, 2013, http://www.wsj.com/news/articles/SB100014241 278873246772045781882203642313 46.

10. Oremus, Will, "Dying on Facebook Just Got a Little Less Awkward," *Slate*, February 12, 2015, http://www.slate.com/blogs/future_tense/2015/02/12/facebook_legacy_contact_who_manages_account_when_you_die.html.

11. Kleinman, Zoe, "Facebook Suspends Photo Tag Tool in Europe," *BBC News*, September 21, 2012, http://www.bbc.co.uk/news/technology-19675172.

12. 위생 등급에는 여러 종류가 있다. 예를 들어, 캘리포니아에서는 100점 만점을 기준으로 점수를 부여하며, 뉴욕시는 A에서 F까지 등급을 매긴다. 영국에서는 0에서 5까지의 6점 척도가 사용되며, 중국에서는 '신호등' 삼색과 '스마일리' 아이콘을 혼합한 등급 체계가 일반적이다(녹색 미소가 '최상', 노란색 무표정한 얼굴은 '통과', 빨간색 찌푸린 얼굴은 '불합격').

13. '장티푸스 메리'로 알려진 메리 맬런Mary Mallon은 장티푸스의 무증상보균자로, 20세기 초에 여러 가족의 요리사로 일했다. 메리가 일했던 집안의 사람들 중 다수가 감염되어 병에 걸렸다. Marinelli, Filio, Gregory Tsoucalas, Marianna Karamanou, and George Androutsous, "Mary Mallon (1869 – 1938) and the History of Typhoid Fever," *Annals of Gastroenterology* 26, no. 2 (spring 2013), pp. 132 – 134, http://www.ncbi.nlm.nih.gov/pmc/articles/PMC3959940 참조.

14. 옥스퍼드대학과 에든버러의 유전분자의학연구소Medical Research Council Institute of Genetics and Molecular Medicine는 환자의 사진을 희귀한 유전병 데이터베이스와 대조 분석하는 스마트폰 앱을 개발했다. Coghlan, Andy, "Computer Spots Rare Diseases in Family Photos," *New Scientist*, June 24, 2014, https://www.newscientist.com/article/

dn25776-computer-spots-rare-diseases-in-family-photos 참조.

15. Goodman, Marc, *Future Crimes: Inside the Digital Underground and the Battle for Our Connected World*(마크 굿맨, 『누가 우리의 미래를 훔치는가 – 글로벌 보안 전문가가 최초로 밝힌 미래 범죄 보고서』, 박세연 옮김, 북라이프, 2016) (New York: Doubleday, 2015), p. 175.

16. 7000만 명에 달하는 고객 정보가 유출되었다. 데이터는 신용카드 및 직불카드 리더기에 설치된 소프트웨어를 통해 도난당했다. Stone, Jeff, "Target Hackers Had Access to All of Chain's U.S. Cash Registers in 2013," *IBT*, September 21, 2015, http://www.ibtimes.com/target-hackers-had-access-all-chains-us-cash-registers-2013-data-breach-report-2106575 참조.

17. 1억 4500만 명에 달하는 고객 정보가 유출되었다. 데이터는 몇몇 직원의 로그인 정보를 확보한 해커들에 의해 도난당했다. "eBay Hack 'One of the Biggest Data Breaches in History,'" *The Week*, May 22, 2014, http://www.theweek.co.uk/technology/58624/ebay-hack-one-of-the-biggest-data-breaches-in-history 참조.

18. 7500만 가구와 700만 개사의 중소기업 정보가 유출되었다. 해커는 기업의 소프트웨어와 웹앱의 허점을 이용한 '백도어'로 침투했다. Silver-Greenberg, Jessica, Matthew Goldstein, and Nicole Perlroth, "JPMorgan Chase Hacking Affects 76 Million Households," *New York Times*, October 2, 2014, http://dealbook.nytimes.com/2014/10/02/jpmorgan-discovers-further-cyber-security-issues 참조.

19. 피싱 공격을 통해 설치된 멀웨어는 절반에 가까운 스튜디오의 컴퓨터와 절반이 넘는 서버에 저장된 모든 데이터를 삭제했다. 직원 급여 명부, 영화 대본, 완성된 영화는 물론 4만 7000명의 사회보장번호가 온라인에 게시되었다. Elkind, Peter, "Sony Pictures: Inside the Hack of the Century," *Fortune*, July 1, 2015, http://fortune.com/sony-hack-part-1 참조.

20. 해커들은 한 직원이 "내부 메시지처럼 보이도록 위장한 피싱 메일" 링크를 클릭한 후 7800만 명의 앤섬 고객 데이터베이스에 접근할 수 있었다. Scannell, Kara, and Gina Chon, "Cyber Security: Attack of the Health Hackers," *Financial Times*, December 21, 2015, http://www.ft.com/cms/s/2/f3cbda3e-a027-11e5-8613 -08e211ea5317.html 참조.

21. 2016년 4월 기준으로 필리핀 선거관리위원회 데이터베이스 누출은 알려진 최대 규모의 정부 해킹으로, 등록된 유권자는 5500만 명에 달한다. Hern, Alex, "Philippine Electoral Records Breached in 'Largest Ever' Government Hack," *Guardian*, April 11, 2016, https://www.theguardian.com/technology/2016/apr/11/philippine-electoral-records-breached-government-hack 참조.

22. 다음 자료는 2004년 이래 발생한 대규모 데이터 해킹 및 누출 사건이 한눈에 들어오도록 디자인되었다. McCandless, David, "World's Biggest Data Breaches and Hacks," Information Is Beautiful, February 16, 2016, http://www. informationisbeautiful.net/visualizations/worlds-biggest-data-breaches-hacks.

23. Elkind, "Sony Pictures: Inside the Hack of the Century." 에서 인용.

24. Ibid.

25. Mangalindan, J. P., "Kevin Mandia: Why Selling Mandia Made Sense," *Fortune*, February 13, 2014, http://fortune.com/2014/02/13/kevin-mandia-why-selling-mandiant-made-sense.

26. 2016년부터 암호화는 보안 소켓 계층Secure Sockets Layer(SSL)이나 전송 계층 보안Transport Layer Security(TLS)을 통해 수행된다. 2015년 8월에 전자프런티어재단과 모질라Mozilla, 시스코Cisco, 미시간대학교를 포함한 여러 파트너가 무료 인증기관인 'Let's Encrypt'를 론칭했다. 이 시스템을 통해 더 많은 회사가 HTTP 프로토콜에서 HTTPS 프로토콜로 변경할 것으로 기대된다. 전자프런티어재단과 기술 전문가들은 HTTP 프로토콜이 계정 해킹, 신원 도용, 악성 코드, 무단 추적에 훨씬 더 취약하다고 말한다. Eckersley, Peter, "Launching in 2015: A Certificate Authority to Encrypt the Entire Web," Electronic Frontier Foundation, November 18, 2014, https://www.eff.org/deeplinks/2014/11/certificate-authority-encrypt-entire-web 참조.

27. 예를 들어 2004년에 AOL 엔지니어가 9000만 명의 아이디와 이메일 주소를 훔쳐 스팸 발송자들에게 2만 8000달러를 받고 팔았고, 그 결과 70억 건의 스팸 메일이 해당 주소들로 발송되었다. 엔지니어는 15개월의 징역형을 선고받았다. 그리고 정보를 훔쳐 번 돈의 3배를 손해배상금으로 내야 했다. 지불 대상은 고객이 아니라 AOL이었다! "Ex-AOL Worker Who Stole E-mail List Sentenced," Associated Press, August 17, 2005, http://www.nbcnews.com/id/8985989/ns/technology_and_science-security/t/ex-aol-worker-who-stole-e-mail-list-sentenced 참조.

28. 내부 고발자는 사건의 전모를 밝히고 내부적으로 데이터 관리를 개선하는 역할을 한다. Singel, Ryan, "Probe Targets Archives' Handling of Data on 70 Million Vets," *Wired*, October 1, 2009, http://www.wired.com/2009/10/probe-targets-archives-handling-of-data-on-70-million-vets 참조.

29. Angwin, Julia, and Steve Stecklow, "'Scrapers' Dig Deep for Data on Web," *Wall Street Journal*, October 12, 2010, http://www.wsj.com/articles/SB10001424052748703358504575544381288117888.

30. Ibid.

31. Ruddermann, Adam, "Economy of Trust: Building Relationships with

Security Researchers," Facebook blog, March 17, 2016, https://www.facebook.com/notes/facebook-bug-bounty/economy-of-trust-building-relationships-with-security-researchers/1249035218444035; Kumar, Mohit, "Ever Wondered How Facebook Decides How Much Bounty Should Be Paid?," *Hacker News*, March 17, 2016, http://thehackernews.com/2016/03/facebook-bug-bounties.html.

32. Silva, Reginaldo, "XXE in OpenID: One Bug to Rule Them All, or How I Found a Remote Code Execution Flaw Affecting Facebook's Servers," personal website, January 16, 2014, http://www.ubercomp.com/posts/2014-01-16_facebook_remote_code_execution; "We Recently Awarded Our Biggest Bug Bounty Payout Ever," Facebook Bug Bounty blog, January 22, 2014, https://www.facebook.com/BugBounty/posts/778897822124446.

33. Farivar, Cyrus, "Professor Fools $80M Superyacht's GPS Receiver on the High Seas," *Ars Technica*, July 30, 2013, http://arstechnica.com/security/2013/07/professor-spoofs-80m-superyachts-gps-receiver-on-the-high-seas.

34. Greenberg, Andy, "Hackers Remotely Kill a Jeep on the Highway—with Me in It," *Wired*, July 21, 2015, http://www.wired.com/2015/07/hackers-remotely-kill-jeep-highway.

35. 2015년, 언론 매체 수십 곳이 인터넷이 연결된 베이비 모니터가 '해킹'되었다는 기사를 보도했다. 해킹 피해를 입은 가정의 다수는 공장에서 출하될 때 설정된 초기 비밀번호를 바꾸지 않고 그대로 사용한 집이었다. Hill, Kashmir, "Hackers Breaking into Baby Cams Are Actually Trying to Help," *Fusion*, April 7, 2015, http://fusion.net/story/115649/hackers-breaking-into-baby-cams-are-actually-trying-to-help 참조. 'Big Brother Is Watching You' 사이트의 샘플 스크린샷은 인터넷 아카이브Internet Archive의 웨이백 머신Wayback Machine에서 볼 수 있다: https://web.archive.org/web/20150107213904 /http://spycam.cdn7.com. 나의 옛 제자 숀 매과이어Shaun Maguire가 공동 창립한 정보 컨설팅 회사 카디움Qadium에 따르면, 네트워크 카메라를 비롯한 여러 장치의 초기 암호를 변경하지 않는 것은 그저 부모님 세대 어르신들—또는 병원 직원—뿐만이 아니다. 『포춘』 선정 500대 기업의 IT 관리자들도 마찬가지다. 카디움은 대기업에서도 보안 구역의 카메라나 중요한 장비의 전원 공급 장치를 통해 침입 가능한 상태로 방치된 사례를 발견했다.

36. Reel, Monte, and Jordan Robertson, "It's Way Too Easy to Hack the Hospital," *Bloomberg Businessweek*, November 2015, http://www.bloomberg.com/features/2015-hospital-hack.

37. Hackett, Robert, "How Much Do Data Breaches Cost Big Companies?

Shockingly Little," *Fortune*, March 27, 2015, http://fortune.com/2015/03/27/how-much-do-data-breaches-actually-cost-big-companies-shockingly-little.

38. Ibid.

39. Dwork, Cynthia, and Aaron Roth, "The Algorithmic Foundations of Differential Privacy," *Foundations and Trends in Theoretical Computer Science* 9, nos. 3 – 4 (2014), p. 22, https://www.cis.upenn.edu/~aaroth/Papers/privacybook.pdf.

40. 다른 많은 이론전산학자들과 마찬가지로 신시아는 최악의 시나리오 분석을 수행한다. 대안적으로, 평균 유실량을 사용자 전반에 걸친 예상 비용으로 볼 수 있을 것이다.

41. 나는 프라이버시 '연소율' 비유를 신시아에게서 처음 들었다. 전체 내용이 궁금한 이들에게 2015년 2월 4일 UC 버클리 정보대학원 Dean's Lecture 중 신시아의 강연 'I'm in the Database(But Nobody Knows)'를 추천한다. http://www.ischool.berkeley.edu/events/deanslectures/20150204/audio. 동영상은 다음 링크에서 볼 수 있다: https://www.youtube.com/watch?v=RWpG0ag6j9c.

42. Office of Transportation and Air Quality, "Fuel Economy Testing and Labeling," US Environmental Protection Agency, publication no. EPA-420-F-14‑015, April 2014, p. 2, https://www3.epa.gov/otaq/carlabel/documents/420f11017a.pdf.

43. Gates, Guilbert, Jack Ewing, Karl Russell, and Derek Watkins, "Explaining Volkswagen's Emissions Scandal," *New York Times*, April 28, 2016, http://www.nytimes.com/interactive/2015/business/international/vw-diesel-emissions-scandal-explained.html.

44. 예를 들면 Taysom, John Graham, and David Cleeveley, "Method of Anonymising an Interaction Between Devices," patent application, US Patent no. US20110276404A1, November 10, 2011, http://www.google.com/patents/US20110276404 참조.

45. Ginger, Dan, "John Taysom: 18 IPOs and Counting," *EntrepreneurCountry Global*, January 22, 2015, http://www.entrepreneurcountryglobal.com/united-kingdom/ecosystem-economics/item/john-taysom-18-ipos-and-counting.

46. 나는 여기서 구글 로그인보다 페이스북 로그인에 초점을 맞췄다. 페이스북이 명시적인 데이터를 공유하는 일이 훨씬 잦기 때문이다.

47. Reichheld, Frederick F., "One Number You Need to Grow," *Harvard Business Review* (December 2003), https://hbr.org/2003/12/the-one-number-you-need-to-grow.

48. Ibid.

49. 순수 추천고객지수에 대한 비판은 Keiningham, Timothy L., Bruce Cooil, Tor Wallin Andreassen, and Lerzan Aksoy, "A Longitudinal Examination of Net Promoter and Firm Revenue Growth," *Journal of Marketing* 71, no. 3 (July 2007), pp. 39‒51, http://journals.ama.org/doi/abs/10.1509/jmkg.71.3.39 참조.

50. 자동차 대시보드와 달리 데이터 가공 업체의 대시보드는 실시간 디스플레이가 아니다. 데이터 가공 업체를 이용할 때는 운전할 때처럼 찰나의 결정을 내려야 할 필요가 거의 없다. 게다가 데이터 안전 검사가 반정기적으로 수행될 것이다. 비록 프라이버시 효율성과 데이터 편익률 지표를 더 자주 계산하는 것과 잠재적으로 실시간으로 계산하는 것도 가능하겠지만, 지표를 지속적으로 업데이트하면 사용자가 데이터 가공 업체를 비교하는 작업이 훨씬 더 어려워질 것이다.

51. 나는 유럽연합에서 가전제품 에너지 효율 등급을 표시할 때 사용하는 것과 유사한 시각적 디스플레이를 제안하고자 한다. 상단의 최고 등급(녹색)에서 하단의 최저 등급(적색)까지 전체 등급이 쭉 나열되어 있고 그중에서 기기가 해당하는 등급이 무엇인지 표시되어 있으며, 하단에는 등급을 구성하는 각 세부 요소 정보가 추가된 방식이다(에어컨에서 진공청소기에 이르는 가전제품 레이블 사례를 보려면 다음을 참조. http://www.newenergylabel.com/index.php/uk/home).

6장

1. 이 인용문은 『월간 베를린Berlin Monthly』 1784년 9월호에 실린 칸트의 에세이 「질문에 대한 답변 : 계몽주의란 무엇인가?Answering the Question: What Is Enlightenment?」에서 발췌한 것이다. Kant, Immanuel, *Kant: On History*, trans. by Lewis White Beck (Indianapolis: Bobbs-Merrill, 1963), p. 7. 독일어 원문: Kant, Immanuel, "Beantwortung der Frage: Was ist Aufklärung?," *Berlinische Monatsschrift* (September 1784), http://gutenberg.spiegel.de/buch/-3505/1 참조.

2. 정보기술 보안회사인 트렌드 마이크로Trend Micro가 발견한 스팸 통계에 따르면; "Global Spam Map," Trend Micro, March 16, 2016, http://www.trendmicro.com/us/security-intelligence/current-threat-activity/global-spam-map 참조.

3. Finkel, Irving, and Jonathan Taylor, *Cuneiform* (London: British Museum Press, 2015), p. 11.

4. 고고학자들이 발견한 모든 점토판이 돈 문제와 관련된 내용은 아니다. Kilmer, Anne, with Richard L. Crocker and Robert R. Brown, *Sounds from Silence: Recent Discoveries in Ancient Near Eastern Music* (Berkeley, CA: Bit Enki, 1976) 참조.

5. Graeber, David, *Debt: The First 5000 Years*(데이비드 그레이버, 『부채, 그 첫

5000년 – 인류학자가 다시 쓴 경제의 역사』, 정명진 옮김, 부글북스, 2011) (Brooklyn, NY: Melville House, 2011), p. 39.

6. Warden, Pete, "Data Ownership and the Future of Data," presentation to class on the Social Data Revolution, School of Information, University of California – Berkeley, November 18, 2014, https://www.youtube.com/watch?v=N_C00zQpcqw&feature=youtube; Crawford, Harriet, *Sumer and the Sumerians* (Cambridge: Cambridge University Press, 2004), p. 89.

7. Warden, "Data Ownership and the Future of Data."

8. Schechner, Sam, "Google Honors 'Right to Forget' Tantric Workshop," *Wall Street Journal*, July 18, 2014, http://www.wsj.com/articles/google-honors-right-to-forget-tantric-workshop-1405717183.

9. Ibid.

10. 2016년 파나마 페이퍼 유출은 약 500만 건의 이메일과 500만 건의 파일 규모였다. 그때까지 발생한 최대 규모의 유출은 2010년 위키리크스가 25만 건의 미국 국무부 기밀 전문을 공개한 것이었다. Greenberg, Andy, "How Reporters Pulled Off the Panama Papers, the Biggest Leak in Whistleblower History," *Wired*, April 4, 2016, https://www.wired.com/2016/04/reporters-pulled-off-panama-papers-biggest-leak-whistleblower-history 참조.

11. 굿월드 솔루션스Good World Solutions가 설립한 레이버링크는 노동자들이 휴대폰을 사용하여 익명으로 제보한 작업 환경 정보를 모아 기업 본사부터 비정부 감시 단체에 이르기까지 두루 공유한다. 특정 번호로 전화를 건 다음 다시 걸려오는 전화를 받아 키패드로 설문에 답변하는 방식이기 때문에 보고자의 목소리가 녹음되지 않는다(따라서 누가 보고했는지 알 수 없다). 16개국에서 50만 명이 넘는 사람들이 이 프로젝트에 참여했다. 상세한 정보는 http://goodworldsolutions.org/#labor-link 참조.

12. 테네시주 녹스빌의 테네시대학교, 버지니아공과대학, 그리고 오크리지국립연구소Oak Ridge National Laboratory의 주파수 모니터링 네트워크Frequency Monitoring Network(FNET 혹은 GridEye)는 전 세계 전력 시스템의 주파수 및 장애를 모니터링한다. 주파수 차이는 콘센트에 꽂아 전력과 위치 정보 데이터를 전달하는 주파수 외란 계측기(FDR)에 의해 기록된다. 북미 지역의 주파수 지도는 http://fnetpublic.utk.edu/gradientmap.html 에서 볼 수 있다.

13. 나는 2016년 3월 30일에 캘리포니아주 샌프란시스코 미션베이컨퍼런스센터Mission Bay Conference Center에서 열린 2016년 라이츠콘 실리콘밸리RightsCon Silicon Valley에서 'The Promise of Video: Documenters, Technology, and Accountability' 패널 토론에 참여한 퓨처 챌린지Future Challenges(베를린)의 공동 창립자 린다 월터Linda Walter로부터

이 기술을 처음 들었다. https://rightscon.sched.org/event/6Isn/the-promise-of-video-documenters-technology-accountability.

14. 흥미롭게도 비트코인을 발명한 사람의 '진짜' 신원은 수많은 탐사보도 기자들, 그리고 아마도 더 많은 수의 각국 정부 수사관들의 노력에도 불구하고 여전히 미궁으로 남아 있다. 그는 가명인 사토시 나카모토Satoshi Nakamoto로만 알려져 있다. Nakamoto, Satoshi, "A Peer-to-Peer Electronic Cash System," Bitcoin.org, October 31, 2008, http://www.bitcoin.org/bitcoin.pdf 참조.

15. 실제로 블록체인에는 어떤 메모든 삽입할 수 있다. 꼭 비트코인 거래 내역이나 돈에 관련된 내용일 필요는 없다.

16. Buterin, Vitalik, "On Public and Private Blockchains," Ethereum Blog, August 7, 2015, https://blog.ethereum.org/2015/08/07/on-public-and-private-blockchains.

17. Krause, Andreas, and Eric Horvitz, "A Utility-Theoretic Approach to Privacy in Online Services," *Journal of Artificial Intelligence Research* 39 (September – December 2010), pp. 633 – 662, http://research.microsoft.com/en-us/um/people/horvitz/pvoijair_jair.pdf.

18. Bertrand, Marianne, and Sendhil Mullainathan, "Are Emily and Greg More Employable Than Lakisha and Jamal? A Field Experiment on Labor Market Discrimination," National Bureau of Economic Research working paper no. 9873, July 2003, http://www.nber.org/papers/w9873; "No Names, No Bias?," *The Economist*, October 31, 2015, http://www.economist.com/news/business/21677214-anonymising-job-applications-eliminate-discrimination-not-easy-no-names-no-bias.

19. 나는 여기서 바이브레이터(딜도)를 예로 들었다. 아마존에서 근무할 때 나와 동료들이 경험한 사례 때문이다. 어머니의 날까지 일주일간 아마존은 이전에도 그랬듯이 홈페이지에서 어머니를 위한 선물 아이디어를 제안했다. 먼저 추천 알고리즘이 어머니의 날과 관련된 카테고리들에서 임의로 선택한 제품을 전시한 다음, 차츰 사용자들이 가장 많이 클릭하는 제품들로 축약하여 보여주었다. 시간이 흐르면서 한 제품이 독보적으로 치고 나가 상위권에 머물렀다. 다름 아닌 바이브레이터였다. 바이브레이터는 '여성 건강' 카테고리에 포함되어 있어서 추천 제품에 포함되었는데, 어머니의 날 선물로 바이브레이터가 추천된 것을 본 사람들이 놀라서 클릭했기 때문에 클릭률이 급상승했던 것이다.

20. Kemp, Joe, and Daniel Beekman, "'Pressure Cooker' and 'Backpack' Internet Search Prompts Visit from Feds: Long Island Woman Claims," *New York Daily News*, August 1, 2013, http://www.nydailynews.com/news/national/long-island-woman-claims-online-search-pressure-cooker-helped-prompt-visit-feds-article-1.1415101.

21. Warner, Stanley L., "Randomized Response: A Survey Technique for Eliminating Evasive Answer Bias," *Journal of the American Statistical Association* 60, no. 309 (March 1965), pp. 63 – 69, https://www.popline.org/node/516223.

22. 나는 1990년대에 메릴랜드대학교 컴퓨터공학과 교수 벤 슈나이더만Ben Shneiderman이 개발한 '홈파인더HomeFinder'라는 시범 프로젝트를 사용해본 후 데이터에 슬라이더나 다이얼을 적용하는 가능성을 고려하게 되었다. 홈파인더는 워싱턴 D.C. 메트로폴리탄 지역에서 조건에 맞는 집을 검색해주는 소프트웨어다. 예를 들어 월세 500달러 미만의 방 다섯 개짜리 집을 찾고 있는데 현재 부동산에 나와 있는 매물이 없을 수 있다. 그럴 경우 월세 금액이나 방의 수를 조절하여 원하는 조건에 가까운 집이 나올 때까지 검색할 수 있다. Shneiderman, Ben, "Information Visualization: Dynamic Queries, Starfield Displays, and LifeLines," in Ben Shneiderman, ed., *Sparks of Innovation in Human-Computer Interaction* (Norwood, NJ: Ablex Publishers, 1993), http://www.cs.umd.edu/hcil/members/bshneiderman/ivwp.html 참조.

23. 이 원칙을 한마디로 압축한 가장 유명한 문장은 스티브 크룩Steve Krug의 웹 디자인 만트라 "나를 생각하게 만들지 마라"일 것이다. Krug, Steve, *Don't Make Me Think, Revisited: A Common Sense Approach to Web and Mobile Usability*(스티브 크룩, 『(사용자를) 생각하게 하지 마!』, 이미령 옮김, 인사이트, 2014), 3rd ed. (San Francisco: New Riders, 2014) 참조.

24. Mayer-Schönberger, Viktor, Kenneth Cukier, *Big Data: A Revolution That Will Transform How We Live, Work, and Think*(빅토어 마이어 쇤베르거·케네스 쿠키어, 『빅데이터가 만드는 세상 – 데이터는 알고 있다』, 이지연 옮김, 21세기북스, 2013) (New York: Houghton Mifflin Harcourt, 2004).

25. 아마존은 개별 구매와 연결된 이메일 주소도 보유하고 있다. 과거 아마존은 동일한 도메인 명을 사용하는 이메일 주소를 가진 사람들에게 특히 인기가 많은 제품을 보여주었다. 이 프로그램은 일부 유명 회사가 직원들의 총 구매 내역이 회사의 전략적 결정을 노출시킬 수도 있다고 항의하면서 종료되었다. 순전히 가상적인 예로서, 만일 @gs.com 주소로 주문되거나 200 West Street, New York, NY 10282로 배송된 블록체인 기술 관련 도서가 급증한다면 사람들은 골드만삭스Goldman Sachs가 블록체인 부문에 투자한다는 사실을 어떤 공식 발표가 있기 전에 눈치 챌 것이다.

26. Vara, Vauhini, "How an Airline Fare Loophole Could Hurt Passengers," *The New Yorker*, January 5, 2015, http://www.newyorker.com/business/currency/united-skiplagged-problem-hidden-city-ticketing; and Jansen, Bart, "Judge Throws Out United Airlines Case Against Skiplagged," *USA Today*, May 4, 2015, http://www.usatoday.com/story/todayinthesky/2015/05/04/united-skiplagged-lawsuit-federal/26864961.

27. Tversky, Amos, and Daniel Kahneman, "Judgment Under Uncertainty: Heuristics and Biases," *Science* 185, no. 4157 (September 27, 1974), pp. 1124 – 1131. 이 분야의 입문서로는 대니얼 카너먼, 폴 슬로빅Paul Slovic, 아모스 트버스키가 편저한 훌륭한 글 모음집 *Judgment Under Uncertainty: Heuristics and Biases*(『불확실한 상황에서의 판단』, 이영애 옮김, 아카넷, 2010) (Cambridge: Cambridge University Press, 1982)에 포함된 여러 장들(대니얼과 아모스의 「시뮬레이션 추단법The Simulation Heuristic」과 바루크 피쇼프Baruch Fischhoff의 「탈편향Debiasing」 포함)을 강력하게 추천한다.

28. Anders, George, "LinkedIn Offers College Choices by the Numbers," *MIT Technology Review*, January 22, 2014, https://www.technologyreview.com/business-report/data-and-decision-making.

29. 몇몇 데이터 가공 업체는 사용자들이 미가공 데이터 뭉치를 다운받을 수 있는 옵션을 제공한다. 구글의 테이크아웃Takeout, 페이스북의 정보 다운로드, 아마존의 주문 내역 다운로드가 세 가지 예다.

30. Cook, James, "Uber's Internal Charts Show How Its Driver-Rating System Actually Works," *Business Insider*, February 11, 2015, http://www.businessinsider.com/leaked-charts-show-how-ubers-driver-rating-system-works-2015-2.

31. 구체적인 내용의 상당 부분은 4개 대륙에 걸친 수백 명의 운전자와 여러 차량 공유 플랫폼 개발자들과의 대화를 기반으로 한다. 또한 Herrera, Doug, "Fired from Uber: Why Drivers Get Deactivated, and How to Get Reactivated," Ride Sharing Driver blog, April 21, 2016, http://www.ridesharingdriver.com/fired-uber-drivers-get-deactivated-and-reactivated 참조.

32. 구체적인 숫자는 도시별로 다르다. 리프트의 수락률은 수락했으나 완료하지 않은 운행까지 포함하여 계산된다. 수락률=(완료된 운행+노쇼No-Show로 표시된 운행)/(총 탑승 요청)

33. 일부 플랫폼은 시급을 보장해주는 시간대에 운전자가 지정된 '핫 존hot zone'에서 손님을 태울 것도 요구한다. Huet, Ellen, "Uber's Clever, Hidden Move: How Its Latest Fare Cuts Can Actually Lock In Its Drivers," *Forbes*, January 9, 2015, http://www.forbes.com/sites/ellenhuet/2015/01/09/ubersclever-hidden-move-how-fare-cuts-actually-lock-in-its-drivers; and "Guarantees Terms and Conditions," Uber Newsroom, April 16, 2016, https://newsroom.uber.com/sf/guarantees-terms-and-conditions 참조.

34. Wenger, Albert, "Labor Day: Right to an API Key (Algorithmic Organizing)," Continuations blog, September 1, 2014, http://continuations.com/post/96355016855/labor-day-right-to-an-api-key-algorithmic.

35. 온디맨드 노동자 권리에 대한 상세한 토론은 Grossman, Nick, and Elizabeth

Woyke, *Serving Workers in the Gig Economy: Emerging Resources for the On-Demand Workforce* (Boston: O'Reilly Media, 2016), http://www.oreilly.com/iot/free/serving-workers-gig-economy.csp 참조.

36. ABS의 역사를 공유해준 보쉬의 클라우스 메이Klaus May에게 감사드린다. 클라우스는 상세한 ABS의 역사를 알고 싶은 이들에게 다음 책을 참고할 것을 권한다. Johnson, Ann, *Hitting the Brakes: Engineering Design and the Production of Knowledge* (Durham, NC: Duke University Press, 2009).

37. Jones, Ann, "From Dynamometers to Stimulations: Transforming Brake Testing Technology into Antilock Braking Systems," in Bernward Joerges and Terry Shinn, eds., *Instrumentation Between Science, State and Industry* (Dordrecht: Kluwer Academic, 2001), pp. 213 – 214.

38. ABS는 2004년부터 유럽연합, 2011년부터 미국에서 판매되는 모든 신차에 필수다. 또한 2015년부터 유럽연합에서 판매되는 신형 트럭 및 버스에도 장착되어야 한다. 하지만 모든 곳에서 ABS가 필수인 것은 아니다. 2010년 기준, 중국에서 판매되는 신차 3대당 2대, 브라질에서는 7대당 1대만이 ABS가 장착되어 출하된다. 클라우스 메이가 저자에게 보낸 2016년 3월 23일자 이메일. 그리고 "Der Weg des ABS vom Flugzeug ins Auto," *Auto Motor und Sport*, March 19, 2010, http://www.auto-motor-und-sport.de/news/abs-die-geschichte-des-anti-blockier-systems-1790991.html 참조.

39. 토요타Toyota와 렉서스Lexus는 2017년에 AEB 시스템을 기본으로 탑재한 모델을 출시할 예정이다. Chew, Jonathan, "Toyota Will Put Automatic Braking in Almost All Cars by 2017," *Fortune*, March 22, 2016, http://fortune.com/2016/03/22/toyota-auto-braking-models 참조.

40. Durbin, Dee-Ann, "Study Finds Automatic Braking Cuts Rear-End Crash Risk," *Phys.org*, January 28, 2016, http://phys.org/news/2016-01-automatic-rear-end.html.

7장

1. 아타리Atari의 수석 과학자로 근무했던 1982년, 케이는 교육공학 컨퍼런스에서 그가 컴퓨터용 그래픽 사용자 인터페이스 개발에 앞장섰던 전설적인 제록스 파크Xerox PARC 시절에 적용했던 이 원칙을 언급했다. Wise, Deborah, "Experts Speculate on Future Electronic Learning Environment," *InfoWorld* 4, no. 16 (April 26, 1982), p. 6에서 인용.

2. "'Baacode' Traces Clothes' Origins," *Vancouver Sun*, September 23, 2008.

3. 여기서 설명한 '바코드'의 용도는 아이스브레이커의 창립자, 회장, 크리에이티브 디렉터인 제러미 문Jeremy Moon, 그리고 아이스브레이커의 CEO 롭 파이프Rob Fyfe와 나눈 수년간의 대화를 바탕으로 한다. 안타깝게도 '바코드'는 2016년 상반기에 단계적으로 폐지되었다. 롭은 실제로 코드를 검색해보는 고객이 1퍼센트밖에 되지 않으며, 회사의 제조 공정이 이제 여러 농장에서 생산된 양모를 혼합하는 방식으로 바뀌었기 때문이라고 설명했다(2016년 7월 12일, 롭 파이프의 이메일 중에서).

4. Martin, Claire, "Is That Real Tuna in Your Sushi? Now, a Way to Track That Fish," *New York Times*, August 13, 2016, http://www.nytimes.com/2016/08/14/technology/is-that-real-tuna-in-your-sushi-now-a-way-to-track-that-fish.html.

5. 로슈 홀딩 AGRoche Holding AG 회장 크리스토프 프란츠Christoph Franz와 저자의 인터뷰, 2016년 8월 8일. 또한 Kremen, Rachel, "Catching Fake Meds in a Snapshot," *MIT Technology Review*, September 8, 2009, https://www.technologyreview.com/s/415218/catching-fake-meds-in-a-snapshot 참조.

6. Ossola, Alexandra, "Authentic Drugs Tagged with Plant DNA Could Help Snare Fake Meds," *Scientific American*, January 12, 2016, http://www.scientificamerican.com/article/authentic-drugs-tagged-with-plant-dna-could-help-snare-fake-meds.

7. 한 예로, 캐리어 제조업체 브릭스앤라일리Briggs & Riley(http://www.briggs-riley.com)에 구매 정보를 등록한 고객은 평생 보증 프로그램과 분실물 신고 기능을 제공받는다.

8. MIT의 쓰레기 추적에 관한 자세한 정보는 http://senseable.mit.edu/trashtrack 참조.

9. Saeb, Sohrab, Mi Zhang, Christopher J. Karr, Stephen M. Schueller, Marya E. Corden, Konrad P. Kording, and David C. Mohr, "Mobile Phone Sensor Correlates of Depressive Symptom Severity in Daily-Life Behavior: An Exploratory Study," *Journal of Medical Internet Research* 17, no. 7 (July 2015), p. e175, http://www.jmir.org/2015/7/e175.

10. 이 분야에 최초로 발을 들인 운임 예측 분석 회사 페어캐스트Farecast는 2008년 마이크로소프트에 인수되었다. 마이크로소프트와 빙 검색 엔진은 2014년에 예측 서비스 제공을 중단했다. Cook, John, "Farewell, Farecast: Microsoft Kills Airfare Price Predictor, to the Dismay of Its Creator," *GeekWire*, April 8, 2014, http://www.geekwire.com/2014/farewell-farecast-microsoft-kills-airfare-price-predictor-dismay-creator 참조.

11. Ewen, Nick, "Airline Elite Status Match and Challenge Options for 2015," The Points Guy blog, July 15, 2015, http://thepointsguy.com/2015/07/airline-elite-status-match.

12. 사고방식의 전환을 이끈 것은 닥 설즈와 동료들이 1999년에 쓴 인터넷 게시물과 2000년에 출간된 책 *The Cluetrain Manifesto: The End of Business as Usual*, 그리고 보다 최근에는 닥의 책 *The Intention Economy: When Customers Take Charge* (Cambridge, MA: Harvard Business Review Press, 2012)에서 소개된 소위 벤더 관계 관리Vendor Relationship Management(VRM)다.

13. Reisinger, Don, "Why Facebook Profiles Are Replacing Credit Scores," *Fortune*, December 1, 2015, http://fortune.com/2015/12/01/tech-loans-credit-affirm-zest.

14. Rao, Leena, "PayPal Co-Founder Raises $275 Million to Reinvent Credit," *Fortune*, May 6, 2015, http://fortune.com/2015/05/06/affirm-raises-275-million; Levchin, Max, "Fireside Chat with Max Levchin: All Things Data, Fintech, and How to Solve Hard, Valuable, Fun Problems," EECS Department Colloquium Series, Department of Electrical Engineering and Computer Sciences, University of California – Berkeley, October 29, 2014, http://events.berkeley.edu/index.php/calendar/sn/eecs.html?event_ID=82684.

15. Hardy, Quentin, "Using Algorithms to Determine Character," *New York Times*, July 26, 2015, http://bits.blogs.nytimes.com/2015/07/26/using-algorithms-to-determine-character.

16. Lippert, John, "ZestFinance Issues Small, High-Rate Loans, Uses Big Data to Weed Out Deadbeats," *Washington Post*, October 11, 2014, https://www.washingtonpost.com/business/zestfinance-issues-small-high-rate-loans-uses-big-data-to-weed-out-deadbeats/2014/10/10/e34986b6 – 4d71 – 11e4-aa5e-7153e466a02d_story.html.

17. 51credit.com의 창업자이자 CEO 다원 투와 저자의 인터뷰, 2016년 6월 17일.

18. 위와 같음.

19. 미국 증권거래위원회US Securities and Exchange Commission(SEC)는 이 140억 달러 수치의 정확성을 조사하고 있다. Clover, Charles, "SEC Probe on Alibaba Focuses on Singles Day Sales," *Financial Times*, May 26, 2016, http://www.ft.com/cms/s/0/5d4f4ff6 – 232f-11e6 – 9d4d-c11776a5124d.html 참조.

20. Lunt, Christopher, "Authorization and Authentication Based on an Individual's Social Network," US Patent no. 9,100,400, August 4, 2015, http://www.google.com/patents/US9100400.

21. Kim, Ryan, "SigFig Offers to Tune Up Your Investment Portfolio," *GigaOm*, May 1, 2012, https://gigaom.com/2012/05/01/sigfig-offers-to-tune-up-your-investment-portfolio.

22. Woodruff, Mandi, "You Won't Know Your Broker's Screwing You Over Till It's Too Late," *Business Insider*, May 17, 2012, http://www.businessinsider.com/nothings-stoppingbrokers-from-turning-clients-into-their-own-personal-cash-cows-2012 – 5?IR=T.

23. 시그피그 자산관리를 통해 직접 투자하는 개인 투자자의 수는 2016년 6월 14일 회사 홈페이지 http://www.sigfig.com를 통해 공개되었다. 또한 Delman, Gregg, "SigFig Lauches 'SigFig Guidance' to Help the 90% of Investors Losing Money Due to Common Mistakes," SigFig press release, *BusinessWire*, March 18, 2015, http://www.businesswire.com/news/home/20150318005206/en/SigFig-Launches-%E2%80%98SigFig-Guidance%E2%80%99 – 90-Investors-Losing 참조.

24. 2016년 봄, 시그피그 자산관리는 벤처 캐피털로부터 4000만 달러를 투자받고 매사추세츠주의 케임브리지저축은행Cambridge Savings Bank 및 UBS와 파트너십을 발표했다. Moyer, Liz, "New Financial Investment Rules May Aid Robo Advisers," *New York Times*, April 7, 2016, http://www.nytimes.com/2016/04/08/business/dealbook/new-financial-investment-rules-may-aid-robo-advisers.html; and Verhage, Julie, "Robo-Advisor SigFig Raises $40 Million from Investors Including UBS, Eaton Vance," *Bloomberg Technology*, May 24, 2016, http://www.bloomberg.com/news/articles/2016-05-24/robo-advisor-sigfig-raises-40-million-from-investors-including-ubs-eaton-vance 참조.

25. 51credit.com의 CEO 다윈 투와 저자의 인터뷰, 2016년 6월 17일.

26. J. P. 랑가스와미는 이후 BT 글로벌 서비스 및 세일즈포스닷컴Salesforce.com에서 근무했으며, 2015년 1월부로 도이체방크Deutsche Bank 데이터최고책임자CDO로 임명되었다. Zelenka, Anne, "A CIO Revolutionizes the Rules of Email," *GigaOm*, May 1, 2007, https://gigaom.com/2007/05/01/a-cio-revolutionizes-the-rules-of-email 참조.

27. 그는 직원들이 사적인 문제로 연락할 때 사용할 비공개 이메일 계정을 따로 만들었다. 도이체방크 CDO J. P. 랑가스와미와 저자의 인터뷰, 2016년 6월 24일.

28. 도이체방크 CDO J. P. 랑가스와미와 저자의 인터뷰, 2016년 6월 24일.

29. Jacobs, Samuel P., "How Email Killer Slack Will Change the Future of Work," *Time*, October 29, 2015, http://time.com/4092354/how-e-mail-killer-slack-will-change-the-future-of-work.

30. 나는 퍼콜라타의 투자자이자 자문위원이다.

31. Chapman, Lizette, "Percolata Emerges from Stealth with $5M for New Sensors for Retail Stores," *Wall Street Journal*, January 12, 2015, http://blogs.wsj.com/venturecapital/2015/01/12/percolata-emerges-from-stealth-with-5m-for-new-sensors-

for-retail-stores.

32. 휴대폰의 세 가지 고유 식별자는 기지국에 연결할 때 사용되는 단말기 국제고유식별번호International Mobile Equipment Identity(IMEI)와 와이파이, 그리고 블루투스다.

33. 이 숫자는 2016년 6월 퍼콜라타가 http://www.percolata.com에서 발표한 것이다.

34. 모데이터 창립자이자 CEO 갬 디아스가 저자에게 보낸 이메일, 2016년 6월 19일.

35. Gapper, John, "Bridgewater Is Troubled over 'Radical Transparency,'" *Financial Times*, February 10, 2016, http://www.ft.com/cms/s/0/789399f0-cf62-11e5-831d-09f7778e7377. html; Feloni, Richard, "Ray Dalio Explains Why 25% of Bridgewater Employees Don't Last More Than 18 Months at the Hedge Fund Giant," *Business Insider*, March 23, 2016, http://uk.businessinsider.com/biggest-challenges-new-bridgewater-employees-face-2016-3.

36. Feloni, Richard, "Ray Dalio, Head of the World's Largest Hedge Fund, Explains His Succession Plan for Bridgewater and How Its 'Radically Transparent' Culture Is Misunderstood," *Business Insider*, March 21, 2016, http://uk.businessinsider.com/bridgewater-ray-dalio-succession-radically-transparent-culture-2016-3.

37. Horowitz, Sara, "Freelancing in America 2015 Report," Freelancers Union, October 1, 2015, https://blog.freelancersunion.org/2015/10/01/freelancing-america-2015.

38. Dewey, John, *Democracy and Education: An Introduction to the Philosophy of Education* (New York: Macmillan, 1916), p. 46. 듀이의 책 전문은 https://www.gutenberg.org/files/852/852-h/852-h.htm에서 볼 수 있다.

39. 켄 로빈슨 경은 책과 강연을 통해 교실 시스템의 문제점을 활발하게 논의해왔다. 켄 로빈슨, "학교가 창의력을 죽이는가" 테드 강연, 몬터레이, 캘리포니아, 2006년 2월, https://www.ted.com/talks/ken_robinson_says_schools_kill_creativity 참조.

40. Mazur, Eric, "From Questions to Concepts: Interactive Teaching in Physics," presentation at the Derek Bok Center for Teaching and Learning, Harvard University, Cambridge, MA, 2008, quoted in Light, Gregory, and Marina Macari, *Making Scientists: Six Principles for Effective College Teaching* (Cambridge, MA: Harvard University Press, 2013), p. 58.

41. Paul, Annie Murphy, "Why Floundering Is Good," *Time*, April 25, 2012, http://ideas.time.com/2012/04/25/why-floundering-is-good; Kapur, Manu, and Katerine Bielaczyc, "Designing for Production Failure," *Journal of the Learning Sciences*

21, no. 1 (January 2012), pp. 45 – 83, http://www.tandfonline.com/doi/abs/10.1080/10508406.2011.591717.

42. Curtis, Jennifer, "Increased Engagement Through the Power of Group Learning," Pearson Learning Catalytics, n.d. (accessed September 30, 2016), https://www.pearsonhighered.com/products-and-services/course-content-and-digital-resources/learning-applications/learning-catalytics/user-stories /jennifer-curtis.html.

43. 미네르바 프로젝트의 창립자이자 CEO 벤 넬슨과 저자의 인터뷰, 2014년 9월 10일.

44. Kamenetz, Anya, "Study in Your PJs? What a High School 'Work from Home Day' Looks Like," *NPR*, February 23, 2016, http://www.npr.org/sections/ed/2016/02/23/466460375/study-in-your-pjs-what-a-high-school-work-from-home-day-looks-like.

45. Singer, Natasha, "ClassDojo Adopts Deletion Policy for Student Data," *New York Times*, November 18, 2014, http://bits.blogs.nytimes.com/2014/11/18/classdojo-adopts-deletion-policy-for-student-data.

46. Shoda, Yuichi, Walter Mischel, and Philip K. Peake, "Predicting Adolescent Cognitive and Self-Regulatory Competencies from Preschool Delay of Gratification: Identifying Diagnostic Conditions," *Developmental Psychology* 26, no. 6 (November 1990), pp. 978 – 986, http://psycnet.apa.org/?&fa=main.doiLanding&doi=10.1037/0012 – 1649.26.6.978.

47. Mischel, Walter, and Ebbe B. Ebbesen, "Attention in Delay of Gratification," *Journal of Personality and Social Psychology* 16, no. 2 (October 1970), pp. 329 – 337, http://psycnet.apa.org/journals/psp/16/2/329.

48. Shoda, Mischel, and Peake, "Predicting Adolescent Cognitive and Self-Regulatory Competencies from Preschool Delay of Gratification."

49. Topol, Eric, *The Patient Will See You Now: The Future of Medicine Is in Your Hands*(에릭 토폴, 『청진기가 사라진 이후 – 환자 중심의 미래 의료 보고서』, 김성훈 옮김, 이은 감수, 청년의사, 2015) (New York: Basic Books, 2015), p. 276.

50. Quoted in Markel, Howard, "'I Have Seen My Death': How the World Discovered the X-Ray," *PBS NewsHour*: "The Rundown," December 20, 2012, http://www.pbs.org/newshour/rundown/i-have-seen-my-death-how-the-world-discovered-the-x-ray.

51. International Human Genome Sequencing Consortium, "Finishing the Euchromatic Sequence of the Human Genome," *Nature* 431, no. 21 (October 21,

2004), pp. 931 – 945, http://www.nature.com/nature/journal/v431/n7011/abs/nature03001.html.

52. Mettler, Fred A., Jr., Michael Davis, Charles A. Kelsey, Robert Rosenberg, and Arvis Williams, "Analytical Modeling of Worldwide Medical Radiation Use," *Health Physics* 52, no. 2 (February 1987), p. 133, http://www.ncbi.nlm.nih.gov/pubmed/2434447; Global Industry Analysts, "Computed Tomography (CT) Scanners: A Global Strategic Business Report," January 2016, http://www.strategyr.com/Computed_Tomography_Scanners_CT_Scan_Market_Report.asp; European Magnetic Resonance Forum, "Magnetic Resonance: A Peer-Reviewed, Critical Introduction," 9th ed., March 2016, http://www.magnetic-resonance.org/ch/21 – 01.html; Hadfield, James, and Nick Loman, "Next Generation Genomics: World Map of High-Throughput Sequencers, http://omicsmaps.com/#.

53. Hill, Kashmir, "In the Future, Your Insurance Company Will Know When You're Having Sex," *Fusion*, April 14, 2015, http://fusion.net/story/119745/in-the-future-your-insurance-company-will-know-when-youre-having-sex.

54. Topol, *The Patient Will See You Now*, pp. 159 – 179.

55. Esch, Tobias, Roanne Mejilla, Melissa Anselmo, Beatrice Podtschaske, Tom Delbanco, and Jan Walker, "Engaging Patients Through OpenNotes: An Evaluation Using Mixed Methods," *BMJ Open*, January 29, 2016, http://bmjopen.bmj.com/content/6/1/e010034.full.

56. 2010년에 환자보호 및 부담적정보험법이 통과됨에 따라 미국에서는 기존 병력을 이유로 의료보험 가입을 거부하는 것이 불법이 되었다. 그러나 헬스케어가 미국 GDP의 17퍼센트가량(3조 달러)을 차지하고 있음을 감안할 때, 이 법률안의 적법성에 계속 이의가 제기되는 것은 놀라운 일이 아니다. 사람들이 기존 병력으로 인해 의료보험에 가입하지 못할까 봐 두려워하지 않게 되기까지는 한 세대 이상이 걸릴 것으로 생각된다.

57. 1996년에 제정된 미국의료정보보호법(HIPAA)은 의료 데이터 전달과 보호를 위한 표준 코드를 수립하려는 미국 최초의 시도였다. 미국의료정보보호법의 프라이버시 규정에 의하면 환자가 본인의 의료 기록에 접근할 수 있어야 하며, 해당 기록을 수정하고 다른 이들과 공유할 권한이 있어야 한다. 미국의료정보보호법에 관한 자세한 내용은 http://www.hhs.gov/hipaa/for-individuals/medical-records/index.html을 참조.

58. Esch, Mejilla, Anselmo, Podtschaske, Delbanco, and Walker, "Engaging Patients Through OpenNotes."

59. Crotty, Bradley H., Melissa Anselmo, Deserae N. Clarke, Linda M. Famiglio, Lydia Flier, Jamie A. Green, Suzanne Leveille, Roanne Mejilla, Rebecca A. Stametz, Michelle Thompson, Jan Walker, and Sigall K. Bell, "Opening Residents' Notes to Patients: A Qualitative Study of Resident and Faculty Physician Attitudes on Open Notes Implementation in Graduate Medical Education," *Academic Medicine* 91, no. 3 (March 2016), pp. 418 – 426, http://www.ncbi.nlm.nih.gov/pubmed/26579794. 그리고 오픈노트 웹사이트 http://www.opennotes.org/who-is-sharing-notes 참조.

60. Quoted in Sun, Lena H., "Boston Hospital Pilot Gives Patients Electronic Access to Their Therapists' Notes," *Washington Post*, May 18, 2014, https://www.washingtonpost.com/national/health-science/boston-hospital-pilot-gives-patients-electronic-access-to-their-therapists-notes/2014/05/18/2d891bac-cfe5-11e3-a6b1-45c4dffb85a6_story.html.

61. Meyers, Austin, Nick Johnston, Vivek Rathod, Anoop Korattikara, Alex Gorban, Nathan Silberman, Sergio Guadarrama, George Papandreou, Jonathan Huang, and Kevin P. Murphy, "Im2Calories: Towards an Automated Mobile Vision Food Diary," IEEE International Conference on Computer Vision, Santiago, Chile, December 7 – 13, 2015, pp. 1233 – 1241, http://www.cv-foundation.org/openaccess/content_iccv_2015/html/Meyers_Im2Calories_Towards_an_ICCV_2015_paper.html.

62. "What Small Retailers Can Learn from Discovery's Vitality Incentive Program," *Loyalty Box*, March 13, 2015, http://www.theloyaltybox.com/blog/loyalty-ideas/what-small-retailers-can-learn-from-discoverys-vitality-incentive-program; Nossel, Craig, "Incentives That Create Healthy Behavior," seminar, C3 Collaborating for Health, London, July 21, 2011, http://www.c3health.org/wp-content/uploads/2011/08/Craig-Nossel-seminar-FINAL-20110817.pdf.

63. Sturm, Roland, Ruopeng An, Darren Segal, and Deepa Patel, "A Cash-Back Rebate Program for Healthy Food Purchased in South Africa: Results from Scanner Data," *American Journal of Preventive Medicine* 44, no. 6 (June 2013), pp. 567 – 572, http://www.ncbi.nlm.nih.gov/pmc/articles/PMC3659342.

64. Hernandez, Daniela, "The Social Network for People Who Want to Upload Their DNA to the Internet," *Fusion*, February 11, 2015, http://fusion.net/story/40034/the-social-network-for-people-who-want-to-upload-their-dna-to-the-internet.

65. Nicholas Christakis, James Fowler, *Connected: The Surprising Power of Our Social Networks and How They Shape Our Lives*(니컬러스 크리스태키스·제임스 파울러, 『행복은 전염된다』, 이충호 옮김, 김영사, 2010), (New York: Little, Brown, 2009).

66. Lazer, David, and Ryan Kennedy, "What We Can Learn from the Epic Failure of Google Flu Trends," *Wired*, October 1, 2015, http://www.wired.com/2015/10/can-learn-epic-failure-google-flu-trends.

67. Christakis, Nicholas, and James Fowler, *Connected: The Surprising Power of Our Social Networks and How They Shape Our Lives*, pp. 108–111.

68. "About the Precision Medicine Initiative Cohort Program," US National Institutes of Health, n.d., https://www.nih.gov/precision-medicine-initiative-cohort-program; Office of Press Secretary, "The Fact Sheet: President Obama's Precision Medicine Initiative," White House press release, January 30, 2015, https://www.whitehouse.gov/the-press-office/2015/01/30/fact-sheet-president-obama-s-precision-medicine-initiative; Office of Press Secretary, "The Fact Sheet: Obama Administration Announces Key Actions to Accelerate Precision Medicine Initiative," White House press release, February 25, 2016, https://www.whitehouse.gov/the-press-office/2016/02/25/fact-sheet-obama-administration-announces-key-actions-accelerate. 또한 유럽연합은 '혁신적 의약품 이니셔티브Innovative Medicines Initiative(IMI)'를 구성하여 이 분야에 상당한 투자를 해왔다. 2008년부터 2013년까지 진행된 IMI 프로젝트(IMI 1)의 예산은 20억 유로였다. 2014년에 시작된 2단계 프로젝트(IMI 2)의 예산은 33억 유로였다. Hamill, Ken, "Worldwide Efforts to Accelerate Precision Medicine," *SciEx*, April 18, 2016, http://sciex.com/community/blogs/blogs/worldwide-efforts-to-accelerate-precision-medicine 참조.

69. Roth, Alvin, *Who Gets What—and Why: The Hidden World of Matchmaking and Market Design*(앨빈 로스, 『매칭 – 숨은 시장을 발굴하는 강력한 힘』, 이경남 옮김, 알키, 2016) (New York: Houghton Mifflin Harcourt, 2015), pp. 35–38.

70. Maddaus, Gene, "Kicked Out of San Francisco, MonkeyParking App Plans a Fresh Start in Santa Monica," *LA Weekly*, September 18, 2014, http://www.laweekly.com/news/kicked-out-of-san-francisco-monkeyparking-app-plans-a-fresh-start-in-santa-monica-5080436.

71. Eskenazi, Joe, "MonkeyParking Is Back and Ready to Disrupt Your Driveway," *San Francisco Magazine*, March 25, 2015, http://www.sfgate.com/business/article/MonkeyParking-is-back-and-ready-to-disrupt-your-6158479.php.

맺음말

1. Jowett, Benjamin, trans., *The Republic of Plato: An Ideal Commonwealth* (New

York: Colonial Press, 1901), p. 209, https://catalog.hathitrust.org/Record/001193269. 조웨트Jowett는 소크라테스와 글라우콘의 '동굴의 비유' 대화가 등장하는 『국가론』7권을 소개하기 위해 '교육의 그림자와 현실에 관해'라는 제목을 선택했다.

⊏ 찾아보기 ⊐

가드너, 마틴Gardner, Martin 52, 374

가명pseudonym 96, 99, 100, 101, 110, 286, 417

가민 비보Garmin vívo 209

가민Garmin 60, 347, 374

감정 데이터emotional data 207, 212, 213

감정 전염emotional contagion 153~156

개인정보personal data/information about someone/personal identifiers 6, 9, 20, 21, 76, 77, 85, 89, 95, 96, 166, 171, 180, 188, 236, 248, 253, 257, 263, 264, 267, 268, 294, 315, 319, 324, 376, 378

개인화personalization 37, 41, 58, 83, 85, 88, 92, 95, 152, 154, 163, 181, 188, 213, 239, 257, 267, 288, 291, 292, 297, 307, 315, 345, 361, 372, 373, 376

건강/건강 기록/건강 데이터health data 19, 60, 89, 114, 189, 248, 252, 315, 320, 347~356, 361

고용employment 21, 28, 63, 85, 100, 103, 113, 138, 150, 191, 207, 249, 252, 254, 281, 293, 311, 315, 330, 333, 334, 345, 351, 360, 378

골드스타인, 애덤Goldstein, Adam 164

구글Google 12~15, 44~48, 51, 56, 57, 65, 67, 71, 82~84, 87, 113, 114, 198, 200, 208, 209, 269, 272, 281, 282, 300, 308, 350, 365, 374, 384, 386, 396, 414, 419

구글 글라스Google Glass 83, 84, 181~185, 206, 396

구글 나우Google Now 56, 57

구글 네스트 캠Google Nest Cam 198

구글 독감 트렌드Google Flu Trends 354

구글 리버스 이미지 검색Google Reverse Image Search 241, 330

구글 지도Google Map 14, 90, 289

구글 트렌드Google Trends 91, 380

구글 플라이트Google Flights 164

구텐베르크Gutenberg 36

굿맨, 마크Goodman, Marc 247, 411

그라노베터, 마크Granovetter, Mark 131, 138

그래프 이론graph theory 124

그루폰Groupon 162

글래스도어Glassdoor 55, 56, 374

금융 데이터financial data/금융 거래 내역 financial transaction data 235, 248, 323

기기 지문device printing 171, 298

기술 통계descriptive statistics 60, 65

기여contribution/기여자contributor 47, 48, 50, 138, 168, 169, 172, 238, 316, 320, 325, 330, 331, 337

길버트, 대니얼Gilbert, Daniel 220

깃허브GitHub 325, 339

까다로운 구혼자 문제fussy suitor problem 52

ㄴ

나라얀, 아르빈드Narayan, Arvind 90

나브스타Navstar 189, 190

넬슨, 벤Nelson, Ben 342, 425

넷플릭스Netflix 90, 104

노드node 128, 129, 151, 160

『누가 미래를 소유하는가?Who Owns the Future?』 47

『누가 우리의 미래를 훔치는가Future Crimes』 247

『누구나 홀로 죽는다Every Man Dies Alone』 100

뉴스피드news feed 134, 135, 148, 151~155, 163, 232, 365, 391

『뉴요커New Yorker』 88, 376, 378

『뉴욕 타임스New York Times』 89, 151, 226, 236, 378

뉴욕항공New York Air 64

니스벳, 리처드Nisbett, Richard 105

닐슨Nielsen 253, 372

ㄷ

다윈, 찰스Darwin, Charles 119, 122

달리오, 레이Dalio, Ray 338

당신의 '좋아요'가 바로 당신이다 YouAreWhatYouLike 93, 380

대시보드dashboard 106, 148, 178, 211, 271~274, 415

대학 페이지University Pages(링크드인) 300, 334, 336

더크, 신시아Dwork, Cynthia 94, 95, 258, 262

던바, 로빈Dunbar, Robin 123, 124

데이터 공유data sharing 36, 48, 87, 231, 252, 258, 267, 274, 304, 307, 316, 357

데이터 리터러시data literacy 36, 45, 47, 58, 65, 289

데이터 소유/소유권ownership of data 243

데이터 안전data safety 233, 246, 247, 249, 250, 253, 255~257, 263, 343, 353, 357, 415

데이터 정제소data refinery 34, 36, 42~44, 46, 48~51, 53, 56~60, 63~67, 70, 76, 87~89, 95, 97, 109, 115, 122~124, 132, 133, 143~145, 149, 150, 155, 158, 159, 161, 163, 165, 169, 171, 172, 185~188, 198~200, 203, 209, 211, 219, 225, 231~234, 240~252, 255~259, 262~274, 277~280, 284, 287~289, 291, 292, 294~296, 298~300, 302~305, 308, 311, 321, 327, 333, 343, 353, 356, 357, 365, 366, 371, 374, 376

데이터 정제소를 점검할 권리right to inspect data refineries 28, 233, 234, 243, 320

데이터로 실험할 권리right to experiment with data 28, 233, 274, 279, 294, 295, 298, 301, 328, 336

데이터를 수정할 권리right to amend data 21, 28, 233, 279~283, 287, 295, 321, 335, 366

데이터를 이전할 권리right to port data 28, 233, 274, 279, 301, 302, 306~308, 338, 339, 353

데이터를 흐릴 권리right to blur data 28, 233, 274, 279, 288, 291, 295

데이터에 접근할 권리right to access data 18, 23, 28, 180, 233, 234, 236, 242, 243, 283, 301

데이팅 앱dating app/데이팅 사이트dating site 8, 52, 53, 62, 104, 105~109, 111, 115, 142, 144, 148, 169, 247, 259, 269, 401

델방코, 톰Delbanco, Tom 349, 350

도, 제인Doe, Jane 90

도일, 아서 코넌Doyle, Arthur Conan 59

동굴의 비유Allegory of the Cave 363~365, 429

두히그, 찰스Duhigg, Charles 41

듀이, 존Dewey, John 340

드레스드너 클레인워트 와서스테인Dresdner Kleinwort Wasserstein 330

드리블Dribbble 339

디스커버리 헬스Discovery Health 351

디아스, 갬Dias, Gam 336, 373, 424

디지털 아이 글라스Digital Eye Glass 184

디지털 유산digital legacy 238, 239

딥페이스DeepFace 94, 193, 239

ㄹ

라이브옵스LiveOps 207, 208
라이브재스민Livejasmin 188
랑가스와미, J. P. Rangaswami, J. P. 330, 331, 423
래니어, 재론Lanier, Jaron 47~49
랩리프RapLeaf 166, 394
러닝 캐털리틱스Learning Catalytics 341
러더, 크리스티안Rudder, Christian 104, 383
레드라이닝redlining 315
레딧Reddit 102, 103, 112, 164, 284
레브친, 맥스Levchin, Max 324
레비, 엘런Levy, Ellen 139
레이버링크LaborLink 285, 417
레즈닉, 폴Resnick, Paul 100
레포어, 질Lepore, Jill 79, 376
로렌츠, 에드워드Lorenz, Edward 145
로빈슨, 켄Robinson, Ken 340, 425
로스, 앨빈Roth, Alvin 358, 428
뢴트겐, 빌헬름Röntgen, Wilhelm 346, 355
루카, 마이클Luca, Michael 162
르쿤, 얀LeCun, Yann 94
리먼 브라더스Lehman Brothers 333, 368
리뷰review 16, 17, 25, 41, 42, 55, 56, 58, 90, 101, 105, 161~163, 192, 303, 305, 316, 339, 370, 382, 393
리브너, 유리Rivner, Uri 97
리스크risk 169, 246, 251, 253, 271, 292, 324, 357
리얼아이즈Realeyes 206
리포repo 195, 400
리프트Lyft 267, 305~307, 419
린데이, 그레그Lindae, Greg 282

링크link 45, 52, 67, 69, 82, 98, 113, 123, 128, 129, 136, 282, 291
링크드인LinkedIn 15, 65, 119, 121, 122, 138~143, 150, 169, 171, 247, 290, 300, 333, 334, 336, 368, 393
링크팜link farm 45

ㅁ

마스터카드MasterCard 194, 202
마시멜로 테스트marshmallow test 344
마이어-쇤베르거, 빅토어Viktor Mayer-Schönberger 296, 419
마이크로소프트Microsoft 95, 170, 197, 198, 374, 398, 421
마이크로소프트 리서치Microsoft Research 47, 94, 186, 258, 289
마주르, 에릭Mazur, Eric 341
마케팅marketing 16, 25, 26, 33, 39~41, 45, 65, 110, 119, 131, 136, 137, 153, 171, 238, 266, 268, 317, 318, 334, 372, 373
막스플랑크정보과학연구소Max Planck Institute for Informatics 214
만, 스티브Mann, Steve 184, 397
매드 맨Mad Men 33
매디슨, 제임스Madison, James 99
매치닷컴Match.com 66, 107
매캐덤, 더글러스McAdam, Douglas 126, 385
매클루언, 마셜McLuhan, Marshall 5, 9
매터사이트Mattersight 207, 208
맥Mac cosmetics 93
맥킨지McKinsey 300
맨디아, 케빈Mandia, Kevin 249
맵퀘스트MapQuest 60
머신 러닝machine learning 99, 102, 103, 204, 207, 217, 252, 278, 281, 337
머피, 케빈Murphy, Kevin 351
멀티 암드 밴딧multi-armed bandit 50~52

메이오 클리닉Mayo Clinic 254

메이투안-디엔핑美团点评(Meituan-Dianping) 162, 163, 393

메타 데이터meta data 8, 192, 278

메트라이프MetLife 61

메트로마일Metromile 13

모데이터MoData 336, 337, 424

모레노, J. L.Moreno, J. L. 125, 127, 385

몬산토Monsanto 300

몽고메리 워드Montgomery Ward 37

몽키파킹MonkeyParking 359, 360

무드로직MoodLogic 54, 58, 374, 383

무질, 로베르트Musil, Robert 75, 76, 376

〈뮤지컬 위키드Wicked the Musica〉 93

미가공 데이터raw data 27, 34, 44, 46, 49, 50, 60, 92, 141, 232, 234, 237, 243, 246, 251, 294, 368, 419

미국시민자유연맹American Civil Liberties Union(ACLU) 196, 226, 293

미세핵보기microsaccades 214, 215, 216

미셸, 월터Mischel, Walter 344

밀, 존 스튜어트Mill, John Stuart 79

밀러, 조지Miller, George 33, 36

ㅂ

바디캠bodycam 226, 227, 241

바이오님Bionym 202

바이오캐치BioCatch 97, 98, 171

바이탈리티Vitality 351

바코드Baacode 316, 317, 421

배리, 매슈Barry, Matthew 186

뱅크 오브 아메리카Bank of America 222

버너스 리, 팀Berners-Lee, Tim 128

베조스, 제프Bezos, Jeff 17, 373

벵거, 알베르트Wenger, Albert 307

보상compensation 44, 47~49, 58, 133, 154, 172, 181, 253, 256, 257, 319

보쉬Bosch 179, 309, 358, 359, 420

보어, 세바스티안Boer, Sebastiaan 108

봇bot 68, 100, 252, 253

부호 반전sign flips 25, 26, 192, 309

불확실성uncertainty 36, 51, 58, 65

브랜다이스, 루이스Brandeis, Louis 80~82, 87, 114, 203

브랜치 크리크 스테이션Branch Creek Station 317

브리지워터 어소시에이츠Bridgewater Associates 338

브린, 데이비드Brin, David 109, 116

브린, 세르게이Brin, Sergey 82

블록체인blockchain 286, 287, 417, 418

블루투스bluetooth 190, 191, 221, 424

비밀secret 79~81, 132, 142, 199, 295, 303, 304, 376

『비즈니스 인사이더Business Insider』 328

비질런트 솔루션스Vigilant Solutions 195, 196, 241, 358, 400

비콘beacon 190, 191, 288

비트겐슈타인, 루트비히Wittgenstein, Ludwig 233, 409

비트코인Bitcoin 286, 417

비티, 잭슨Beatty, Jackson 214

비핸스Behance 339

『빅 데이터가 만드는 세상Big Data』 296, 418

빙Bing 68, 421

ㅅ

『사이언티픽 아메리칸Scientific American』 52, 374

사진은 범죄가 아니다Photography Is Not a Crime 177, 394

사회측정법sociometry 125, 127

사회관계 측정 배지sociometric badge 220~222, 332, 333, 338`

상품예약구매제도Layaway 324

상호 작용interaction 39, 58, 60, 75, 76, 96~98, 101, 102, 108, 121~123, 128~132, 135, 140, 143, 144, 149, 150, 152, 161, 171, 183, 198, 208, 212, 213, 219~221, 225, 233, 234, 238, 262, 268, 278, 286, 287, 332, 341, 365, 371, 385, 389, 393

생체 인식biometrics/생체 표지자biomarkers 194, 195, 202, 210

샤, 마이크Sha, Mike 328

세계자연기금World Wildlife Fund 300

세분화 마케팅segmentation marketing 38, 137

세서미 크레딧Sesame Credit 8, 326, 370

세이버 글로벌 분배 시스템Sabre Global Distribution System 63, 64

센싱 테크놀로지sensing technology 133

소니 픽처스Sony Pictures 248, 249, 255

소비자 신용consumer credit 326

소셜 그래프social graph 124, 125, 127~129, 132, 133, 136~138, 145, 147, 151, 156, 160, 165, 166, 171, 172, 199, 200, 268, 326~328, 354, 361, 385, 389, 390, 393

소셜 네트워크social network 28, 120, 123, 125, 127~130, 138, 147~149, 153~155, 165~167, 169, 170, 252, 267, 271, 328, 354, 369, 385, 387, 393

소셜 데이터social data 14~19, 22, 25, 26, 33, 34, 36, 38, 42, 43, 46, 50, 54, 57, 60, 67, 70, 75~77, 85, 86, 88, 89, 109, 115, 122, 131, 143~145, 148, 151, 170, 202, 203, 225, 232, 234, 235, 238, 244, 247, 249, 257, 273, 284, 305, 308, 311, 316, 323~325, 334, 339, 342, 345, 358, 360, 367, 370, 373, 388, 389, 391, 393

소셜데이터연구소Social Data Lab 17, 351

소시오메트릭 솔루션스Sociometric Solutions 222, 407

소음noise 57, 189, 197, 198, 285, 334, 398

수베일런스sousveillance 185

순수 추천고객 지수Net Promoter Score 271, 415

순위ranking 33, 39, 44, 45, 48, 51, 58, 63, 64, 103, 108, 134, 157, 159, 163, 187, 239, 244, 246, 269, 281, 282, 284, 294~296, 298, 332, 336, 358

슈마티코프, 비탈리Shmatikov, Vitaly 90

슈워츠, 마이클Schwartz, Michael 128, 386

슈워츠, 폴Schwartz, Paul 114

스냅피시Snapfish 342

스런, 세바스찬Thrun, Sebastian 208

스마트폰smartphone 14, 35, 62, 169, 179, 182, 198, 217, 220, 326, 347, 360, 396, 410

스마트 미터Smart Meter 12, 13, 15

스위니, 라타냐Sweeney, Latanya 88, 89, 378

스카우트Skout 108, 142, 383

스카이덱Skydeck 148, 149, 320, 390

스카이스캐너Skyscanner 321

스카이프Skype 16, 135, 224, 366

스쿨로지Schoology 342

스킵래그드Skiplagged 298

스타이너, 피터Steiner, Peter 88

스택 오버플로Stack Overflow 339

스톤, 린다Stone,Linda 134

스티글리츠, 앨프리드Stieglitz, Alfred 175

스틸웰, 데이비드Stillwell, David 93

스포티파이Spotify 267

시그피그 자산관리SigFig Wealth Management 328~330, 368, 423

시리Siri 197

시민 공학civic-engineering 158

시선 추적gaze-tracking 214~220

시어스, 로벅 앤드 컴퍼니Sears, Roebuck and Company 37

시트미SeatMe 162

신뢰trust 28, 41, 58, 70, 86, 98, 101, 111,
112, 122, 129, 131, 132, 160~163, 165,
167~170, 172, 261, 262, 267, 269, 286,
303, 328, 331, 350, 387

신뢰 계수trust coefficients 167~170, 172

신용 점수credit scores 235, 236, 327

신용카드credit card 37, 39, 101, 163, 194, 236,
249, 256, 324, 325, 330, 351, 382, 411

신호signal 28, 57, 104, 106, 107, 134, 142,
143, 179, 189~197, 197, 204, 206, 207,
210, 212, 216, 221, 222, 224, 225, 270,
320, 400

실시간real time 24, 59, 67~69, 85, 91, 98,
131, 155, 183~185, 193, 205, 207, 209,
212, 213, 223, 226, 332, 342, 351, 358,
408, 415

썬 마이크로시스템즈Sun Microsystems 128

쓰레기 추적 프로젝트Trash Track Project 319,
421

ㅇ

아고다Agoda 64, 375

아마존Amazon 8, 16, 17, 20, 22, 23, 25, 36,
38~42, 47, 55, 56, 61~63, 66~68, 91, 92,
101, 136, 137, 144, 162, 198, 259, 292,
297, 298, 303, 308, 316, 328, 370, 373,
380, 382, 417~419

아마존 에코Amazon Echo 198

아메리칸항공American Airlines 63, 64

아이스브레이커Icebreaker 316, 317, 421

아이폰iPhone 38, 69

아임투칼로리스Im2Calories 351, 427

알고리즘algorithms 33, 41, 42, 43, 45, 47, 49,
52, 54, 56, 58, 64, 82, 92~94, 101, 103,
104, 106, 108, 113, 120, 124, 131, 133,
151~154, 158, 161, 163, 164, 187, 192,
195, 202, 203, 205, 208, 213, 225, 227,
239, 240, 243, 281, 294, 307, 329, 334,
357, 358, 365, 370, 383, 398, 417

알렉스 '샌디' 펜틀랜드Alex 'Sandy' Pentland
220~222, 397, 407

알리바바Alibaba 17, 163, 326, 393

알리페이AliPay 163, 326

암스트롱, 닐Armstrong, Neil 65

애거니agony 164, 296, 297, 321

애플Apple 154, 197, 206, 219

애플 워치Apple Watch 156, 209

애플리케이션 프로그램 인터페이스
Application Programming Interface(API) 304,
307, 380, 419

액시엄Acxiom 37, 38, 237, 330, 372

앤더슨, 레이Anderson, Ray 317

앤섬Anthem 248, 411

앤트 파이낸셜Ant Financial 8

앨거드, 앨릭스Algard, Alex 110, 320

어펌Affirm 324, 325

어펙티바Affectiva 206

어펙티브 컴퓨팅 그룹Affective Computing
Group 206, 210

어플라이드 DNA 사이언스Applied DNA
Sciences 318

얼굴 움직임 부호화 시스템Facial Action Coding
System(FACS) 204

업스타트Upstart 325

업워크Upwork 339

에머슨, 랠프 월도Emerson, Ralph Waldo 12

에어비앤비Airbnb 16, 161, 267, 268, 393

에지edge 128~130, 132, 135, 148, 150, 160

에크만, 폴Ekman, Paul 204~206, 211, 402

엘리엇, 조지Eliot, George 99, 100

엠에스엔닷컴msn.com 68

『연방주의자 논집The Federalist Papers』 99,
382

연료 효율fuel efficiency 13, 258, 260~262

연소burn/연소율burn rate 246, 258~260, 263,
264, 272, 414

예측 분석predictive analytics 62, 421

엘프Yelp 162, 163, 393

오디오 분석audio analytics 197, 198

오스틴, 토머스Austin, Thomas 144

오케이큐피드OkCupid 104

오토이모티브AutoEmotive 210, 211

오픈에스엔피openSNP 353

오픈노트OpenNotes 349, 350, 427

온디맨드 경제on-demand economy 307, 419

올스테이트Allstate 165, 166, 327

왓츠앱WhatsApp 128

우 탱 클랜Wu-Tang Clan 93

우버Uber 49, 62, 161, 267, 305~307

워너, 스탠리 L.Warner, Stanley L. 293

워든, 피트Warden, Pete 202, 280

워런, 새뮤얼Warren, Samuel 80, 81, 114

월드 와이드 웹World Wide Web 128, 386

월드페이Worldpay 194

월마트Walmart 17

『월스트리트 저널Wall Street Journal』 166,
281, 282

웨더 채널Weather Channel 69

웨어러블 컴퓨팅 프로젝트Wearable Computing
Project 184, 185

웨이버, 벤Waber, Ben 222

위딩스 펄스Withings Pulse 209

위조counterfeit 112, 202, 225, 280, 281, 317,
318

위챗WeChat 145~148, 163, 389

위치 정보geolocation 8, 16, 49, 60~62, 162,
187~192, 199, 267, 283, 284, 288, 289,
291, 310, 311, 320, 326, 351, 368, 374,
398, 416

위키리크스WikiLeaks 285, 416

유나이티드항공United Airlines 322, 323

유나이티드헬스케어UnitedHealthcare 17

유니온 스퀘어 벤처스Union Square Ventures
307

유다시티Udacity 208

유튜브YouTube 227, 241, 409

음성 데이터voice data 199, 212, 213, 221

의료 기록medical data 88, 89, 251, 293, 349,
350, 426

이모션트Emotient 205, 206, 402

이베이eBay 161, 248, 303

이지파크EasyPark 13

익명성anonymity 76, 86~88, 102

인공지능artificial intelligence(AI) 50, 94, 185,
189

인구통계학적 정보demographic information 17,
37, 38, 266

인릭스Inrix 60, 62, 374

인스타그램Instagram 16, 108, 200, 201, 203

인스토어 애널리틱스In-store Analytics 334

인터넷 영화 데이터베이스IMDb.com 90

잊힐 권리right to be forgotten 113, 114,
281~283

ㅈ

자동 주차 시스템Automatic Park Assist System
358

자동긴급제동장치Automatic Emergency
Braking(AEB) 310, 420

자동차용 미끄럼방지장치Antilock Braking
System(ABS) 309, 420

자만, 아크타레Zaman, Aktarer 298

자포스Zappos 66

잭디Jack'd 106

저우, 딩Zhou, Ding 135, 387

저커버그, 마크Zuckerberg, Mark 81, 84, 124,
158, 367, 389

전자 상거래e-commerce 17, 75, 91, 161, 165,
326

전자프런티어재단Electronic Frontier Foundation 250, 292, 293, 408, 412

정밀의학precision medicine 347, 356

정보 불균형information imbalance 27, 183

정체성identity 27, 71, 76, 84, 92, 96, 110, 111, 113, 119, 120, 122, 123, 131, 168, 380

정확성accuracy 15, 90, 258, 280, 422

제너럴일렉트릭GE 210

제스트파이낸스ZestFinance 325

제이, 존Jay, John 99

젯팩Jetpac 200~202, 280, 401

조본Jawbone 347

주체성agency 22, 24~27, 50, 53, 77, 87, 92, 122, 165, 172, 181, 227, 231~234, 274, 278, 279, 281, 288, 296, 301, 302, 308, 311, 316, 323, 330, 336, 350, 357, 361, 362, 365, 371

지메일Gmail 56, 57, 83, 84, 331

지식기반조직연구소Institute for Knowledge-Based Organizations(IBM) 126

지트레인, 조너선Zittrain, Jonathan 158

직무 만족도job satisfaction 55, 220, 332

짐멜, 게오르그Simmel, Georg 132

ㅊ

차등적 프라이버시differential privacy 258

차량 공유ride sharing 49, 305~307, 338

책임accountability 22, 26, 77, 79, 97, 102, 109, 111, 116, 248, 251, 256, 280, 285, 287, 311, 353, 356, 357, 384

최적 멈춤 이론optimal stopping theory 52

추적tracking 16, 33, 38, 61, 91, 127, 156, 171, 189~192, 195, 200, 209, 214~217, 219, 220, 237, 241, 242, 250, 282, 285, 286, 317~319, 343, 347, 353, 354, 371, 374, 382, 394, 412, 421

추천recommendation 17, 19, 25, 33, 36, 40, 41, 47~49, 51, 53, 54, 58, 63, 64, 68, 70, 85,
88, 92, 95, 98, 102, 104, 105, 121, 122, 124, 133, 136, 137, 141, 144, 150, 156, 159, 165, 185, 186, 232, 233, 239, 259, 267, 270, 271, 281, 291, 292, 297, 298, 319, 332, 334, 337, 342, 374, 383, 415, 417

ㅋ

카너먼, 대니얼Kahneman, Daniel 167, 188, 214, 299, 419

카네브스키, 디미트리Kanevsky, Dimitri 209

카라할리오스, 카리Karahalios, Karrie 151, 152

카약Kayak 321

칸트, 임마누엘Kant, Immanuel 277, 384, 415

칼슨 와곤릿 트래블Carlson Wagonlit Travel 164

캐머런, 윌리엄 브루스Cameron, William Bruce 231

캐스퍼닷컴Casper.com 324

『커넥티드Connected』 354

커넥티드 카Connected Car 256

커티스, 제니퍼Curtis, Jennifer 341

컴캐스트Comcast 24

컴퓨터축단층촬영Computer Axial Tomography(CAT) 347

케이, 앨런Kay, Alan 315

코슬린, 스티븐Kosslyn, Stephen 342

코신스키, 마이클Michal Kosinski 93, 381

코지Cogi 186

코타나Cortana 197

코하비, 론Kohavi, Ron 68

콘티넨털항공Continental Airlines 64

쿠키어, 케네스Cukier, Kenneth 296, 418

쿤즈, 카이Kunze, Kai 214

쿼라Quora 336, 337

크롤링crawling/크롤러crawler 68, 82, 252, 401

크루즈 컨트롤(정속 주행 장치)cruise control 310, 311

크리스타키스, 니컬러스Christakis, Nicholas 354, 355

크리피네이터creepinator 108, 109

클라크, 서맨사Clark, Samantha 353

『키스 앤 텔Kiss and Tell』 114

킨들Kindle 292

ㅌ

타깃Target 41, 238, 248

타깃 광고target marketing 25, 50, 62, 65, 84, 120, 139, 159

타나카, 그레그Tanaka, Greg 334

타오바오Taobao 161

탐색과 활용exploration and exploitation 50~54

테이섬, 존Taysom, John 262, 376

텐센트Tencent 146, 163, 193, 389, 393

템플턴, 브래드Templeton, Brad 224

토비 그룹Tobii Group 215, 216, 405

토폴, 에릭Topol, Eric 346, 348, 425

투, 다윈Tu, Darwin 330, 422, 423

투명성transparency 22~28, 50, 53, 77, 92, 106, 110, 122, 152, 155, 161, 162, 172, 181, 184, 226, 227, 231~234, 236, 243, 272~274, 286, 301, 316, 318, 323, 329, 330, 338, 339, 350, 357, 359, 361, 362

투표vote 79, 80, 84, 86, 87, 97, 102, 103, 158, 159, 284, 367, 376, 377, 392

트록슬러 효과Troxler effect 219

트버스키, 아모스Tversky, Amos 299, 419

『특성 없는 남자The Man Without Qualities』 76

ㅍ

파격적 투명성radical transparency 338

파나마 페이퍼스Panama Papers 285, 416

파울러, 제임스Fowler, James 354, 355, 427

파이코 스코어FICO score 236, 324, 327, 330

파이퍼, 카를-니콜라우스Peifer, Karl-Nikolaus 114

판 덴 보른, 질라van den Born, Zilla 224, 408

팔라다, 한스Fallada, Hans 99, 100, 382

팔로알토연구소Xerox PARC 59

팬암 미소Pan Am smile 204, 225

퍼콜라타Percolata 334, 335, 423, 424

퍼피 차우Puppy Chow 88

평판reputation 101, 112, 160~162, 167~170, 172, 255, 257, 285, 303, 305~307, 325, 327, 328, 337~339, 389, 393, 394

페르미연구소Fermi National Accelerator Laboratory 77

페블Pebble 347

페이션츠라이크미PatientsLikeMe 252, 253

페이스매시Facemash 84

페이스북Facebook 8, 12, 14~16, 45, 46, 48, 49, 57, 65, 71, 81, 84~89, 92~94, 96, 108, 111, 112, 115, 119, 120~125, 128, 130, 131, 133~136, 142~146, 148, 149, 151~159, 163, 165~167, 171, 172, 190, 193, 224, 225, 232, 238~241, 253, 265, 267, 268, 296, 308, 315, 323, 325, 328, 331, 339, 355, 365~368, 373, 374, 378, 380, 384, 387~389, 391, 392~394, 401, 414, 419

페이지, 래리Page, Larry 82

페이팔PayPal 324

포드Ford 60

『포춘Fortune』 236, 413

폭스바겐Volkswagen 261, 262

표정facial expressions 204~207, 209, 212, 332, 361, 402, 404, 410

푸블리우스Publius 99, 100

프라이데이Fridae 108, 259, 260

프라이버시privacy 8, 9, 21, 27, 71, 76~84, 86~88, 91, 95, 109, 111, 114~116, 151, 180, 190, 197, 200, 202, 203, 233, 240, 244, 246, 251, 257~260, 262~264,

271~273, 279, 282, 343, 352, 353, 357, 367, 368, 370, 376, 378, 387, 414, 426

프랭클린, 벤저민Franklin, Benjamin 78, 79, 376

프렌드슈어런스Friendsurance 168, 169, 328, 394

프렌즈터Friendster 167

프로필profile 9, 16, 53, 76, 85, 93, 105~109, 119, 121, 122, 140~143, 146, 150, 157, 158, 193, 194, 237, 239, 253, 266~268, 290, 339, 383, 384, 389, 392, 393, 401, 408

프리덤 서머Freedom Summer 126

프리드먼, 에릭Friedman, Eric 100

프리랜서닷컴Freelancer.com 339

프리먼, 윌리엄 T.Freeman, William T. 201

프리슨, 월리스 V.Friesen, Wallace V. 204

피드백feedback 58, 65, 69, 85, 102, 124, 134, 152, 161, 162, 185, 201, 211, 234, 271, 278, 279, 284, 338, 345, 356

피드비스FeedVis 152, 296

피어빗Fearbit 210

핀테크fintech 324, 325

핏빗Fitbit 156, 209, 347

ㅎ

『하버드 로 리뷰Harvard Law Review』 80

하이야Hiya 110, 111, 320

학습learning 28, 36, 45, 54, 58, 198, 208, 209, 217, 289, 341~343, 346, 388

해밀턴, 알렉산더Hamilton, Alexander 99

허프먼, 스티브Huffman, Steve 164

험프리스, 토드Humphreys, Todd 189, 191, 254

호르비츠, 에릭Horvitz, Eric 186, 211, 214, 289

호모필리homophily 129, 137

홈즈, 올리버 웬델Holmes, Oliver Wendell 160

화이트 햇 해커white-hat hacker 253~256

화이트페이지Whitepages 110, 111, 320, 390

활동activity 8, 14, 71, 79, 92, 93, 102, 103, 106, 113, 119, 120, 126, 131, 140, 152, 155, 156, 159, 177, 184, 185, 202, 209, 216, 223, 227, 234, 250, 252, 256, 266, 320, 325, 342, 347, 350, 353, 367, 380, 393

홱보기saccades 214, 215

휴리스틱heuristics 299

힉스 입자Higgs boson 76

힘의 균형balance of power 34, 273, 306, 322, 323, 339

힙멍크Hipmunk 164, 296, 297, 304, 321

기타

51크레딧닷컴51credit.com 330

A/B 테스트 66~68, 70, 137, 157, 222, 227, 392, 407

AT&T 17, 128, 136, 137

BMW 60, 309, 310

HP 179

IBM 126, 179, 209, 375, 386, 404

JP모건 체이스JPMorgan Chase 248

MCI 커뮤니케이션스MCI Communications 127, 128, 136

MIT미디어연구소MIT Media Lab 206, 210, 397

포스트 프라이버시 경제

빅데이터 시대, 잃어버린 프라이버시를 가치로 바꾸기 위한 대담한 제안

2018년 11월 26일 1판 1쇄

지은이   안드레아스 와이겐드
옮긴이   홍지영

기획위원   노만수
편집   이진·이창연
디자인   홍경민
제작   박홍기
마케팅   이병규·양현범·이장열

인쇄   천일문화사
제책   J&D바인텍

펴낸이   강맑실
펴낸곳   (주)사계절출판사
등록   제406-2003-034호
주소   (우)10881 경기도 파주시 회동길 252
전화   031-955-8588, 8558
전송   마케팅부 031-955-8595 편집부 031-955-8596
홈페이지   www.sakyejul.net
전자우편   skj@sakyejul.co.kr
블로그   skjmail.blog.me
페이스북   facebook.com/sakyejul
트위터   twitter.com/sakyejul

ISBN 979-11-6094-408-2 03320

이 도서의 국립중앙도서관 출판예정도서목록(CIP)은 서지정보유통지원시스템
홈페이지(http://seoji.nl.go.kr)와 국가자료공동목록시스템(http://www.nl.go.kr/kolisnet)에서
이용하실 수 있습니다. (CIP제어번호: CIP2018036163)